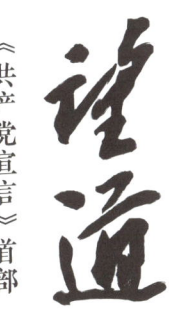

望道

《共产党宣言》首部
中文全译本的前世今生

徐锦庚　著

浙江文艺出版社

图书在版编目(CIP)数据

望道：《共产党宣言》首部中文全译本的前世今生 / 徐锦庚著. —杭州：浙江文艺出版社，2021.12（2022.5重印）
ISBN 978-7-5339-6639-3

Ⅰ.①望… Ⅱ.①徐… Ⅲ.①《共产党宣言》—研究 Ⅳ.①A122

中国版本图书馆CIP数据核字（2021）第204238号

策　　划	虞文军
责任编辑	王晶琳　岳海菁　何晓博
责任校对	唐　娇
责任印制	吴春娟
封面设计	水玉银文化
营销编辑	周　鑫

望道：《共产党宣言》首部中文全译本的前世今生
徐锦庚　著

出版发行	浙江文艺出版社
地　　址	杭州市体育场路347号
邮　　编	310006
电　　话	0571-85176953（总编办） 0571-85152727（市场部）
制　　版	浙江新华图文制作有限公司
印　　刷	浙江新华数码印务有限公司
开　　本	710毫米×1000毫米　1/16
字　　数	377千字
印　　张	24.75
插　　页	3
版　　次	2021年12月第1版
印　　次	2022年5月第3次印刷
书　　号	ISBN 978-7-5339-6639-3
定　　价	89.00元

版权所有　侵权必究
（如有印装质量问题，影响阅读，请与市场部联系调换）

❶ 马克思

❷ 恩格斯

❸ 孙中山

❹ 陈独秀

❺ 李大钊

❻ 李大钊发表在《新青年》上的文章

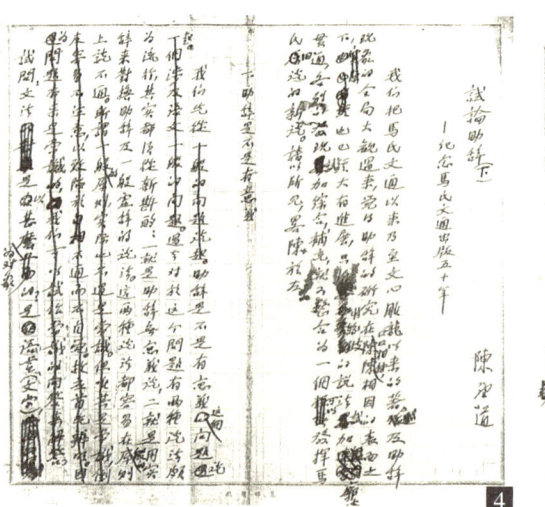

❶ 毛泽东与陈望道（前排左二）

❷ 陈望道

❸ 陈望道在复旦大学

❹ 陈望道手稿1

❺ 陈望道手稿2

① 陈望道手迹1　② 陈望道手迹2　③ 陈望道手迹3　④ 陈望道手迹4

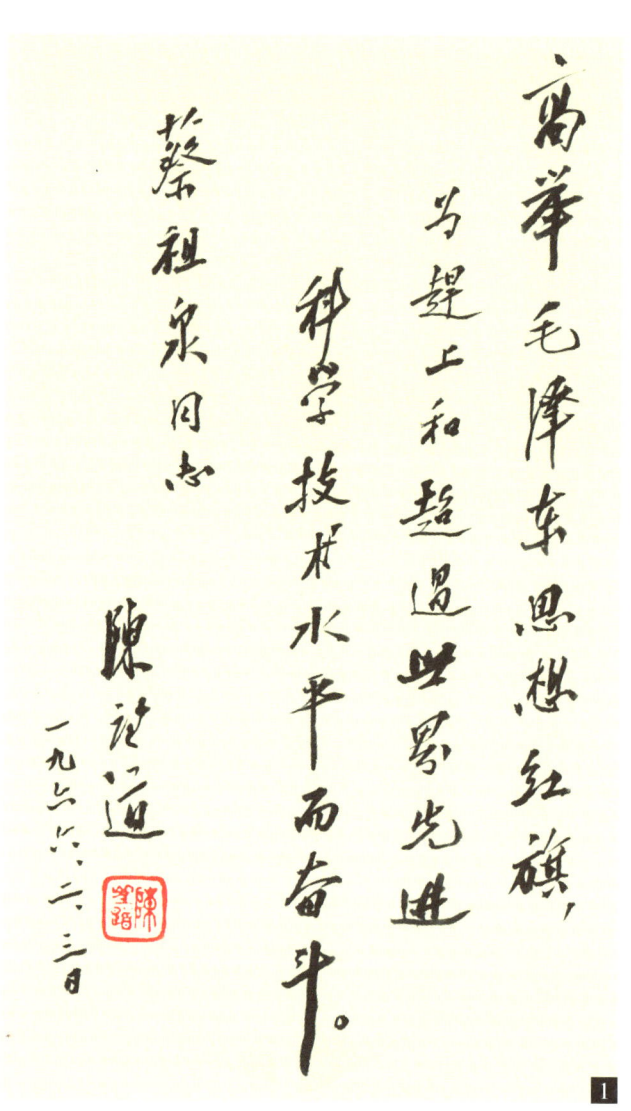

❶ 陈望道题词

❷ 陈望道为《辞海》题名

序

张岜眛

锦庚"文名",早已遐迩。电话中,知他在写关于陈望道翻译《共产党宣言》的报告文学,心头一沉:这可是一件大活重活难活。

文学与历史、文学与理论、叙述与论述、形象思维与抽象思维,自古沟通难,融通更难。近世以来,它们犹如两股道上跑的车,分道扬镳现象越来越明显。

文学如诗词、小说、戏剧,可虚作,报告文学首先是报告事实,必须写实、实写,以形象思维、文学笔法写实、实写。锦庚写的是经典理论家马克思、恩格斯撰著《共产党宣言》的往事,毛泽东、周恩来等老一辈无产阶级革命家和理论家阅读理解《共产党宣言》经典理论的故事,二十世纪初理论翻译家翻译《共产党宣言》的本事,理论要素占据相当分量。无论是对象和材料,还是思维和手法,写起来,虽不至于"难于上青天",也有"难于上华山"之艰辛。

锦庚在电话里说,鉴于我有文艺学、美学的学历和从事理论编辑工作的经历,基于我们多年同事抑或知音的关系,希望我为本书作序。"怦""怦",心跳骤然加剧,"嗡",头一下子就大了。何德何能?何名何望?读说尚可,点评也罢,研之不足,岂敢为这宏大叙事"看门"?羡慕之余,只能写个"读后感"。

"叮咚"一声,微信来了。《望道》初稿,瞬间映入眼帘。晚上11点看到,一口气读到天明。这样的阅读体验,一个字,爽!

梅林等的《马克思传》,早年认真拜读过。没想到,锦庚从马克思同恩格斯第一次相见写起,一写就是两章,写到两位伟大导师先后仙逝,重点描述他们撰写《共产党宣言》的过程,写得头头是道、栩栩如生,有些情节细节,比梅林写得还具体生动。由此想到,锦庚之"望道",先在"溯道",追寻科学社会主义的来源和信仰,犹如理论确立的前提、根基、依据,"是其所是",把所"望"之"道"的思想性、真理性、革命性、指导性叙述清楚了,"望"的理由就充分了,那么不惜代价,那么"虽九死其犹未悔"地翻译之、追随之,就水到渠成、顺理成章了。这份寓理于事,寓逻辑思维于形象思维的构思,这等皓首穷经的功力,这种以点带面,通过创作《共产党宣言》,刻画两位伟人一生友谊的叙述力,让人油然而生的,是敬佩,是拍手叫好。

近代思想界、教育界和新闻界都存在"望道"期。列强侵略、国破家亡、民生凋敝,出路何在、复兴何途?探索出路者,寻求发展者,喷薄而出,络绎不绝。传统思想、太平天国农民革命思想、改良派自由主义的变法维新思想、革命派民主主义的"三民主义"思想等,交汇奔涌,浩浩汤汤。变法维新者如梁启超,三民主义者如孙中山、朱执信、戴季陶,无政府主义者如刘师培,众多留学生、外国传教士,都通过报刊宣介马克思主义和社会主义。陈独秀、李大钊等早期马克思主义者,更是极力宣传推广马克思主义,建立中国共产党,把马克思主义作为中国共产党的指导思想,成就了中国历史上开天辟地的一大壮举。

锦庚取精用宏,牢牢把握翻译《共产党宣言》这条主线,刻画20世纪初知识分子中的"望道"们。当时,译品匮乏,多数人没有读过《共产党宣言》《资本论》等马克思主义代表作,李大钊从北大图书馆借出《共产党宣言》英文版,托陈独秀找人翻译。戴季陶很早就筹划翻译,自觉力有未逮,找邵力子推荐人选,提出三个条件:深入了解马克思主义,至少精通德、英、日三门外语之一,具备较高语言文学素养。邵与人创办《生活日报》(《民国日报》前身),主持《觉悟》副刊,多次刊发李大钊、陈独秀、瞿秋白等人的文章,人脉广泛,脱口而出:"此等重任,非杭州的陈望道莫属!"陈望道留日时接触过马克思主义学说,精通英语、日语,汉语功底深厚。这是1920年初的事,陈独秀、李大钊可能在为中共召开"一大"进行理论准备,企盼把所"望"之"道"落地落实,提高党员认识,吸引更多志同道合者。

望道者，亦问道、求道、认道、取道、用道、弘道之谓也。在一众"望道"者中，陈望道无疑是本书的主角。锦庚用相当篇幅，仍以翻译《共产党宣言》为主线，书写这位著名学者的传奇经历。他是浙江义乌人，1891年出生，6岁上私塾，1915年赴日本留学，1919年受五四运动热潮感染回国，任教浙江第一师范学校。1920年初，受命翻译《共产党宣言》，回到乡村老家，收拾柴房，搁上木板，足不出户，挑灯夜战。译到忘我处，蘸着墨汁吃粽子，还说味道很甜。1920年8月，《共产党宣言》中文全译本出版发行，首印1000册，引起中国先进知识分子强烈关注，再印又千册，很快售罄。《共产党宣言》中译本像一盏灯，照亮中国共产党人前行的进程；像一把火，点燃中国先进知识分子追求真理的火炬。于陈望道而言，也像一座里程碑，完成从"望道""受道"到"认道""成道"的转变，为中共建党、提升党员思想水平办了一件镌刻史册的大事。

通过展示大量党史文献，《望道》彰显出陈译《共产党宣言》的巨大影响力。毛泽东说："《共产党宣言》，我看了不下一百遍，遇到问题，我就翻阅马克思的《共产党宣言》，有时只阅读一两段，有时全篇都读，每阅读一次，我都有新的启发。我写《新民主主义论》时，《共产党宣言》就翻阅过多少次。"他多次批示，号召全党深刻领会《共产党宣言》的精髓要义。1920年，刘少奇、任弼时、罗亦农、萧劲光到上海外国语学社学习，教材之一就是陈译《共产党宣言》，教师之一为陈望道。1922年9月，朱德赴欧洲寻找革命真理，周恩来送给他陈译《共产党宣言》，他反复诵读。1937年4月，陈云奉命接应失利的西路军余部，亲抓政治学习，组织阅读《共产党宣言》，战士们思想认识大提高，精神面貌大变样。1949年4月，攻占南京后，邓小平对陈毅说："在法国勤工俭学的时候，有人从国内带去陈望道翻译的《共产党宣言》。我正是读了这本书，才认准这条路的。"2020年6月，习近平给复旦大学《共产党宣言》展示馆党员志愿服务队回信时写道："100年前，陈望道同志翻译了首个中文全译本《共产党宣言》，为引导大批有志之士树立共产主义远大理想、投身民族解放振兴事业发挥了重要作用。现在，你们积极宣讲老校长陈望道同志追寻真理的故事，传播马克思主义理论，是一件很有意义的事情。"

《吕氏春秋·用民》云："用民有纪有纲，壹引其纪，万目皆起；壹引其纲，万目皆张。"提起网上的总绳，一个个网眼就都张开了。抓住事物的关键环节，就可以带动其他环节。可以说，《共产党宣言》就是中国共产党的"纲"。百年来，《共产党宣言》这本红色经典，为中国共产党人注入"红色基因"，指引中国共产党人矢志不移地为中国人民谋幸福、为中华民族谋复兴。在当代中国，马克思主义及其中国化时代化大众化的最新成果，一直引领着中国共产党人和全国人民的思想认识，指导广大人民建设发展中国特色社会主义伟大事业，影响和改变当代中国人的命运，推动中华民族从站起来、富起来到强起来，促进中华民族巍然屹立于世界民族之林，使中国发挥负责任大国的作用，积极推动构建人类命运共同体。

如此看来，锦庚写《望道》，写的真是重特大题材，干的真是一件大活重活难活。作为报告文学，他又是如何写人的？

的确，文学是人学。报告文学，"报告"的是事，"文学"的是人，以记事为题材，以写人为主体。有人考问，怎样区别报告文学与通讯？一言以蔽之，主要写人的是报告文学，主要写事的是通讯；把人写好了的，是优秀报告文学，把事写好了的，是优秀通讯；既把人写好了，又把事写好了，合二为一，就是优秀报告文学或优秀通讯，如魏巍的《谁是最可爱的人》、穆青的《县委书记的榜样——焦裕禄》。

锦庚1995年从海军转业，奉职新闻界，迄今26年，作为资深记者，乐于采访、长于记事、精于叙事；作为作家，深谙写人之道，敢于写人、善于写人、专于写人。《望道》富有吸引力感染力的地方，既在叙事上，更在写人上。

锦庚以前写的多是现实题材的报告文学，刻画了不少现实生活中的"小人物"，在既定时空范围里，提炼他们的精气神，展现小人物的人性光辉，多能给人留下深刻印象。《望道》属于历史题材的报告文学，写的多是大人物，是现代史上尤其党史上声名赫赫的人物，意在雕刻一组"望道"者群像。从文学塑造和雕刻形象乃至群像视角看，他精心雕刻的人物形象，神形各异，气质性情迥然，跃然纸上，栩栩如生。尤令我难以忘怀的，是它的长度、广度和厚度。

长度不只在篇幅上，更在书写对象的时间跨度上。《共产党宣言》诞生于19世纪40年代，至今已逾百年。这意味着，在百余年的历史长河中，围绕《共产党宣言》问世、传播、运用、发展所发生的事情,特别是它在中国的翻译、传播、运用、发展,都是锦庚需要考虑的。展开这么大跨度的时间轴,光凭"扛鼎"气力,肯定不够。诗歌、理论有时可以"穿越",而报告文学须一丁一卯地着实,通过事件、情节、场景、对话、情绪、细节等,在塑造和雕刻人物时把它们"选"出来,合丁合卯地"嵌"上去。可喜可贺的是,锦庚锚定主题主线,把这期间相关联的代表性人物都展现出来了。

从广度上说,既有一时一地之广度,也有同一地域不同时期之广度。马恩当年活动在欧洲,主要在德、法、英、比四国。《共产党宣言》中译本在中国传播。中国幅员辽阔,不同阶段的空间布局设造,既有普遍性,又有特殊性,既有关联性,又有差异性,有些差异是巨大的。读《望道》,发现锦庚善写背景,在历史背景中显现历史人物,在历史事件中展现历史人物的活动和性格。《望道》涉及甲午海战、袁世凯称帝、护法战争、辛亥革命、五四运动、红军长征等重大历史事件,区域主要在上海、北京、浙江等地。写周恩来与《共产党宣言》的渊源时,从周恩来青年时代阅读、研究、发表论文写起,写到"从长征到抗战,周恩来随身携带的公文包里,总是装着《共产党宣言》等马列著作",1954年第一届全国人大会议期间,周恩来询问陈望道当年翻译时参考的版本,1972年美国总统尼克松访华,《中美联合公报》在上海签署,陈望道作为上海市政协副主席和著名学者到机场迎接,周恩来关心他的身体之余,不忘问他:"《共产党宣言》首印本找到了吗?"短短几行,带出四个重大历史事件,展现周恩来对陈望道及其译作的关心重视。

1983年至次年中,我在复旦大学中文系进修美学时,读过陈望道的《美学概论》《修辞学发凡》,受益匪浅。这次读《望道》,方知他翻译《共产党宣言》的详尽过程,对他更是肃然起敬、敬仰有加。虽然陈望道一生著述丰硕、桃李芬芳,是语言学宗师、教育界先驱,但他人生的最大亮点、最大辉煌,无疑是翻译《共产党宣言》。冯梦龙说:"成大事者,争百年,不争一息。"成就陈望道"争百年"的"大事",正是翻译《共产党宣言》。换言之,"《共产党宣言》首部中文全译本译者"的身份,必将使陈望道永垂青史。

厚度体现在考证的深入和思想的当量。创作历史题材的报告文学,因时间久远、场景不再,作者很难直接获取第一手素材,只能从第二手、第三手素材中推测当年的真实情况。如何在纷繁复杂的素材中去芜存菁、去伪存真,避免人云亦云、以讹传讹?这非常考验作者甄别、考证素材的功力,这功力不是天上掉下来的,取决于作者功课是否做得扎实深入。显然,锦庚是做足了功课的。

比如,在国内史学界,1920年"南陈北李,相约建党"几乎成为共识,说的是李大钊在护送陈独秀去天津的途中,两个人商议组建共产党。但锦庚考证后的结论是:这是子虚乌有的事。

再比如,关于陈望道改名的事,陈望道秘书邓明以教授所作的《陈望道传》中,有这样的记载:"陈望道原名陈参一,他求学东瀛及初到'一师'任教时都是用的原名。正是在受到'五四'新文化运动的启示后才改名为'望道'。"锦庚提出四条依据,认为陈望道是在留日期间改的名。

又比如,关于陈望道离开浙江一师的时间,目前一边倒的观点,都认为是在"一师风潮"结束后。包括《杭州地方革命史资料》1959年第1期、邓明以的《陈望道传》、分水塘村陈望道纪念馆里的说明等,皆是如此。《陈望道传》中的描述更是绘声绘色:"1920年3月29日清晨……陈望道表现出非凡的机智和勇敢,他疾步走入学生中间,高声喊道:'同学们,我和你们永远在一起,你们不要哭!'然后他带领学生同军警开展面对面的斗争。……陈望道乘机向军警大喝道:'学生被逼得要自杀了,你们还不赶快后退!'"

上述文字表明,陈望道参与了"一师风潮"全过程,在风潮结束后才离开"一师"。陈望道第一个研究生、复旦大学教授陈光磊,陈望道之子、复旦大学教授陈振新,也持同样的观点。

但锦庚经过分析甄别,得出的结论是:"一师风潮"可分为两个阶段,第一阶段是"非孝",时间为1919年下学年至寒假;第二阶段是"留经",时间为寒假至1920年上学年。陈望道等"四大金刚"经历了第一阶段,因寒假时离校,未参加第二阶段。他列出七条依据,说明自施存统的《非孝》发表后,陈望道等"四大金刚"一直受冲击,寒假期间又遭金布排挤,他们都是志存高远者,不太可能新学年又返校。还有陈望道回忆中说的,"1920年初,我就离开杭州"。而"一师风潮"的最高潮是在1920年3月29日,假如陈望道此时仍在"一师",离开杭州的时间,最快也要延至4月上旬。这个时间点,按照惯常表述,应该是"1920年上半年",而不是"1920年初"。

这样的考证,文中还有很多,读者可能一时难判正误,但至少逻辑上是令人信服的。一部优秀的报告文学要"厚而有文",必须是客体与主体同样厚重。锦庚这些令人信服的考证,给人以厚重之感。通览全书,可以说,《望道》是一部厚重之作。

感谢锦庚,让我们知道这么多。锦庚写的报告文学,能看到的我必看,也参与编发过几篇。评论他报告文学作品的文章,也是能看到的必看。有评论说,锦庚的报告文学已形成独特气象、独特风格,特别是独特的语言风格,我是赞成的。有机会成为《望道》的"第一读者",比较以前所读,感受最深的,就是题材上的重、特、大"三性",艺术上的长、广、厚"三度",可谓"六字心得",两者相辅相成、相得益彰。是焉非焉,供锦庚参考,请读者指正。至于开头提出的困难,诸如处理叙述和论述、形象思维与抽象思维关系之类,只要事实准确、把主要人物写活写亮了,自然迎刃而解。

2021年6月15日

(作者张首映系人民日报社原副总编辑、文学博士)

目录

引子　心有所信，方能致远 001

第一章　植根于土壤之中 005
　　一　冷淡初识 007
　　二　行星相遇 013
　　三　天鹅之家 021

第二章　从空想到科学 029
　　一　点燃火炬 029
　　二　星火燎原 037

第三章　风起于青蘋之末 048
　　一　同道中人 050
　　二　独秀落难 057

第四章　在困厄中求索 066
　　一　救亡图存 066
　　二　殊途同归 074

第五章　走出分水塘　086
　　一　耕读人家　087
　　二　毁佛办学　095
　　三　救国梦碎　105
　　四　父子过招　111

第六章　人生的抉择　119
　　一　亡国之忧　119
　　二　改名立志　126

第七章　在斗争中成长　137
　　一　四大金刚　138
　　二　山雨欲来　146
　　三　一师风潮　158

第八章　重返分水塘　173
　　一　自我革命　174
　　二　寒夜孤灯　183

第九章　革命的火种　196
　　一　意外变故　197
　　二　酝酿建党　202
　　三　错印封面　211

第十章　从这里开天辟地　216
　　一　百川归海　219
　　二　南湖红船　229

第十一章　跌宕起伏的人生　240
　　一　沉浮命运　242
　　二　分道扬镳　250
　　三　重拾初心　260

第十二章　永恒的明灯　279
　　一　继往开来　281
　　二　薪火相传　295
　　三　度尽劫波　304
　　四　空棺秘藏　310
　　五　红色经典　316

尾声　百年风华　325

附录1　陈望道译本《共产党宣言》全文　331

附录2　中共中央编译局版《共产党宣言》全文　349

主要参考书目　379

后记　380

引子
心有所信，方能致远

2012年11月29日上午，中共中央总书记习近平率中央政治局常委李克强、张德江、俞正声、刘云山、王岐山、张高丽，来到国家博物馆，参观《复兴之路》展览。这是新一届中央领导的第一次集体行动。

《复兴之路》基本陈列共分为"中国沦为半殖民地半封建社会""探求救亡图存的道路""中国共产党肩负起民族独立人民解放历史重任""建设社会主义新中国""走中国特色社会主义道路"5个部分，通过1280多件（套）珍贵文物、870多张历史照片，回顾了1840年鸦片战争以来，中国人民在屈辱苦难中奋起抗争，为实现民族复兴进行的种种探索，特别是中国共产党领导全国各族人民，争取民族独立、人民解放和国家富强、人民幸福的光辉历程。一幅幅图片，一张张图表，一件件实物，一段段视频，把人们带回近代以来跌宕起伏、波澜壮阔的难忘岁月。

在19世纪末列强割占领土、设立租借地、划定势力范围示意图前，在鸦片战争期间虎门的大炮前，在反映辛亥革命的文物和照片前，在《共产党宣言》第一个中文全译本前，在《中国共产党第一个纲领》等反映中国共产党成立的文物和照片前，在李大钊狱中亲笔自述前，在中华人民共和国第一面五星红旗前，在党的十一届三中全会照片前，习近平等人不时停下脚步，仔细观看展览，认真听取讲解，详细询问有关情况。

陈列柜中，摆放着一本《共产党宣言》中文译本。习近平即席讲了一个故事：一天，一个小伙子在家里奋笔疾书，妈妈在外面说："你吃粽子要加红糖，吃了吗？"他说："吃了吃了，甜极了。"老太太进门一看，这个小伙子埋头写书，嘴上全是黑墨汁。原来是吃错了，他旁边一碗红糖没吃，把那个墨汁给吃了。但是他浑然不觉啊，还说，"可甜了，可甜了"。这人是谁呢？就是陈望道，他当时在浙江义乌的家里，就是翻译《共产党宣言》。于是就有一句话：真理的味道非常甜。

参观过程中，习近平发表了重要讲话[①]：

《复兴之路》这个展览，回顾了中华民族的昨天，展示了中华民族的今天，宣示了中华民族的明天，给人以深刻教育和启示。

中华民族的昨天，可以说是"雄关漫道真如铁"。近代以后，中华民族遭受的苦难之重、付出的牺牲之大，在世界历史上都是罕见的。但是，中国人民从不屈服，不断奋起抗争，终于掌握了自己的命运，开始了建设自己国家的伟大进程，充分展示了以爱国主义为核心的伟大民族精神。

中华民族的今天，正可谓"人间正道是沧桑"。改革开放以来，我们总结历史经验，不断艰辛探索，终于找到了实现中华民族伟大复兴的正确道路，取得了举世瞩目的成果。这条道路就是中国特色社会主义。

中华民族的明天，可以说是"长风破浪会有时"。经过鸦片战争以来一百七十多年的持续奋斗，中华民族伟大复兴展现出光明的前景。现在，我们比历史上任何时期都更接近中华民族伟大复兴的目标，比历史上任何时期都更有信心、有能力实现这个目标。

回首过去，全党同志必须牢记，落后就要挨打，发展才能自强。审视现在，全党同志必须牢记，道路决定命运，找到一条正确的道路多么不容易，我们必须坚定不移走下去。展望未来，全党同志必须牢记，要把蓝图变为现实，还有很长的路要走，需要我们付出长期艰苦的努力。

---

① 见中央文献出版社2021年版《论中国共产党历史》。——编者注

> 每个人都有理想和追求,都有自己的梦想。现在,大家都在讨论中国梦,我以为,实现中华民族伟大复兴,就是中华民族近代以来最伟大的梦想。这个梦想,凝聚了几代中国人的夙愿,体现了中华民族和中国人民的整体利益,是每一个中华儿女的共同期盼。
>
> 历史告诉我们,每个人的前途命运都与国家和民族的前途命运紧密相连。国家好、民族好,大家才会好。实现中华民族伟大复兴是一项光荣而艰巨的事业,需要一代又一代中国人共同为之努力。空谈误国,实干兴邦。
>
> 我们这一代共产党人,一定要承前启后、继往开来,把我们的党建设好,团结全体中华儿女把我们国家建设好,把我们民族发展好,继续朝着中华民族伟大复兴的目标奋勇前进。
>
> 我坚信,到中国共产党成立一百年时全面建成小康社会的目标一定能实现,到新中国成立一百年时建成富强民主文明和谐的社会主义现代化国家的目标一定能实现,中华民族伟大复兴的梦想一定能实现。

一夜之间,从报纸荧屏到街头巷尾,从QQ群到微博、微信,"中国梦"成为热词,成为人们议论的焦点话题。一家搜索网站专门增加了一个词条,对"中国梦"进行注解。有的新闻网站征集"我的中国梦",一时应者云集。

陈望道既是《共产党宣言》首部中文全译本的翻译者,也是新中国成立后新复旦大学首任校长。杨浦区国福路51号,是陈望道1956年至1977年的寓所。2018年5月,复旦大学将其旧居改造成《共产党宣言》展示馆,一批青年师生组建党员志愿服务队,开展宣讲活动,在岗队员30人,平均年龄29岁。志愿服务队取名"星火",寓意"星火一丝,可以燎原",队员们"聚是一团火,散是满天星",跟随老校长的足迹,以传递"火种"为己任,追寻"真理的味道",传播"真理之光""信仰之源"。展示馆开设两年来,已接待社会各界参观者5万人次,人均每年讲解700多场。

2020年6月上旬,展示馆党员志愿服务队全体队员,写信给习近平总书记,汇报参加志愿讲解服务的经历和体会,表达做《共产党宣言》精神忠实传人的信心和决心。

很快,他们就收到了习近平总书记的回信①:

复旦大学《共产党宣言》展示馆党员志愿服务队全体同志:

　　来信收悉。100年前,陈望道同志翻译了首个中文全译本《共产党宣言》,为引导大批有志之士树立共产主义远大理想、投身民族解放振兴事业发挥了重要作用。现在,你们积极宣讲老校长陈望道同志追寻真理的故事,传播马克思主义理论,是一件很有意义的事情。希望你们坚持做下去、做得更好。

　　心有所信,方能行远。面向未来,走好新时代的长征路,我们更需要坚定理想信念、矢志拼搏奋斗。希望广大党员特别是青年党员认真学习马克思主义理论,结合学习党史、新中国史、改革开放史、社会主义发展史,在学思践悟中坚定理想信念,在奋发有为中践行初心使命,努力为实现"两个一百年"奋斗目标、实现中华民族伟大复兴的中国梦贡献智慧和力量。

---

① 见新华社北京6月30日电。——编者注

第一章
植根于土壤之中

英国伦敦北郊,有一座著名的海格特公墓,安葬着不少英国名人。有哲学家、社会进化论者赫伯特·斯宾塞,有物理学家、化学家迈克尔·法拉第,有作家乔治·艾略特,大文豪狄更斯的父母、妻子、弟弟也葬在这里。但是,在一位来自德国的流放者面前,他们都显得黯然失色。这位流放者,就是卡尔·马克思。

2013年3月14日,马克思逝世130周年纪念日,原本静寂的海格特公墓,骤然热闹起来。一拨儿接一拨儿访客,有着不同肤色,说着不同语言,手捧各色鲜花,神情庄严肃穆,来到马克思墓前,凭吊这位伟大的先哲。这当中,就有一群黑头发、黄皮肤的中国人。这里,是无数志同道合者心中的圣地。

长方体的大理石墓碑顶上,青铜铸成的马克思头像,睿智的眼睛正深邃地注视着前方。头像下方,用英文镌刻着那句声震寰宇的呐喊:"全世界无产者,联合起来!"墓碑下方,一束束或鲜艳或枯萎的各色花,静静地诉说着对伟人的敬仰和思念。碑文上写明,先于他安葬此地的,是他的夫人燕妮、大女儿和外孙。他的二女儿和二女婿,后来也葬于此地。

整个墓区,马克思的墓显得格外伟岸醒目,这是英国共产党1954年11月重建的。重建时,各国共产党纷纷捐款,中国共产党也曾慷慨解囊。

在马克思墓右前方,约六七十米处,还有一块碑石。从碑文中可知,这里是马克思的原墓。参加马克思葬礼的,只有寥寥11人。另一位伟人站在他的墓前,用低沉的声音说:马克思是一位天才的革命家,是世界上最遭嫉恨和最受污蔑的人,但他的英名和他的事业,人类将永远不会忘记。

说这话的人叫恩格斯。恩格斯就像是一位伟大的预言家。这番话,当时未必有多少人相信,但之后的100多年间,却一再应验。

在新千年来临的前后,世界各地兴起一股评选千年间的名人和大事的热潮。英国的4次"千年伟人"评选,结果都一再印证了恩格斯的话。

1999年,在英国剑桥大学文理学院,教授们发起评选"千年第一思想家"的活动,排名第一的,是德国思想家马克思,而被习惯公认为第一的犹太裔科学家爱因斯坦,却屈居第二。其余依次是:英国物理学家牛顿、英国科学家达尔文、意大利经院哲学家阿奎那、英国科学家霍金(当时唯一健在者)、德国哲学家康德、法国数学家和哲学家笛卡尔、英国物理学家麦克斯韦、德国哲学家尼采。

1999年9月,英国广播公司(BBC)也在全球互联网上公开征询投票一个月,评选"千年第一思想家"。评选活动开始阶段,爱因斯坦的票数领先。到了后期,马克思的票数直线上升,遥遥领先于爱因斯坦。

2002年,英国路透社邀请政界、商界、艺术和学术领域的名人评选"千年伟人",马克思仅以一分之差略逊于爱因斯坦。

2005年7月,英国广播公司又以"古今最伟大的哲学家"为题,调查了3万名听众,马克思以27.93%的得票率荣登榜首,苏格兰哲学家休谟得票率12.6%居于第二,西方其他著名思想家,如柏拉图、康德、苏格拉底、亚里士多德等,均望尘莫及。马克思年轻时所崇拜的黑格尔,甚至没能进入前20名。

100多年来,马克思和恩格斯的思想,不仅改变了几十亿人的思考方式,也改变了几十亿人的生活方式。

2003年7月,美国最大连锁书店巴诺旗下的《图书》杂志,在其7—8月合刊中,公布了该刊评选出的"改变美国的20本书"。在入选的20本书中,非美国人的著作仅有3本,分别是马克思和恩格斯的《共产党宣言》、西格蒙德·弗洛伊德的《梦的解析》和约翰·梅纳德·凯恩斯的《就业、利息和货币通论》。

《共产党宣言》改变的,岂止是一个美国。在世界上,还没有一种力量,像《共产党宣言》这样,改变了全世界!

第一章 植根于土壤之中

《共产党宣言》从发表迄今(2021年),虽然已有173年的时间,但它所发出的光芒,从未因时间的流逝而消减。这本薄薄的小册子,犹如星星之火,在世界各个角落逐渐形成燎原之势。即使在中国浙江省中部的一个偏僻小村里,也曾燃起一把大火。

一 冷淡初识

不知道什么缘故,
我总是这样悲哀;
一个古老的童话,
我总是不能忘怀。

空气清冷,暮色苍茫,
莱茵河静静流淌;
落日的光辉,
照耀着山头。

那最美丽的少女,
坐在上边神采焕发;
金黄的首饰闪烁,
她梳理金黄的头发。

她用金黄的梳子梳,
还唱着一首歌曲;
这歌曲的声调,
有迷人的魔力。

> 小船里的船夫，
> 感到狂想的痛苦；
> 他不看水里的暗礁，
> 却只是仰望高处。
>
> 我知道，最后波浪，
> 吞没了船夫和小船；
> 罗蕾莱用她的歌唱，
> 造下了这场灾难。

这首荡气回肠的《罗蕾莱》，是德国伟大诗人海因里希·海涅的名作。

莱茵河，发源于瑞士阿尔卑斯山圣哥达峰下，流经法国、德国、荷兰等国，注入北海，全长1300多公里，是欧洲第三大河流，仅次于伏尔加河、多瑙河。在德国，它享有崇高的地位和美誉，承载着厚重的德国文化，被称为"父亲河""命运之河"，演绎了许多旷世绝唱。罗蕾莱的传说，便是其中之一。

海涅歌咏的罗蕾莱，其实只是一块礁石，高132米，坐落在德国境内的莱茵河中游东岸。这一带河深25米、宽113米，是莱茵河最深和最窄的河段，很多船只在这里遇难。久而久之，这块礁石成为"妖女"的化身，生发出多个版本的缠绵悱恻的爱情传说。

相传在很久以前，莱茵河畔生活着一位美丽的姑娘，叫罗蕾莱，长发披肩，明眸皓齿，妩媚娇艳，温柔娴雅，还有着一副曼妙歌喉。有一天，她的心上人弃她而去，从此杳无音信。痴情的姑娘望眼欲穿，每当夕阳西下时，总会坐在莱茵河边的峭壁上，一边梳理着淡金色的秀发，一边遥望着过往船只低吟浅唱，倾诉对心上人的思念，盼望心上人能在船上出现。如泣如诉的歌声，充满着强烈诱惑，路过此地的船夫听了，无不失魂落魄，痴痴迷迷地直奔歌声而去，浑然忘记水下的险礁。结果，船只纷纷触礁倾覆，船夫葬身鱼腹，酿成一个个悲剧。

罗蕾莱触犯众怒，成为人们眼里的水妖，主教要治她的罪，又不忍判她的刑，就派3名骑士押送她，去修道院忏悔修行。途中，罗蕾莱登上莱茵河畔的峭壁,远远看到驶来一艘小船,船上立着一位青年男子。悲愤过度的罗蕾莱神情恍惚,以为那就是自己的负心情郎,从岩石上一跃入江,欲奔情郎而去,却再也没有浮上来。后来,罗蕾莱化身为这块礁石,栉风沐雨,日日夜夜,苦苦等待心上人。

1823年,26岁的犹太诗人海涅创作这首诗歌时,在莱茵河支流摩塞尔河畔的古老城市特里尔,一户犹太律师家庭里,一个5岁男孩,正依偎在老人身边,津津有味地听着妖女罗蕾莱的凄美故事。海涅没有想到,这个5岁犹太小同胞,20年后会成为自己的莫逆之交。

海涅的《罗蕾莱》,被许多作曲家谱成了曲子。哼着优美的曲子,那个犹太小同胞渐渐长大。他十分崇拜海涅,梦想将来成为像海涅那样的诗人,大学期间还创作了不少爱情诗篇。不过,他最终没有选择当诗人。因为,他对深奥的哲学和经济学越来越感兴趣。

他的名字也渐渐为人们所熟知:卡尔·海因里希·马克思。

时间过得很快,转眼到了1842年秋。

19世纪三四十年代的欧美,法国的拿破仑已经退出历史舞台,英国正处在工业革命的黄金时期,独立后的美国蒸蒸日上,而德国还处在分裂状态,境内共有34个邦和4个自由市,组成一个松散的德意志联邦。各邦都是独立的,拥有自己的政府、议会和军队,还有关卡和货币。普鲁士和奥地利是两个最大的邦。普鲁士邦的莱茵省中心城市科隆,就坐落在莱茵河畔。

1842年11月底,夕阳下,莱茵河被染成一片晕黄,河面上波光粼粼。阵阵秋风过后,科隆的街道上撒满了金黄的落叶。一阵马蹄的"嘚嘚"声由远而近,一辆马车行驶到莱茵报编辑部前,车夫"吁"了一声,那匹枣红色老马稳稳立住。一位年轻的绅士,从车上敏捷地跳下。

年轻人头戴礼帽,身披斗篷,眼睛深陷,面孔白净,脸上还隐约有几分稚气,倒是嘴唇上方的绒须,衬托出成熟和沉稳。他嗅了嗅,不由得皱起眉头。空气中,弥漫着工业作坊里飘出的焦煳味,间或还夹杂着远处煤矿散发出的硫黄味。

自蒸汽机发明以来,机器的轰鸣、弥漫的黑烟,已经彻底改变了欧洲的面貌,而生产力的狂飙突进,更加激发起工厂主的贪婪。资产阶级与工人之间,矛盾日趋尖锐和对立。

年轻人摘下礼帽,往后捋捋头发,保持一丝不乱,整了整蝴蝶领结,顿一顿锃亮的靴子,抖落沾在鞋面上的一小片落叶,举止优雅地轻叩编辑部大门。

他叫弗里德里希·恩格斯,刚满22岁,上个月服完一年的兵役后,从柏林回到家乡巴门。这次,是去英国城市曼彻斯特,到欧门-恩格斯公司,准备当一名办事员。公司是一家大纺纱厂,他父亲与人合伙经营。路过科隆时,他生发念头,顺道访问莱茵报编辑部。

编辑部空间不大,过道上、角落里堆满旧报纸,显得有些拥挤,每个人都在低头忙碌着。

恩格斯走近一位年轻职员,彬彬有礼地问:"主编先生在吗?我是特地来拜访他的。"

年轻的职员头一偏:"请随我来。"领着恩格斯走到里间,直接推开办公室的门。

门启处,一股呛人的烟味扑面而来,室内烟雾腾腾,视线模糊。

恩格斯不由得后退半步。凭经验,他立马判断出,这是一种劣质烟草,产自古巴。烟散开后,他才看清,一间斗室,几乎被一张写字台占满。桌面上,书堆得高高的,旁边一只烟缸塞满烟头,到处是烟灰,显得很零乱。

书堆后面,正在埋头看稿的人抬起头来。他右手握着鹅毛笔,左手夹着雪茄,见有客人到,放下了鹅毛笔。

恩格斯注意到,眼前这个人,头发蓬乱,额头宽阔,一张大脸庞,被密密的络腮胡包围着,蝴蝶领结胡乱歪向一边,衣袖被磨得油光发亮,有一处线头还松开了,里面的白衬衣袖口上,形成一圈污迹,从他沧桑的外表上,判断不出实际年龄。但是,那双眼睛却如鹰隼一般,忧郁、深邃、刚毅、锐利,射出的光,能把胆怯者一眼刺穿。

恩格斯伸出手,自我介绍:"弗里德里希·恩格斯。"

"哦?"对方显得有些意外,刚抬起来的臀部,又重新落下,上下打量一番来客,身子纹丝不动,既不起身,也不伸手,毫不掩饰自己的冷淡,"卡尔·马克思。"

别看马克思满脸沧桑,其实也才24岁。一年前,凭着一篇《德谟克利特的自然哲学和伊壁鸠鲁的自然哲学的差别》的论文,耶拿大学在他缺席的情况下,授予他博士学位。有趣的是,这篇博士论文,是马克思献给他岳父、枢密顾问官路德维希·冯·威斯特华伦的,他终生都对岳父怀着崇敬感戴之情。而当时,他正与美丽的燕妮·冯·威斯特华伦处于热恋之中,盼着与大他4岁的燕妮早日完婚。

马克思当上《莱茵报》主编,也就是一个月前的事。这年4月,住在波恩的马克思,开始给《莱茵报》写文章,光芒很快盖住其他撰稿人。第一篇文章发表六七个月后,《莱茵报》的股东们就邀请他做了主编。第三篇论文发表时,他已经坐上主编的位置,这也是他大学毕业后得到的第一份工作。股东和编辑部同行惊讶地发现,这个年轻人具有非凡的才能,能驱使"僵死的生命",按照他的旋律翩跹起舞。

对马克思的冷淡和失礼,恩格斯似乎并不介意,微微一笑,缩回手去,坦然地在对面坐下。他注意到,眼前这个狂傲不羁的人,吸烟又快又猛,有一半甚至是放在嘴里嚼的。

恩格斯也有吸烟的爱好。在他看来,吸烟是一种享受。他曾经与朋友分享吸烟的乐趣:"在春光明媚的早晨,坐在花园里,嘴里衔着烟斗,让太阳晒着脊背,再也没有比这种情况下读书更舒畅的了。"可是,看到马克思这种嗜烟如命的吸法,他不以为然。

恩格斯微皱眉头,慢条斯理地说:"我给您一个忠告,吸烟还是吸好一点的,对身体健康有利。"

"鲍威尔的忠实信徒,不会大老远跑来向我推销烟草吧?是来向我下战书?"马克思不领他的情,顾自吸烟,也不给客人递烟,嘴角露出一丝嘲讽。

"你为什么这么刻薄?鲍威尔兄弟可都是你以前在柏林时的伙伴。"恩格斯脸上微微发红,努力克制住不满。鲍威尔兄弟是他所尊敬的人,他说不清为什么要来面晤马克思:是欣赏他的犀利观点和辛辣文笔,还是想见识一下这个不知天高地厚、敢与鲍威尔公开叫板的狂人?

恩格斯的不满有他的道理。马克思在柏林求学的时候,就迷上了黑格尔哲学。那时,黑格尔学说被奉为普鲁士的国家哲学。柏林大学讲师布鲁诺·鲍威尔是黑格尔最卓越的弟子,也是柏林"青年黑格尔派"的首领,其弟埃德加·鲍威尔和埃格伯特·鲍威尔都是政论家,在观念上比其兄更激进。当时,柏林一群思想活跃的大学讲师、中学教员和作家,组成"博士俱乐部"。马克思加入这个团队时,刚刚20岁,却很快成为团队的精神领袖。布鲁诺·鲍威尔比马克思年长9岁,视他为最能干的战友,两个人关系密切。

马克思虽然只比恩格斯大2岁,但思想显然比恩格斯成熟得早,也比恩格斯更加敏锐。他与鲍威尔兄弟的交恶,并非是出于个人恩怨,而是观点的严重分歧。

1842年夏天,柏林的青年黑格尔分子成立一个无神论者小组,叫"自由人",鲍威尔兄弟是"自由人"的核心人物。这是一个脱离实际生活、沉醉于抽象哲学争论的组织,为引起社会注意,打着自由和解放的旗子,干起街头顽童式的恶作剧:在大街上列队行乞,在酒楼妓院里胡作非为,下流地侮辱毫无防卫的牧师。这些恶作剧,自然引起人们的反感。

眼见着"自由人"日渐沉沦,马克思与鲍威尔兄弟及"自由人"渐行渐远,先是厉言规劝,然后公开论战,最终与他们彻底决裂。

"他们以前确实是我的伙伴。但是,道不同不相为谋,我们已经分道扬镳了。倒是你,成了'自由人'的同盟者。哼哼!"马克思平静地反击,讥讽味十足。他深深地吸一口烟,然后抿着嘴,喷出一股细细的烟流,仿佛射出一发炮弹,对着恩格斯。

"我承认,我是'自由人'的同盟者。他们的行为可能出格了些,但观点也有一定的道理。倒是你,对他们的态度太偏激了,不应该这样决绝。"恩格斯偏了一下头,挥了挥直扑自己的烟雾,针锋相对。

"宣布自己的解放是一回事,这是正当的。但为自己大肆宣扬,则是另一回事。我要求他们少发些不着边际的空论,少来些自我欣赏,少采取一些极端的做法,多说些明确的意见。但是,这些规劝,得到的却是蛮横无理的回应。我是忍无可忍!"马克思把一小截雪茄往烟灰缸里一摁,烟灰缸的烟头纷纷被挤落,散在桌面上。

办公室的门半掩着,外面的人只看到烟雾从里面弥漫出来,并没察觉正在进行着一场激烈的唇枪舌剑。这场论战,就像是风平浪静的海面下激流汹涌:

语调不高,表情平静,没有笑脸,也没有愤怒,但眼光却互相直逼,语锋犀利,暗藏讥讽。

这场平静而激烈的交锋,谁也说服不了谁。恩格斯站起身来,倾身向马克思伸出手去。马克思虽没起身,却也作出回应。两个人礼貌地碰了碰手。恩格斯转身离开。在外间,他仍像进来时一样,优雅地与相遇者一一颔首,推门而出。

恩格斯并不知道:从他转身离开,直到身影消失,里屋那双忧郁、深邃、刚毅、锐利的眼睛,一直紧紧地尾随着他;他跨上马车,走出很远,那双眼神还定定的,没有收回。

这就是两位伟大人物的第一次见面。

53年后,年迈的恩格斯,依然清晰记得与马克思的第一次见面。1895年4月底,即他逝世前4个月,他在写给德国工人运动的著名活动家、《马克思传》作者弗·梅林的信中回忆:"11月底,我在赴英途中访问编辑部的时候,在那里遇到了马克思,这就是我们的十分冷淡的第一次会晤。马克思那时正在反对鲍威尔,也就是说,反对使《莱茵报》主要地只是宣传神学问题、无神论等等,而不去服务于政治讨论和行动。他还反对埃德加·鲍威尔那种单纯追求'最极端的'表现的、空谈的共产主义,而这种共产主义在埃德加那里随后又很快地被貌似激进的其他空谈所代替。由于我和鲍威尔有通信的联系,当然也就可以说是他们的同盟者,而正是由于他们的缘故,那时我对马克思是抱着怀疑态度的。"

然而,近两年之后,马克思和恩格斯的第二次见面,却完全是另外一番情形。

二 行星相遇

1844年8月下旬的一天,巴黎法兰西剧院广场熙熙攘攘,广场旁边的雷让斯咖啡馆人满为患。这是巴黎最著名的咖啡馆之一,具有浓郁的摄政时期风格,伏尔泰、本杰明·富兰克林、狄德罗、格林、路易斯·拿破仑、圣伯沃和马塞特都曾经光临过。

角落的一张桌子前，端坐着一个豹头环眼、燕颔虎须的年轻人，正一边心不在焉地搅着杯里的咖啡，一边频频向门口张望。看得出，他正在等候一位重要的客人。

这位年轻人，就是马克思。不过，他那招牌式的外貌，此时尚不为人们所知晓。

这一年多来，马克思经历了很多。从科隆到巴黎，除了时空的转换，更多的是人生的磨难。

马克思才华横溢，又富有真知灼见，把《莱茵报》办得风生水起，接任主编不到一个月，订户就从885户激增至1820户。但是，《莱茵报》的一些观点犀利的文章，却得罪了普鲁士政府，当局决定查封《莱茵报》。

查封的消息传开后，引起社会强烈不满，订户一跃增加到3200户，同时有几千人签名向柏林请愿，要求停止打压《莱茵报》。可悲的是，莱茵报社的股东们却希望用降低报纸格调的办法取悦政府。马克思不肯妥协，于1843年3月17日愤然辞职，此时距他担任《莱茵报》主编刚5个月。正是这短短的5个月，《莱茵报》的影响力达到巅峰，并因马克思而名垂青史。

就在马克思辞职次日，书报检查官圣保尔得意地向上司报喜："整个报纸的精神领导者马克思博士，昨天终于离开编辑部，接替他的是奥本海姆，这是一个极其温和而又平庸的人物。……我对这种情况感到十分高兴，因为现在我在这份报纸上所花费的时间，还不到先前的四分之一。"

马克思对普鲁士政府深感失望，决定离开德国。他愤怒地说："在德国，我已再没有什么可为。在这里，人们自己作践自己。"

苦闷中的马克思，也有快乐的时光：1843年6月19日，他终于与心爱的燕妮结为伉俪。

1843年10月，他携新婚妻子燕妮来到巴黎，担任《德法年鉴》杂志主编之一。恩格斯称它是"德国第一个社会主义刊物"，出版地点选在巴黎，由马克思和阿·卢格共同主编。

这一天，马克思泡了一杯浓浓的咖啡，点燃一支雪茄烟，坐到办公桌前，打开一个厚厚的信封。这是寄自英国曼彻斯特的投稿信，里面装着两篇论文：《政治经济学批判大纲》和《英国状况》。马克思先展开前者。读着读着,他被吸引住了,居然忘记吸烟,含在嘴里的雪茄也熄了火。

《政治经济学批判大纲》以激愤的语气,谈到资本主义竞争的灭绝人性的影响,谈到马尔萨斯的《人口论》,谈到资本主义生产不断增长的狂热性,谈到危机和工资规律,谈到科学的成就。文章试图从资产阶级经济矛盾的真正根源——私有财产,来引申出这一切矛盾的做法,可谓独具匠心。显然,文章所谈的内容,已包含科学共产主义在经济学方面的思想。

"说得好!"马克思一拍桌子,桌上的烟灰缸跳将起来,烟灰撒满了桌面。

这是谁的高见?马克思瞄一眼落款处的署名,不由得吃了一惊:弗里德里希·恩格斯!

马克思揉揉眼睛,反复核对,没错,确实是弗里德里希·恩格斯!那位面孔白净、彬彬有礼、柔中带刚的青年人,清晰地浮现在眼前。虽然那是一次不愉快的见面,但他对这位年轻人却心存好感,从他身上看到了自己的影子。

另一篇《英国状况》,也同样很有见地,让马克思爱不释手。

细细研读这两篇论文,马克思发觉,恩格斯已完全摆脱"自由人"的影响,观点成熟稳健,已成为一个彻底的革命者。他当即铺开信纸,毫无芥蒂地给恩格斯写了一封信,大大地夸了一番《政治经济学批判大纲》,称它是"天才的大纲"。

自此,两个昔日"对手"频繁通信,越聊越投机,大有相见恨晚之感。

1844年2月底,《德法年鉴》在巴黎用德文出版了。这是一个1—2期的合刊号,由于卢格患病,主要由马克思编辑。这期合刊中,包括卢格写的《德法年鉴》计划、杂志撰稿人之间的8封通信、马克思的《〈黑格尔法哲学批判〉导言》和《论犹太人问题》,还有恩格斯的《政治经济学批判大纲》和《英国状况》等。

远在曼彻斯特协助父亲管理公司的恩格斯,收到新出版的《德法年鉴》后,不是急着看自己的文章,而是急切地阅读马克思的大作。他惊喜地发现:他俩思想的一致,几乎达到连用语都不谋而合的地步。

"他们的思想,一个浸浴着法国革命的光辉,另一个浸浴着英国工业的光辉,……尽管色彩不同,他们的思想在本质上都是一样的,都是开创现代资产阶级社会历史的伟大历史变革。"梅林后来这样评价他俩登在《德法年鉴》上的文章。

后人认为,《德法年鉴》上的马克思、恩格斯的文章,还有一层更大的意义:标志着他们最终完成了从革命民主主义向共产主义的转变。

也是在这个时期,马克思与空想社会主义者展开激烈论战。

空想社会主义也叫乌托邦社会主义,最初源于1516年的一本叫《乌托邦》的书。在希腊文里,"乌托邦"是指一个子虚乌有的地方。作者托马斯·莫尔是英国一位出色律师和国会议员,政治家和人文主义者。他在书中借航海家之口宣称,私有制是万恶的根源。

莫尔所描绘的乌托邦,是一个与世隔绝的幸福海岛,犹如陶渊明笔下的"桃花源":财产是公有的,物资取之不尽,人们各取所需,不受数量限制,没人多领;必须参加劳动,还要掌握一两门手艺。城里人要到乡下农场工作一个时期,以种田为业;实行6小时工作制,工作要服从社会需要。人们一起吃食堂。孩子都能上学,除了教他们文化,还要教他们思想品德;没有富人,也没有穷人,人们鄙视金银,金银只配做马桶和枷锁。没有货币,偷盗抢劫毫无必要。岛上人人平等,每隔10年抽签调换一次住房,可以自由进出。

这些理想,有的已成为我们生活中的一部分。但在500年前,这些理想无异于痴人说梦、异想天开。

莫尔因反对国王亨利八世成为英国最高宗教领袖而被捕。1535年被处死前,他从容地对刽子手说:"我的脖子是短的,好好瞄准,不要出丑。"

继莫尔之后,空想社会主义者一直未停止探索的脚步:

意大利的托马斯·康帕内拉,1591年至1597年,因发表反宗教著作,三次被捕,先后坐牢6年。1599年又因领导那不勒斯人民反对西班牙侵略者的喀拉布里亚起义被关进黑暗的大牢,时间长达27年,但他依然以火一般的热忱,在狱中写完乌托邦式的著作:《太阳城》。

法国的劳德·昂利·圣西门,自动放弃伯爵头衔和贵族称号,自封为"公民包诺姆",意为"庄稼汉""老百姓"。他创作出版了一系列著作,批判资本主义,描绘理想社会。他的最后一部著作《新基督教》,阐明他所努力的最终目标——为了工人阶级的解放。

法国的夏尔·傅立叶，主张通过阶级融合建立和谐社会，富人和穷人之间的阶级对立在集体劳动中消失，拒绝一切政治斗争，不废除资本主义私有制，幻想着百万富翁或王公贵族出钱支持他实现"法郎吉"梦想，实行"按比例分配"，所有人团结友爱、和睦相处。

英国的罗伯特·欧文，带着4个儿子和一批信徒，在美国印第安纳州买下3万英亩土地，聚集1000多人，创办了一个共产主义公社——"新和谐公社"。结果，在几乎耗尽其全部资产后，"新和谐公社"仅存活三四年，就夭折了。

在300多年的历史长河中，空想社会主义者前仆后继：从莫尔、闵采尔、康帕内拉，到温斯坦莱、摩莱里；从马布利、巴贝夫，到圣西门、傅立叶、欧文……他们在艰难的探索中，付出了沉重的代价。

莫尔、康帕内拉自不必说，德意志农民战争领袖托马斯·闵采尔，在起义失败后，惨死于贵族的屠刀之下；法国革命家巴贝夫因叛徒告密，被凡多姆高等法院判处死刑；曾经富甲一方的圣西门倾家荡产，最后因贫困而死；傅立叶被人视作精神失常者，在无尽的守望中郁郁而终；欧文原本是欧洲著名的大企业家，为了"新和谐公社"，几乎耗尽全部资产，最终倒在讲台上。

1851年5月18日，欧文八十寿辰仪式在伦敦约翰街举行时，33岁的马克思还特地赶去聆听欧文的演讲。

尽管马克思对欧文心存尊敬，尽管以圣西门、傅立叶、欧文为代表的空想社会主义为马克思主义提供重要的思想来源，然而在300多年的艰难跋涉中，空想社会主义者始终局限于唯心史观，与马克思主义的唯物史观格格不入。

马克思坚定地认为，社会主义不经过革命是不能实现的。他用一个精辟的警句道出革命的本质："每一次革命都破坏旧社会，所以它是社会的。每一次革命都推翻旧政权，所以它具有政治性。"

但是，在空想社会主义的桎梏下，马克思曲高和寡。孤独的他迫切需要同盟军，恩格斯正是他所期待的同盟军。

犹如寂寥的黑夜，两位孤独的苦行僧意外相遇，相携相挽着结伴同行；仿佛浩瀚的星空，两颗遨游的行星轰然相撞，融为一颗更加巨大耀眼的新行星。

两个惺惺相惜而又志同道合者，早就期待着重逢的一天。

门口,出现一位身材颀长、穿着考究的青年,马克思迅速从思绪中回到现实,几个箭步跨到门口,向对方张开双臂:"弗·恩格斯,我亲爱的朋友!"那青年人脸上顿时放出光来,猛地扑上来:"卡·马克思,非常想念您!"

两个年轻人紧紧地拥抱在一起,反复轻吻着对方的面颊,然后又仔细打量着对方。

两年不见,两个人的外貌都有了很大变化,形象棱角分明,甚至截然相反:一个豪放粗犷,一个温文尔雅。

马克思的头发更加蓬乱,犹如披着狮鬃,两颊的胡子又密又黑,显然已有好些日子没有打理,遮住了大半个脸,一件皱皱巴巴的衬衣敞着领口,没有系领结,一副不修边幅的模样。

恩格斯也长出一圈络腮胡子,脸上不再有稚气的痕迹,从上到下依然衣着笔挺,皮鞋锃亮,穿着上毫无瑕疵,一副十足的绅士模样。

"我美丽的嫂夫人和可爱的小侄女呢?怎么没带来?快带我去见见!"恩格斯急切地说。

"收到你的信之前,燕妮已带着孩子回特里尔了。小家伙4个月了,外祖母还没见过呢,想念小外孙女了。燕妮常听我提起你,也知道我们第一次见面的那场争论,早就念叨着要见你了。她不知道你要来,否则她说什么也不会离开的。"

恩格斯不好意思地摆摆手:"快别提了,那时我思想还很不成熟,误解了您,火气又特别旺。"

马克思拉着恩格斯的手,来到桌前坐下,招呼侍者赶紧上最好的咖啡,迫不及待地询问起恩格斯的近况。

两个年轻人陶醉于喜悦中,一边喝着咖啡,一边纵古论今,倾心交谈。他们惊喜地发现,两个人有太多的相似之处:都出身安逸的中产阶级家庭,都有对诗歌的热情,都从青年黑格尔派的自由主义转向激进政治立场。

在外人听来,他俩津津乐道的话题显得枯燥无味:从德谟克利特和伊壁鸠鲁的自然哲学差别,到黑格尔对德国古典哲学的传承和发扬;从托马斯·莫尔的《乌托邦》,到圣西门、傅立叶、欧文对空想社会主义的探索;从"自由人"的堕落,到欧洲工人运动的兴起。然而,他俩却越谈越投缘,越谈越亢奋,话题无所顾忌、毫无禁区,两颗心更是越谈越靠拢。

恩格斯这次是从曼彻斯特返回德国途中,专程绕道巴黎登门拜访马克思的,打算见上一面就起程。没想到,两个人有说不完的话题,一谈就是10天。后来,恩格斯回忆这段往事时说:"我们在理论领域的完全一致是很明显的,我们共同的工作从此开始了。"

恩格斯在巴黎逗留期间,马克思把他介绍给自己的朋友,领着他参加法国和德国革命工人的集会。他俩达成一致意见:虽然法国、英国和德国工人的各种组织取得很大成绩,但这些组织的主导思想并不足道,如果不对宪章派和空想社会主义、不对平均共产主义和盲动主义进行科学的批判,就无法使无产阶级获得自身的解放。

他们决定:共同合作,为工人阶级的解放制定一个全新的世界观!

自此开始,马克思和恩格斯的友谊一直持续40年,直至马克思去世。他俩互为补充、相得益彰:当马克思研究黑格尔时,恩格斯正在获取实践经验,以专职商人的身份亲身考察;马克思具有高超的抽象能力,完全吸收了黑格尔的长处,辩证方法以一种机智的综合,把诸多元素糅合在一起,恩格斯敏于综合,写作快捷清晰,有时还使用甚至马克思也不熟悉的教义。

当年的雷让斯咖啡馆,今天是否还在?或许被战火所毁?或许已被岁月剥蚀?无论如何,它都将永远载入史册,因为它幸运地成为两位伟人毕生友谊开端的见证者。

有意思的是,马克思和恩格斯的第一次合作,竟然是与老朋友布鲁诺·鲍威尔论战。

就在他俩相谈甚欢时,传来布鲁诺·鲍威尔向他们挑战的消息:他在自己创办的《文学总汇报》上撰文,批驳他们发表在《德法年鉴》上的文章中的观点。鲍威尔一伙还狂妄地宣称,无产阶级是一群没头脑的人。

"我们应该回击!"恩格斯把咖啡杯往桌上一蹾。

"是该回击,沉默意味着胆怯和懦弱。"马克思缓缓地搅拌杯里的咖啡,沉吟道,"这样吧,咱俩做个分工,一人一半,写个30页左右的小册子。"他谈了一下写作思路。

"就这么办,立即行动!"恩格斯快言快语。他行事向来雷厉风行,很快拿出他所分担的那一部分。

马克思接过来,从头到尾翻了一遍,没有马上表态。

恩格斯向马克思伸出手,追问:"你的呢?快让我先睹为快。"

马克思眨眨眼,耸耸肩,狡黠地笑了笑,用手指指脑袋:"我的还在这里。"

恩格斯急了,挥着手臂大声说:"咱们应该尽快反驳,不要错失良机。"

"鲍威尔的观点不堪一击,反驳他犹如摧枯拉朽。"马克思捋了捋胡子,一副胸有成竹的样子,"我认为,我们在批判鲍威尔的同时,应该充分阐述我们的见解。就是说,要在摧毁它的同时也在创造,在破坏它的同时也在建设。"

马克思猛吸一口雪茄,接着说:"工人阶级斗争需要一种科学的理论,我们必须把这种科学理论建立起来。"

听了马克思的写作构想,恩格斯频频点头:"你比我思考得更深更广。看来,这不是一本小册子,这是一部大部头啊!"

恩格斯告别马克思,离开巴黎返回德国。马克思则按照自己的思路,埋头于他那一半的写作,直到11月底才完成草稿。

1845年2月,一部洋洋洒洒300页的大部头问世,书名叫《神圣家族》,副标题是"对批判的批判所做的批判。驳布鲁诺·鲍威尔及其伙伴"《神圣家族》原是意大利文艺复兴时期一幅名画的名字,马克思取此书名,是讥讽鲍威尔等人的狂妄。这是马克思和恩格斯合作完成的第一部著作。

在两位作者看来,这是他们同自己的哲学良心进行的一次清算。

这个时候,恩格斯已经回到家乡巴门。巴门是德国西部、伍珀河右岸的一个年轻小镇,建于1808年,也是属普鲁士莱茵省管辖,18世纪即为纺织工业中心,恩格斯于1820年11月28日出生在这里。后来,巴门于1929年与邻近的埃尔伯费尔德等5个城镇合并,组成伍珀塔尔市。

当散发着油墨清香的书送达时,恩格斯轻轻抚摸着封面,幽幽地说:"书是好书,只是篇幅太长了。"确实,这本书在论述批判的批判时所持的那种极端轻蔑的态度,同它过多的篇幅大大地不相称。

此时,恩格斯的内心百感交集。对他来说,此书出版还有另一层意义:这既是他与昔日偶像鲍威尔的彻底决裂,更是他的世界观走向全新世界的一次蜕变。

"这不是个人恩怨的小事,这是新旧观念较量的大是大非问题。"他很快摆脱了纠结。

不过,恩格斯也担心,书中的观点太深奥,不会引起一般人的兴趣。

果然,《神圣家族》出版之时,几乎没有人阅读它,影响并不大,甚至被反对派嘲笑成"打落水狗",因为著作发表时,无论是鲍威尔及"自由人",还是《文学总汇报》,均已走向衰落。

但是,随着时间的推移,这部著作的价值逐渐显现出来,无论是形式的精巧、语言的洗练,还是见解的深刻,都堪称经典,至今仍魅力不减。

对两位年轻的作者来说,这部著作的问世,标志着他们完成了同过去哲学思想的告别,开始共同创立科学社会主义的战斗历程。

三 天鹅之家

在东西方文化史上,有两部著名的爱情绝唱。一部是源自中国晋代民间传说的《梁山伯与祝英台》,一部是英国剧作家莎士比亚的《罗密欧与朱丽叶》。2005年3月,"梁祝"的故乡人——浙江省宁波市文化交流使团飞越千山万水,应邀访问"罗朱"的故乡——意大利名城维罗纳,实现两部爱情绝唱的第一次牵手。我是使团成员之一。访问期间,我们途经布鲁塞尔。一到下榻处,我就迫不及待地赶到布鲁塞尔大广场。

这座大广场的历史,几乎与布鲁塞尔一样长。12世纪之前,这里曾是一大片沼泽,水草丰茂,栖息着成群的白天鹅。后来,由于城镇的发展,人们抽干沼泽,开始建造布鲁塞尔的首座广场。在法国大文豪雨果的笔下,它是"世界上最美的广场"。

但是,我感兴趣的,并不是这"最美广场",而是奔一个小旅馆而来。这个我心仪已久的小旅馆,就在广场旁边,叫"天鹅之家"。

"天鹅之家"始建于1523年。1695年,被法国国王路易十四军队的大炮夷为平地。1698年,"天鹅之家"得以重建。1959年,这座旅馆改名为"白天鹅饭店"。在熙熙攘攘的布鲁塞尔广场,这座5层小楼默默矗立,色彩斑驳,像是一位饱经风霜的老人,向游客静静讲述它400多年的历史。

　　饭店的正门上方,有一只振翅欲飞的白天鹅雕塑,两侧的墙上各挂着几块金属牌子,写着法语、荷兰语、英语和德语。牌子铜锈斑斑,文字依稀可见,写着同一句话:"卡尔·马克思1847年在此度过。"

　　进餐厅后,左手边角落里,有一块铜牌,上面刻着一个名字:卡尔·马克思。当年,马克思总是习惯性地选择这个角落坐下,或是独自思考,或是与人讨论,或是埋头写作。很多重大决定,都是在这里做出的。据餐厅经理介绍,他们把这个位子永远留给马克思,也把这段记忆留给那些寻找马克思足迹的人。

　　满怀敬意地望着这个座位,我的思绪回到1843年的马克思身边。

　　就在马克思、恩格斯合力回击鲍威尔时,麻烦已经缠上马克思。

　　在巴黎期间,马克思结识了一批流亡法国的德国精英,海因里希·海涅便是其中之一。马克思与海涅邂逅于1843年。这一年,马克思25岁,海涅46岁,两个忘年交,有着心灵上的沟通和默契。有趣的是,作为马克思少年时期的偶像,海涅此时却被马克思渊博的学识和独到的观点所深深折服,把马克思看作是领袖般的人物,每当受了委屈和伤害时,总是跑到马克思家里寻求安慰,马克思的幽默风趣和燕妮的温柔热情,给他带来莫大力量。在马克思影响下,海涅由对共产主义的藐视,转向对共产主义的赞美。

　　1843年整个冬季的晚上,海涅都是在马克思家的壁炉旁度过的。他将自己写的新诗读给马克思及其家人听,两个人一起讨论一首诗的创造,反复推敲,反复诵读,直到双方都感到满意为止。海涅的许多著名诗篇,如《德国,一个冬天的童话》《西里西亚织工之歌》,以及《时事诗篇》中的大部分作品,都是在马克思思想影响下写成的。他与马克思密切交往的1844年,也成为其诗歌创作的巅峰期。

　　巴黎有一份德文报纸《前进报》,是德国激进民主派办的。这个时期,马克思在报上发表多篇文章,严厉抨击普鲁士国王威廉四世。海涅也发表11首诗

篇,讽刺、嘲骂威廉四世和普鲁士内政。在《西里西亚织工之歌》中,海涅吟唱出纺织工人的悲愤,还有对普鲁士专制制度的憎恨:

> 悲愤的眼睛里没有一滴泪,
> 他们坐在织机前咬牙切齿,
> 古老的德意志,我们在织你的尸布,
> 我们要织进去三重的诅咒。
> 我们织啊,我们织!
>
> 一咒那既瞎又聋的上帝,
> 我们怀着孩子般的虔诚向他祈求,
> 我们的希望和期待都落了空,
> 他竟然把我们欺骗和愚弄——
> 我们织啊,我们织!
>
> 二咒那富人的国王,
> 我们的呼号打不动他的心肠,
> 他把我们的最后一文钱榨光,
> 还要叫我们像牲口一样在刀下命亡。
> 我们织啊,我们织!
>
> 三咒那虚伪的祖国,
> 这里只有骗子和恶棍才过幸福的生活,
> 这里只有腐朽和尸臭;
> 古老的德意志,我们在织你的尸布——
> 我们织啊,我们织!

普鲁士当局对马克思和海涅等人恨之入骨。由于海涅是全欧洲闻名的诗人,法国人几乎把他看成是本民族的诗人,法国内务大臣基佐怕惹众怒,授意普鲁士驻巴黎公使向国内谎称海涅只发表过两首诗,所以海涅没有受到刁难。

1845年1月,在普鲁士政府的施压下,基佐下令驱逐马克思和《前进报》其他几位撰稿人,包括卢格、巴枯宁、伯恩斯坦等。办报的伯恩斯因保证停止出版《前进报》、卢格因四处托人说情表白忠心,均得以留下来。

这时,有人悄悄向马克思表示:"只要你承诺不再从事任何反普鲁士的活动,你就可以留在巴黎。"

马克思不屑地回答:"对不起,我的腰有病,无法让我弯下来,我会尽快离开巴黎的。"

事实上,马克思手头的工作千头万绪,那本大部头的《神圣家族》也即将出版。但他还是义无反顾,不肯低头妥协。

马克思流寓巴黎,虽只有一年多时间,却获得丰富的阅历和经验,其中最大的收获是:得到一位赤胆忠诚、终生相伴的亲密战友。

离开巴黎,马克思来到比利时首都布鲁塞尔。比利时原是西班牙王室领地,1815年与荷兰联合组成尼德兰王国,受荷兰奥伦治王室的威廉一世统治,1830年独立后,迅速走向工业化,既有天主教保守派的政府,又有自由派的反对声音,有点像政治逃难者的避风港,比欧洲大陆的任何国家有着更大的言论自由。

在布鲁塞尔,马克思同样过着颠沛流离的生活,先后9次搬家。普鲁士政府对马克思穷追不舍,企图通过外交途径,唆使比利时政府将他逐出。得知这一消息后,1845年12月,马克思被迫申明,放弃普鲁士国籍。

一个深爱祖国的人,竟然失去国籍,其内心的痛苦可想而知。马克思后来称自己是"世界公民",并在《共产党宣言》中声称,"工人无祖国",这是马克思真实而深刻的感受。

让马克思深感欣慰的是,在他遭遇种种磨难之时,恩格斯始终不离不弃,成为他坚定的同盟军。一得知马克思被驱逐出巴黎,恩格斯等人就闻风而动,从朋友那里筹集募捐近1000法郎,援助马克思一家。恩格斯还把自己著作《英国工人阶级状况》的版税给了马克思,甚至搬到布鲁塞尔,在马克思家的旁边租房子,以便尽可能地靠近自己的朋友。

1846年,马克思和恩格斯完成第二部大部头《德意志意识形态》。这是一部具有里程碑意义的著作,标志着历史唯物主义的诞生。它宣称:人民群众是历史的创造者,社会发展的历史是人民群众实践活动的历史,而阶级斗争的最高形式就是进行社会革命,夺取国家政权。

历史唯物主义是马克思、恩格斯的两大发现之一。另一个发现——剩余价值学说,此时也在萌芽之中。

1847年初,马克思一家找到较为稳定的居所,在奥尔良路50号。这里距"天鹅之家"不到两站地,所以马克思成了"天鹅之家"的常客。

1月20日,马克思的寓所响起叩门声。马克思打开一看,门外站着一位头戴鸭舌帽、身穿工装的中年人。他恭敬地问道:"请问这是卡尔·马克思博士的家吗?"

"我就是。"马克思回答。

客人机警地四下环视一番,轻声问:"能进屋谈吗?"

"请进。"马克思把客人让进屋。

一进屋,客人双手紧紧握住马克思的手:"终于见到您了。我叫约瑟夫·莫尔,是正义者同盟的领导人之一。"

马克思一听,热情地请他坐下,给他倒了一杯咖啡。

马克思对这个神秘组织并不陌生。正义者同盟成立于1836年,是被流放到巴黎的德国手工业者创立的,成员一半来自手工业者,一半来自固定职业者,包括裁缝、木匠、鞋匠,还有钟表匠、排字工人等,最初的目标,是把"人权"和"市民"引入德国。同盟由三人团卡尔·沙佩尔、亨利希·鲍威尔和约瑟夫·莫尔领导。沙佩尔是一个贫苦农村牧师的儿子,鲍威尔是鞋匠,莫尔则是钟表匠,也是他们三人中最有才华的人。

莫尔从怀里掏出一个信封,双手递给马克思:"同盟中央委员会特地委托我来,邀请您加入同盟,这是委托书。"

马克思展开委托书,沉吟起来,并没有马上回答。

莫尔介绍了同盟中央委员会的情况,坦率地说,同盟内部存在严重的分歧,已经影响到同盟的发展。他言辞恳切："同盟中央委员会准备在伦敦召开代表大会,将在会上提出一篇宣言,宣布您和恩格斯先生的批判观点为同盟的学说。可是,保守派分子和反对派分子肯定会持反对意见。为了与他们作斗争,需要你们亲自参加大会,这就要求你们必须加入同盟。"

马克思点燃一支雪茄,在狭窄的屋里缓缓地踱着步,莫尔的眼光追着他的背影。

一会儿工夫,屋子里烟雾腾腾,马克思朝莫尔歉意地笑笑,推开窗户,然后面对着莫尔,一字一句地说:"我接受你们的建议,但有一个条件,既然共产主义的科学见解已经被同盟所承认,那么我希望同盟不要有任何的个人崇拜,一切助长迷信权威的东西都必须从章程中摒弃。"

马克思和恩格斯都嫌恶任何个人迷信。他们认为,就共产主义事业的本身来说,任何一个科学共产主义的拥护者,只能是一个具有批判能力、富于创造性,从不盲从和只信奉教条的人,个人迷信只会阻碍群众的创造力。

"没问题!"莫尔兴奋地搓着手,"同盟中央委员会会认真考虑您的要求。恩格斯最近在巴黎,我要马上赶去,当面征求他的意见。"

马克思信心满满:"凭我对恩格斯的了解,他肯定会全力支持你们的。"

莫尔咧开大嘴:"太好了! 有你们的支持,代表大会肯定会开得很成功!"他朝马克思拱了拱手,转身急急离去。

果然不出马克思所料,接到莫尔的邀请后,恩格斯欣然同意。他也提出要求,希望赞同他和马克思理论的人,是一些善于独立思考和有分析批判能力的人。

1847年6月,正义者同盟大会在伦敦召开,决定改组同盟的民主基础,把同盟的名称改为"共产主义者同盟"。

出乎大家意料的是,马克思并没有如约赴会。后来,人们才知道原委:马克思因家境窘迫,一时凑不齐赴伦敦的路费。身在巴黎的恩格斯,则代表巴黎成员出席。事后,恩格斯埋怨马克思,怎么不事先告诉他,他会寄钱给他的。从那以后,家境富裕的恩格斯,成为马克思一家坚强的经济后盾。

正义者同盟原来的口号,是"人人皆兄弟",但马克思态度非常明确,他声称,"有很多人,我绝不希望是他们的兄弟"。根据马克思和恩格斯的建议,共产主义者同盟将口号改为"全世界无产者联合起来"。从此,这句口号传遍全世界,深刻影响至今。

马克思虽没有亲自赴会,但率先响应共产主义者同盟的号召。同年8月初,他就在布鲁塞尔成立共产主义者同盟的支部和区部,并亲任主席。正是同盟广泛的实践,使"工人协会"得以公开建立。8月底,德意志工人协会在布鲁塞尔成立,每星期三和星期日的晚上,都要在"天鹅之家"开展活动,民主协会和比利时工党也经常在这里聚会。

马克思是"天鹅之家"的常客,他给工人讲课,与工人交流,还在后院举行过多场讲座,向工人讲解资本家如何剥削工人的剩余价值。在听马克思的讲座前,工人们一直以为,自己付出劳动,资本家付出工资,是公平合理、天经地义的。有的甚至还感激资本家,以为自己是靠资本家发工资养活的。听了马克思的讲座后,他们才茅塞顿开,搞清楚了资本家与工人之间的剥削与被剥削的关系。

久而久之,"天鹅之家"成为共产主义的通信站。别看马克思才29岁,由于他思想深邃、观点犀利、口才了得,比他年长不少的工人们,都十分尊敬他。

有一次,一个新加入的年轻工人,见大家都对马克思毕恭毕敬,加上马克思外貌老成,冒冒失失地叫了声:"马克思老爹。"

"马克思老爹?"马克思一愣,随即哈哈大笑。

"什么?马克思老爹?哈哈哈!"在场的工人们听了,一个个笑得前仰后合。

从那以后,"马克思老爹"的称呼就传开了,成为工人们的口头禅。这称呼中,既有戏谑成分,更多的是崇敬之情。

1847年11月底,共产主义者同盟第二次会议在伦敦召开,300多人参加。因为与会者大多数是工人,很多人白天还要上班,会议只能晚上开。会上,辩论十分激烈,持续整整10天。

这次大会上,一位年轻人无可争辩地成为主角。他演说简明,逻辑严密,令人信服,声音铿锵有力,爱用生动的手势,从来不说废话,每一句话都包含着深刻的含义,每一个观点都是论证链条中的关键一环,犀利的言语令对手胆战心惊。与会者牢牢记住他的名字:卡尔·马克思。

经过长时间的辩论后,所有的分歧和怀疑都消除了,大家一致通过新原则。

散会后,恩格斯兴奋地擂了马克思一拳:"老伙计,你果然是能言善辩,所有反对的人,在你面前都偃旗息鼓!"

一位叫弗里德里希·列斯纳的参会者,很久以后,依然清晰记得马克思留给他的印象。他叹服道:马克思是一位天生的人民领袖,绝不会对自己抱有任何幻想。"当我越来越认识到魏特林时代的共产主义与《共产党宣言》的共产主义之间的不同,也就越清楚地认识到马克思代表着社会主义思想的成年。"

激烈辩论的结果是,一直在盲目摸索的工人获得精神武装,历史上第一个按照科学社会主义原则建立起来的无产阶级政党诞生了。

大会结束后,马克思和恩格斯领受一项重要任务:为共产主义者同盟起草一个正式纲领,以宣言的形式,公开阐述共产主义原理。

第二章

从空想到科学

一 点燃火炬

1847年12月,马克思回到布鲁塞尔。紧接着,给德意志工人教育协会做关于工资的系列讲座,又帮助民主协会创建一个地方新支部。而恩格斯则绕道布鲁塞尔,回到巴黎。两个人一时无暇顾及起草纲领。

过了一个月,见他俩没有动静,共产主义者同盟伦敦中央委员会急了,带话给同盟布鲁塞尔区部:"请你们通知公民马克思,他所起草的纲领,如果在2月1日前还没有送到伦敦,那就要对他采取进一步的措施!"

伦敦中央委员会并不知道,在马克思高速运转的大脑里,一直在思索着如何起草这份纲领。伦敦共产主义者给马克思提供一沓资料,恩格斯代表巴黎支部,起草了一份草稿,题目是《共产主义原理》,由25个问答组成,马克思吸收了其中的思想。

这个纲领取什么名字合适呢?恩格斯建议:"就叫《共产主义原理》行吗?"

马克思摇摇头:"还不够响亮。"

恩格斯递给马克思一支雪茄,自己也点了一支。在烟雾缭绕中,苦苦思索。

"有了!"恩格斯一拍大腿,"《共产党宣言》,怎么样?

"《共产党宣言》?"马克思口中喃喃重复着,眼睛里渐渐放出光来,"好!既响亮上口,又提纲挈领。我认为,它不仅仅是一份政治纲领,还必须成为无产阶级的指路明灯!"

夜已深,布鲁塞尔的街头空旷静寂,零星的夜行者匆匆而过,燕妮和孩子们已沉沉入睡,只有书房里的那盏昏暗台灯依然亮着。书桌前的马克思,犹如入定一般,背后墙上的巨大黑影纹丝不动。

一番思考之后,马克思呷了一口浓得发苦的咖啡,展开粗糙的稿纸,鹅毛笔下如行云流水:"一个幽灵,共产主义幽灵,在欧洲徘徊。旧欧洲的一切势力,教皇和沙皇、梅特涅和基佐、法国的激进党人和德国的警察,都为驱除这个幽灵而结成了神圣同盟。"

马克思用通俗洗练的语言,注入自己所有的思想精华:

> 现在是共产党人向全世界公开说明自己的观点、自己的目的、自己的意图并且拿党自己的宣言来对抗关于共产主义幽灵的神话的时候了。
>
> ……
>
> 到目前为止的一切社会的历史都是阶级斗争的历史。
>
> ……
>
> 资产阶级撕下了罩在家庭关系上的温情脉脉的面纱,把这种关系变成了纯粹的金钱关系。
>
> ……
>
> 过去的一切运动都是少数人的或者为少数人谋利益的运动。无产阶级的运动是绝大多数人的、为绝大多数人谋利益的独立的运动。无产阶级,现今社会的最下层,如果不炸毁构成官方社会的整个上层,就不能抬起头来,挺起胸来。
>
> ……
>
> 共产党人可以用一句话把自己的理论概括起来:消灭私有制。
>
> ……
>
> 共产主义并不剥夺任何人占有社会产品的权力,它只剥夺利用这种占

有去奴役他人劳动的权力。

……

一个多月过去了,马克思殚精竭虑的心血,转化成一行行蝌蚪般的德文,密密麻麻地布满一沓稿纸。

这天深夜,长时间伏案疾书的马克思,放下鹅毛笔,揉揉发胀的双眼,活动一下酸麻的颈椎和双臂,望着散落一地的参考书,长吁一口气。那是直抒胸臆、畅所欲言后的一种放松。

马克思站起来,在书房里来回踱着,口里念念有词,墙上的身影忽大忽小。过了良久,他重新坐到书桌前,郑重写下:

"总之,共产党人到处都支持一切反对现存的社会制度和政治制度的革命运动。在所有这些运动中,他们都特别强调所有制问题,把它作为运动的基本问题,不管这个问题当时的发展程度怎样。"

马克思继续写道:"最后,共产党人到处都努力争取全世界的民主政党之间的团结和协议。"

这时,隔壁卧室里传来孩子的梦呓声。马克思放下笔,蹑手蹑脚地进到卧室,爱怜地给孩子掖好蹬落的被子,然后又回到书房,振笔疾书:

"共产党人不屑于隐瞒自己的观点和意图。他们公开宣布:他们的目的只有用暴力推翻全部现存的社会制度才能达到。让统治阶级在共产主义革命面前发抖吧。无产者在这个革命中失去的只是锁链。他们获得的将是整个世界!"

想说的话都已变成"蝌蚪"了,该结尾了。马克思按捺不住澎湃的心情,站起来绕着不大的书房转了几圈,疾速回到书桌前,饱蘸墨水,凝神屏气,力透纸背,发出一声地动山摇、震撼世界的召唤:

"全世界无产者,联合起来!"

然后,他把鹅毛笔往后一扔。鹅毛笔在空中划过一道优美的弧形,飘飘扬扬地落到地板上。滴下的墨水连同笔一道,构成了一个大大的叹号。

马克思拉开窗帘。

天空,已经露出鱼肚白。在马克思眼里,这又是一个充满希望的日子。

马克思顾不上休息,立刻将书稿寄到伦敦付印。

1848年2月19日,伦敦瓦伦街19号,哈里逊印刷所,《共产党宣言》正在悄悄印刷。这本绿色封面、只有23页的德文小册子,首次印数只有几百册。

恰在这时,法国二月革命爆发,散发着油墨清香的《共产党宣言》,立即被分发到各国的同盟会员手里,成为工人的思想武器。

这一年,马克思30岁,恩格斯才28岁。

《共产党宣言》封面上,印着他俩的名字,一直被公认是他俩的共同作品,实则马克思一人完成,书名则是恩格斯所取。恩格斯从不掠人之美,后来曾说,"基本上是他(指马克思)的著作""基本原理是属于马克思一个人的"。

尽管由马克思执笔完成,但《共产党宣言》所包含的思想,都是马克思或恩格斯在他们过去的各种著作中表述过的。在思想形成过程中,马克思和恩格斯可谓殊途同归:马克思的观点主要来源于法国工人阶级的经验,而恩格斯则根源于他在工业化英国的经历。

《共产党宣言》包括序言和4章正文。

序言说明其产生的历史背景和目的任务。1872年至1893年,马克思和恩格斯为不同版本先后撰写7篇序言,即1872年德文版序言、1882年俄文版序言、1883年德文版序言、1888年英文版序言、1890年德文版序言、1892年波兰文版序言和1893年意大利文版序言。7篇序言,简要说明《共产党宣言》的基本思想及其在国际共产主义运动中的历史地位,指明《共产党宣言》的理论原理是历史唯物主义,并根据无产阶级革命的经验和教训,对《共产党宣言》作了补充和修改。

正文中,第一章"资产者和无产者",论述马克思主义的阶级斗争学说。第二章"无产者和共产党人",说明无产阶级政党的性质、特点、目的和任务,以及共产党的理论和纲领。第三章"社会主义和共产主义的文献",批判当时流行的各种假社会主义,分析各种假社会主义流派产生的社会历史条件,并揭露它们的阶级实质。第四章"共产党人对各种反对党派的态度",论述共产党人革命斗争的思想策略。

《共产党宣言》的核心思想有两个:一是唯物史观,二是共产主义。共产主义是他俩毕生追求的目标;唯物史观是他们揭示的人类社会发展规律,为共产主义思想的科学性提供理论支撑。

《共产党宣言》文风简洁明了。如果按汉字计,全文不足2万字,7篇序言几乎都是千字文,1883年德文版序言甚至不足400字。然而,大道至简,为文亦然。文不在长,在有魂魄;字不在多,在有精髓。正如列宁评价,"这部著作以天才的透彻和鲜明的语言,描述了新的世界观"。正是这篇短文,极大地震撼了世界,犹如黑暗中高高擎起的一支火炬,照亮人类前行的方向,改变人类的历史进程。

《共产党宣言》的问世,标志着社会主义从空想走向科学,标志着马克思主义的正式诞生。它使共产主义运动从幽灵变成一轮喷薄欲出的朝日。

《共产党宣言》是无产阶级政党的第一个党纲。它指出,资本主义必然灭亡,共产主义必然胜利。这个历史使命的承担者是无产者,而无产者要实现这个使命,必须推翻资产阶级,使自己上升为统治阶级,为此就必须组成一个自觉的阶级政党。"无产者在这个革命中失去的只是锁链。他们获得的将是整个世界!"

然而,《共产党宣言》的横空出世,非但未给其作者带来荣耀,反而惹上无尽的厄运。

就在《共产党宣言》发表前后,欧洲发生惊天动地的革命运动:波旁王朝国王斐迪南被推翻,那不勒斯、都灵以及佛罗伦萨都宣布成立共和国;法国巴黎的工人、市民和学生冲进王宫,国王路易·菲力浦的宝座被焚烧,全家仓皇逃往英国,临时共和国宣布成立;西西里、柏林、维也纳、匈牙利等地也相继爆发革命,起义很快席卷大半个欧洲。

1848年3月3日,邮差送来一封信件,马克思拆开一看,顿时眉开眼笑,禁不住连连亲吻燕妮和孩子。原来,这是法国临时共和政府官员斐迪南·弗洛孔给他的回信。此前,马克思曾致信临时共和政府,要求撤销前政府对他的驱逐令。

回信说:"勇敢忠诚的马克思:法兰西共和国大地是一切朋友自由的避风港。施行暴政的国家驱逐了您,自由的法兰西对您以及那些所有为这个神圣事业,为这个所有人的兄弟般的事业奋斗的人们敞开了她的大门。"

然而,马克思一家的高兴劲儿还没过去,厄运就降临了。

受革命形势所迫,比利时政府惊慌失措,国王甚至表示要退位。待局势平稳后,当局转向集结反攻,开始对革命者下手。在比利时政府黑名单上,马克思是头号人物,自然首当其冲。

也是3月3日这天,为法国临时共和政府送信的邮差前脚刚走,马克思家里就闯进几个傲慢的官差,当场宣读一份比利时国王签署的驱逐令:限马克思24小时之内离开比利时!

义正词严的抗议,改变不了结果。燕妮默默地打点起行装。

但是,马克思一家没能安静地离开。3月4日凌晨1点,马克思和燕妮正在忙着收拾,十多名警察破门而入,翻箱倒柜,搜查每个角落,最后以马克思没有身份证为由,将他逮捕。其实,马克思不仅有完好无损的身份证,还有几个小时前刚收到的驱逐令。

喧闹声惊醒熟睡的孩子,4岁的小燕妮和3岁的劳拉吓得哇哇直哭,燕妮护住两个孩子,美丽的眼睛里喷出怒火。

马克思显得很平静。临走前,他弯下身子,轻轻地吻了吻两个孩子,把燕妮紧紧搂在怀里,叮嘱道:"不要担心,我会平安回来的,你好好照顾孩子。"

燕妮一夜未眠,天一亮,把孩子托给朋友照顾,匆匆赶到比利时民主协会主席若兰特家中,请求他帮助援救马克思。当她返回家里时,门口站着一个警察,彬彬有礼地问她:"请问你是马克思夫人吗?如果你想见马克思先生,请随我来。"

燕妮不假思索地答应了。到了警察局,她发觉气氛不对。

"这里没有什么马克思!"一个身材高大的警官,长着一脸横肉,双脚跷在桌子上,从头到脚打量她一番,用警棍重重敲着桌子,粗暴地审问:"你是什么人?有身份证吗?你找若兰特干什么?"

燕妮这才知道,自己被盯梢了,也被欺骗了。她沉着应答,丝毫不惧。

那警官问了半天,一无所得,恼羞成怒,干脆以"游荡"的罪名,将燕妮送进市政厅监狱,关进一间阴暗的牢房里。

背后铁门"哐当"一声被锁上,燕妮只觉得眼前一片漆黑,好一会才适应过来。

她环顾周围,这才发现,不大的屋子里,竟关着5个女囚。3个靠墙坐着,1个倚墙站着,正虎视眈眈地盯着自己,还有1个和衣躺在角落里,似乎是睡着了。

看守的脚步声远去后,倚墙而站的女人,朝燕妮慢慢踱过来。她人高马大,头发蓬乱,犹如一只大鸟巢,身上一股刺鼻的劣质香水味。燕妮厌恶地皱皱眉头,往后退了一步。

"鸟巢"踱到燕妮面前,用一对巨乳顶着她,一直把她顶到墙角。

"怎么?你也是夜莺?昨晚被逮住了?""鸟巢"的语气里,含着幸灾乐祸。

靠墙而坐的仨女子,发出放肆的浪笑。

"我和你不是一路人。"燕妮冷冷应道,头歪向一边。

"你以为你是谁啊?娇小姐?贵妇人?""鸟巢"被激怒了,用肩膀猛地撞了下燕妮,"关到这间屋子里的,谁又比谁好多少?还在这跟我装高尚呢。呸!"

"小姐,我奉劝你一句,"燕妮毫不畏惧,一把推开她,压抑着怒火,凛然回敬,"你要想赢得别人的尊重,首先要懂得自重,懂得尊重别人。"

"鸟巢"张了张嘴,不知该如何反驳燕妮。

"行了。"角落里发出一声断喝。大概是见同伴落了下风,一直躺着的女人制止了她俩的争执,一骨碌爬起来,快步走到燕妮身边。坐着的仨女子赶紧立起,围了过来,"鸟巢"则识相地退到后面。

燕妮看出来了,这个女人是这间屋里的头领,"鸟巢"只是个马仔。

这是一个瘦削的女人,颧骨突出,眼睛深陷,目光犀利,嘴角线条分明,一望就知是个强势的人物。她用一种居高临下的眼神盯住燕妮。

燕妮平静地直视着对方,神态不卑不亢。

尽管室内光线灰暗,瘦女人依然吃惊地发现,眼前这个模样俏丽的女人,虽然衣着朴素,但穿着得体,由内而外散发出雍容高雅。

瘦女人忽然觉得矮了半截,目光中露出胆怯,眼神游离不定,甚至不敢与燕妮对视。过了一会儿,她才回过神来,和气地问道:"你是怎么进来的?"

燕妮是个敏锐细心的人，已经从话语中听出友好，遂换一种口吻回答道："我是被警察冤枉陷害的。"

"能说给我们听听吗？"

听了此话，几个人都好奇地围过来。

燕妮犹豫了一下。她不是那种轻易诉苦的人，可是，在这个特殊的场合，面对着几双热切的眼睛，她破例把事情的来龙去脉叙述了一遍。

在燕妮平静的讲述中，几个人时而惊叹一声，时而不解地摇着头。

燕妮讲罢，几个人陷入沉默。过了好一会，瘦女人感慨地说："虽然我无法理解你们的事业，但有一点我是知道的，我们只是为自己活着，而你们是为我们大家活着。"

瘦女人也向燕妮坦露心迹。原来，她们都是妓女，并且是处于最底层的"游莺"，平时出没于酒吧、公园、戏院、街头，居无定所，收入低，还经常受到街头混混、流浪汉的骚扰，辛辛苦苦赚的一点钱被抢个精光。一旦被警察抓到，除饱受一顿毒打以外，还要被关进监狱，不得不靠朋友和家人交钱保释，她们几个都是这里的常客。所以，她们对别人常常怀有敌意。

那天夜里，6个女人毫无睡意，围坐在漆黑的牢房里，居然讨论起人为什么活着，一个个仿佛成了哲学家。

第二天中午，一队宪兵出现在牢房门口，喝令燕妮跟他们走。6人紧紧相拥，泣涕涟涟，舍不得分开。燕妮惊奇地发现，在这个黑暗、肮脏的牢房里，竟然充满着真情和温馨。

燕妮被押送到侦讯室，在严寒和逼供中，忍受两个小时的煎熬。警察局一无所获，极不情愿地释放她，但仍给她戴上一项荒诞不经的罪名：赞成丈夫的民主信念。燕妮终于理解了"欲加之罪，何患无辞"的含义。

当马克思和燕妮被释放时，24小时的限期已满，他们不得不立即离开，连最必需的东西也来不及带走，燕妮只好贱卖家当，马克思雇了一辆马车，载着一家人匆匆赶往火车站。

天空如泼墨般黑，火车在寒夜中慢腾腾地爬行着。疲惫不堪的燕妮搂住两个孩子，蜷缩在座位上，在"吭当吭当"的噪声中昏昏欲睡。马克思毫无睡意，昂着雄狮般的头,一双鹰隼似的眼睛炯炯发光。望着窗外疾驰而过的黑夜,他在思考着到达巴黎后的行动。

"巴黎,我来了!"马克思在心中说。他的心中,没有气馁和消沉,只有澎湃激昂的斗志。

一场疾风暴雨般的革命,正在巴黎迎接马克思。

二 星火燎原

当马克思投身于巴黎及欧洲的工人运动时,一册册《共产党宣言》,宛如一颗颗生命旺盛的种子,克服贫瘠干旱、霜冻严寒,冲破重重障碍和阻挠,相继在欧洲、美洲、亚洲乃至全球的大地上发芽、生长、开花、结果。

据德国特里尔市马克思故居展览馆统计,《共产党宣言》问世以来,已用200多种语言出版。其中有很多语种,如英、德、法、俄、中、西班牙文等,出版了多种版本。它被公认是全世界传播最广泛的社会政治文献。

在《共产党宣言》的传播过程中,马克思和恩格斯根据政治形势的变化,不断总结国际工人运动的新的历史经验,不断完善、丰富和发展《共产党宣言》思想。这些完善、丰富和发展,主要体现在不同版本的序言中。这些序言,也是国际工人运动变化发展的晴雨表。

7篇序言的写作地,都无一例外地在伦敦。前2篇是两个人合写的,后5篇是马克思逝世后恩格斯独写的。

第一篇序言写于1872年6月24日,是新的德文版,距离《共产党宣言》发表已25年。在这25年中,《共产党宣言》除首版外,又用德文在德、英、美至少翻印过12次,用英文在英、美至少翻印过4次。此外,还有法译本、波兰文译本、俄译本、丹麦文译本等。

这篇序言,主要介绍《共产党宣言》产生的历史背景,自信地认为,"不管最近25年来的情况发生了多大变化,这个《宣言》中所发挥的一般基本原理整个说来直到现在还是完全正确的"。两位作者根据法国资产阶级二月革命和无产阶级巴黎公社的经验,告诫共产党人,这个纲领有些地方已经过时了,特别是公社已经证明,"工人阶级不能简单地掌握现成的国家机器,并运用它来达到自己的目的"。运用这些基本原理,"随时随地都要以当时的历史条件为转移",不可生搬硬套搞教条主义。这说明,即使马克思和恩格斯,也十分清醒地认识到,《共产党宣言》的理论内容并不是一成不变、永远正确的,而是需要不断探索总结、不断完善提高、不断与时俱进的。

这25年间,马克思历尽磨难,生活颠沛流离:1848年4月,他和恩格斯一起回到科隆,创办《新莱茵报》。1849年5月,他被普鲁士当局驱逐,被迫回到法国巴黎,8月又被法国政府驱逐,流亡到英国伦敦,但仍被普鲁士政府所监视。在伦敦,他度过了一生中最困难的日子。这位思想上的富有者,经济上却是赤贫户。由于没有固定工作,马克思的经济来源主要靠微薄的稿费收入,加之资产阶级对他的迫害和封锁,全家常常囊空如洗,衣食无着,贫困潦倒,不得不靠典当衣服渡过难关。贫病交加,夺去他3个儿女的生命,包括8岁的男孩埃德加尔。

1850年6月,马克思拿到大英博物馆图书室的阅览证。此时,他正在为写作《资本论》积累素材,一天要在图书馆待10个小时。有一次,家里实在揭不开锅了,他只好把那件像样点的外套拿去典当,可是这下子出不了门,更不要说去图书馆。无奈,他只好写信给恩格斯,让恩格斯赶紧寄几英镑来,使他可以去典当行赎衣服。

列宁说过:"如果不是恩格斯牺牲自己而不断给予资助,马克思不但无法写成《资本论》,而且势必会死于贫困。"

尽管灾难重重,举步维艰,马克思从未停止探索真理的脚步,全身心投入到共产主义运动中,成为无产阶级的精神领袖和当代共产主义运动的先驱,并以异于常人的顽强毅力,于1867年9月出版鸿篇巨制《资本论》第一卷。《资本论》发展了《共产党宣言》的思想。列宁评价,《资本论》"是当代最伟大的政治经济学著作"。

1880年,燕妮患上肝癌,马克思在精心照料妻子的过程中,因体力消耗过度,患上支气管炎。1881年12月2日,燕妮逝世,这是马克思从未经受过的最大打击。燕妮逝世那天,恩格斯说:"摩尔(马克思的昵称,意思是黑面人)也死了。"

1882年1月,在距离《共产党宣言》发表35年时,俄文版又一次出版。仍然深陷在丧妻之痛中的马克思,与恩格斯共同为俄文版作序。序言称,他们在《共产党宣言》中没有提及俄国和美国,"那时,俄国是欧洲全部反动势力的最后一支庞大后备军;美国正通过移民吸引欧洲无产阶级的过剩力量"。今天的情况完全不同了,美国的无产阶级人数众多,神话般的资本积聚也开始发展起来,而俄国已是欧洲革命运动的先进队伍。这篇序言明确指出:"《共产党宣言》的任务,是宣告现代资产阶级所有制必然灭亡。"

马克思和燕妮一共生育6个孩子,只有珍妮(也叫小燕妮)、劳拉和艾琳娜3个女儿活下来,马克思对女儿们疼爱有加。1883年1月11日,年仅38岁的小燕妮突然病故。此时,马克思正在抱病研究数学,并准备出版《资本论》第一卷德文第三版。白发人送黑发人,须发皆白的马克思惊闻噩耗,心如刀割,身体被彻底击垮。

3月14日下午两点半左右,恩格斯来看望马克思,本想陪他聊聊天,见他正躺在炉旁的安乐椅上打盹,便退了出去。

一两分钟后,恩格斯不放心,又走进马克思的卧室,发现马克思的头歪向一边。他情知不妙,赶紧上前,轻轻地摇了摇,毫无反应。他试了试鼻息和脉搏,顿时泪如雨下——这位相伴40多年的老战友,已经长眠不醒!

然而,对马克思的逝世,英国各界反应冷淡。《泰晤士报》的讣告,仅有一段文字,而且行行都有谬误,比如说,马克思"出生在科隆""20岁时移居法国"等等。只有一家报纸提到,马克思可能会留名后世。

令人感慨叹息的是,这位胸怀全人类的伟人,直到逝世,依然没有国籍!

3月17日,伦敦城北海格特公墓。荒僻的角落里,马克思静静地躺在墓穴里。他并不孤单,因为相濡以沫一辈子的燕妮,就陪伴在他身边。

墓穴旁,围着11个人,神情落寞悲切,现场显得冷清凄凉,唯有淅淅沥沥的春雨,忠实地哭泣着,把送行者的心都哭碎了。

恩格斯瘦削的脸庞湿漉漉的,分不清是雨水还是泪水。他把手中的鲜花轻轻抛向逝者,一张口就语出惊人:"3月14日下午两点三刻,当代最伟大的思想家停止思想了。"

他抬起头来,脸上热泪滚滚:"这个人的逝世,对于欧美战斗的无产阶级,对于历史科学,都是不可估量的损失。这位巨人逝世以后所形成的空白,不久就会使人感觉到。"

周围的人听了,互相对视一下,连连点头。恩格斯继续说:"正像达尔文发现有机界的发展规律一样,马克思发现了人类历史的发展规律,即历来为繁芜丛杂的意识形态所掩盖着的一个简单事实……"

"不仅如此,"他提高嗓音,"马克思还发现了现代资本主义生产方式和它所产生的资产阶级社会的特殊的运动规律。由于剩余价值的发现,这里就豁然开朗了,而先前无论资产阶级经济学家或者社会主义批评家所做的一切研究都只是在黑暗中摸索。"

大家相拥着,搀扶着,慢慢向恩格斯身边靠拢。恩格斯环视一下身边的人,语调一扬,充满着欣慰:"一生中能有这样两个发现,该是很够了。即使只能作出一个这样的发现,也已经是幸福的了。但是马克思在他所研究的每一个领域,甚至在数学领域,都有独到的发现,这样的领域是很多的,而且其中任何一个领域他都不是浅尝辄止。"

……

3个月后的6月28日,还没有从悲痛中缓过来的恩格斯,为《共产党宣言》新的德文版作序。他心里滴着血,沉重的笔下字字如泪:"本版序言,不幸只能由我一个人署名了。马克思——这位对欧美整个工人阶级比其他任何人都有更大贡献的人物——已经长眠于海格特公墓,他的墓上已经初次长出了青草。"

也许是痛失最亲密战友之故,这篇序言在7篇序言中篇幅最短,翻译成中文,仅有420字。恩格斯压抑住内心的悲痛,简要阐述《共产党宣言》的基本思想:每一历史时代的经济生产以及社会结构,是该时代政治和精神的历史的基础;全部历史都是阶级斗争的历史;无产阶级如果不同时使整个社会永远摆脱剥削、压迫和阶级斗争,就不能使自己从资产阶级统治下解放出来。

马克思生前只出版《资本论》第一卷,庞大的写作计划没有完成,留下大量的手稿。这些手稿,在德文中还夹杂着英文和法文,有时一个单词,用一种文字开头,却用另一种文字结尾。仅关于资本流通过程这一部分,就有8份手稿,时间从1865年到1881年,跨度达16年之久。

这一大堆手稿,在外人看来杂乱无章。望着这些手稿,马克思的女儿们和女婿们不知所措。他们虽然非常了解马克思所从事的事业,但对隐藏在手稿中的深奥哲理,却一知半解。

"交给我吧。"恩格斯平静地说。虽然他的身体状况一直在走下坡路,而且手头的研究工作也非常繁重,但他知道,除了他,没有谁能承担起这份重担。

于是,恩格斯中断自己的研究工作,埋头于整理、补充、出版《资本论》第二、三卷的工作。他对朋友说:"我特别担心,因为现在活着的人中,只有我才能辨认这种字迹、这些缩写的字以及整个缩写的句子。"

1885年7月,《资本论》第二卷终于正式出版。恩格斯特意选择在5月5日,为该书写下序言,因为马克思出生在1818年5月5日。而第三卷,则用了将近10年才完成,直到1894年才出版。

从接手这项工作,到《资本论》第三卷出版,耗费了恩格斯近12年的宝贵光阴!

在时间长河里,12年转瞬即逝。然而,在一个人的生命里,12年又是多么宝贵,对一个步入老年的人来说,12年更是千金难买。可以预想,如果恩格斯把这12年用于自己的研究,他又会出多少理论成果。

自古以来,为了同志和朋友,抛头颅洒热血、义无反顾献出生命的仁人志士大有人在。然而,有多少人能够经历日复一日的煎熬、心甘情愿为别人付出12年的生命光阴?绝无仅有!

支撑恩格斯信念的,不仅仅是他对马克思深厚的友情,更是他海洋般宽阔的胸怀和对共产主义信念的执着追求。

体现恩格斯胸怀的,还不止这些。在恩格斯的力主下,由马克思和恩格斯共同创造的理论,却只用马克思一个人的名字命名。别人不理解,劝他说:"如果没有您,马克思这一堆杂乱无章的手稿,最终只是一堆废纸,是您才使它们重获生命,并且在很多方面您是属于再创造,您所浸润的心血并不比马克思少多少,这是你俩的共同劳动成果,应该共同署名。"

"马克思比我们一切人都站得高些,看得远些,观察得多些和快些。马克思是天才,我们至多是能手。没有马克思,我们的理论远不会是现在这个样子。

所以,这个理论用他的名字命名是公正的。"恩格斯诚恳地说。

奥地利社会民主党人阿德勒曾说:"恩格斯出版《资本论》第二卷和第三卷,就是替他的天才朋友建立了一座庄严宏伟的纪念碑,无意中也把自己的名字不可磨灭地铭刻在上面了。"

当我们惊叹马克思渊博的学识、仰视马克思深邃的哲理时,千万不要忘记,在他的身后,默默站立着另一位同样令人景仰的伟人。

第四篇序言,是恩格斯1888年1月30日为《共产党宣言》新的英文版写的,此时距离《共产党宣言》发表已40年。恩格斯介绍了《序言》产生的历史背景和《共产党宣言》发表后工人运动的发展情况,认为它的历史在很大程度上反映着现代工人运动的历史,"现在,它无疑是全部社会主义文献中传播最广和最带国际性的著作,是从西伯利亚起到加利福尼亚止的千百万工人公认的共同纲领"。恩格斯重申他在马克思墓前讲的观点:马克思的唯物主义思想像达尔文对生物学的伟大贡献一样,是对历史科学的伟大贡献。

1890年5月1日,是第二国际①1889年确定的第一个工人阶级的节日。这一天,全世界主要资本主义国家的工人阶级,举行声势浩大的游行示威活动。就在这一天,恩格斯写下第五篇序言,充满自豪地说:"'全世界无产者,联合起来!'——当四十二年前我们在巴黎革命即无产阶级带着本身要求参加的第一次革命的前夜向世界上发出这个号召时,响应者还是寥寥无几。……今天的情景定会使全世界的资本家和地主知道:全世界的无产者现在已经真正联合起来了。"

此时此刻,恩格斯压抑不住对马克思的无尽怀念:"如果马克思今天还能同我站在一起亲眼看见这种情景,那该多好呵!"

这一年的11月28日,是恩格斯70岁寿辰,世界各地很多人纷纷向他祝贺。为此,他写了一封公开信予以致谢。他在信中谦逊地说:"我只是有幸来收获一位比我伟大的人——卡尔·马克思播种的光荣和荣誉。因此,我只有庄严地许约,要以自己的余生积极地为无产阶级服务,但愿今后尽可能不辜负给予我的

---

① 第二国际,即社会主义国际,是一个工人运动的世界组织。

荣誉。"

1892年2月，也就是《宣言》发表第45年，新的波兰文版《宣言》问世。"近来《宣言》在某种程度上已经成为测量欧洲大陆大工业发展的一种尺度。某一国家的大工业愈发展，该国工人想要弄清他们作为工人阶级在有产阶级面前所处地位的愿望也就愈强烈，工人中间的社会主义运动也就愈扩大，对《宣言》的需求也就愈增长。"恩格斯在序言中如是说。

"意大利是第一个资本主义民族。封建的中世纪的终结和现代资本主义纪元的开端，是以一位大人物为标志的。这位人物就是意大利人但丁，他是中世纪的最后一位诗人，同时又是新时代的最初一位诗人。"这是第七篇序言中的话。恩格斯在1893年2月1日充满期待地说："我的唯一愿望是这个意大利文译本的出版能成为意大利无产阶级胜利的良好预兆，如同《宣言》原文的出版成了国际革命的预兆一样。"

这是恩格斯为《宣言》写的最后一篇序言。饱经沧桑的恩格斯，此时已经73岁高龄，尽管东隅已逝、桑榆未晚，老骥伏枥、志在千里，但生老病死毕竟是自然规律，任何人都违背不了。他多么希望他和马克思开创的事业后继有人啊！"现在也如1300年间那样，新的历史纪元正在到来。意大利是否会给我们一个新的但丁来宣告这个无产阶级新纪元的诞生呢？"序言的末尾，老人给后人留下一个巨大的、充满希望的遐想空间。

这一年，恩格斯游历欧洲大陆，这是他一生中极为愉快的一次享受，也是晚年生活中在政治上达到的一次高潮。

8月12日，恩格斯抵达苏黎世。这里，正在举行第二国际第三次代表大会，恩格斯出席闭幕式。

当恩格斯走进会议大厅时，代表们纷纷起立，一边使劲鼓掌，一边伸长脖子，希望一睹这位受人爱戴的领袖的风采。大会请他致闭幕词，他用德语、英语、法语作了简短的演说，回顾了马克思的历史功绩，回顾了第一国际。他向国际无产阶级的代表们呼吁，不管各民族有多少特殊性，在反对资本主义的斗争中，都要保持革命的团结，"为了不致蜕化成为宗派，我们应当容许讨论，但是共同的原则应当始终不渝地遵守"。

当恩格斯抵达维也纳时,600人集结在一起,为他开欢迎会。9月14日,数千名维也纳的社会主义工人举行群众大会。人们簇拥着恩格斯来到会场,会场顿时掌声雷动。虽然在场监督的警察禁止选举恩格斯为名誉主席,大会主席依然在齐声赞同中宣布,恩格斯将"占有大会的荣誉席位"。这次大会,变成一次拥护社会主义和无产阶级国际主义的誓师大会。

在工人们的热烈欢呼声中,恩格斯自豪地说:"现在全世界无论做什么事,都得看看我们的神色。我们就是一个使人畏惧的强国,一个比其他强国更能起决定作用的强国。这使我感到骄傲!我们没有白活,我们能够自豪地、满意地回顾自己的事业。"

1894年的恩格斯虽然年迈体衰,仍然经常长时间伏案工作,为《资本论》第三卷的出版而忙碌。他还同时准备整理《资本论》第四卷,这部分手稿,是马克思在1861年至1863年所写经济学手稿的一部分,马克思没有来得及编好付印,因为比较粗糙,整理的工作量很大。恩格斯自感来日无多,心急如焚,从他给马克思女儿劳拉的信中,可以感受到他这种只争朝夕的急迫之情:

"74岁,我才开始感觉到它,而工作之多需要两个40岁的人来做。真的,如果我能够把自己分成一个40岁的弗·恩格斯和一个34岁的弗·恩格斯,两个人合在一起恰好74岁,那么一切都会很快就绪。"

遗憾的是,恩格斯未能实现把这部手稿作为《资本论》第四卷出版的愿望。他在临终前,将马克思的全部经济学手稿都交给马克思幼女爱琳娜。后来,其中部分手稿经考茨基编辑整理,于1905年至1910年间分三卷出版,定名为《剩余价值理论》。考茨基没有按照马克思的计划,把它作为《资本论》的第四卷,而是作为与《资本论》并立的独立著作。

1894年11月底,恩格斯的论战性著作《法德农民问题》在《新时代》杂志上发表。他宣称:"社会党夺取政权已成为最近将来的事情。然而,为了夺取政权,这个政党应当首先从城市跑到农村,应当成为农村中的力量。"

在说这话的时候,恩格斯并没有想到,到了20世纪,在遥远的东方,一位叫毛泽东的中国共产党人,就是带领中国共产党走"农村包围城市"的革命道路,最后夺取全国政权,把他的设想变成了现实。

1895年2月11日下午,伦敦的大雾渐渐散去,阳光变得明媚起来,恩格斯午休起床后,冲了一杯浓浓的咖啡,坐到一尘不染的书桌前,右手习惯性地伸向旁边的雪茄盒,犹豫了一会,又缩回了手。

恩格斯曾经烟不离手,到了晚年,他意识到吸烟对身体的损害后,开始坚决地戒烟,两三天也抽不了一支。

烟虽然没有抽成,思绪却打开了闸门。早已远离他而去的马克思,此时又紧随着烟出现在他的面前。

马克思大半辈子嗜烟如命,有时穷得靠典当度日,但雪茄却从来没有缺过,整天嘴里叼着烟斗或雪茄烟,只是这些雪茄都是价格低廉的劣质货。晚年健康状况恶化后,医生忠告他必须戒烟。别人都以为他会把医生的话当耳边风,他却出人意料地戒除了数十年的烟瘾,并且彻底不吸烟。

"唉!"恩格斯重重地叹口气,身子往后一仰,靠在椅背上,用青筋暴露的双手轻轻地搓着面颊,刻骨铭心的思念,又开始折磨他,"老伙计,已经分别12年了,你在那边还好吗?你倒是可以整天和燕妮快乐地在一起,不必再玩命了,我却还要在这里坚持战斗。不过,我也快要向你报到喽。"

恩格斯自言自语了一阵,强迫自己从深深的思念中挣脱出来,翻开一沓泛黄的旧报纸,这是1850年1月至11月在德国汉堡出版的《新莱茵报·政治经济评论》,上面连载了马克思所著的《1848年至1850年的法兰西阶级斗争》。恩格斯打算将它集纳起来,出版一本单行本,这些天正在酝酿写一篇导言,阐述它的主要内容和基本思想。

恩格斯提起笔,写下这样一段话:"由自觉的少数人带领不自觉的群众实现革命的时代,已经过去。凡是要把社会组织完全加以改造的地方,群众自己就一定要参加进去,自己一定要弄明白这为的是什么,他们为什么而去流血牺牲。"

身患喉癌的恩格斯并不知道,这篇序言,是他一生中最后一篇政治论文。

半年后的1895年8月6日,一则发自伦敦的电讯,震惊全世界:"恩格斯于昨晚10时30分安然逝世。"这一年,恩格斯75岁。

8月10日,在伦敦威斯敏斯特桥的滑铁卢车站大厅里,举行了恩格斯的葬礼。参加葬礼的,都是恩格斯的亲友和亲密战友,共80余人。德国社会民主党创始人和领袖、第二国际创始人威廉·李卜克内西致悼词时,称颂恩格斯同马克思一起创立了科学社会主义的理论。

遵照恩格斯的遗嘱,他的骨灰罐被送到他所喜爱的伊斯特勃恩海滨,沉入波涛滚滚的大海之中。

为工人阶级解放事业奋斗一生的恩格斯终身未娶。根据他生前的安排,他的遗产被分配给马克思的孩子们和外孙们以及同他亲近的人,他的文学和科学藏书移交给德国社会民主党全权处理。

噩耗传开,国际无产阶级无不悲恸和深切哀悼。如果我们今天翻阅一下当时大批的唁函和唁电,翻阅一下当时几乎所有欧洲的和北美的几十种工人报刊上发表的纪念文章,就会感受到恩格斯受到多么大的尊敬和爱戴。

1895年夏天,就在恩格斯去世的两周前,一位25岁的小个子俄国青年,从瑞士首都伯尔尼来到巴黎,与第二国际的领导者频繁接触,并请求马克思女儿劳拉和女婿拉法格介绍他拜会恩格斯。然而,由于恩格斯病情已经恶化,这位青年未能如愿。

这位小个子青年,就是列宁。早在1889年,19岁的列宁,就把德文版《共产党宣言》译为俄文。译稿在俄国秘密革命小组中流传,可惜没有保存下来。

惊闻恩格斯逝世的噩耗后,列宁含悲写下悼念文章《弗里德里希·恩格斯》。悼文开宗明义:"一盏多么明亮的智慧之灯熄灭了,一颗多么伟大的心停止跳动了!"他这样评价恩格斯:"他对在世时的马克思无限热爱,对于死后的马克思无限敬仰。这位严峻的战士和严正的思想家,具有一颗深情挚爱的心。"

为了弥补与恩格斯缘悭一面的终生遗憾,列宁后来特地住在伦敦的马克思故居,阅读了大量的马恩著作,对《共产党宣言》更是爱不释手,反复研读,受到很大启发。他这样评价《共产党宣言》:"这部著作以天才的透彻鲜明的语言描述了新的世界观","它的精神至今还鼓舞着、推动着文明世界全体有组织的正在进行斗争的无产阶级"。

1917年8月,列宁躲在俄芬边境的一间草棚里,撰写了《国家与革命》,提出俄国无产阶级夺取政权的现实任务。为写这部著作,他请人专程送来《共产党宣言》。后来他说,《国家与革命》字里行间,无不闪烁着《共产党宣言》的光芒。

3个月后的11月7日(俄历10月25日),在列宁亲自指挥下,震撼世界的十月革命爆发,工农苏维埃政权宣告成立。如果说《共产党宣言》的诞生,标志着社会主义从空想走向科学,那么十月革命则是把社会主义理论付诸实践。

　　正是这场改变人类历史进程的十月革命,将马克思主义从遥远的西方传递到中国,唤醒了沉睡很久的东方雄狮!

第三章

风起于青蘋之末

　　1895年2月11日下午,就在恩格斯伏案疾书,为即将出版的马克思《1848年至1850年的法兰西阶级斗争》单行本写导言时,在地球的另一端,笼罩在夜空中的大清帝国,正处于"大厦之将倾"的危难之际。

　　山东威海湾口,有一个弹丸小岛,叫刘公岛。光绪元年(1875),朝廷命北洋大臣李鸿章创设北洋水师。1888年12月17日,北洋水师在这里正式成军,共有军舰25艘、官兵4000余人,提督叫丁汝昌。李鸿章还把自己的外甥张文宣派来任护军统领,原指望他将来飞黄腾达,未料却断送了他的性命。

　　在当时,这支号称亚洲第一、世界第九的海军舰队,足以让朝廷和民众自豪骄傲。然而,旁边一只贪婪的豺狼,却早已经对它垂涎三尺,6年之后,它终于露出狰狞的钩爪锯牙。1894年7月25日,中日甲午海战爆发,蓄谋已久的日本舰队,将实力占优的北洋海军打得节节败退。

　　1895年2月11日,日本联合船队将刘公岛团团包围,部署在威海沿岸的炮台本来是刘公岛的后援,此时已被日军全部攻占,大炮掉转炮口,猛烈轰击北洋军舰,被切断后援之路的刘公岛陷入绝境。

　　深夜,港内被击中的北洋军舰依然大火熊熊,照得刘公岛亮如白昼。近万名民众拥到海军公所前,开始是打探消息,盼望朝廷派军来救。得知获救无望后,民众有的绝望地号啕大哭,有的愤然责骂朝廷,有的苦苦哀求活命:

第三章 风起于青蘋之末

"丁大人,既然朝廷不管咱们,不如降了吧!不降就性命难保了。"

"是啊,不降全岛人都要跟着遭殃。"

"留得青山在,不怕没柴烧。"

……

海军公所里,昏暗的灯光映衬着丁汝昌孤独的身影。阵阵哀求声传来,如凌迟般折磨着他。他本来想炸毁全部军舰,破坏所有炮台,不让它落入日军手里,可是数次下令,却无人执行,一是官兵斗志已失,二是遭到洋顾问劝阻,称此举会惹恼日军招致疯狂报复。

前些天,日军已给丁汝昌送来劝降书,但他不屑一顾。此时此刻,他不得不面临着残酷的选择:投降?意味着他背叛国家,必将身败名裂,甚至遗臭万年。拒降?意味着刘公岛玉石俱焚,上万条生命横遭涂炭。

丁汝昌忽然觉得自己渺小,非常无助,命运就像一只无形的巨手,牢牢地钳住他令他动弹不得。他长叹一口气:"看来,我只有一条路可走了。"他知道,唯有这条路,既能保住上万人的性命,也能保住他的尊严和气节。

想到这里,丁汝昌反而平静了,门外的嘈杂他已经充耳不闻。他给砚台添上水,拿起墨缓缓研磨,搁下墨,选了一支满意的毛笔,用嘴唇抿了抿,细心地拔去一根快脱落的细毛,就着灯光,写下两封绝笔书。

该做的事情都已经安排好了,丁汝昌端起酒杯。酒杯里,盛着葡萄酒。葡萄酒里,浸泡着鸦片。他闭上眼,一饮而尽,顿时有一种如释重负的感觉。

殉国而去的丁汝昌,殁年59岁,正是含饴弄孙的年纪。

就在丁汝昌倒下后,刘公岛上的二号人物——护军统领张文宣,也服毒自尽。

北洋水师就这样全军覆没。历时9个月的中日甲午海战,以中国的惨败告终,随之而来的是更大的屈辱:历史学者戚其章根据中日双方的资料估算,日本通过《马关条约》赔款,从中国攫取的财富高达2.7亿两库平银。再加上战争掠夺,其总额达到3.5亿两。这笔战争横财,是日本当时全国年度财政收入的6.4倍,是清政府年度财政收入的4.4倍!靠着这笔钱,日本奠定了自己的现代化基础。

在遥远的伦敦,年迈的恩格斯,敏锐关注到这一事件。他说,古老的中国,在这个致命的打击下,旧有的小农经济制度和陈旧的社会制度正在逐渐地瓦解。

曾几何时,中国是世界的中心。从"文景之治"到"开元盛世",从"永宣之治"到"康乾盛世",引领着世界潮流的中国何等辉煌!然而,当西方进入大工业时代后,中国的农耕文明却一落千丈。尤其是自鸦片战争始,英、日、俄等列强的坚船利炮轰开了中国的国门,昏庸腐败的清政府屡战屡败,被迫签订各种不平等条约、条款达数百个之多,累计支付给列强的战争赔款,总额在13亿两白银以上,相当于1901年清政府财政收入的11倍!

为什么强盛的大清帝国会积贫积弱?为什么昔日的匍匐朝圣者能够反客为主?仁人志士们陷入深深的思索。他们冲破闭关锁国的桎梏,把寻求救亡图存的目光投向海外。

洋务派主张学习西方的先进科学知识,结果,洋务运动失败了。

维新派主张学习日本的明治维新,结果,维新运动也夭折了。

从海外取经归来的孙中山,领导辛亥革命推翻封建帝制,却被袁世凯窃取果实,导致中国陷入四分五裂的军阀混战。

无论是改良,还是革命,人们只看到开始,没猜到结局。

1917年11月7日,俄国十月革命一声炮响,列宁第一次把一种书本上的学说,变成活生生的现实。正是这声炮响,给中国送来马克思主义,一直在黑暗中苦苦摸索的中国知识分子,才看到黎明前的一线曙光。

一 同道中人

1920年2月10日,北京。

晨曦初露,凛冽的空气有了点暖意,白杨和垂柳耷拉着脑袋,一丝不挂地兀立在路边,似乎还没从梦中醒来。一夜空寂的朝阳门,渐渐有了声音。

一辆骡车从城里缓缓驶出。坐在前面的车把式,左手拎着缰绳,右手微举着杨树条,指挥着骡子朝城门走来。

车把式后面,布帘半掀着,里面坐着两位男子。前面那位年约三旬,长着一张国字脸,刚刮过的脸上显得青白,头戴瓜皮小帽,架着一副眼镜,身穿灰布长衫,手上攥着旱烟袋,旁边放着几本账簿,账簿上印着店家的红纸片子;后面那位四十出头,胡子拉碴的,一顶毡帽遮住半张脸,一身短褂打扮,外面套着油渍麻花的棉坎肩。看模样,前面那位是账房先生,后面那位是伙计。那伙计大概是牙疼病犯了,左手托着腮帮子,歪着头,皱着眉,不时龇牙吸气。

骡车驶到守门警察旁边,自觉停下来。"两位老总辛苦了,这大冬天的还在这恪尽职守,令人佩服!"账房先生操着一口京腔,边赔着笑脸与警察搭话,边扬腿跨下车,从怀里掏出一包纸烟,给每人递了一支。

趁警察不注意,牙疼的伙计悄悄把右手伸进怀里,轻轻掖了一下。

两个警察接过纸烟,将烟夹在耳朵上,懒洋洋地问了一句:"去哪儿啊?"边问,边抬起眼皮,朝骡车睃了一眼。

"去乡下收点租。唉,今年收成不好,到处闹饥荒,收点账真难哪。"账房先生摇着头,向警察叹苦经。

年纪稍大些的警察皱皱眉头,挥挥手,示意骡车过去,账房先生一哈腰,跨上骡车。年关到了,正是生意人去各地收账的时候,这样的生意人,警察见得多了。

骡车不紧不慢,驶出警察视线后,账房先生叮嘱道:"加把劲。"

"得嘞!"车把式一扬鞭子,那头健壮的骡子甩开蹄子,拉着车子绝尘而去。

两个懈怠的警察,如果知道骡车上人的真实身份,肯定会吓出一身冷汗:那位貌似牙疼的"伙计",正是上司严令要抓的"过激派"首领陈独秀;沉稳的"账房先生",则是"过激派"的另一首领李大钊!

所谓"过激派",是段祺瑞政府扣的帽子。因北京大学是五四运动发源地,段政府视之为眼中钉,对北大教授具有先进思想的,或赞成苏俄革命的,都称之为"过激派",对陈独秀、李大钊等则称之为"过激派"首领。

陈独秀,字仲甫,安徽怀宁人,1879年10月生,这年41岁。李大钊,字守常,河北乐亭人,生于1889年10月。两个人都曾留学日本。

陈独秀回国后,于1915年9月在上海创办《青年杂志》,宣传新思想、新文化，次年9月改为《新青年》。因为《新青年》的影响力，陈独秀在很短时间内声名鹊起。1917年初，蔡元培到北京大学任校长后，因为文科教员中，顽固守旧的人物不少，是北大前进的障碍，亟须寻找具有革新思想的人物来主持文科，遂三顾茅庐，聘请陈独秀任北大文科学长，相当于后来的文学院院长。

陈独秀住在北池子大街箭杆胡同9号（今20号），《新青年》编辑部也随之由沪迁京，设在他的住处。于是，箭杆胡同9号成了新文化运动中心。十月革命胜利后，《新青年》又成为宣传马克思列宁主义的阵地。

特别值得一提的是，陈独秀在推动新文化运动中，与鲁迅结下不解之缘。

1917年4月，周作人任北大文科教授、国史编纂处编纂员。经他牵线，陈独秀认识其兄周树人。此时，周树人正处于极度悲观中。从日本回国后，看到辛亥革命及其后的一系列失败，他就"怀疑起来，于是失望，颓唐得很了"。直到新文化运动开展两年了，他仍站在运动的大门之外，感到非常"寂寞"。他说，"寂寞"就像"大毒蛇"，缠住了他的"灵魂"，使他"太痛苦"，他就"用了种种办法，来麻醉自己的灵魂"，使自己"回到古代去"，办法就是"钞古碑"，以使自己的生命"暗暗的消去"。陈独秀发现他的才华后，多次派周作人和钱玄同开导他，并一次次约稿、催稿。

在陈独秀的督促下，1918年5月，周树人第一次用笔名"鲁迅"，在《新青年》第4卷第5号上，发表小说处女作《狂人日记》。随后再接再厉，相继在《新青年》发表《孔乙己》《药》《风波》《故乡》4部小说，还有4部翻译自日本和俄国的小说，以及多则随感录、通信等。在中国文学史上，《狂人日记》具有划时代意义。当时，中国文坛如死一般沉寂，《狂人日记》就像霹雳春雷，文坛"春笋"纷纷破土。从此，鲁迅闻名遐迩，成为中国新文学巨匠。鲁迅后来说，要不是陈独秀把他唤醒，他很可能将在"昏睡中死灭"。

让陈独秀欣喜的是，另一个后起之秀，成为他坚定的同道中人。他就是李大钊。

李大钊进北京大学比陈独秀晚一年。1917年，任北大文科教授兼图书馆主任的章士钊，推荐李大钊接任图书馆主任。1918年1月，李大钊上任。1920年，李大钊兼任文科教授。论年龄,陈和李相差10岁。论个性,陈独秀激情澎湃,才思敏捷,口无遮拦,有时还表现出几分天真;李大钊机智沉稳,思想深邃,沉默寡言,不擅长高谈阔论。虽然个性迥异、风格不同,但两个人都胸怀大志,救国救民之心相通,都矢志拯救苦难的中华民族于水火之中。

他俩在日本留学时,开始并不相识。1914年至1915年,陈独秀在江户协助章士钊创办《甲寅》杂志,1914年11月10日,在杂志第1卷第4号上,陈独秀首次用"独秀"之名,发表《爱国心与自觉心》。文章虽揭露袁世凯的反动统治,但言论太过悲观,竟认为中国还不如亡国好,这在中国留日学生中产生不良影响。李大钊特地从东京赶到江户,同章士钊谈了自己的观点,章士钊鼓励他写出来。李大钊遂写出《厌世心与自觉心》,寄给章士钊,还附了一封信,希望约见陈独秀。章士钊深被李文新颖的立论、严密的逻辑所折服,便把文章给陈独秀看。

开始,陈独秀有抵触,认真阅读后,觉得很有说服力,精神一振,欣然答应面谈。在章士钊家里,两个人一见如故,大有相见恨晚之感,遂成莫逆之交。

1915年8月10日,《甲寅》第1卷第8号,刊出《厌世心与自觉心》。

之后,两个人先后回国,投入创办《新青年》的伟大事业。

陈独秀在北大就任之初,地位显赫,仅次于蔡元培。有两物可以证明。1917年12月28日,北京政府教育总长傅增湘签署的教育部文件上,附有北大领导人名单,第一位是校长蔡元培,第二位即文科学长陈独秀,第三位是理科学长夏浮筠。在北大工资表上,第一位是蔡元培,月薪600元;第二位是陈独秀,月薪300元;第三位的夏浮筠,虽比陈独秀多50元,也只能屈居其后。当时,作为文科教授兼图书馆主任,李大钊只拿120元;而作为图书馆助理员,毛泽东仅有8元。

1918年12月,陈独秀和李大钊创办了《每周评论》。这份杂志,很快成为新文化运动的重镇,陈独秀则成为新文化运动的"总司令",惹得北洋政府恼羞成怒。在北洋政府施压下,1919年3月,北京大学被迫免去陈独秀的职务。

职务被免,对陈独秀是个不小的挫折,不过他并没有沉沦,依然为国家的命运奔波。在北大同人眼里,他也照样是领军人物。

转眼到了6月8日,箭杆胡同曲径通幽。这天上午,大概是星期日的缘故,胡同里显得很安静,来往的人不多,偶尔传来一两声小摊小贩的叫卖声。几辆人力车陆续停留在箭杆胡同9号门前,下来的客人个个文质彬彬,有的穿着西装,有的穿着长衫,多数还戴着眼镜。

不一会儿,客厅里飘出一股绿茶清香,夹杂着淡淡的烟草味。这些客人中,除了李大钊,其余都是陈独秀的安徽同乡。

坐在陈独秀身边的,是北大文科教授胡适。胡适是安徽绩溪人,新文化运动的领袖之一,学识非常渊博,一生获得36个博士学位,在文史哲以及考据、教育、伦理等领域都很有造诣。但他却是有名的"胆小君子",在美国求学时,与美国女郎韦莲司交往密切,两年间给她写了100多封情书,后来又与留学美国的中国才女陈衡哲情意绵绵。最终,因屈于母命,与一个乡下小脚女人结婚,以至"胡适的小脚夫人"成为民国史上的"七大奇事"之一。

刚摊开本子准备做笔记的,是北大编译委员高一涵,安徽六安人,曾留学日本明治大学,攻读政法,回国后与李大钊同办《晨报》,经常为《新青年》撰稿,并协办《每周评论》,是新文化运动的主力之一,具备深厚的西方政治学素养,是继严复之后的又一学院派思想启蒙大师。

忙着给大家沏茶的年轻人,叫邓初,是内务部佥事。陈、邓两家是世交,陈独秀与邓初弟兄俩像亲兄弟一样。他俩在日本时,邓初几乎成了陈独秀的影子。陈独秀晚年穷困潦倒时,多亏邓初鼎力相助。值得一提的是,邓初的弟弟邓以蛰,有个儿子叫邓稼先,后来成为新中国著名的"两弹元勋"。

室内,还有北大理科教授王星拱和预科教授程演生。王星拱是著名教育家、化学家、哲学家,字抚五,安徽怀宁人,后来担任武汉大学副校长。程演生也是怀宁人,曾留学英、法、日等国,获法国考古研究院博士学位。

陈独秀清清嗓子,拉开话头:"第一次世界大战祸害了多少国家!我看到一个最新的统计数据,大约有6500万人参战,1000万左右的人丧生,2000万左右的人受伤,经济损失约1700亿美元,这是一场大灾难哪!"

李大钊接过话题:"这场在欧洲爆发的战争,中国竟也成了受害者。你瞧瞧,日本对德国宣战,作战地却是在中国,最后还把胶州湾占领了。这还不算,日本向中国蛮横提出的'二十一条',居然被北洋政府接受了。这不是自取其辱吗?!"

陈独秀接着说:"本来中国也是战胜国,日本政府却要求接管德国在山东的一切权益。英、法、美不讲道义,拱手把山东权益割让给日本。这哪里还有王法可讲!"

陈独秀的话,触到大家心里的痛处,一个个低头喝茶。

胡适放下茶杯,打破沉默:"你就不用演讲了,这前因后果我们都知道,你就干脆直言,今天邀我们来,是商量什么应对之策?"

陈独秀端起杯子,呷一口茶,抿了抿嘴唇,从抽屉里取出两页文稿,言归正题:"我和守常拟了一份《北京市民宣言》,还没定稿,有待斟酌,今天请各位乡贤来,就是想集思广益,补充完善。"

邓初一听,把茶壶往桌上一搁,挡开胡适伸出的手,将文稿一把夺过:"我们早该行动了,我先看看。"胡适皱了皱眉头,有些不悦。

邓初浏览了一遍,递给胡适。胡适慢条斯理地从头看到尾,方才交给高一涵。

这份《宣言》列出多项要求:维护国家领土主权的完整;废除北京政府与日本订立的密约,收复山东权利;革去交通总长曹汝霖、驻日公使章宗祥、币制局总裁陆宗舆等卖国贼的职务;给予市民集会、言论自由权等。并警告,如不答应要求,将采取行动。

大家顺次看了一遍后,赞成里面的大部分内容,提了几条修改意见,还补充了一些新内容。比如,京师卫戍区司令段芝贵,仗着是段祺瑞的嫡系,狐假虎威,镇压群众运动,作恶多端。他们建议加一句,"枪毙段芝贵"。

改定之后,李大钊说:"为了扩大《宣言》的影响,我和仲甫的意思是,把它翻译成英文,印成中英两种文字的传单,在一些公共场所散发。"

大家纷纷说好。

陈独秀将《宣言》交给胡适:"这翻译的事,交给咱们的大学问家最合适。"

陈独秀这么一捧,胡适感到很受用,从上衣口袋取出一支派克钢笔,这在当时是很稀罕的东西,还是美国女郎韦莲司送给他的定情物,胡适爱惜得不得了。只一杯茶工夫,他就麻利地把《宣言》译成了英文。

陈独秀接过译文,夸奖了几句,仔细叠好,放进西服内袋。

王星拱问:"这个传单到哪去印刷呢?"

陈独秀回答:"这事交给我,我有办法。"

高一涵自告奋勇:"我给你当助手。"

陈独秀赞许地点点头:"好!你今晚就随我行动。"

临散时,大家约定,传单印好后,分发给各位,6月10日一同去散发。

当天晚上,陈独秀领着高一涵,来到北大校园附近的一个小印刷所。这家印刷所是为北大印讲义的,陈独秀经常去,他大名鼎鼎,印刷工人都认得他。

印刷所夜里只有两个工人值班,事情不多。陈独秀把《宣言》内容同他们讲了一遍后,两个工人非常赞成,满口应承,一直忙乎到半夜,将一摞传单交给陈独秀,然后把底稿和废纸全部烧尽。第二天,陈独秀将传单交给高一涵,让他分发给其他人。

6月10日是星期二。下午,陈独秀和高一涵等人揣着传单,来到中央公园。中央公园离北大不远,公园里有个露天茶室,是游人歇脚会友的地方,一些外国人也喜欢上这来。他们几个乘人不备,把传单悄悄放在空茶桌、椅子上,还在结账台上放了一沓,然后躲到一旁观察。客人来后,都好奇地取来看,有的还高声读出,传单里的内容成为热烈谈资。陈独秀看了很高兴。

就在这一天,大总统徐世昌迫于舆论压力,下令撤销执行亲日政策和订立的丧权协定,免去曹汝霖、章宗祥、陆宗舆的职务。也是在这一天,上海全市工人大罢工,走向街头示威游行,上海水陆交通全部中断。

晚上,陈独秀与散发完传单回来的其他人会合。这时,徐世昌的命令已经传开,大家都很受鼓舞,兴奋地议论开来。

邓初问:"既然亲日政策被撤销,几个卖国贼被撤职,我们已经达到部分目的,这个传单还要继续发吗?"

陈独秀坚定地说:"发!政府正是迫于社会舆论压力才让步,我们应该乘胜追击,迫使政府答应我们的全部要求。"

大家商定,第二天晚上继续行动,行动路线作了分工。

二 独秀落难

次日晚,陈独秀、高一涵和邓初去新世界,王星拱、程演生等去城南游艺园。

殊不知,危险正在悄悄地等待着伏击他们。原来,他们在中央公园散发的传单已被军警拾去,京师警察厅和京师卫戍司令部的头目大发雷霆,严令在各个游戏场、电影院、戏馆、公园里布下暗探。

新世界里人头攒动,戏场、书场、台球场内灯火通明。陈独秀三人一看,不好下手。陈独秀悄声分工:"仲纯留在这里,我和永浩到屋顶花园去。"

屋顶花园在五楼,没有电灯,黑漆漆地不见一个人。陈独秀和高一涵走到边沿往下一瞧,四楼的露台上正在放映露天电影。他俩各选了一个角落,把传单撒下去。传单犹如天女散花,纷纷扬扬往下飘,露台上一阵骚动。

这天,陈独秀穿着西服,戴着白帽。这身打扮在一群长衫大褂的人群中,当然惹人注目。所以,他很快就被人盯上了。

陈独秀正撒着,从暗处走出一个戴鸭舌帽的人,踱到陈独秀身边:"你在撒什么呢?给我一张看看。"

"我们正在唤醒民众,你也加入吧。"毫无防备的陈独秀边说边递给他一张传单。

那人口中应着,接过传单。屋顶光线暗,看不太清,他对着有光的地方看了一眼,马上说:"不错,就是这个。"他问道:"你这里多吗?"

"都撒完了,就剩这一点。你需要很多吗?"陈独秀问。

鸭舌帽不接他话茬,继续问:"你这传单是从哪来的?"

陈独秀一听,这才警觉起来:"你问这干吗?"

鸭舌帽又厉声追问一句:"我问你这传单是从哪来的?!"

陈独秀知道不妙,转身欲走。

鸭舌帽一挥手,朝黑暗处吼道:"你们过来!"

"呼啦"一下,暗处蹿出几个彪形大汉,不容陈独秀反抗,一把将他死死摁住。

在另一个角落的高一涵,已经注意到陈独秀和鸭舌帽的对话,一看这情形,把剩下的传单往下一撒,急急往天桥走去。

鸭舌帽朝高一涵一指,大叫:"那边还有一个,快截住他!"两个探子朝高一涵扑过去。

高一涵拔腿就跑,三步并作两步下了楼,边走边机智地脱去长衫,丢掉草帽,到了一楼,往戏园狂奔而去。

戏园今晚上演的是京剧经典剧目《三岔口》,正演到摸黑打斗的情节。剧情很简单:一个武生为保护一个花脸,追到乡村小店,在夜晚和武丑扮演的店主人闹了误会,相互摸黑打了起来。灯火通明的舞台上,只有一桌两椅,两个演员把伸手不见五指的黑暗状态表现得惟妙惟肖。锣声时而密集,时而稀疏,营造出紧张刺激的气氛。观众一个个伸着脖子,紧盯台上,不时地大声叫好、鼓掌,顾不上理会身边的人。

高一涵往人群中一钻,若无其事地看起戏来。两个探子追到一楼,一看这情形傻了眼,只好恨恨地一跺脚,转身复上楼去。

高一涵惦记着邓初,挤出人群四下张望,发现邓初还在对过的台球场内,正埋着头发传单呢。高一涵急忙挤过去,扯扯邓初的袖子:"独秀已被捕,别发了,快走!"

年轻的邓初哪里肯信,白了高一涵一眼,嗔怪道:"我还没干完呢,你不要开玩笑!"说完,顾自发着传单。

高一涵一抬头,远远看到几个人正押着陈独秀下楼。陈独秀怕同伴不知道他被捕,一边拼命挣扎,一边故意大声嚷嚷:"这是什么世道啊,莫名其妙无故抓人,真是暗无天日!"

高一涵猛一拽邓初的胳膊。邓初也听到了陈独秀的声音,一个激灵,把剩下的传单往桌底下一塞,乖乖随着高一涵离开。幸亏周围人的注意力被陈独秀的声音吸引过去,没有留意他们,两个人顺利脱了险。

新世界布置着很多暗探,这些暗探有警察厅的,也有京师卫戍司令部的。一见抓到一个嫌犯,双方争夺起来。京师卫戍司令部人少,警察厅仗着人多势众,把陈独秀抢到手中,立刻推进汽车押解到警察厅。带到厅里一问,发现竟是一条大鱼,这些人如获至宝,连夜就派人抄了陈独秀的家,搜去很多书和信札。

落到警察厅手里,对陈独秀来说算是万幸。因为他散发的传单中,有一条就是要求枪毙京师卫戍区司令段芝贵的,假如落到段芝贵手里,段芝贵还能饶过他?

赫赫有名的陈独秀被捕,成了中国当时的重大新闻,社会各界纷纷声援营救。孙中山与陈独秀素不相识,当时正在上海与北京政府举行南北和议。他警告北京政府代表许世英:"你们做的好事,很足以使国民相信,我反对你们是不错的。""你们也不敢把他杀死,死了一个,就会增加五十、一百个,你们尽管做吧!"许世英连忙说:"不该,不该,我就打电报回去。"当时,孙中山可谓是全国闻名的革命领袖,也是广州军政府的精神领袖。所以,他的话很有分量,为营救陈独秀发挥了重要作用。

毛泽东因北大教授杨昌济的引导,阅读《新青年》后,十分崇敬陈独秀,视其为楷模,每读到陈文中的精辟论述,都整段抄在笔记本上,写上心得体会,从哲学思想、政治主张,到文章风格,都深受其影响。他采用《新青年》提倡的文风,以繁体字"毛泽东"的笔画数,取"二十八画生"的笔名,撰写《体育之研究》,寄给陈独秀。陈独秀立即发表在1917年4月的《新青年》上。这是迄今为止发现的毛泽东最早公开发表的文章。后来,他到北大图书馆当助理员期间,聆听过陈独秀教诲,从此与陈独秀结下不解之缘。

1919年7月14日,得知陈独秀被捕的消息后,远在长沙的毛泽东,仿效《每周评论》,创办了湖南学联机关报《湘江评论》。在创刊号上,毛泽东撰文《陈独秀之被捕及营救》,充分表达对陈独秀的深刻了解和崇高敬意。文章说:

> 我们对于陈君,认他为思想界的明星。陈君所说的话,头脑稍为清楚的听得,莫不人人各如其意中所欲出。现在的中国,可谓危险极了。不是兵力不强财用不足的危险,也不是内乱相寻四分五裂的危险。危险在全国人民思想界空虚腐败到十二分。中国的四万万人,差不多有三万万九千万是迷信家。迷信神鬼,迷信物象,迷信命运,迷信强权。全然不认有个人,不认有自己,不认有真理。这是科学思想不发达的结果。中国名为共和,

实则专制,愈弄愈糟,甲仆乙代,这是群众心里没有民主的影子,不晓得民主究竟是甚么的结果。陈君平时所标揭的,就是这两样。他曾说,我们所以得罪于社会,无非是为着"赛因斯"(科学),和"德莫克拉西"(民主)。陈君为这两件东西得罪了社会,社会居然就把逮捕和禁锢加给他。

要论最深切了解陈独秀人格魅力和思想价值的人,还是李大钊。陈独秀被捕后,李大钊在《每周评论》上,发表《是谁夺走了我们的光明》。文中借一位爱读本报的人来信说:"我们对于世界的新生活,都是瞎子。亏了贵报的'只眼',常常给我们点光明。我们实在感谢。现在好久不见'只眼'了,是谁夺了我们的光明。"同期,还发表署名"赤"的随感录《入狱——革新》,文中说:"陈独秀在中国现在的革新事业里,要算是一个最干净的健将。他也被囚了,不知今后中国的革新事业更当何如?"

警察厅厅长吴炳湘是安徽人,素来仰慕陈独秀的才学和威望,加上几个安徽名流具名力保,以及社会各界的声援,便做个顺水人情,以"警厅侦查结果,终不见陈氏有何等犯法之事"为由,把陈独秀取保释放了。

9月16日,在受了3个多月的牢狱之苦后,陈独秀被保释出狱。迎接陈独秀出狱的蔡元培,当众宣布:"北京大学为有仲甫而骄傲!"

李大钊则献上一首《欢迎独秀出狱》,发表在1919年11月1日出版的《新青年》第6卷第6号上,诗作分三段:

(一)
你今出狱了,
我们很欢喜!
他们的强权和威力,
终究战不胜真理。
什么监狱什么死,
都不能屈服了你,
因为你拥护真理,

所以真理拥护你。

（二）
你今出狱了，
我们很欢喜！
相别才有几十日，
这里有了许多更易：
从前我们的"只眼"忽然丧失，
我们的报便缺了光明，减了价值，
如今"只眼"的光明复启，
却不见了你和我们手创的报纸！
可是你不必感慨，不必叹息，
我们现在有了很多的化身，同时奋起：
好像花草的种子，
被风吹散在遍地。

（三）
你今出狱了，
我们很欢喜！
有许多的好青年，
已经实行了你那句言语：
"出了研究室便入监狱，
出了监狱便入研究室。"
他们都入了监狱，
监狱便成了研究室；
你便久住在监狱里，
也不须愁着孤寂没有伴侣。

陈独秀获释后，仍住在箭杆胡同9号。当局对他很不放心，要求他每月都要到警察厅，填写"受豫戒令者月记表"，还在他家附近增设岗哨监视，限制其自由，规定他有重大行动必须得到政府批准。同时，旧派人物视他为眼中钉，恶毒造谣，称他去前门八大胡同嫖妓，与诸生同昵一妓，争风吃醋，挖伤某妓下体泄愤。此谣言最具杀伤力，使蔡元培也无法保护他。陈独秀虽然光明磊落，在两面夹击下，无力抗争，被迫脱离北京大学。

这时，华中地区几所大学邀请胡适作学术讲演，胡适因要陪在华的美国老师杜威，脱不开身，便转荐陈独秀前往，正中陈独秀下怀。因为南方政府要筹办西南大学，负责筹办的汪精卫、章士钊等人，已多次函邀陈独秀出任筹办员。

1920年1月28日，陈独秀摆脱监视，秘密离开北京，乘火车于次日抵达上海，与章士钊等人会面，商议筹办西南大学的一些事情。2月2日，他乘"大通"号客轮离开上海，顺长江水路转往武汉。

2月4日，陈独秀抵达汉口。接着，他先后在文华大学、武昌高等师范学校、堤口下段保安会等处，连续发表讲演，主张教育改革，宣扬社会主义。2月7日晚上，他乘火车离开武汉，于2月8日早上返回北京。

陈独秀的武汉之行，激起社会强烈反响。2月7日，武汉《国民新报》最先用大字刊出陈独秀的讲演重点。2月9日，《汉口新闻报》也予以报道。

2月9日上午，警察厅的一个头目翻开《国民新报》，看到陈独秀在武汉讲演的报道后，暴跳如雷："陈独秀是保释之人，在京的行动尚受到约束，怎么可以事先不报告，擅自离京？"他立刻派人去传讯陈独秀。不知怎么搞的，命令传下去时，变成去陈独秀家查询其行踪。

这天上午，陈独秀正在家里写请柬，打算约几位朋友一聚。听到敲门声，打开一看，门外站着一个警察，不由得吃了一惊："警察先生，有何贵干？"

那警察上下打量一下他，客气地问："阁下是谁？陈独秀先生在吗？"

陈独秀连忙说："我就是，我就是。"

警察愣了一下："不是说你昨天还在武汉吗？这么快就回来了？"

陈独秀心里"咯噔"一下，脸上仍装出若无其事的样子："我哪也没有去，一直在家呀。"

"咦？奇怪了，说你在武汉宣传无政府主义呢。"警察摇摇头，叮嘱道，"陈先生，你是刚被保释出狱的，不能擅自离开北京。"

"好的，好的。"陈独秀连连说。

警察走后，吃过苦头的陈独秀知道大祸临头了，顾不上写请帖，简单收拾一下，拎起一个行李箱，溜出家门跑到胡适家，想避避风头。

就在陈独秀因散发传单被捕时，胡适生怕自己受牵连，不敢在家居住，搬到北京饭店躲藏起来。北京饭店在东交民巷附近，第二次鸦片战争后，列强划定东交民巷为使馆界，允许各国派兵保护，成为"国中之国"，不准中国人在界内居住，不受中国政府管辖。这回，胆小的胡适一听陈独秀又惹了祸，吓得脸都白了，顿时慌作一团，像个没头苍蝇似的在屋子里团团乱转，口里连连叫苦："坏了坏了，大家都知道咱俩关系密切，在我家里是躲不住的，警察肯定会找上门来，说不定这会儿已经往这赶了呢！这可如何是好？如何是好？"

陈独秀一看胡适这样子，知道投奔错地方了，想想也是，胡适树大招风，警察一定不会放过这里。他一拍脑袋："对了，我找守常去！"

胡适一听，像捞到救命稻草："对对对，守常办法多，事不宜迟，你赶紧去！"

陈独秀连忙离开胡适家，边走边四下张望，看有没有人跟踪，好在一路上没发现可疑人。

陈独秀料得没错，那个警察回去汇报后，上司已经发现传达错上峰命令，立即加派人手，火速前去捉拿陈独秀，自然扑了个空。

陈独秀一路小跑着，虽然天寒地冻，背上仍渗出汗来，待他敲开李大钊寓所门时，已是满头大汗。李大钊的妻儿长年生活在家乡河北乐亭县，他在北京是租房住的。看到陈独秀的窘态，李大钊赶紧把他让进屋，随即关上大门，拧了把热毛巾，让他擦擦汗。

听罢陈独秀的叙述，李大钊知道问题严重了。与胡适的胆小怕事不同，李大钊临危不乱，沉着冷静。

"仲甫先生，您先别急。"李大钊扶着陈独秀坐下，给他沏了杯热茶。他对陈独秀非常尊重，平时以师长看待，以学生自居，从不喊陈的名字，张口闭口总称"仲甫先生"。

李大钊接着说:"我这里来往人多,地方小没处可藏,难遮人耳目……"

未等李大钊说完,陈独秀霍地起来:"那我赶紧走,别连累了你。"

"看您想哪儿去了。"李大钊连忙按住陈独秀肩膀,双手把茶杯端给他,"我有个主意,抚五家比较宽绰,交通也方便,咱们先去他家暂避一避。您看妥否?"

"就听你安排。"陈独秀放下茶杯,站了起来。

抚五即王星拱,家在府右街12号。府右街因坐落于民国时总统府右侧而得名。从前,府右街南半部为皇城,北半部为中南海的一部分,民国二年(1913)10月10日,袁世凯就任大总统,总统府设在中南海,总统府西侧的灰厂夹道遂改名为府右街。

李大钊和陈独秀当即赶到王星拱家。几个人商议,在京城是不可久留了,趁警察还没展开搜捕,必须尽快出城。

如何出城呢?

"万万不能乘坐火车或小汽车出城,那样目标太大。"李大钊沉吟了一会,果断地说,"这样吧,我去雇辆骡车,现在正是腊月,生意人忙于出城收账,我和仲甫先生就化装成收账的生意人。抚五,你给仲甫先生找几件衣服。"

"这主意好!"王星拱说。

"我一口南方话,一张口就露馅了。"陈独秀有点担心。

"这好办,"李大钊胸有成竹,"我扮作账房先生,您就扮作伙计,路上别开口,凡事我来应付。"

"抚五乃一介书生,家里哪里有伙计的衣服?"陈独秀有点发愁。

王星拱急中生智:"有了,我让家里的厨师找几件。"

厨师连忙找出一顶毡帽,又脱下身上油光发亮的坎肩。陈独秀套上一看,嘿,还真有点伙计模样。

计划停当后,李大钊先行告辞,回去收拾行装。陈独秀当晚就宿在王星拱家。

第二天一早,李大钊坐着骡车来了。乍一见面,陈独秀差点没认出来:李大钊一身账房先生的打扮,上唇两撇浓密的胡须没了。

李大钊取出一本薄薄的书,郑重地交给陈独秀:"这是我从学校图书馆借出来的,您把它藏好,想办法把它译成中文。欲知马克思主义为何物,共产党是什么样的政党,这是第一本入门之书,是第一把开锁钥匙,中国的出路和希望就在这里!"

陈独秀接过一看,是一本英文小册子。他轻声念出书名:"《共产党宣言》,太好了!"

陈独秀去日本留学前,一点日语也不懂,更不要说英语和法语。第一次留日时,补习了日语。第四次赴日后,专攻英语。3年后,便为群益书社编辑了一部4册的《模范英文教本》,可见他英文学习用心之深。待第五次赴日本时,又在东京进修了法语。

"记得去年4月的《每周评论》第16号上,你发表了成舍我翻译的《共产党宣言》第二章部分段落,包括十大纲领。"陈独秀记忆力很好。

"对,去年我发在《新青年》上的那篇《我的马克思主义观》,里面也摘译了《共产党宣言》的重要思想。"李大钊补充道。

"是啊,那篇文章系统完整地介绍了马克思主义学说,在国人中的反响很大啊。"陈独秀以赞赏的口吻说。

"过奖了。"李大钊摆摆手,"这本《共产党宣言》系统反映了马克思、恩格斯的观点,我认为,应该把它作为指导我们今后行动的指南。"

陈独秀深有感触:"是啊,中国不能再盲人摸象了,这些年我们东突西奔,这主义那主义的没少信奉,却一直没有找到一条正确的道路,碰得我们头破血流。"

陈独秀当然知道《共产党宣言》的分量,他把它小心翼翼地裹在一件衣服里,藏在随身携带的行李箱内,想了想,似乎觉得不妥,又取出书,掖在怀里,还用手在外面按了按。

临别前,陈独秀两手抱拳,与王星拱互道珍重,转身上车。他和王星拱都有点感伤,因为这一别,不知何年何月才能重逢。事实上,陈独秀这一去,再也没有回过北京。

车把式一抖缰绳,骡车拉着李大钊和陈独秀,朝着朝阳门驶去。

于是,出现了开头那一幕。

第四章
在困厄中求索

一 救亡图存

1920年2月11日,天津火车站。

闸门放开,乘客一窝蜂拥到站台,把两个架着眼镜、戴着礼帽、身穿长衫的先生挤得东倒西歪。前面那个年轻者,手拎一只行李箱,后面年长者紧紧相随。进到车厢后,年轻者找到座位,把箱子搁到行李架上,让年长者坐到位置上,然后脱下礼帽,倾下身子,低低嘱咐道:"路上多保重,保管好箱子,还有那本书。我这就去了。"

年长者执意要站起来送,被年轻者牢牢按住,动弹不得,只好紧紧握住他的手,使劲晃着:"一路上都亏了你,你也多加小心。咱们书信联系。"

"呜——"一声刺耳的汽笛声响起,车头上冒出一股呛鼻的黑烟,火车喘着粗气开动了。车下,年轻者摇着手,跟着车跑起来。车上,年长者紧紧贴着玻璃,鼻子和嘴巴挤成一个平面。

站台上的李大钊,与火车里的陈独秀,永远定格在历史的画面里。

李大钊是如何护送陈独秀到达天津的?陈独秀又是怎么去的上海?这个

过程,有几个版本。

曾任中国现代史学会副会长、陈独秀研究会执行会长的唐宝林,长期致力于陈独秀研究和"正名"工作。他在《陈独秀全传》中,只有简单的一句话:"最后由李大钊护送至天津,由天津乘船去上海。"

胡适在他的口述自传中回忆,李大钊和陈独秀离开北京之后,先是故意向北方逃去,然后绕回李大钊的老家乐亭,在李大钊家里躲了几天之后,乘车南下去上海。

1963年10月,高一涵写过一篇《李大钊同志护送陈独秀出险》。文中说,"陈独秀坐在骡车里面,李大钊跨在车把上。携带几本账簿,印成店家红纸片子。沿途住店一切交涉,都由李大钊出面办理,不要陈独秀张口,恐怕漏出南方人的口音。因此,一路顺利地到了天津,即购买外国船票,让陈独秀坐船前往上海"。言明是坐骡车去天津的,且不止走一天。

著名作家叶永烈在《红色的起点》中,则明确交代,"骡车载着奇特的账房先生去天津"。

查阅其他资料,"坐骡车去天津"的说法比较普遍。

早期中共党员、中共莫斯科支部负责人之一的彭述之,在其回忆录中叙述,李大钊当时是"雇了一辆老式马车",将陈独秀送到远郊的杨家村,再一起乘火车到达天津的。

我查阅诸多资料,列出一个明确的时间表:2月10日,李、陈离开北京;2月11日,离开天津;2月12日,陈到达上海。

从这个时间表来看,胡适"绕道乐亭"的说法显然不靠谱,坐骡车抵津的说法也站不住脚。北京至天津,即使按现在的铁路路程计,也有137公里。凭一匹骡子的脚力和速度,载着3个人,无论如何不可能一天到达。

按这个时间表算,彭述之"乘火车"的说法比较合理。但查遍所掌握的资料,无法确定在北京远郊,是否有一个"杨家村",也无法确定杨家村附近,是否有一个火车站台。

火车不像汽车,可以随便停靠。如果杨家村附近没有火车站台,是否还有一种可能:李大钊和陈独秀乘骡车到远郊后,是乘汽车抵达天津的?

那么，陈独秀又是如何从天津去上海的呢？高一涵和唐宝林的"乘船"说可能不准确。

1920年3月3日，陈独秀曾给胡适写过一封信，信中说，他是在2月12日抵达上海的，下榻惠中旅舍后，生病五六天。而据当年在上海亚东图书馆任编辑的汪原放回忆，叔父汪孟邹去探望病中的陈独秀时，陈告诉汪，他离开天津时，是由李大钊送上火车的。

在国内史学界，1920年"南陈北李，相约建党"已经成为共识，说的是李大钊在护送陈独秀去天津的途中，两个人商议组建共产党。

这一说法，最初出自高一涵之口。1927年5月22日，他在武汉演讲"李大钊同志略传"时提到过。不过，第二天的《中央副刊》刊登的演讲稿中，并没有这个内容，据说是在刊登前被高一涵删除了，他在后来的文章中也没再提及。但是，除了《中央副刊》外，其他报纸刊登这篇演讲稿时，仍保留着"相约建党"的内容。

据唐宝林分析，此说法盛行还有另一个原因：不排除有人出于好心，以此证明中共不是"俄国党"，早在维经斯基来华前，就有自主建党的想法。

唐宝林说，其实，李、陈当时所谈的组党，不是"共产党"，而是与无政府主义者建立"社会主义同盟"的统一战线，这个组织也是俄国人策动的。

陈独秀和李大钊，谁是中国接受和传播马克思主义的第一人？关于这个问题，有两种不同观点。

一种观点认为，陈独秀是五四运动的总司令，新文化运动的发起者和旗帜。李大钊是中国接受和传播马克思主义的第一人，也是新文化运动的一员主将。在政治嗅觉上，陈独秀不如李大钊敏锐。

据张国焘后来回忆，陈独秀对马克思主义的研究较迟，直到1919年初才发表同情俄国革命的文章。到他被迫离开北京以后，才认定马克思主义是解决中国问题的良方。他信仰马克思主义，最初是受李大钊、戴季陶等朋辈的影响。

另一种观点则相反。唐宝林细读李大钊的代表作《我的马克思主义观》，发现李大钊接受的，是近似马、恩晚年的思想，即恩格斯领导的第二国际社会党的思想——社会民主主义。所以，李大钊用"总觉有些牵强矛盾"的评说，委婉地批评了马、恩在《共产党宣言》《资本论》中"经济（即物质生产）决定一切""阶级竞争（即阶级斗争）是历史发展动力，忽视伦理、道德、人道主义、宗教等精神方面的作用"的观点。因此，李大钊宣告："我们主张以人道主义改造人类精神，同时以社会主义改造经济组织……我们主张物心两面的改造，灵肉一致的改造。"

唐宝林认为，在十月革命发生3年后，李大钊还这样宣传马克思主义，不强调暴力革命和无产阶级专政的列宁主义，而倾向于考茨基、普列汉诺夫、卢森堡等第二国际的主张，究其原因，一是他的这个"马克思主义观"，主要来自《晨报》上渊泉译的日本河上肇作的《马克思的社会主义理论体系》和福田德三的《续经济学研究》。当时的河上肇，一边介绍马克思的学说，一边又对马克思的唯物史观存有怀疑，认为不应该只进行物质方面的改造，还必须通过伦理改造解放人的灵魂。所以，有人评他的思想是"灵肉二元论"，带有强烈的道德主义倾向。二是可能李大钊自己还未真切地看清苏俄新社会初期的状况，特别是苏俄政府放弃侵华特权的宣言。所以，当次年陈独秀接受马克思列宁主义，建立共产党，并在中国掀起轰轰烈烈的暴力革命运动时，他也紧跟上来，并在7年之后（1927年）为之而献身。

唐宝林说，从当时马克思主义分裂的发展史来看，陈独秀实际是舍考茨基和第二国际马克思主义，而取列宁和第三国际的马克思主义。从这个意义上说，陈独秀是在最高点上接受马克思主义的。

为此，唐宝林得出结论：在接受马克思主义上，陈独秀才是中国第一人，并不是李大钊。

在陈独秀、李大钊接触马克思主义之前，马克思主义已经被零星介绍到中国。这当中，《共产党宣言》是被介绍最多的。

孙中山较早就接触马克思主义。1895年10月，广州起义失败，孙中山遭通缉，被迫流亡海外，经香港、东京、美国，最后到伦敦，旅居近一年。其间，常到大英博物馆，研究欧洲社会主义运动。在这里，他第一次知道马克思和恩格斯的名字及其活动情况，第一次读到《共产党宣言》《资本论》等著作。这为他后来的三民主义思想，打下了坚实基础。

后来，在孙中山诞辰100周年大会上，宋庆龄回忆说："就在这一海外活动时期，孙中山根据他当时的理解，制定了他的民族主义、民权主义和民生主义。他知道马克思和恩格斯，他也听到了关于列宁和俄国革命活动的消息。早在那个时候，社会主义就对他发生了吸引力。他敦促留学生研究马克思的《资本论》和《共产党宣言》，并阅读当时的社会主义书刊。"她这次讲话的英文手稿，至今收藏在上海宋庆龄故居内。

1899年2月到4月，一篇译文《大同学》，在上海广学会主办的《万国公报》连载。广学会是西方基督教在华的第一个文化机构，创办人是英国苏格兰人韦廉臣。这是英国哲学家基德所著《社会进化》一书的前三章，译者李提摩太，英国威尔士人，上海基督教广学会总干事。《大同学》是迄今发现的中文刊物史料中，首次提到马克思的名字，并最早提到《共产党宣言》部分内容的。不过，社会主义被译成"安民新学"。译文称："以百工领袖著名者，英人马克思也。"说马克思是英国人有误，说他是国际工人运动领袖正确。

译文援引《共产党宣言》中的一段话："马克思之言曰：'纠股办事之人，其权笼罩五洲，突过于君相之范围一国。'"这样的表述读起来拗口，后来被译成："资产阶级，由于开拓了世界市场，使一切国家的生产和消费都成为世界性的了。"

进入20世纪，资产阶级革命派、无政府主义者、社会党人都以不同方式，零星介绍过《共产党宣言》。

1903年2月15日，日本东京中国留学生主办的杂志《译书汇编》第2卷第11号上，刊登革命派马君武的《社会主义与进化论比较》一文，文中写道："马克司者，以唯物论解历史学之人也。马氏尝谓阶级竞争为历史之钥。"这是《共产党宣言》的思想。

1903年2月，改良派主办的上海广智书局，出版《近世社会主义》，由日本人福井准造著、赵必振译，书中4处提到《共产党宣言》。

1905年11月26日，在同盟会机关报《民报》第2号上，同盟会成员朱执信以"蛰伸"之名，发表《德意志社会革命家小传》。这是国内第一次介绍《共产党宣言》的写作背景、基本思想和历史意义。在文章中，作者依据日文版的《共产党宣言》，并参照英文版，摘译该书的5段文字和第二章的十大纲领全文。但他未准确译出《共产党宣言》书名,而是译为《共产主义宣言》。

值得一提的是,朱执信是国内第一个使用"共产党"一词的人。他在摘要翻译幸德秋水和堺利彦1904年合译的日文版《共产党宣言》时,把日文中的汉字"共産党"照搬过来。

此后,中国资产阶级革命家宋教仁、叶夏声、廖仲恺等,也先后在《民报》上撰文,介绍《共产党宣言》及共产主义运动。

但是,上述这些传播者,只是把马克思主义视作众多社会主义思潮的一部分,并不是真正地信仰和追随它。

无政府主义派虽然不赞成马克思主义,但视《共产党宣言》为西方流行的社会主义入门书,不得不研究。《天义报》是他们在东京创办的杂志,经常会出现有关《共产党宣言》的文章。如,1907年6月25日第2卷上,刊发"社会主义讲习会"广告。1907年10月30日第8—10卷合刊上,刊登"新书预告",其中有"《共和党宣言》马尔克斯等著",并称由讲习会同志译,不日出版。1908年3月18日合刊上,刊载了刘师培(署名申叔)写的《〈共产党宣言〉序》。这是中国人第一次为《共产党宣言》所作的译序。

1907年,世界社出版《近世界六十名人》。该书在我国第一次登载马克思的肖像。这幅肖像,是马克思1875年在伦敦拍摄的。

1912年6月2日,中国社会党绍兴支部在上海出版的《新世界》杂志第2期,发表煮尘重治作、蛰伸译述的《社会主义大家马儿克之学说》一文,对马克思的生平和《共产党宣言》作了介绍。

这个阶段,《共产党宣言》对中国各派力量的影响,都非常明显。特别是对孙中山领导的资产阶级革命派,产生过重大影响。不过,大家对它的翻译和理解,还很不准确,如把社会主义思想同中国传统的大同思想、安民思想混为一谈。

随着俄国十月革命的胜利,《共产党宣言》在中国的翻译、研究和传播,进入一个新阶段。这一时期,最早介绍《共产党宣言》者,是李大钊。

李大钊有着令人惊叹的政治洞察力,很早就开始研究和宣传《共产党宣言》。俄国十月革命后,他立刻通过各种渠道,搜集有关俄国革命的材料,并仔细研究科学社会主义理论,思想迅速转向马克思主义。1918年,他应聘担任北大图书馆主任后,大量扩充马克思主义书籍,包括外文版的马克思恩格斯原著,带给陈独秀的《共产党宣言》英译本,就是其中一本。

1918年底,在庆祝欧战胜利的演讲中,李大钊提到马克思主义及《共产党宣言》的基本思想,并用阶级斗争的观点,深刻分析了第一次世界大战。他指出,此次战争是帝国主义的战争,是资本家政府的战争,中国人对帝国主义不能抱有幻想;在一战中,真正的胜利是社会主义的胜利,是布尔什维主义的胜利。这才是20世纪的新潮流,是中国的希望。

1918年12月,李大钊与陈独秀一起创办《每周评论》。1919年4月6日,《每周评论》第16号发表《共产党宣言》第二章的最后几段文字,包括十大纲领全文,标题是《共产党宣言》,译者是成舍我。译文和按语都采用白话文,译文更为准确。

1919年5月5日至8日,在李大钊主编的北京《晨报》副刊上,连载了日本河上肇著、渊泉译的《马克思的唯物史观》一文,同时在《新青年》第6卷第5号转载。文章摘译了《共产党宣言》第一章,首句被译为:"一个妖怪,徘徊欧洲——共产主义的妖怪。"

1919年5月、11月,李大钊在《新青年》杂志第5和第6号上,发表《我的马克思主义观》一文,比较系统完整地介绍了马克思主义学说,文中还摘录《共产党宣言》的重要思想。后人评价,这篇文章,"标志着李大钊已经成为中国第一个马克思主义者"。

在李大钊身边,聚集了一批年轻的共产主义者。26岁的毛泽东,就是其中最杰出者。

为新民学会青年赴法勤工俭学的事,1918年8月15日,毛泽东与罗章龙、李维汉、陈绍休等人,在长沙登船北上,16日到达汉口,然后改乘火车,于8月19日辗转到达北京,这是毛泽东平生第一次到北京。开始,他住在北大教授、恩师杨昌济家,即豆腐池胡同9号(现15号)。后来,搬到北大附近的三眼井吉安夹道7号,与蔡和森、罗学瓒等8人住在一起,帮助赴法同学解决住宿、学习和赴法经费等问题。

忙完这事后,已到10月,经杨昌济介绍,他认识了北大图书馆主任李大钊,李大钊把他安排到图书馆当助理员,工作室毗邻李大钊办公室。

在人才济济的北大,青年毛泽东只是个不显眼的小人物,与那些意气风发的新文化运动名人之间,似乎还隔着一道鸿沟。他后来回忆:"我的职位低微,大家都不理我。我的工作中有一项是登记来图书馆读报的人的姓名,可是对他们大多数人来说,我这个人是不存在的。在那些来阅览的人当中,我认出了一些有名的新文化运动头面人物的名字,如傅斯年、罗家伦等等,我对他们极有兴趣。我打算去和他们攀谈政治和文化问题,可是他们都是些大忙人,没有时间听一个图书馆助理员说南方话。"在北大,他还遇到张国焘、康白情、段锡朋等名噪一时的学生领袖。后来,他们有的与他同行,有的成为对手。

当时,受到冷遇的毛泽东,收获了美满的爱情,与恩师女儿杨开慧相爱。杨昌济得知后,同女儿推心置腹:"润之的才华、韧性、抱负以及他的冲天豪情,是我生平之所没见过的,可他不一定是个能给人带来幸福的伴侣啊。"18岁的杨开慧语气坚定:"爸,就看你是平庸日子里要低吟的叹息,还是狂风暴雨中要那一声撼地的惊雷了。"1920年冬,两位志同道合的年轻人喜结连理。

要说对毛泽东影响最大的,还是李大钊、陈独秀、胡适这些新文化运动的领军人物。当时,正是五四运动的前夜、新文化运动蓬勃发展的时期,毛泽东的思想处于将变未变之际。李大钊、陈独秀等人,直接启蒙他对马克思主义的认识和信仰。他积极寻找机会,与这些进步人物接触,不断吸取新的营养。他后来说:"我在李大钊手下在国立北京大学当图书馆助理员的时候,就迅速地朝着马克思主义的方向发展。"陈独秀也是他的人生导师,早在他还就读于湖南长沙第一师范的时候,陈独秀创办的《新青年》杂志,就深深打动了他。

1919年3月,因母亲病重,毛泽东不得不离职,于3月12日离京,回家伺候母亲,在京共停留206天。虽然在北大不到半年,但他读了很多的书,接触了很多人和事,特别是结识李大钊、陈独秀等革命先驱。他的很多马克思主义知识,就是那时了解和掌握的,这一直深植于他记忆之中,并带来深远的影响。

1919年11月,北京《国民》杂志第2卷第1号,发表北大经济系学生李泽彰从英文译出的《共产党宣言》第一章全文,译名是《马克斯和昂格斯共产党宣言》。据许德珩回忆,译者已将《共产党宣言》全文译出,准备分期发表,但在第一章发表后,遭到胡适威胁利诱,译者取回译稿,《国民》未再刊载。

在李大钊倡导下,1920年3月,北大进步学生成立"马克斯(思)学说研究会"(一称"北大公社"),主要成员包括邓中夏、黄日葵、高君宇、罗章龙、刘仁静、张国焘等,主要活动是搜集马克思学说的德、英、法、日各种文字的图书资料,并加以编译,组织讨论会和专题研究,主办讲演会、纪念会等。这是中国最早研究和传播马克思主义的团体。研究会有几间活动室,被取名为"亢慕义斋",意思是"共产主义室"。19名发起者中,16人后来成为中共早期党员或青年团员。他们组织翻译小组,先后翻译二三十种马克思主义著作。其中,刘仁静依托德文版,翻译了《共产党宣言》。

从1899年初在中国刊物首次被提及,到1920年首个完整中译本问世前,历经20多年,《共产党宣言》在中国有两次传播高潮,即辛亥革命前和五四运动后。

据杨金海、胡永钦等学者分析,这两次高潮的宗旨,都是要救亡图存,但又有着根本的差异:在前者,资产阶级革命分子为主,在后者,无产阶级先锋战士为主;在前者,对《共产党宣言》并未真正理解,更未自觉作为革命指南,在后者,则理解日深,并开始用《共产党宣言》中阐述的马克思主义观点观察和解决中国的问题;在前者,传播面小且多在海外,在后者,则传播广泛且多在国内;在前者,多为文言文且译文多有错误,在后者,则多为白话文且译文更为准确;在前者,属旧民主主义革命范畴,在后者,则开始向新民主主义革命范畴过渡。

二 殊途同归

1920年2月12日,陈独秀抵达上海。此时,距他上一次离开上海,刚刚3年。在惠中旅舍滞留几天后,他搬到法租界环龙路老渔阳里2号。这是民国元老柏文蔚的旧居,是许德珩和张国焘帮忙找的,他俩都是陈独秀的学生。前些天,许德珩接到李大钊的电报,让他帮陈独秀找房子。

说起许德珩和陈独秀的关系,可谓不打不相识。

据许德珩回忆，蔡元培到来之前的北大，校风很腐败，学生自由散漫，纪律松弛。蔡到校后，力图改革，整顿校风。陈独秀任文科学长后，和蔡元培一起，积极推动北大改革。当时，许德珩是北大文科英文专业学生，有个同学是黎元洪的侄儿，经常缺课，叫人代他签到。陈独秀误听人言，以为是许德珩，勃然大怒，未经调查，就在布告牌上贴出布告，称许德珩经常旷课，记大过一次。其实，许德珩是个穷苦学生，冬天只穿着夹衣，宿舍又没有生火，平时不是在讲堂上，就是在图书馆里，从未旷过课。他血气方刚，见到布告后，极端愤怒，就把布告牌砸碎了。陈独秀性格一贯急躁，闻讯愈加恼怒，又将许德珩砸布告行为记了一过。许德珩毫不相让，再次砸了布告牌，并站在陈独秀办公室门前，要他出来说理。此事惊动了蔡元培，经过调查，才知道是陈独秀搞错了，遂让陈收回成命，并劝慰许德珩，这才平息事态。

五四运动爆发后，许德珩起草《五四宣言》，是五四运动著名学生领袖，后来成长为著名政治活动家、教育家、九三学社创始人和杰出领导者。陈独秀因散发传单被捕后，他对陈独秀肃然起敬，改变了过去的看法。陈独秀出狱时，他也到李大钊办公室，一起欢迎他，并同他座谈。

1919年秋，许德珩准备赴法勤工俭学。10月12日，国民杂志社举行成立周年纪念会，并欢送许德珩等人，陈独秀和李大钊等人也到会欢送。陈独秀在致辞时，对五四运动评价甚高。随后，少年中国学会欢送许德珩等人时，陈独秀和李大钊也参加了欢送会。当年冬天，许德珩到上海，等候乘船赴法。李大钊知道他的行程，所以请他帮忙。

张国焘也是北大学生，开始时埋头学习，后来，受李大钊和《新青年》的影响，对社会主义产生浓厚兴趣，并始思索和关注国家的命运。1919年6月，当全国学联在上海成立时，他作为北京学联的代表，到上海出席大会，住了一个多月。1919年底，为躲避警察搜捕，他从北京逃到上海，直至1920年5月才返回北京。所以，许德珩接到李大钊的电报后，便约张国焘一起，帮陈独秀找住所。

陈独秀脱下西装和长袍，犹如蛟龙入海，接近工人群众，做工人思想工作，向工人宣传马克思主义，着手筹建马克思主义研究会。

要宣传马克思主义，就需要马克思主义理论作指导。忙碌之中，他没忘记李大钊的嘱托，四下物色合适对象，尽快翻译《共产党宣言》。这时，他想到了戴季陶。

戴季陶，原籍浙江吴兴（今湖州），1891年1月生于四川广汉，谱名传贤，"季陶"是他青年以后常用的名字，家中兄妹7个，他最小，长兄叫传薪。

1902年，因戴传薪在成都谋事，11岁的戴季陶随长兄来到成都，进了东游预备学校，一年后，考上成都客籍学堂高等科。在这里，戴季陶萌发最初期的革命思想，发誓要推翻清政府统治。不料，因指责监督（校长）不公正，得罪了监督。监督是道台兼的，位高权重，竟仗势开除了戴季陶。在长兄帮助下，戴季陶换了一个名字，进入华英学堂。3个月后，官府查出真相，又勒令其退学。这年，戴季陶仅14岁。

为了弟弟的前途，戴传薪毅然卖掉祖传的30亩沙田，得到700块大洋，资助弟弟自费赴日留学。

1905年，14岁的戴季陶告别亲人，与族兄相伴，顺长江而下。到汉口时上岸，打算找个客栈住下。他把700块大洋分两处，身上背500块，提篮里放200块。码头上有个大斜坡，他刚停下歇息，身后蹿上一彪形大汉，一把夺过提篮，快步闪进人群。等他反应过来，对方早就不见人影了。戴季陶号啕大哭。

到东京后，戴季陶进入一所师范学校，1907年秋毕业，以"戴良弼"的名字，转入日本大学，专攻法科。这是一所著名的私立大学。

初进日本大学时，戴季陶先攻语言关。早在东游预备学校时，他就开始学习日语。到十三四岁时，已能讲一口流利日语。但真正坐到日本课堂里，听读写还是很吃力。他坚持每天阅读报纸，并大量阅读日文书籍，终于突破语言关。他曾在日本《新闻杂志》等报刊发表小说、诗歌和散文，文笔超过一般日本人。后来，孙中山称赞他，"日本话说得比日本人更好"。

其时的日本，是中国革命党人汇集的大本营，孙中山于1905年在日本成立中国同盟会。戴季陶因此结识了许多革命志士，思想发生很大变化，开始思考历史赋予的使命。日本大学有千余名中国留学生，读二年级时，他与几个积极分子一道，冲破清政府官员的阻挠，发起组织日本大学中国留学生同学会，并当选会长。这时，他才18岁。

当选会长时，戴季陶十分激动，情不自禁地放声大哭。从那以后，每逢遇到激动的事情，他总会放声大哭，以此宣泄情感，即使人到中年，也常如此。

同样是留学生，官费生和自费生境况迥异。官费生月有结余，自费生却捉襟见肘。因家境窘迫，三年级时，戴季陶已不名一文，无力偿还旅馆的食宿费，被迫放弃学业，办理肄业手续，于1909年提前回国。

戴季陶先到上海，后到江苏省城苏州，求见巡抚瑞澂，毛遂自荐。瑞澂与其深谈之后，甚为赏识，收在门下，委任其为江苏地方自治研究所主任教官。谁知好景不长，次年2月，瑞澂调升湖广总督，戴季陶被排挤，愤而离开苏州，回到上海，担任《中外日报》编辑，发表了一些评论文章，因文风犀利、措辞激烈，渐渐为报社所不容。

这时，上海另一家报纸《天铎报》，面向全国招新闻编辑，戴季陶慕名而去。这家报社的董事长汤寿潜，浙江萧山人，是晚清立宪派的领袖人物，因争路权、修铁路而名重一时。社长陈屺怀，浙江慈溪人，是后来成为蒋介石文胆的陈布雷之兄。戴季陶过人的学识、精湛的文字，博得陈屺怀赏识。戴季陶入职后，以"天仇"为笔名发表评论，从国际问题到内政外交，内容涉及广泛，针砭时弊，笔挟风雷，词锋犀利，观点激越，一时名满海内，但也引起清政府官吏嫉恨。

1911年春，戴季陶刚刚完婚，清政府指名缉拿戴季陶。他匆匆告别新婚妻子，登上海轮，前往日本避祸，在长崎住了两周，以为风头过去，秘密返沪，未料形势愈恶，只好躲到浙江吴兴，匿居于道观。不久，经好友介绍，来到马来半岛的槟榔屿，担任《光华日报》编辑。

其时的槟榔屿，是同盟会革命党人的重要活动场所，孙中山、黄兴等同盟会主要领导人，都在这里从事过革命活动。戴季陶如鱼得水，在《光华日报》频频发文，鼓吹革命。这些文章，又由革命党人带回国内，成为一股清新的革命力量。同盟会十分满意戴季陶。就在辛亥武昌起义前夕，经著名的老同盟会员黄金庆主盟，雷昭信（即雷铁崖）、陈新政介绍，他在槟榔屿加入同盟会。

1911年10月10日，武昌起义爆发。当胜利的消息传来时，戴季陶兴奋得放声大哭，当即决定回国。10月20日，他来到武汉，直接参与战斗，表现出色。武汉失利后，他来到上海，协助陈其美，组织上海起义，亲率民军冲锋陷阵，建立了很大功劳。

上海光复后,戴季陶奔赴大连,担任关外都督府交通部长,准备在东北举事,直捣清朝政府的大后方。因缺乏武器,陈其美派沪军将领刘基炎,押运大批枪支弹药,准备从烟台运往东北。岂料,刘基炎竟心生歹念,悄悄将军火改运登州,欲占为己有。

胆识过人的戴季陶获悉后,假托有事,邀请刘基炎到海容舰议事。刘基炎毫无戒备,来到海容舰。待其登舰后,戴季陶与关外都督府外交部长彭怀汉一起,突然掏出手枪,勒令其交出军火。刘基炎大惊失色,答应交出半数。

清朝最后一个皇帝溥仪退位后,袁世凯窃取中央政权,倒行逆施,对外卖国,对内独裁,下令取消关外都督,戴季陶黯然离职,回到上海,创办了《民权报》,担任总编辑,仍以"天仇"笔名,纵论时政,鞭挞袁氏,引起袁的嫉恨,被捕入狱,虽只关了几天,但对黑暗的专制制度认识更清了。

在戴季陶的成长过程中,孙中山对他的影响很大。他第一次见到孙中山,是1905年在日本。此时,孙中山39岁,是同盟会领袖,戴季陶听过他讲演。1911年,戴季陶避难到槟榔屿时,孙中山已离岛,但其家属仍在岛上。经雷昭信介绍,戴季陶担任孙家私人教师,为孙中山的两个女儿金琰和鑫琬讲授国文,每天讲授两小时,成了孙家的常客,但未曾与孙中山谋面。

1911年12月25日,孙中山自海外回到上海,戴季陶以同盟会员兼新闻记者身份,参加欢迎活动,第一次与孙中山近距离接触。

12月29日,上海同盟会总部举行欢迎孙中山大会,戴季陶参加会议,再次见到孙中山。开会前,当两个人简单交谈时,孙中山才知道,他就是赫赫有名的戴天仇,并且是自己女儿的国文教师。第二天,孙中山主持召开同盟会本部临时会议,戴季陶以记者名义参加,又与孙中山见面。两个人渐渐熟悉起来。

1912年秋,戴季陶被孙中山聘为机要秘书,从此追随孙中山。不久,他又担任孙中山的专职秘书。

1913年2月,孙中山访日,戴季陶随行,以其流利的日语、广博的知识、辛勤的工作、娴熟的外交能力,赢得孙中山高度信赖,两个人关系升至师友之间。

此前,在宋教仁主持下,同盟会修改纲领,改组为国民党。1913年初,在国会选举中，国民党获得45%议席，成为议会第一大党。袁世凯为维护专制统治，穷凶极恶，1913年3月20日，派人在上海火车站暗杀宋教仁。

孙中山从日本赶回上海，兴师讨袁，"二次革命"爆发。戴季陶奔赴南京，协助黄兴策反军队。失利后，他力劝黄兴离开，自己留下坚持斗争。北洋军张勋部攻占南京，欲捉拿戴季陶。

这天，戴季陶外出办事，回到住处宾来馆时，正赶上北洋军包围宾来馆。他来不及避开，索性大摇大摆进去，北洋军盘问他时，他以流利日语对答，然后携一日本妓女离开。宾来馆是日本人经营的，北洋军以为他是日本人，便放他走了。他赶紧离开南京，前往上海。

"二次革命"失败后，孙中山遭通缉，于8月4日被迫离开中国，前往日本。戴季陶也在通缉之列。他没有退缩，而是赶到大连，欲聚集旧部，东山再起，无奈人心涣散。他深感已无力回天，听说孙中山已去日本，遂化名岛田政一，装扮成日本记者，于9月25日再次东渡扶桑，与孙中山会合，继续任其机要秘书，协助其创立中华革命党。

1914年7月8日，中华革命党在东京成立，孙中山当选为总理。戴季陶以创始者身份，成为最早一批党员，并担任浙江支部长。

在日本期间，戴季陶第一次接触到马克思主义。朦朦胧胧中，他感到心中的一些困惑，在马克思主义观点里都能找到答案，遂对马克思主义产生兴趣。

有一次，戴季陶在东京逛旧书摊，看到一本《社会主义研究》创刊号，是1906年3月出版的，里面刊有《共产党宣言》，是最早的日文全译本，由幸德秋水和堺利彦共同翻译。两位译者在译序中说，他们是以1888年英文版《共产党宣言》为底本译出。这一英文版本，由马克思的朋友、翻译了大部分《资本论》的塞缪尔·穆尔所译，并由恩格斯亲自校订，译文质量最为可信。

戴季陶如获至宝，便买了下来。他想译成中文，然而细看一遍后，觉得难度太大。《共产党宣言》语言独特，观点深邃，要想翻译成中文，既要熟悉马克思主义理论，又要有很深的中文功底，还须懂得德文或英文。戴季陶虽然精通日文，国学功底也不错，但对马克思主义理论很陌生，要想准确翻译出来，仅凭一本日文版《共产党宣言》，难度太大，便放下了。

1915年12月12日，袁世凯宣布复辟封建帝制，遭到全国人民唾弃。12月25日，唐继尧、蔡锷、李烈钧等向全国通电，宣布云南独立，反对帝制，武力讨袁。南方各省也纷纷宣布独立，史称"护国运动""护国战役""护国战争"。迫于内外压力，袁世凯宣布取消帝制，数月后，因病一命呜呼。

护国战争爆发后，为指导全国各地进行反袁斗争，1916年4月27日，孙中山离开东京，秘密回到上海。戴季陶随同回国时，将《社会主义研究》创刊号也一起带回。

袁世凯死后，黎元洪继任中华民国大总统，实权却在国务总理段祺瑞手里，北方政局换汤不换药，南方各军阀则为抢地盘大打出手，局势进一步恶化。

1917年6月，张勋利用黎元洪与段祺瑞的矛盾，借调停为名，率5000"辫子兵"进京，撵走黎元洪，把12岁的溥仪抬出来，闹了一出复辟丑剧。

7月1日复辟当日，李大钊愤然离开北京，南下上海。正在上海的孙中山，立即发表讨逆宣言。全国各地声势浩大，很多省都召开万人大会，齐声讨伐张勋。这场丑剧，仅持续12天，就草草收场。

9月1日，孙中山在广州成立中华民国军政府。戴季陶担任法制委员会委员长，并兼任大元帅府代理秘书长、外交部次长，集三项要职于一身，成为重要角色。为把驻守汕头的陈炯明部队改造成革命军队，孙中山派出文武两员干将，帮助陈炯明整顿军队。文为戴季陶，武是蒋介石。

因受军阀排挤，1918年5月，孙中山愤然辞去大元帅职，戴季陶也共进退，辞去一切职务，陪同孙中山离开广州，来到上海。然而，面对人生挫折，两个人却截然相反：孙中山依然百折不挠，发奋著书，总结成败得失，等待时机；戴季陶却心灰意冷，举家迁往吴兴，当起寓公，寄情山水。

五四运动爆发，戴季陶闻讯后，重新燃起革命热情，回到上海，来到孙中山身边，摩拳擦掌，欲再干一番事业。

风起云涌的学生运动，深深震撼了孙中山。此前，他只注重少数人武装起义、依靠地方军阀进行共和革命，不重视发动群众运动，也没认识到新文化运动的价值。五四运动给他上了一课，让他看到群众运动的伟大力量，并认识到其与新文化运动的关系。戴季陶回到上海后，他十分高兴，立刻指派戴季陶，以

《新青年》和《每周评论》为榜样，创办《民国日报》副刊《星期评论》。

戴季陶欣然应允，立刻与沈玄庐、孙棣一起，紧锣密鼓地忙起来。1919年6月8日，《星期评论》正式创刊。随后，李汉俊也加入编辑队伍。与此同时，朱执信也受孙中山指派，于8月1日创刊《建设》月刊。两个刊物加入新文化运动，在传播马克思主义的过程中发挥了积极作用。

戴季陶比陈独秀小12岁，因为机缘，他十分崇敬陈独秀，陈独秀也很欣赏他，两个人成为忘年交。陈独秀想找人翻译《共产党宣言》时，自然就想到了戴季陶。

这天，陈独秀来到三益里17号，《星期评论》编辑部就设在这里。戴季陶一看是陈独秀，赶紧迎上去："哎呀，稀客，稀客！什么风把您吹来了？"

"东南风！"陈独秀朝门外一指，随口吟道，"安得东南风，吹散八表外。"

戴季陶顺口接上："使之天下人，共见尧眉彩。"

吟罢，两个人哈哈大笑。他俩吟的，是唐代诗僧齐己的《浮云行》后4句，前4句是："大野有贤人，大朝有圣君。如何彼浮云，掩蔽白日轮。"

戴季陶把客人让到他的座位上，泡了杯西湖龙井，双手递上，然后拉把椅子，坐到旁边。

陈独秀四下环顾，面露赞许："你们的《星期评论》办得好啊！我每期必读，从头到尾，一字不落。我相信，年轻人读了以后，一定会大受裨益、擦亮眼睛的！"

"仲甫先生过奖了。"戴季陶摆摆手，态度谦恭，"您带头发起的这场学生运动，声势浩大，席卷全国，激起全国大众的爱国热情，给中国人以新的觉醒。过去，我所参与的护法运动，之所以会失利，最大的教训，就是没有唤醒广大民众的热情。"

陈独秀点点头："革命最要紧的，是教育民众，发动民众，让民众踊跃参与。众人拾柴火焰高嘛！"

"您说得对。"戴季陶说，"按照中山先生的意图，我们的办报宗旨是：介绍世界大势和思潮，唤起不满社会现状的青年，使他们能够了解该打破的是哪些，该解放的是哪些，该建设的是哪些。"

"你们做到了。"陈独秀说,"现在的《星期评论》,已经是一份权威性的急进报纸。"

戴季陶接着说:"中山先生要我们办这一报一刊,是为了更好地宣传革命理论,以'激扬新文化之波澜,灌溉新思想之萌蘖,树立新事业之基础,描绘新计划之雏形'。"

"说得好!"陈独秀一拍桌面,"我们就是要揭露帝国主义的罪恶,宣扬社会主义新思潮,唤醒沉睡的劳工大众,一齐行动起来,打破这黑暗的旧世界,重新建立一个崭新的大同世界!"

戴季陶拉近椅子,盯着陈独秀,压低嗓子:"仲甫先生,您这么忙,今天不会来串门的吧?有什么吩咐?"

陈独秀呷了口茶,缓缓放下茶杯:"你知道《共产党宣言》吗?"

"当然知道,这是马克思、恩格斯的杰作。"戴季陶面露景仰之情,"马克思和恩格斯称得上是天才,马克思可谓是近代经济学的大家、近代社会运动的先觉。"

"说得好!"陈独秀赞许道,"记得你在《星期评论》上撰文,里面有这样一段话,'翻译马克司的著作和研究马克司批评马克司的著作,岂是可以禁止的吗?又岂是能够禁止的吗?'"

戴季陶点点头:"是的,那篇文章,是批判压制思想解放的人的。"

陈独秀挪一下椅子,离戴季陶更近些,压低嗓音:"我今天来,就是想同你商量翻译的事。"

戴季陶问:"您想翻译什么?"

陈独秀一字一句:"《共产党宣言》。"

戴季陶一听乐了:"不瞒您说,我就有一本日文版的《共产党宣言》,是我前年从日本带回来的。"

陈独秀大喜过望:"你译成中文了吗?"

戴季陶摇摇头,面露羞赧:"如果光是看,我尚能囫囵吞枣。但要想完整、准确地译成中文,我的功力还不够。"

"啊?"陈独秀吃了一惊,"你的日语水平,中山先生可是大加赞赏的。你的国学造诣也蛮深,怎么功力还不够呢?如果你不够,还有谁能胜任呢?"

"日文版有些地方译得也欠火候,理解起来费劲。还有,我对马克思理论也只知道点皮毛,《共产党宣言》里的很多观点,我看着很陌生,用中文不知道怎么表达。"戴季陶解释,"对了,您为何问起这呢?"

"巧了,我有一本英文版的,是守常临别时送我的,嘱我找个合适的人,翻译成中文。我正为这事发愁呢。"

"没问题。这事包在我身上。"戴季陶一拍胸脯,"将来译好后,可以在《星期评论》上连载。"

"这个主意好!你物色到合适人选后,告诉我,我把书送过来。"说罢,陈独秀站起身,兴冲冲地拱手告辞。

送走陈独秀后,戴季陶就琢磨起这事儿。他把周围的人排了个队:朱执信、李汉俊、沈玄庐,都是留日归来的,都是不错的选择。特别是朱执信,写过《德意志社会革命家小传》,翻译过《共产党宣言》《资本论》的片段,评价《共产党宣言》是"马尔克(马克思)之事功,此役为最"。但真论起来,多在伯仲之间,比自己强不了多少。他想,要找,就要找比自己和身边人更强的。

戴季陶绞尽脑汁,也没想到合适人选。"对了!"他急中生智,"找不到千里马,就先找伯乐吧!"

他立马想到一位"伯乐":《民国日报》主编邵力子。

邵力子,初名景奎、凤寿,又名闻泰,字仲辉。生于1882年12月,绍兴陶堰邵家溇人,1902年中举人,与陈敬第(叔通)、沈钧儒(衡山)同科,同年9月赴上海,考入南洋公学"特班",校长马相伯,国文教习蔡元培。学习期间,他与同学黄炎培等人组织"任会","以造新中国为己任"。

1905年,邵力子入上海震旦公学,结识同学于右任,成为一生莫逆之交。因不满法国天主教势力控制震旦,同年9月,校长马相伯愤而辞职,带领学生离开。邵力子协助马相伯,筹建"复旦公学",在校边工作边学习。取名"复旦",既有"复我震旦"之意,又与《尚书大传》"日月光华,旦复旦兮"句意相吻合。

1906年10月,邵力子与于右任一道,离开复旦,赴日本学新闻学,次年初回国,协助于右任,创办《神州日报》,进行反清宣传。同年,邵力子再赴日本,在东京见到孙中山,次年加入中国同盟会。1908年,因隔壁琴行失火,神州日报社被焚,无力再办。

随后,邵力子协助于右任,相继创办《民呼日报》《民吁日报》《民立报》,因三报针砭时弊,直抒胸臆,遭当局查封,寿命分别仅92天、48天和3年。但三报犹如闪电划破长空,惊世骇俗,振聋发聩。

在为《民立报》撰稿时,邵力子从《后汉书》"游子天所弃,力子天所富"这两句话中("游子"意为懒散之人,"力子"意为勤勉之人)得到启发,取"力子"作为笔名,后来成为本名,伴其一生。

1911年10月10日,辛亥革命爆发时,因信息传递不发达,清政府刻意封锁消息、歪曲真相,邵力子利用《民立报》优势,率先报道武昌起义的真实消息,成为公开报道辛亥革命的第一人。

1916年,邵力子与陈其美、叶楚伧等人创办《生活日报》,即《民国日报》前身,并主持该报笔政长达10年。其中,主持《觉悟》副刊6年,开介绍革命理论、推进新文化运动的风气之先,多次刊发李大钊、陈独秀、瞿秋白等人的文章,自己也发表《提倡社会主义绝不是好奇》《布尔什维克的真相》《共产和公道》《主义与时代》等社会主义专论,还译载介绍苏俄经济、法律、文化情况的文章,每逢十月革命纪念日,都发出"特号"或纪念文章,使《觉悟》成为马克思主义的传播平台。在他的主持下,《觉悟》风行一时,与北京《晨报副镌》《京报副刊》,上海《时事新报》的副刊《学灯》一起,被誉为全国报纸的四大副刊。

别看邵力子矮小文弱,却浑身上下一团火,古道热肠,经常包一辆黄包车,奔走于上海滩各界,人脉极广,朋友众多。他与戴季陶是好友,所以,戴季陶首先便想到他。

戴季陶找到邵力子,并不寒暄,开门见山:"我想找一个高手,把《共产党宣言》翻译成中文。你帮我物色物色?"

对《共产党宣言》,邵力子并不陌生,直接问:"你是什么版本的?"

戴季陶说:"我有日文版,仲甫先生有英文版。"

邵力子奇怪:"你的日文功底不是很好吗?怎么不自己动笔?"

戴季陶挠挠头："我本来也想自己干，真动笔时，才发觉才疏学浅、力不从心，难担大任啊。"

"啊？"邵力子吃了一惊，"又不是鸿篇巨制，就那么薄薄一个小册子，有这么难吗？"

戴季陶认真地说："没有金刚钻，别揽瓷器活。"

"明白了。"邵力子点点头，"连你都作难，那必是难了。你想找怎样的高手？"

"起码要具备三个条件。"戴季陶掰着手指，"一是要对马克思主义有深入的了解，二是至少得精通德、英、日三门外语中的一门，三是有较高的语言文学素养。"

邵力子略一思忖，脱口而出："此等重任，非杭州的陈望道莫属！"

"是'四大金刚'之一的陈望道？"戴季陶问。这半年来，浙江第一师范学校的"四大金刚"力推白话文的做法，特别是学生施存统的文章《非孝》引发的风波，已经在上海传得沸沸扬扬，陈望道也成为文化教育界的风云人物。

"正是他！"邵力子点点头，"我和他是同道至交，对他很了解。他在日本留学期间，就接受马克思主义学说，精通英文和日文，还常给《觉悟》投稿，中文功底深厚。"

"太好啦！"戴季陶以掌击节，"你是不是给他写封信，请他来一趟上海，我们当面交流一下？"

"哈哈！他已经'自投罗网'了！"邵子力显得有点得意，"《非孝》发表后，'四大金刚'受到很大冲击，遭浙江省省长和教育厅厅长解职。前些天，陈望道刚来上海，希望我帮他谋一份职业。眼下，他正在当我的助理，帮我编辑《觉悟》呢！"

"哎呀呀，真是踏破铁鞋无觅处，得来全不费工夫！"戴季陶喜不自禁，"我恨不得马上见到他，你快快把他请来！"

"嗯，嗯！没问题，我这就去！"邵力子兴高采烈，转身急急离去。

送走邵力子，戴季陶还沉浸在喜悦中，喃喃自语："望道，望道，追望大道！正所谓'好马配好鞍，宝剑赠英雄'啊！如此神圣使命，只有追望大道之人才能担当。天意，天意也！"

第五章
走出分水塘

浙江中部的浦阳江,发源于浦江西部岭脚,流经浦江、诸暨、萧山,汇入钱塘江,直达省会杭州。在陆路闭塞的年代,沿线流域百姓往返杭州时,这是交通要道。

浦江县城往东,有个黄宅古镇,坐落在浦阳江畔,设有渡口码头,船筏往来频繁,上下穿梭,颇为热闹。因黄宅与义乌交界,邻近的义乌百姓,也大多借道于此。

1920年2月中旬。这天黄昏,一条杭州来的客货混装船,缓缓靠上黄宅码头。一个身手敏捷的年轻人,身子一纵,从船上跳下。年轻人身着长衫,留着三七分头,眉间开阔,眼眶凹陷,鼻梁坚挺,嘴唇棱角分明,手拎一只旧皮箱。

码头集市熙熙攘攘,有卖肉的,有卖年糕的,有卖香烟的,有卖花生瓜子的,有卖鞭炮的,还有当场写对联的,叫卖声此起彼伏,偶尔还能听到一两声鞭炮声。年关到了,空气中能嗅出年味。年轻人沿着青石板路,穿过古镇。镇后面,是条狭长山谷,一条小道,顺着山势蜿蜒而上。

皮箱有些分量,年轻人换了一只手,撩起长衫前摆,掖在腰间,迈开步伐,朝山谷快步行走。夕阳下,两侧群山一阴一阳,阴面深黛,阳面金黄。

这时,一阵山风吹来,夹杂着青草芬芳。年轻人眯起眼,深吸一口,有些陶醉。是的,这是熟悉的家乡味道。山那边,就是义乌。他的家乡分水塘,就在半山腰的垭口。

有些日子没回家乡了。他是个念旧的人,无论身处逆境,还是漂泊海外,每当夜深人静时,他都会思念家乡、牵挂亲人。无论走到哪里,他都忘不了,自己是义乌人,家在分水塘。

一 耕读人家

义乌东邻东阳,南界永康、武义,西连金东、兰溪,北接诸暨、浦江,处于浙江中心轴,在金衢盆地东缘,边缘隆起,中部凹陷,北、东、南三面环山,蜿蜒绵亘,中西部浅丘漫岗,向西开口。境内低山、丘陵、岗地、平原,呈层次性分布,江溪源短流急,塘库星罗棋布。

义乌,古为於越人所聚居,春秋战国时迭属越、楚,为乌伤所辖。公元前223年,秦灭楚后,平定楚江南地,降百越之君,置会稽郡,乌伤隶属之。

与今义乌相比,古乌伤要大得多,北接诸暨,南邻大末(今龙游县),大致包括今金华市金东、婺城两区和义乌、永康、兰溪、武义四市县的全部,以及东阳、浦江及仙居、缙云市县的部分。故在义乌旧志中,就有"八邑肇基""婺凡八邑,而建自秦汉者,必首乌伤""上溯秦汉,八婺皆以乌伤得名"等记载。

乌伤县名的由来,与孝子颜乌有关。南朝宋刘敬叔的《异苑》卷十称:"东阳颜乌以纯孝著闻,后有群乌衔鼓集颜所居之村,乌口皆伤。一境以为颜至孝,故慈乌来萃,衔鼓之兴,欲令聋者远闻,即于鼓处置县而名为乌伤。"据义乌颜村《颜氏宗谱》载,颜乌五世祖颜高,为孔门七十二贤之一,宋封雷泽侯,世居山东东平州平阴里。祖颜琴,迁兖州曲阜,有文名,周慎靓王朝荐为河阳大夫,避乱归隐。父颜凤,避乱南行,寓浙江会稽郡南界,遘疾身亡,颜乌乃负土葬之。"乌事亲至孝,父丧,负土筑茔,感群乌衔土助之,乌吻皆伤,乌亦恸竭伤亡,附葬于左,因名县曰乌伤。"

王莽时,为彰显颜乌孝行,改乌伤为乌孝。东汉建武初,复名乌伤,属会稽郡。东汉初平三年(192),析县西一部分辖区,置长山县。三国吴赤乌八年(245),析县南一部分辖区,置永康县。吴宝鼎元年(266),原会稽郡西部分设东阳郡，乌伤属东阳郡。南朝陈天嘉三年（562），改东阳郡为金华郡，乌伤仍隶属之。唐武德四年（621），乌伤置稠州，分设乌孝、华川两县。武德七年，废稠州，两县合一，改称义乌。"义"既指孝子颜乌之义，又指衔土乌鸟之义。此为县名"义乌"之始。

义乌地瘠人众，山水无奇，少渔牧之利，兼旱涝频仍，百姓深受其苦，渴望改变命运，故忍辱负重，坚忍不拔，尚义好勇，民风彪悍，一旦遇到危急关头，无不挺身而出，文人投笔从戎，武士枕戈待募。明崇祯《义乌县志》载，"乌武勇之名甲于天下，而南御倭北御虏，尽召用乌兵矣"。三千义乌兵的传奇，更是闻名遐迩。

明朝时，戚继光到浙江抗倭，见义乌民风彪悍，遂招募三千勇士，练习刺击术。有了这支精锐之师后，戚继光在抗倭中战必胜、守必固，所向披靡，在浙江台州境内，九战九捷，歼敌六千，基本平息浙江倭患。随后，又赴福建，连捣倭巢，歼敌逾万。两年后，又会同俞大猷，剿平广东倭寇。在东南沿海，义乌兵屡建奇功，留下义乌历史上最璀璨夺目的一页。《戚继光志》中，有这样一副楹联："南浙显威，赫赫功归蓬莱将；东瀛丧胆，巍巍胜属义乌兵。"后来，三千义乌兵奉调北上，负责训练防御鞑靼的长城边兵，还修守长城、屯垦。戚继光去世后，义乌兵又赴朝鲜，抗倭长达7年，立下赫赫战功。

义乌西北部，有座大峰山。"大峰山下龙山岗，龙山岗下分水塘，两股碧水走东西，四面青山抱村庄。"分水塘距义乌城区约20公里，四面环翠，林森蔽日，村后即为龙山岗，村中有9口水塘，小塘汇入一口大塘，大塘的水分两系：一支向东南，流往义乌；一支朝西北，流往浦江。分水塘由此得名。附近的圣寿寺、五云山，都留下文人墨客的印迹：南宋理学家徐侨曾寄住五云寺，墓葬五云山，明代大儒宋濂、方孝孺，在圣寿寺的书院讲过学。因地势较高，这里还是军事要冲。

村民对风水津津乐道，称对面山峦势如笔架，村南水塘状如砚池，寓意文风昌盛。村中流传着神话：神龙自大峰山而下，伏于山岗，神龙喷水济世而成池，义乌、浦江的土地神争而欲得之，玉皇大帝降旨——水出东西，分润义浦。由此，留下"高高一池塘，滢滢三千方。西流泽义乌，东灌润浦江"的美名。

分水塘虽然地处僻壤,岗峦为障,只有一条山道,但并不闭塞。山道东西可出,西达金华、兰溪,东通浦江、诸暨,向来交通便捷,因而民风开化,百姓善经商,明清时开始种植蓼蓝,制成染料靛青,销往苏州、无锡等地,经济状况较好。

蓼蓝是一年生植物,春天播种,生根移栽,七八月采叶,阴干或晒干,9月末至10月上旬种子成熟时,割全草,晒干,脱粒。制作靛青时,将茎叶放进大缸水浸,待叶腐烂、茎脱皮后,捞出茎叶,加入石灰,充分搅拌,数日后捞出沉淀,用布袋吊起晾干,即为靛青,也叫靛蓝,既可作染料,也可药用。

分水塘有陈、张两大姓。宋代时,陈姓从东阳根溪迁入。明代时,张姓从义乌上溪迁入。当年,两姓都是护林的山铺,世代和睦相处,繁衍生息。

陈姓传到孟字辈,有位陈孟坡,勤于劳作,农忙时忙农活,农闲时打靛青。靛青是染青土布的染料,家家户户都用得上。他头脑活络,打靛青手艺好,又善于经营,除了在当地销售外,还从黄宅坐船,把货运到外地。因经营有方,家境殷实。

俗话说,家家有本难念的经。陈孟坡也有烦恼:膝下无子,老来有忧。恰巧,二弟孟珰有5个儿子,因孩子多、吃口重,家境窘迫。陈孟坡相中其次子君元,煞是喜欢,遂与二弟商量,过继给他作嗣子,二弟自然求之不得。在君元10岁时,陈孟坡大摆酒席,宴请宗亲,上香跪拜了祖宗,用朱砂笔改了族谱,将君元过继到门下,视如己出,悉心栽培。

陈君元是君字辈,号菊笙,因生于重阳节,又名重阳。君元少年时,除学习四书五经外,受乡风影响,迷上习武,冬练三九,夏练三伏,勤学不辍,曾考过武秀才,还入选为太学生。可惜,等他收到入学通知时,已过了入学时间。在养父的传教下,他精于打制靛青,又熟谙经营之道。

有一年,靛青滞销,家家发愁,任凭蓼蓝烂在地里,懒得收割,勤快的人干脆将其收割后堆在地角废弃,打算开春后改种其他植物。陈君元见状,便以低廉价格收购这些蓼蓝,村民见有人要,便争先恐后卖给他,他就囤积起来。没想到,第二年开春后,靛青价格大涨,他赶紧将蓼蓝加工成靛青,长途贩运到江苏,卖了一个好价钱,掘了一桶金。

在他的悉心经营下,家业渐渐发达,购田置屋,日子比养父当家时过得更好,他本人在村里威望颇高,三十出头就被推为陈姓族长。村民们都很尊重他,称其"重阳伯"。

有道是,子孝父心宽,妻贤夫祸少。陈君元的聪明能干,让陈孟坡十分欣慰。而陈家人丁兴旺,又多亏有个贤惠的内当家。

陈君元的妻子张翠婠,性情温和,心地善良,相夫教子,治家有方,从不打骂儿女,甚至不能容忍别人责打孩童。她乐善好施,富有同情心,逢年过节,或者遇上荒年,经常接济贫困的乡邻。陈家宅前屋后有竹林,开春出笋后,有人来偷偷挖笋,家人要出去撵,她不让:"不要去追。挖去就挖去了吧,只当是送他就是了。"

夫妇俩生育了仨儿俩女,长子参一,长女漱白(又名华英),次女漱青(又名华青),次子贯一,比参一小11岁,幼子精一,比贯一小2岁。因是明字辈,参一、贯一、精一又分别取族名为明融、明翮、明翻。

有趣的是,陈君元在给子女取名时,把陈家经营靛青染坊的工艺和经营理念,都蕴含在名字当中。"融"是指做染料时,蓝草叶子与灰融合在一起。"翮"指明靛青在木桶里加工而成。"翻"是指陈家的染料生意像羽毛一样纯净,体现了陈家染房诚信、透明的经营之道。"漱白"是说未染色的手工土布都是白色的。"漱青"是指白色的土布用了陈家的靛青染料后,就成了青色。

陈参一生于1891年1月18日。在他出生这一年,康有为租借"邱氏书院",作为讲学堂,创办了万木草堂,聚徒讲学,宣传改良主义思想,开展政治活动,万木草堂成为"戊戌变法"策源地。在他出生后第五天,远在万里之遥的撒丁岛,安东尼奥·葛兰西也降生在一个小职员家庭。1921年1月21日,葛兰西等人创立意大利共产党。

陈参一3岁时,中日甲午战争爆发。次年,北洋海军全军覆没,标志着洋务运动失败,清政府被迫签订《马关条约》,割让辽东半岛、台湾岛及其附属各岛屿、澎湖列岛给日本,增开沙市、重庆、苏州、杭州为商埠,允许日本在中国的通商口岸投资办厂。

一场甲午战争,使日本成为暴发户,一跃成为亚洲强国,完全摆脱半殖民地的地位,第一次尝到侵略的甜头,极大刺激其对外扩张的欲望。而中国国际地位一落千丈,清政府靠向西方大国举债度日,半殖民地化程度大大加深,国势衰微,国民自信心丧失殆尽,中华民族陷入灾难深渊,民族危机空前严重。

随后,西方列强掀起瓜分中国的狂潮,也逼迫中国人奋起抗争,义和团运动随之爆发,但很快失败。清政府认贼作父,签订《辛丑条约》,加剧列强对中国的全面控制和掠夺。这是中国近代史上失权最严重的不平等条约,表明清政府已完全成为帝国主义统治中国的工具,标志着中国已完全沦为半殖民地半封建社会。

伴随着阴霾般的时代环境,陈参一慢慢长大,6岁时就被送进私塾,学习四书五经。他聪慧灵敏,勤奋好学。私塾先生提问时,他总能对答如流,记忆力和理解力出众。私塾先生张祖孟,出身贡生,两家相距百余米。贡生比秀才高一级,秀才中的成绩或资格优异者,升入京师的国子监读书,即称为贡生,意谓以人才贡献给皇帝。所以,张祖孟算得上有学问的人。

陈参一十一二岁时,有一次,张祖孟上课,见他在做小动作,便让他站起来:"参一,刚才我讲了什么?"

陈参一站起来,对答如流。

张祖孟决定考考他:"前几天,我给你们讲了李白的诗《梦游天姥吟留别》,你念给我听听。"

陈参一说:"不用念了,我背给你听。"说罢,一字不落地背了一遍。

张祖孟大喜过望,摇头晃脑:"孺子可教,孺子可教也!"

事后,张祖孟对陈君元说:"参一顽劣是顽劣,但是悟性很高。"

陈君元赶紧说:"他不懂事,你只管严加管教!"

张祖孟说:"我很看好他,只要好好培养,将来必有出息。"

陈君元逗他:"你这么喜欢,就收他当女婿呗!"

"甚合我意,甚合我意也!"张祖孟一听,煞是高兴,眉开眼笑,"小女六妹,年龄正好与参一相仿。"

张祖孟有9个孩子,四男五女,六妹排行第六。

义乌有定娃娃亲的习俗。两家当即交换年庚,张六妹大陈参一8个月。陈家请来亲朋好友,摆了几桌酒席,就定下了这门亲。张祖孟对陈参一愈加用心,视如己出，悉心栽培，把家中藏书一股脑儿给他看。

义乌自古重教好学，耕读传家，宋元明清时，广设县学、书院、社学、义学、私塾更是遍布城乡，流传着许多美谈。有一次，张祖孟问学生："你们听过'剪发延师'的故事吗？"

孩子们一听，来了兴致，竖起耳朵，叽叽喳喳："没听过！"

"那好，我讲给你们听。"张祖孟清清嗓子，继续说道。南宋时，香山泽口村有个喻葆光，其妻黄净德，育有五子，虽家境贫寒，但都将孩子送进私塾。有一次，喻家招待私塾先生，没钱买荤菜，黄净德竟剪下头发，拿去换鱼。后来，五子不负厚望，皆成登科之才。长子喻良倚、次子喻良能，双双中进士。喻良能与胞弟喻良弼，因人品、学问俱佳而传世。后人作诗赞叹："但教五子登云去，不管一家如雪寒。"

说罢，张祖孟语重心长："你们的爸妈，为了让你们上学，含辛茹苦，省吃俭用。你们一定要好好用功，将来报答爸妈的养育之恩。"

孩子们静静听着。陈参一站起来说："先生，我将来长大了，也要当先生，收学生，教孩子读书。"

"好，好，有出息！"张祖孟捻须含笑，频频点头，"中华文化长盛不衰、绵延数千年，靠的就是薪火相传。希望你将来桃李满天下！"

陈君元特别注重子女品行，平时管教极严，经常领着他们，上山砍柴、下田劳作，半耕半读。他信奉"勤耕苦读传家远"，对孩子们说："我们世代为农，勤耕是你们的生存根本，只有勤耕，才能产出粮食、填饱肚子。如果不参加劳作，会四体不勤、五谷不分，连粮食是从天上掉下来的还是地里长出来的都不知道。苦读是你们的立身之本，只有肚子里有墨水，才能行走天下，不受别人欺侮。"

村里有赌博风气，一些孩子受此影响，也有样学样。对此，陈家绝对禁止。有一次，几个小伙伴玩起赌博游戏，陈参一按捺不住好奇，也一起参与了。至于赌资，不外乎是一块番薯、一把炒豆。陈君元获悉后，暴跳如雷，将儿子痛扁一顿。从那以后，陈参一终身未染赌博。

张翠婳虽是慈母，家教也甚严。陈参一12岁那年，有一天，正坐在门槛上，看到堂妹妹霜玖走来，便把两只脚搁在门槛上。霜玖不知是圈套，想从他脚上跨过去。刚跨进一脚,陈参一便把两脚一提。霜玖怎么也跨不过去,急得几乎要哭。

陈参一扬扬得意,悄悄告诉了母亲,想逗母亲一乐。不料,母亲却沉下脸来,教育他:"你已经长大了,不要和妹妹们玩。"

"为什么?"陈参一不解。

母亲说:"别人看见,要说你不聪明的。"

陈参一丈二和尚——摸不着头脑:"怎么就不聪明了?"

母亲含含糊糊:"将来你会明白的。"

后来,陈参一读《孟子·离娄上》时,看到"男女授受不亲,礼也",才明白母亲的用意。

不过,对母亲的一些观念,陈参一不以为然。张翠婳毕竟生活在旧时代,封建意识浓厚,信守"三纲五常"。后来,次女漱青年纪轻轻就守寡,张翠婳不听大家劝说,禁止女儿改嫁,留养在身边,连外孙女也一并留养,误了女儿一生。

在教育子女上,陈君元还有特别之处:教儿子习武。这同义乌尚武习俗有关,明朝义乌知县周士英对此评价,"俗近秦风,喜习戈矛""竞相比武,以名征募"。在陈君元熏染下,兄弟仨都练过武功。

陈君元先是自己教,后来又延请拳师,既舞枪弄棒,也练拳脚。陈参一习的是小洪拳,在义乌一带很流行。他禀赋高,领悟快,又能吃苦,拳师很满意,觉得他是练武好材料,想把他带到山上,传承衣钵,陈家没同意。

别看陈参一年纪不大,志向却高远,他说:"我练武的目的,一是健体护身,二是强国兴邦。"

有这样的志向,源于陈参一饱读诗书,熟知义乌历史。

义乌人的血液里,流淌着刚正、耿直的基因,涌现出很多名臣武将,正气浩然,铁骨铮铮。

"初唐四杰"之一的骆宾王,出身寒微,少有才名,是唐代著名诗人,跟随英国公徐敬业起兵讨伐武则天,撰写《讨武曌檄》,一声"一抔之土未干,六尺之孤何托?"之诘问,一句"试看今日之域中,竟是谁家之天下!"之豪言,震撼朝野。据《新唐书》载,武则天初观此文时,还嬉笑自若,当读到"一抔之土未干,六尺之孤何托?"句时,惊问是谁写的,叹道:"有如此才,而使之沦落不偶,宰相之过也!"

宋抗金名将宗泽,杰出政治家、军事家,刚直豪爽,沉毅知兵。金兵入侵时,在李固渡大破敌军,在开德(今河南濮阳)十三战皆胜。金人畏惮宗泽,称其"宗爷爷"。留守东京时,连呈24道奏章,力主回銮抗金,收复国土,均未被采纳,壮志难酬,忧愤成疾,临终三呼"过河"而卒。

南宋著名政治家、理学家徐侨,敢于当面直陈时弊,中年辞官归里,创办东岩书舍,传讲学17年,以博学、刚直、显达而煊赫于世。朱元龙、康植、王世杰、叶由庚、朱中、龚应之皆其门人。

元代著名理学家、史学家、文学家、教育家、书画家黄溍,文思敏捷,才华横溢,史识丰厚。一生著作颇丰,诗、词、文、赋及书法、绘画无所不精,与浦江的柳贯、临川的虞集、豫章的揭傒斯,并称元代"儒林四杰",在朝刚正不附权贵,人称其"清白高洁如冰壶尺玉,纤尘不污"。

元明时期历史学家王祎,被朱元璋誉为"浙东二儒"之一,因谕降云南梁王而死节,其"人君之职莫先于纳谏,人臣之职莫先于进谏,纳谏难矣而进谏为尤难"之立朝箴言,正是自己一生刚正耿直的真实写照。

清初朱之锡,顺治、康熙两朝治河重臣,以公忠为国、不敛私财而闻名于世,因病卒于任上,年仅44岁,康熙谕赐祭葬。被雍正册封为河神"朱大王",沿河立庙,春秋祠祭。乾隆追封其"助顺永宁侯"。

清末朱一新,在朝为直臣,在野为名师。为官正义刚直,爱国忧民,反对慈禧卖国宠佞和挪用海军经费修颐和园,反对李鸿章推行慈禧的投降外交路线,揭露太监李莲英恃宠骄横、妄自尊大。《清史稿》传记中,谓之"言论侃侃,不避贵戚"。直言遭贬后,致意执教,著述颇丰,对经学尤有研究,成为清末著名学者、汉宋调和学派代表人物之一。

这些义乌先贤,清风劲节播百世,明月芳声振千秋,深刻影响了陈参一。所以,他从小就立下宏志,要做国家的栋梁之材。

二 毁佛办学

1904年,精一出生,这是陈君元的第五个孩子。早年,他到苏州一带贩卖靛青时,因语言不通而吃亏,他把这归结为自己读书不多,所以,一心想让孩子多读书,将来可以走出去。

考虑到子女多,为方便孩子上学,1905年,陈君元索性办起家塾,把张祖孟请来授课,除了自己子女外,还收了穷人家几个孩子,免费让他们学习。也就在这年,15岁的陈参一,与张六妹成婚。

张六妹性格温柔,善良贤惠,对公婆恭敬孝顺,对丈夫体贴入微,深得公婆喜欢。不过,她也有致命缺陷:是个小脚女人。封建时代,"三寸金莲"是女性之美。到了近代,小脚已渐为社会所不容。

对这桩包办婚姻,陈参一并不称心,却不敢忤逆父母。一来家教笃严,婚姻大事容不得自己做主;二来一介少年,生活尚难自立,哪有不从底气?所以,心里纵有万般不愿,也不敢忤逆。婚后,小两口谈不上情投意合,倒也相敬如宾。但是,张六妹的小脚,为这桩婚姻埋下了隐患。

后来,陈参一回忆这段历史时,曾说:"我和张六妹并不是不好,从姐弟感情上讲,实在是很好的,在我们乡间,谁都说我俩是很好的一对。"但陈参一要的,不仅仅是这些:"我是一个曾经历过旧式婚姻痛苦的人,当十五六岁时被迫结婚,虽然感情好,可不知怎的,心里总觉彼此不安。"

陈参一求知若渴,私塾教的四书五经,已经满足不了他的需求。1906年,他步行数十里山路,第一次走出大山,来到义乌县城,进绣湖书院念书。

上溯千年,义乌曾出现众多知名书院,唐末五代后,少部分为官宦学者回乡著书立说、治学授徒之所,其余多为地方官绅为举业而设,明代最为兴盛,清末废科举、兴学堂,书院渐衰落。

绣湖书院前身,是明朝崇祯年间的社学,建于绣湖之畔,背山面水,清乾隆四十二年(1777)改称绣湖书院,人文气息浓厚,有"读书之圣地,求知之殿堂"的美誉。

绣湖又名绣川,原是一个很大的湖泊,四周群峰环绕,云霞掩映,景色如绣,故取名绣湖。湖畔的大安寺塔,始建于宋大观四年(1110),与绣湖相依相伴,经历多次坍塌和修复。

作为义乌地域文化的象征,绣湖和大安寺塔,在旅外义乌人心里,是挥之不去的乡愁。后来任国民党副主席的蒋仲苓,出生于义乌苏溪镇蒋宅,离别家乡52年后,从台湾省回乡探亲时,一上车就急切地问:"义中前的绣湖还在吗？绣湖边的大安寺塔还在不在？"可见两者在他心目中的地位。

久居深山,乍来到书院,让陈参一豁然开朗。绣湖书院的课程,相当于高等小学至初中。在这里,他第一次接触到数学和博物。在书院里,他曾手植一棵槐树,后来树身长成合抱粗。

就在他潜心求学时,外面的世界,正发生着深刻变化。

甲午战争惨败后,中国的贫弱空前暴露,有志之士求新求变,出现一股激进的维新变法思潮,"教育救国论"应运而生。论者认为,拯救濒于衰亡之国家,从教育入手,多建学校、广建学会,以普及教育,是拯救中国的不二法门,也是与列强争胜、挽回利权的关键。不过,他们所谓的"教育",主要是指"西学",而非中国固有的教育。

1898年9月21日,慈禧发动"戊戌政变",囚禁光绪帝,康有为、梁启超逃往日本,谭嗣同等戊戌六君子被杀,历时103天的变法失败,"教育救国"思潮一度沉沦。

1905年,清王朝下令,废止科举制度,开设半日学堂,招收贫寒子弟,不拘年岁,不取学费。在这股新风吹拂下,"教育救国"的呼声再次高涨。康有为、梁启超在日本创办《清议报》《新民丛报》,呼吁教育救国。国内的《教育杂志》《教育世界》《外交报》《东方杂志》等纷纷问世,积极宣传教育的作用。《杭州白话报》刊文:"人无教育,就不能自立;国无教育,就不能自强。今日我们的祖国,内忧外患,相侵相迫,全无教育,中国倘有一线希望,全在教育。"一大批进步青年,纷纷投身教育,希冀通过发展教育,谋求国家的独立、民主和富强。

自幼怀有报国之心的陈参一,对国家前途、民族命运一直深深忧虑。这股"教育救国"热潮,让他热血沸腾。他对同学们说:"国家要强盛,首先必须破除迷信、开发民智,让千千万万的民众觉醒。而唤醒民众觉悟,教育是最佳途径。我们要为天地立心,为生民立命!"

有的同学不以为然:"教育救国固然重要,可那是大人的事,我们还是受教育之人,连吃饭穿衣都得靠父母,还是安心读书吧。"

陈参一反驳道:"位卑未敢忘忧国。国家兴亡,匹夫有责。眼下正是国家用人之际,我们切不可作壁上观。"

看到同学漠然的态度,陈参一明白,人各有志,不可相强。他想,与其坐而论道,不如起而行之。如何行呢?他打定主意:自己办学!在书院仅宿学一年,他就再也坐不住,中断学业,扛起铺盖回家了。

看到陈参一回家,张六妹欢天喜地,赶紧接过行李放好,又泡上一杯茶。陈君元正抽着旱烟,口含烟杆,面露诧异:"不过年不过节的,怎么回来了?"

陈参一兴冲冲地说:"我退学了,回来自己办学!"

"你才半瓶子醋,就想办私塾?"陈君元拔出烟杆。在乡村,私塾先生有学问,受人尊重。但在陈君元看来,儿子还不够格。

"我不是办私塾,是办新学,免费招募村童。"陈参一忙解释。

"免费?"陈君元白了儿子一眼,"你连自己都养不活,拿什么办?"

"我……"陈参一脸红了一下,"我是在教育救国呢。"

"教育……救国?"陈君元愣了一下。他不懂啥教育救国,但一听"救国",知道是大事。既然是大事,他不便干预,张了张嘴,没再说啥,顾自抽起闷烟。

陈参一想,孤掌难鸣,一个好汉三人帮。他约了两个发小,一个叫陈明鹏,一个叫张代铭,他俩都读过书,是村里的文化人,思想激进。三人来到村头,这里有棵大樟树。大樟树旁边,就是那口人池塘。

三人坐在大树下,陈参一先说起教育救国的事,然后说起办村学的想法。两个人一听说办村学,都跃跃欲试。

陈明鹏摩拳擦掌:"参一,你说该怎么干?听你的!"

张代铭皱起眉头:"办村学,得有地方,到哪找闲屋呢?"

陈参一没有直接回答,而是卖起关子:"踏破铁鞋无觅处,得来全不费工夫。"

两个人齐声问:"在哪里?"

陈参一定定望着他俩:"就看你俩有没有胆量。"

两个人没听明白:"怎么还要胆量?"

陈参一索性摊牌:"佛堂怎么样?"佛堂就在村边,有一间屋,里面供着菩萨。

陈明鹏迟迟疑疑:"那是求神拜佛的地方,我们在里面办学,会不会对菩萨不恭?"

"是啊。"张代铭附和道,"再说,里面的场地太小了。"

陈参一微笑着,一字一句,口气坚定:"我想好了——咱们把菩萨砸了,腾出地方!"

"啊?!"两个发小大吃一惊,陈明鹏惊得下巴差点掉了,说话语无伦次,"这……这……这如何使得!菩萨是能随便砸的吗?万一显灵了,怪罪咱们,如何是好?"

张代铭头摇得像拨浪鼓:"村里人还指望菩萨保佑风调雨顺呢,咱们砸了,老少爷们、大婶大娘能饶过我们吗?"

"村里人年年给它敬香上供、磕头跪拜,什么时候见它显过灵了?要显灵,早就显了。没显灵,就是一个泥菩萨!"陈参一哈哈大笑,拍拍胸脯,"老少爷们如果怪罪,就怪罪我好了。你们别担心,出了事,我顶着!"

经陈参一一鼓动,俩发小答应了。说干就干,仨人跑回家,扛来锄头,直奔佛堂。

佛堂门虚掩着。陈参一推开门,扑面一股烟熏味。正中央,端坐一尊菩萨,双眸微启,眼睑下垂,俯视着他们。供案上,零乱摆着瓜果,都已干瘪,中间是一只香炉,插满燃后的香头。

一进佛堂,陈明鹏和张代铭就缩起脖子,脸上露出敬畏神情,双手合十,喃喃自语:"菩萨罪过,菩萨保佑!"

"喊!"陈参一乐了,取笑道,"瞧你俩这点出息!要不,干脆趴在地上,好好跪拜一下?"

他俩战战兢兢:"菩萨……不会怪罪我们吧?"

"一个泥塑菩萨,怕它什么!"陈参一满不在乎,提着锄头,轻轻一纵,腾地一下,跳上供案,再跨到菩萨基座上。

菩萨不高,只及陈参一肩膀,浑身漆黑,头部蛛网环绕,网上粘满苍蝇、蚊子和其他昆虫。陈参一摆开架势,屏住呼吸,抡起锄头,正欲砸下,张代铭突然叫道:"参一!"

陈参一放下锄头,转身问道:"怎么了?"

张代铭迟迟疑疑:"我……有点害怕……"

"怕什么?"陈参一不解,"怕菩萨怪罪?"

"嗯……"张代铭往门外张望,"怕村里人怪罪。"

"你们不用怕,由我顶着,就说是我砸的。你们让开点,我动手了!"陈参一手起锄落,只听"嘭"一声巨响,佛像剧烈摇晃了一下,泥块哗啦啦往下掉,腾起一股灰尘。

陈明鹏和张代铭吓得连退几步,脸上露出惊慌神色。

待灰尘散尽,佛像后背现出一个大洞。陈参一定睛一看,佛像是泥塑的,内胎由竹篾编织,里面塞满稻草,不由得嘲讽道:"怪不得从没显过灵,原来是个草包菩萨!"

陈参一抡起锄头,乒乒乓乓一顿砸。眨眼间,昔日威严的菩萨,化作一堆支离破碎的泥块、篾片,稻草散落一地。

就在这时,一个村民从佛堂路过,听到里面有动静,探头朝里瞅了一眼。这一瞅,吓得他屁滚尿流,跌跌撞撞地朝村里跑,扯着嗓子连声喊:

"妈呀,不得了了,陈参一砸佛堂啦!陈参一砸佛堂啦!"

大山深处的分水塘,本是一个静谧的小山村,静得像村前那口池塘,风平波静,死水微澜。然而,这几嗓子犹如水溅热油,分水塘瞬间炸锅了。

人们扶老携幼,纷纷拥向佛堂。此时,陈参一还站在佛像基座上,正在清理残渣。陈明鹏和张代铭慌忙扔掉锄头,躲到一边。

大家义愤填膺,指着陈参一,你一言,我一语,破口大骂:

"好你个陈参一,你是要造反啊?!"

"砸了菩萨,今后谁来保佑我们啊?!"

"逢年过节,我们到哪里祭拜啊?!"

"菩萨能随便砸吗？你要遭雷劈呢！"

……

不知是谁喊了声："快去叫重阳伯,让他来教训儿子！"

"我去叫！"有个半大孩子钻出人群,拔腿奔出门。不一会儿,陈君元手里拿着旱烟杆,高一脚低一脚赶来。人群中有人说：

"好了,好了,重阳伯来了。"

"看他这个族长,怎么教训儿子！"

"照他的脾气,参一肯定要脱层皮！"

佛堂里已挤满人,人们自觉让开一条道。陈明鹏和张代铭本来躲在人后,一看阵势不好,互相使了个眼色,紧随陈君元身后。

陈君元快步走进佛堂,揉揉眼睛,一看这场景,气得浑身哆嗦,连胡子也抖动起来,用旱烟杆指着陈参一："你……你……你这个败家子！你想气死我呀？你给我下来！"

陈参一顺从地跳下,陈君元二话不说,呼地扑上去,举起旱烟杆,朝着儿子劈头砸下。陈参一重心转到右脚,左脚一提,右脚为轴心,身子灵巧一闪,没砸着。陈君元毕竟是练家子,身手也很快,旱烟杆紧接着又砸下。陈参一来不及躲闪,索性举起胳膊,轻轻一挡。只听"嘭"一声,旱烟杆重重砸在他胳膊上。

一看父子俩交上手了,围观村民停止喧哗,纷纷后退,让出中间场地。现场鸦雀无声,空气中充满火药味,一点火星就能引爆。

陈君元疾速收回手,又举起旱烟杆。陈明鹏和张代铭见事情闹大了,一个抱住陈君元身子,一个拉住他胳膊。陈明鹏急急劝道："重阳伯,您消消气,参一这是为村里做好事呢！"

"做好事？"陈君元一愣,"啥好事？"

张代铭赶紧接茬："他是要办村学呢！"

陈君元说："办村学干吗要砸佛像？"

陈明鹏解释："我们找不到闲屋,只有这佛堂闲着,参一就想腾出来,让村里孩子免费上学呢。"

办村学的事,陈君元听儿子说过,虽然不以为然,碍于儿子说是"救国",不

便反对,现在听了他俩解释,火气消了大半。可是,众目睽睽之下,他不便为儿子开脱,咳嗽一声,转向儿子,气咻咻地说:

"这佛堂是全村人的,你想办村学是好事,可也要同大伙儿好好商量,不该这么冒冒失失的。你闯下的祸,你自己收拾吧。我管不了这么多!"说罢,双手一背,顾自走了。

陈参一明白,父亲这是给他找台阶下,赶紧朝众人拱着手,深深鞠了一躬,朗声说道:

"父老乡亲,参一得罪大家了,给大家赔个不是。刚才明鹏也解释了,我们是想办村学,让村里的孩子免费上学……"

有人打断他的话头:"办啥村学?村里不是有私塾吗?"

"喊!"有人不屑,"是啊,世世代代都这么过来了,你逞什么能啊?"

陈参一咳嗽一声,伸出手朝下按了一下,待大家安静后,语气沉缓地说:

"自鸦片战争以来,中国衰败落后,内乱频繁,外侮日重,被外国列强肆意瓜分。北洋水师实力,曾经位居亚洲第一、世界第九,却在甲午战争中全军覆没,清政府被迫向日本割地赔款。中国为什么会被动挨打?因为我们的国家大而不强,就像一头肥猪,白白胖胖,谁看了都会流口水、起贪心,都想割块肉。我们国家为什么不强?原因就在于,我们的教育太落后,民众没有受教育的机会,老百姓太愚昧。要使国家强盛起来,首先要破除迷信、开发民智。"

听到这里,大家竖起耳朵,往前围拢过来。陈参一受到鼓励,加强语气,扬声说道:

"教育的目的,是让人增长见识、开阔眼界、提高民智,解决人生的实际问题和社会现实问题。教育是改造社会的根本力量,社会要进步、社会要变革,基本方法就是教育。只有充分发展教育,提高民众的素质,国家才会强大起来,民众才会有美好生活。而要发展教育,靠私塾是做不到的,必须办新学。所以,我想办新学,提高咱们孩子的民智,让他们将来有出息、有作为,不再受外人欺侮。"

陈参一这番大道理,村民们听得似懂非懂,不过最后一句听明白了,陈参一这是为孩子好,大家也就不便再说什么。

这时，人群中有人嘀咕："砸了佛堂，今后到哪里求神拜佛啊？寺庙离村里太远，不方便。"

嘀咕声很小，陈参一耳尖听到了，接过话茬："这个菩萨，是上辈人用泥塑的。大家看仔细了，不过是些稻草、篾片、泥块。我们自己塑的泥菩萨，我们何苦自己拜呢？我们哪里是拜菩萨？我们分明是拜这些稻草、篾片和泥块！这么多年来，你们谁见过菩萨显灵了？它保佑过我们什么了？我们吃的、喝的，哪样不是我们一锄锄挖出来的、一担担挑出来的？我们花的钱，不都是靠我们种蓼蓝、打靛青换来的？这泥塑菩萨给过我们吃的吗？给过我们穿的吗？给过我们花的吗？都没有！都是靠我们自己辛勤劳作得来的。我们不能把命运交给这泥塑菩萨，这是封建迷信。封建迷信是套在我们头上的精神枷锁，要使千百万民众觉醒，就必须破除迷信，砸碎这条千年的锁链。求人不如求己，你有时间来求神拜佛，不如去多挖几锄、多挑几担、多种几棵蓼蓝。所以，村学必办，请大家都散了吧。"

听到这里，多数人不便说什么，三三两两往外走。有几个不服气的，见状不敢挑头，也愤愤离去。

有几个后生留下来，挽起袖子："参一，你说得对，我们也来添把手，帮你一起收拾。"

陈参一和陈明鹏、张代铭大受鼓舞，连声道谢。

这时，有个后生说："我去挑畚箕来。"

一句话提醒了大家，几个后生拔腿往外走。

"我也去挑畚箕！"

"我去拿扫帚！"

"我去担水！"

众人拾柴火焰高。半天工夫，碎砖泥块被清走，一番打扫后，佛堂显得宽敞明亮、干净整齐。

要办学，就得有家什儿。陈参一从家里找了块旧门板，仔细磨光，漆上黑漆，作黑板用。陈君元为平息村民的不满，也为了帮儿子争口气，对村学的事很上心，请木匠做了几张桌子、几条凳子，又从家里搬来多余的桌凳，村学总算像个模样。

要办学,得有老师。主讲自然是陈参一,陈明鹏、张代铭也欣然任教。

要办学,还得有学生。陈参一几个弟妹,原先都跟着张祖孟上私塾。在他动员下,陈君元答应让他们都退了私塾,来上村学。陈明鹏、张代铭也把自己弟妹动员来了。接着,他们仨挨家挨户动员,希望村民把孩子送到村学来。

几个年轻人原以为,村学免费招募,家长们会抢着送孩子来。孰料,他们走了一圈,才知道自己想简单了。

那天在佛堂,村民们半途退场,没有继续为难陈参一,一是碍于重阳伯的威望,二是陈参一说得在理,他们无法反驳。但其实,在内心里,他们仍然耿耿于怀,觉得毁佛是离经叛道之行为,有的人甚至提心吊胆,害怕菩萨怪罪下来,他们跟着遭殃。见到陈参一,他们唯恐避之不及,都躲得远远的,哪还敢把孩子往"火炕"里推?所以,多数人家都婉言谢绝,只有少数人家答应。这些人家,要么同他仨沾亲带故,不好意思拒绝;要么是穷庄稼户,本来就上不起私塾。最后,学生只有稀稀拉拉十几个。

村学终于开学了,十几个学生,大的有十三四岁,小的只有五六岁,因只有一间屋子,大家都坐在一起,按年龄段分开。

陈参一意气风发,对着孩子们训话:"今天,你们在这大山里面,在分水塘的佛堂里读书。只要你们发愤学习,明天,你们就是国家的栋梁,就是国家的未来,就是国家的希望!"

张祖孟仍在陈家教家塾,陈参一办村学后,他时常帮着讲四书五经。

陈参一授课,也师承岳父,尽量通俗易懂,添些趣事逸闻,孩子们兴趣盎然。有一次,他讲解《千字文》。讲课之前,他先对孩子们说:"今天,我给你们讲个故事。"

一听讲故事,大家都安静下来,竖着耳朵听。见此情景,陈参一想起小时候的事,恍如昨日般。他微微一笑,继续讲述:

"距现今大约1400年前,在中国南北朝时期,南朝第三个朝代叫梁朝,梁朝的开国皇帝,叫梁武帝萧衍。这个梁武帝呀,博览群书,擅长文学,特别喜爱书法,对王羲之的字十分崇拜。有一天,他心血来潮,突发奇想,做了一个游戏,让人从王羲之的字中,选出1000个各不相同的字,每个字写在一张纸上,然后对大臣周兴嗣说,听说你满腹经纶,我今天要考考你。周兴嗣的官名叫散骑侍郎,相当于皇帝的顾问和侍从。他朝梁武帝鞠一躬说,皇上请出题。梁武帝拿出这1000个字,对他说,你把这1000个字连起来,写成一篇通俗文章。记住,不能多一个字,也不能少一个字,还不能重复用,一个字只能用一次。周兴嗣果然厉害,回到家里,眉头一皱,计上心来,只用一个晚上,就将这1000个字,按照四言韵的形式,巧妙拼成一篇文章,取名为《千字文》,内容包括自然、社会、历史、伦理、教育等方面,上下结构天衣无缝,浑然天成,特别适合儿童启蒙教育。后来,这篇文章就同《百家姓》《三字经》一起,并称为中国传统蒙学三大读物。"

说到这里,陈参一顿了顿,问道:"你们说,这个大臣厉害不厉害呀?"

"厉害!"孩子们异口同声。

"你们想不想学《千字文》呀?"

"想!"孩子们喜形于色。

"好!从今天起,我们就开始学《千字文》。"陈参一记忆超群,诗书能过目成诵。他不必看书本,一边随口朗诵,一边在黑板上一笔一画书写:

天地玄黄,宇宙洪荒。日月盈昃,辰宿列张。寒来暑往,秋收冬藏。闰余成岁,律吕调阳。云腾致雨,露结为霜。金生丽水,玉出昆冈。

写到这里,陈参一停顿下来,指着黑板说:"这一段话的意思是:天是青黑色的,地是黄色的,宇宙形成于混沌蒙昧的状态中。太阳正了又斜,月亮圆了又缺,星辰布满在无边的太空中。寒暑循环变换,来了又去,去了又来,秋天收割庄稼,冬天储藏粮食。积累数年的闰余并成一个月在闰年里,古人用六律六吕来调节阴阳。云气上升遇冷就形成了雨,夜里露水遇冷就凝结成霜。黄金产在金沙江,玉石出在昆仑山冈。你们听懂了吗?"

孩子们你看我,我看你,有的茫然摇头,有的迟迟疑疑地说:"有几句听懂了。"

陈参一笑了:"没关系,你们还小,听懂个大概就可以了。先背熟再说,将来

长大了,自然就懂了。我接着讲。"说罢,他继续在黑板上写:

> 剑号巨阙,珠称夜光。果珍李柰,菜重芥姜。海咸河淡,鳞潜羽翔。龙师火帝,鸟官人皇。始制文字,乃服衣裳。推位让国,有虞陶唐。吊民伐罪,周发殷汤。

写罢,陈参一停下来,继续讲解:"这段话的意思是,最锋利的宝剑叫'巨阙',最贵重的明珠叫'夜光'。水果里最珍贵的是李子和柰子,蔬菜中最重要的是芥菜和生姜。海水是咸的,河水是淡的,鱼儿在水中潜游,鸟儿在空中飞翔。龙师、火帝、鸟官、人皇,这都是上古时代的帝王官员。仓颉创制了文字,嫘祖制作了衣裳。唐尧、虞舜英明无私,主动把君位禅让给功臣贤人。安抚百姓,讨伐暴君,是周武王姬发和商王成汤。"

看到孩子们似懂非懂的样子,陈参一说:"好了,今天就学到这里。你们先跟着我读,等到会读、读熟以后,再背下来……"

除了给孩子讲诗文,陈参一从父亲的家教里受到启发,经常带着学生干农活、练武术。练武术好理解,为了强身健体。对于干农活,孩子们不以为然,觉得在家里干得够多了。

陈参一对孩子们循循善诱:"《千字文》里说,'治本于农,务兹稼穑'。意思是,要把农业作为治国根本,一定要做好播种和收获。为什么要让你们劳作?就是希望你们不要忘本,将来无论走到哪里,都要保持农民本色。"

灵活的教学,让孩子们受益匪浅。

三 救国梦碎

然而,受孩子欢迎的村学,却并不受村民待见。

一些穷庄户并不看重教育,而是视孩子为劳动力,动辄让孩子辍学,回家帮着干活。有的家长受别人撺掇,觉得陈参一毁佛是大逆不道,担心会教坏孩子,不让孩子继续学。村学持续了一年多,学生越来越少。最后,只剩下他们仨的弟妹,颇为尴尬,几个年轻人心情沉重,情绪渐渐低落。

一天放学后,陈明鹏拦住陈参一,吞吞吐吐:"参一,有句话……我憋了好久,一直开不了口,不知该说不该说?"

陈参一似有预感,怔怔望着他:"什么话? 直接说吧。"

这时,张代铭也围过来。

陈明鹏苦着脸:"我爸妈不让我办村学了。"

"为啥?"陈参一沉住气问。

"说我忙乎一年多,没给家里挣过一个子儿,还倒贴不少,净做亏本买卖。"

"是啊,"张代铭附和道,"我爸妈也埋怨过,还说不让我妹妹来学了,要转到私塾去了呢。"

陈参一征询道:"你们说,我们该怎么办?"

"要不……"陈明鹏犹豫了一下,同张代铭交换一下眼神,一跺脚,"咱们散伙吧?"

张代铭赶紧跟上:"这样下去,也不是长久之计。还是散了吧!"

陈参一沉默良久,开口道:"其实,我爸妈也说,我这样下去,早晚会坐吃山空。我岳父说,实在不行,就跟着他教私塾。只是我想争口气,硬撑着。既然你们都这么想,我也不好勉强。一个篱笆三个桩,缺了你们两个桩,我一个人独木难支,也撑不起来。既然这样,那就……"

说到这里,陈参一说不下去了,抿了抿嘴,眼睛有些潮红,挥挥手,蹦出一句:"那就散伙吧!"

受陈参一的感染,陈明鹏和张代铭也鼻子一酸,抹起泪来。三个年轻人低着头,互相搭着肩膀,想互相安慰几句,又不知如何说,空气有些凝固。

对他们来说,这是人生的第一次挫败。满腔的报国热情,被兜头浇了盆冷水。

陈参一打破沉默,问道:"你们今后打算怎么办?"

陈明鹏说:"我想做点小买卖,往苏州、无锡贩靛青。"

"你呢?"陈参一转向张代铭。

"我家种了不少蓼蓝,我还是帮衬家里吧。"张代铭说。

"那么,你打算干什么?"陈明鹏和张代铭齐声问。

"我吗?"陈参一深思片刻,目光炯炯有神,"教育救国走不通,我想走实业救国的路!"

"实业救国?"

"是的,这是救中国的又一条道路!"陈参一来了兴致,拉着两个人坐在书桌上,连比带画,"甲午战争后,一些开明人士痛定思痛,把发展实业作为救国的重要方针,主张发展民族工业,挽救民族危机。最早提出这一观点的,是维新派成员陈炽,他在《续富国策·劝工强国说》中讲,今后中国的存亡兴废,'皆以劝工一言为旋转乾坤之枢纽'。"

陈参一越说越兴奋:"这几年,清政府开始放宽对民间设厂的限制,一些资本家和爱国人士纷纷设厂救国。状元出身的张謇,创办了纱厂、面粉厂,还兴办学校,力图实现以实业所得来资助教育、用教育来改进实业、凭实业发展而救国的目标。他宣扬实业救国最积极,认为实业和教育是国家富强之大本,'譬之树然,教育犹花,海陆军犹果也,而其根本则在实业'。在日本的康有为、梁启超,也大力宣扬实业救国,康有为把振兴实业、讲求物质,说成是'救国至急之方'。梁启超说……"

陈明鹏打断他的话:"你说了这么多,那么你能做什么呢?"

张代铭问:"难道你也想办实业?"

"我办不了。"陈参一老实作答,"一来,我没有资金本钱。二来,我的知识储备远远不够。"

陈明鹏问:"需要什么知识储备?"

陈参一说:"要兴办实业,必须具备现代科学知识。我以前所学的,无非是四书五经、之乎者也。"

陈明鹏问:"哪些是现代科学知识?"

"凡是自然科学,比如数学、物理、化学、生物、天文等等,都是现代科学知识。"

"这不是新学上的课吗?"张代铭说,"听说金华府中学堂就学这些。"

"是的。这些知识我都没有学过,很想去学学。"陈参一说。

"你都十七八岁了,难道还要去当学生?"张代铭不解。

"既然办不了村学,我还想去当学生。"

陈明鹏不以为然:"你都成家了,再去当学生? 你爸妈能答应?"

"晚是晚了点,爸妈也未必会同意。"陈参一挠挠头,"可是,今后的路还很长,我不想被家庭羁绊,也不想一辈子窝在分水塘。"

张代铭咂咂嘴:"我不像你那样志存高远,我只想安安稳稳待在家里。"

陈参一笑了:"人各有志,无所谓高低。你走你的阳关道,我过我的独木桥。说不定,将来还能殊途同归呢!"

村学停办后,陈参一同父母谈了自己的想法。陈君元素来开明,见儿子意志坚定、目标明确,便爽快答应了。张翠婳虽然很不情愿,见丈夫支持,也不好说什么。

陈参一说干就干,很快考入金华府中学堂。1908年,18岁的陈参一,重新坐进课堂。

在金华府中学堂,陈参一一共学了4年。课程中,包括物理和化学课,这是以前没有接触过的。这4年,中国发生了翻天覆地的变化。最大的变化是,辛亥革命爆发,清王朝被推翻,中国进入共和时代。陈参一热血沸腾,密切关注着国家的动向。其中,最让他牵挂的,是孙中山发起的铁路建设。

辛亥革命后,孙中山从欧洲回国,以为革命已经成功,应当注重实业建设,全心全意致力经济建设,使国家富强起来,让人民过上幸福生活。1912年9月,孙中山开始督办全国铁路事宜。10月,在上海设立铁道督办办事处,负责研究铁路工程资料,规划铁道建设。

陈参一十分赞同孙中山说的话:"民欲兴其国,必先修其路。"在他看来,铁路是国家的经济命脉。所以,听到哪里有开办铁路的消息,他就非常兴奋。

就在这时,因美国退回部分庚子赔款,中国掀起留美热,"学习欧美"新思潮应运而生。受新思潮的影响,陈参一想,欧美的科学发达,要兴办实业、富国强民,不得不借鉴欧美科学。于是,他萌生赴欧美留学的念头,从金华府中学堂卒业(即毕业)后,就开始为赴欧美做准备。

说起庚子赔款,中国人倍感屈辱。

1900年(庚子年),因义和团运动兴起,八国联军悍然侵华,占领北京紫禁城皇宫。1901年(辛丑年)9月,清政府与11个国家达成《辛丑条约》,赔偿各国总计4.5亿两白银,并以各国货币汇率结算,按0.4%的年息,分39年还清。这笔钱,史称"庚子赔款"。当时,中国人口大约4.5亿,相当于每个中国人被摊派1两银子。事实上,远不止这个数:本息合计为9.8亿两,若再加上地方赔款,则逾10亿两。

《辛丑条约》给中国人民带来深重灾难。当时,中国全年财政收入仅1亿两白银,而支出则需1.1亿两。这些赔款,每年均分摊入省,各省又分摊入州县,州县复分摊于各色人等。可以说,每一个中国人,都饱受庚子赔款之苦。

1904年12月上旬,中国驻美公使梁诚,就中国的赔款是用黄金还是用白银一事,同美国国务卿海约翰据理力争。谈话间,海约翰说漏了嘴:"庚子赔案实属过多。"

这句话,让梁诚敏锐地认识到,美国政府已发现有浮报冒报现象。他机敏地改变谈判策略,在美国国会及议员中四处游说,要求退还不实赔款,终于有了效果。1906年3月,美国传教士明恩溥向罗斯福总统建议,退还给中国一部分庚子赔款,用于开办和津贴在中国的学校。1907年,他又在书中提出,应该多让一些中国知识分子到美国留学。

在明恩溥等人的推动下,罗斯福向国会提出,帮助中国厉行教育,招导中国学生赴美。1908年5月,美国国会通过罗斯福咨文。同年7月,美国驻华公使向中国政府正式声明,将美国所得庚子赔款的半数退还给中国,作为资助留美学生之用。

此举并非美国良心发现,而是另有所图。1906年,美国伊里诺大学校长詹姆士向罗斯福建言:"哪一个国家能够做到教育这一代中国青年人,哪一个国家就能由于这方面所支付的努力,而在精神和商业上的影响取回最大的收获。""商业追随精神上的支配,比追随军旗更为可靠。"他敦促美国政府采取措施,通过吸引中国留学生的办法,来造就一批为美国从知识和精神上支配中国的新的领袖。

美国的"良苦用心",得到了很好的回报。一批留美的中国学生,在后来的几十年间,不仅成为坚定的崇美者,还深深影响了后人,胡适就是典型。

要赴欧美留学,须先过语言关。1912年,陈参一来到上海,进入一家补习学校,补习英语。一个学期后,回到杭州,进入浙江之江大学,用一年时间,专攻英语和数学。

在之江大学期间,陈参一学以致用,接连发表4篇数学文章。最早的一篇,发表在1913年的《教育周报》,题为《层行等和排列法》。

就在陈参一埋头读书时,外面的世界,又发生了剧烈变化。

1913年2月,孙中山乘轮船"山城丸",自上海起程,前往日本,访问长崎、门司、下关、东京、横须贺、名古屋、京都、大阪、神户、宫岛、福冈等地,同各地工商巨头研究开发中国的实业计划,思考如何建设铁道、机车、轮船、河道、港口。陪同孙中山一起考察的戴季陶,也天真地以为,天下已经太平,革命已经到底,现在的关键是"百业之母——运输",只要铁轨铺到云南、新疆、内蒙古及东北,中国便可以千秋永固,不致被帝国主义瓜分了。

孙中山和戴季陶并没有意识到,辛亥革命只是赶跑了一个封建皇帝,整个中国还处于半殖民地半封建社会中,民主革命的任务并没有完成,在这种时候,要搞经济建设,是行不通的。

这一边,孙中山专心致力实业计划,醉心于使中国成为"世界第一富强之国"的宏伟蓝图;那一边,国内却发生震动一时的"刺宋案":1913年3月20日,同盟会主要领导人之一的宋教仁,在上海火车站,遭袁世凯布置的凶手枪击,于22日死亡。

袁世凯的枪声,给了孙中山当头一棒。他匆匆回国,与袁世凯展开殊死博弈。由于敌众我寡,反袁斗争的"二次革命"以失败告终,孙中山被迫流亡日本。

此时,正值陈参一学业大进。孙中山实业建设的流产,无情碾碎了他的实业救国梦,使他产生强烈的挫败感。他既担忧中国的命运,也深感前途迷惘。

迷惘之中的陈参一,渐渐改变主意。他达不到公派条件,要留学,只能自费。而自费的开销昂贵,他深知自己的家境,在分水塘尚说得过去,出了分水塘就相形见绌,更别提出国了。他打听了一下,赴日留学的开销,要比赴欧美便宜许多。还有,日语文化是从中国传去的,日文同汉语接近,容易掌握;并且自明治维新以来,日本发展得比中国好,值得中国学习。于是他决定,到日本留学。

四 父子过招

1914年腊月,学业一结束,陈参一就返回分水塘。他要征得父母的同意。出国是大事,没有父母的资助,他寸步难行。此外,他还要好好同六妹说。家里的事,虽然六妹做不了主,但毕竟是他妻子。

这几年,陈家发生好几件大事,有喜,也有愁。

先说喜事。清宣统三年(1911),张六妹生长女秀莲。接着,生下儿子尧卿。民国三年(1914),幼女次莲出世。此外,漱白和漱青先后出嫁。

再说愁事。张翠婠患上痨病,也就是肺结核,整天病恹恹,干不得重活,家务活都落到张六妹身上。

回到家后,陈参一拼命劳作,跟着父亲下地,挑着粪桶浇菜,帮着收蓼蓝,在染房打靛青,一有空就帮六妹抱囡。他干这些,一是弥补对家人的亏欠,二是博得家人好感。

这天傍晚,陈参一打地里回来,从六妹手里接过次莲,叮嘱妻子:"今晚多炒几个菜,温壶老酒,我陪爸爸喝几盅。"

六妹干活麻利,不一会儿,一桌菜就做好了。陈参一请父亲上桌,招呼两个弟弟入席。母亲没有胃口,早早躺下了。六妹先照顾秀莲和尧卿吃饭,接着给婆婆熬药,然后给次莲喂奶,一刻不得闲。一时间,屋里弥漫着酒菜香和中药味。

陈参一殷勤地给父亲夹菜、添酒。几杯酒下肚,陈君元脸上有了笑容,话也多了起来。

吃罢饭,贯一同弟弟领着秀莲和尧卿,出门玩去了,六妹将次莲交给丈夫,收拾了碗筷,给公公和丈夫泡上茶,伺候婆婆喝了药,然后接过次莲。堂屋里,只剩下陈参一和父亲。

陈参一取来父亲的旱烟袋,装上烟丝,用纸卷了一根烟捻子,点着,把烟杆和烟捻子递给父亲。

陈君元右手接过烟杆,含在嘴里,左手接过烟捻子,凑近烟丝,然后吸一口,只听"吱"一声,烟锅冒出红光,鼻孔随即飘出两股青烟,然后左手一晃,烟捻子随之熄灭。

陈参一小心翼翼地说:"爸爸,我有件事,想请您拿主意。"

"啥事?"陈君元抿着嘴,鼻子缓缓喷着青烟,"说吧。"

陈参一嗯了一声,没有立即开口,而是耐心等父亲的烟锅熄灭,再接过烟杆,磕掉烟灰,装上烟丝,递给父亲。

陈君元接过烟杆,对着烟捻子,"噗"地吹口气,烟捻子燃起来,他含着烟嘴,点着了烟丝。

陈参一这才开口,说了去东洋留学的想法。

陈君元"吧嗒吧嗒"抽着烟,久久没有说话。

儿子去上海前,同他提过一嘴,说是想去欧美,也就是西洋留学。他不知道西洋在哪里,当时没当回事,以为儿子是心血来潮,就像前些年办村学,有一出没一出的,说不定,过段时间就转变念头了。他虽然读书不多,但向来开明,加上受维新思想影响,信奉耕读传家,重视子女教育,希望子女知书达礼、勤劳本分,不仅把仨儿子送进县城念书,还把俩闺女也送到县城女子学校。一些村民不理解,当面取笑:"重阳伯,古人说,女子无才便是德。你怎么还把女伢儿也送出去读书?你是寻穷啊?嫌三个儿子读书读不穷?"他笑而不语,全然不理会,回到家里,对子女说:"书读在肚里,大水冲不去,火烧烧不掉,强盗抢不走,无论走到哪里都管用。"儿子办村学,到金华、上海、杭州读书,他都默认,从未阻拦过。在家里,他主外,妻子主内,儿子需要开销时,都是向母亲要,无须找他。儿子花了多少钱,他从不过问,一切由妻子做主。这回,听儿子郑重其事地说,他这才知道,儿子是动真格的。

陈参一说完后,眼巴巴地望着父亲,希望他点个头,或者嗯一声。父亲抽完一锅,他赶紧接过烟杆,磕掉烟灰,装上烟丝,用烟捻子点着,然后双手递给父亲。

陈君元接连抽了四五锅,拦住儿子的手,自己磕掉烟灰,耷拉着眼皮,慢条斯理地问:"你一会儿西洋,一会儿东洋的,怎么变来变去?"

陈参一赶紧解释:"西洋太远,坐轮船要个把月,开销太大。东洋近多了,坐轮船几天就到,开销也省多了。"

陈君元问:"去东洋,一年要花多少大洋?"

陈参一犹豫一下,说了个大概数。

"啊?我的娘呀!"陈君元吓了一跳,手一颤,烟杆掉到地上,"我就是把房子卖了,也凑不够啊!"

陈参一赶紧俯身拾起烟杆,双手递给父亲,咧了咧嘴,勉强挤出笑容:"我再细算一下,兴许可以少点儿。"

"不行!"陈君元霍地站起,重重拍了下桌子,煤油灯受到惊吓,猛地跳了一下,板壁上的人影,也跟着晃荡,一会儿大,一会儿小,"要这么多钱,你干脆把我这把老骨头卖了吧!"

陈参一慌忙站起,涨红着脸,喃喃说道:"爸爸,瞧您说的,我哪能啊?您别急,听我……"

"你还说啥?"陈君元黑着脸,打断儿子的话,劈头盖脸地训斥,"我们这一大家子,光是吃穿,开支就不小。这些年来,为了供你们兄妹上学,我没日没夜地劳作,背都累驼了,你娘省吃俭用,一个子儿掰成两半花。你为办村学,砸了菩萨,把全村人都得罪了,人家背后戳我脊梁骨。办了一年村学,家里往外倒贴一年,你媳妇每天帮着伺候茶水,结果还没落个好,光帮别人看孩子了。你去金华上学,我拦过没有?你去上海、杭州上学,我拦过没有?你已经24岁了,已经有三个娃了,怎么还不安分,这山望着那山高,想一出是一出,净瞎折腾!"

说到这里,陈君元气上心头,剧烈咳嗽起来。陈参一本来笔挺站着,不敢打断父亲,任凭父亲训斥,见状赶紧上前,搀扶着父亲坐下,轻轻拍着父亲的背,有点惶恐:"爸爸,您别急,消消气。"

陈君元停顿了一会儿,等气顺了,接着说:"咱家的老底子已被你折腾得差不多了,这洋墨水是咱们喝得起的吗?那可是大洋一畚箕一畚箕地往外倒的呀!"

陈参一"嗯嗯"应着，先给父亲续上茶水，又接过烟杆，帮着添上烟丝，点着，然后递给父亲。趁父亲抽烟的空当，将凳子朝父亲挪了挪，倾过身子，细声细语地说：

"爸爸您消消气，您教训得极是，儿都记下了。您和娘为了我们兄妹，含辛茹苦，风里来雨里去，吃尽了苦头，待我们恩重如山。特别是对我，不但供我上这么多年学，还帮我照看孩子、照顾六妹。这份恩情，我一辈子都报答不了。"

接着，陈参一话锋一转："爸爸呀，记得小时候，您和岳父给我讲过很多名人故事。讲过屈原的以死报国，讲过岳飞的'精忠报国'，讲过霍去病的'匈奴未灭，何以家为？'，讲过陆游的'位卑未敢忘忧国'，讲过文天祥的'人生自古谁无死，留取丹心照汗青'，讲过范仲淹的'先天下之忧而忧，后天下之乐而乐'。这些故事，我都记得，我也希望能像他们那样，成为国家的栋梁之材。现在，我们的国家积贫积弱，任人宰割，作为一介国民，我倍感屈辱！国家兴亡，匹夫有责。没有国，哪有家？我办村学，我去金华上学，就是按照您的教导，想为'教育救国''实业救国'尽点绵薄。我去留洋，也是为了学习外国的先进技术，回来为国尽力、报效国家。爸爸呀，您说，我这样做对不？"

听了儿子的话，陈君元没接茬，不过，脸色渐渐缓和下来，接连抽了几袋烟，然后磕掉烟灰，收起烟袋，瓮声瓮气地说："理是这个理儿。可是，这么多的银子，你让我上哪里筹去？"说罢，站起身，背着手，扔下儿子，顾自进了厢房。

厢房里，张翠婠倚在床头，正闭目养神，听到门"吱嘎"一声响，微睁开眼。

"还没睡？"陈君元放轻脚步，声音柔和多了，"你都听到了？"

"嗯。"张翠婠咳嗽一声，有点嗔怪，"明儿难得回家，你就不能好好说？"

"唉！"陈君元给妻子披了披被子，"他一上来就狮子大张口，我能不着急上火吗？"

"那你不让他去了？"张翠婠挣扎着坐起来，呼吸有点急促。

"你急啥呀？"陈君元赶紧扶妻子躺下，"不是我肯不肯的事儿，是没有这许多银子。"

"唉！"张翠婠长叹一声，"是呀，真不是个小数目。咱家啥时挣过这么多钱了？只是，明儿这孩子，打小就这样，话不多，主见大，心气高，性子急，脾气倔，但凡认准的理儿,九头黄牛拉不回。既然他想留洋,那就一定会去的。"

"哼!"陈君元撇撇嘴,"怎么去?端个碗,要饭去?就他那心气,丢得起这个人?"

"那你说咋办?"张翠婠捶着腿,"天无绝人之路,你这当爸爸的,总得帮帮他呀。"

"怎么帮?"陈君元来回踱步,"我这把老骨头,拆巴拆巴,也卖不到几个钱呀。除非……"

说到这里,陈君元犹豫起来。

"除非什么?"张翠婠急眼了,"别卖关子了,快说,除非什么?"

陈君元一跺脚,压低嗓音:"除非……卖房卖田!"

"卖房使不得,我们住哪里去?"张翠婠摆摆手,"实在没法子,就卖田吧!我的娘啊,这卖房卖田,是败家子干的事,咱们又不是揭不开锅,怎么干起这事了?愧对列祖列宗哇!"

"如果卖田产,要卖一大半田产。"陈君元想了想,朝门外努努嘴,"先莫急,等等看。说不定,过些日子,他又转念头了。"

张翠婠哼了一声:"我的儿,我还不知道?他不撞南墙不回头。"

第二天,父子俩一同下地,陈君元绝口不提一字,像没事人似的。陈参一几次想开口,见父亲无动于衷,话到嘴边,又憋了回去。

陈君元见儿子欲言又止的样子,暗想:只要自己硬下心肠,说不定他就知难而退了。

接连几天,陈参一只顾闷头干活,没再提这事儿。陈君元暗喜:看来,他真的转念头了,说不定从此安分守己,留在家里,给我当帮手了。是啊,自己年龄渐大,身体一年不如一年,真有点力不从心,两个小的还未成年,如果参一能留在身边,当个帮手,自己就轻松多了。

然而,高兴劲还没过去,一股失落感,又涌上陈君元心头。自己起早贪黑,勒紧裤腰带,供孩子们不停地读书,图的是什么?不就是图他们将来能够出人头地,能够光宗耀祖吗?如果他们同自己一样,一辈子窝在分水塘里,那还有啥出息!这么多年的书,岂不是白读了?那真要让村里人笑话了!

那儿天,陈君元的心思,就像烙饼,一会儿翻过来,一会儿覆过去。父子俩就这么别着劲儿。

这天,陈君元早早起床,先到菜园浇水,然后回家吃早饭。走进堂屋,六妹已盛上粥、摆好筷子。待陈君元在上首坐定,陈参一和两个弟弟也坐上桌。

"咦?那是什么?"贯一眼尖,一抬头,发现板壁上贴着一张纸。

精一"哧溜"一下,跑过去,扭头对父亲说:"是两句诗。大哥的字。"

"什么诗?"陈君元侧身问大儿子。

陈参一脸红了一下,没接话茬,低着头,稀里呼噜喝着粥。

精一念道:"天生我材必有用,千金散尽还复来。"

"我知道了,"贯一逞能,抢先说道,"这是李白的诗,《将进酒》。"

陈君元明白了,这是有意写给他看的,儿子并没有转念头,而是变着法子劝他。他碗一蹾,剜了陈参一一眼:"哼,自作聪明!"

陈参一低眉顺眼,低头喝粥。不过,表情坚毅,不为所动。

看到儿子的表情,陈君元明白了,自己拗不过儿子。他想了想,决定考一考他,便说:"参一呀,马上要过年了,你领两个弟弟,把房前屋后大扫除一下,把垃圾处理掉。"

"嗯。"陈参一赶紧答应,吃罢早饭,就领着两个弟弟,先铲净屋外杂草,掏出阴沟淤泥,又给屋里细细除尘,忙了一整天。第二天,他用畚箕挑,让两个弟弟抬,把杂草和淤泥搬到麦田里。

此时,麦苗已长出两三公分高,整个麦田绿油油的,像是一块巨毯。陈参一指挥两个弟弟,在麦垄里掘道沟,将杂草和淤泥埋进沟里,覆上土,当作肥料。

陈君元背着手,既不帮忙,也不吭声,只在田埂上来回转着,好像在看墒情,其实是观察弟兄仨。

干完后,陈参一见麦苗中间有些杂草,便让弟弟拔掉杂草。

11岁的精一,分不清哪是麦苗,哪是杂草,错把麦苗也拔掉了。

"小弟,这是麦苗,你拔错了!"陈参一赶紧制止,手把手教他认。

精一好奇地问:"麦苗是什么呀?"

陈参一说:"麦苗长大后,会生出麦子,麦子可以磨成面粉。妈给我们做的面条,还有馄饨皮,就是用面粉做的。"

"噢,我明白了。"精一欢快地说,按照大哥教的,有板有眼地干起来。

陈君元十分欣慰:看来,参一已经成材,会教两个弟弟了,不用我担心了。

欣慰之余,他彻底下了决心。不过,这一下决心,心里竟隐隐作痛,眼里饱含不舍。

是呵,他只要往前迈一步,眼前这些良田,有一些将不再属于陈家,会化成一摞大洋,装进儿子的皮箱,随着他去奔前程。这些良田,除祖传之外,多数是他披星戴月、苦干苦熬,加上精打细算,才一点点置下的,就像燕子衔泥筑巢。对他来说,卖田产,无异于割自己肉呀!

除夕夜,吃罢年夜饭,几个孩子都出门放炮仗,陈君元未挪身,仍坐在八仙桌上首,掏出旱烟。六妹先给公公泡了茶,然后到厨房,忙着备羹料、包粽子。张翠婠身子依然虚弱,因为是过年,也强撑着身子,一边教着儿媳,一边打下手。按义乌习俗,大年初一早上,羹和粽子是必吃的。羹料很讲究,有肉末、冬笋、豆腐、蛋皮等。烹饪时,先用水把料煮熟,再放入淀粉制浆。为什么必吃羹和粽子?乃取"耕种"谐音,祈愿新的一年耕种顺利、丰衣足食。

陈参一挽起袖子,想去帮妻子。陈君元招招手:"参一,你陪我坐一会儿。"

"嗯。"陈参一知道父亲有话要交代,乖乖地坐在下首,怯怯叫了声,"爸爸……"

陈君元抽了两口烟,离开烟嘴,口里吐着青烟,缓缓地说:"爸爸不阻拦你,不耽误你的前程。爸爸已经定了,卖田产!"

陈参一霍地站起,声音有些哽咽:"爸爸……我……"

陈君元手一摆,口气决绝:"要卖,就卖我置下的,祖产不能动,否则对不起祖宗。明儿啊,爸爸只对你提一个要求,以后要照顾好你两个弟弟,不要亏待他们。本来,这些田产,以后是你们弟兄三人平分的。现在要卖大半,等于是你占了他们两个人的……"

"爸爸,您只管放心!"陈参一急切地说,"我可以立下字据,愿做一个无产者,将来决不要家中的一分田地和房产!"

"这就好!还有,"陈君元继续叮嘱,"明儿啊,你要好好孝顺你娘。你娘为了你们几个孩子,跟着我吃尽苦头,从没有享过福。她患病多时,听说东洋医术好,要留心打听良方,帮她治好病。"

说到这里,陈君元忽然想起什么,又吩咐儿子:"你去拿纸笔来。我有两句话,想了很久,想留给你,你带在身边,要经常拿出来看看。看到它,就像看到我。"

陈参一赶紧起身,拿来纸笔。

陈君元提笔写道:祖宗远逝勿忘适时祭祀,子女虽贤续读圣贤之书。

"记住了,记住了!爸爸您放心,我不会让您失望的,等我有出息后,一定照顾好弟弟妹妹。"陈参一点头如捣蒜,仔细看了几遍,口里念念有词,然后小心收起。

第六章
人生的抉择

1915年2月,上海黄浦江,轮船穿梭不息,汽笛此起彼伏。"山城丸"轮船离开码头,朝吴淞口缓缓驶去。

陈参一站在甲板上,望着岸上渐渐变小的人群,有点恋恋不舍。他忽然想起,两年前,孙中山也是坐这艘船,前往日本考察的。那时的孙中山,意气风发,踌躇满志,胸怀实业救国大志,到日本寻觅治国良方。而此时的自己,却孑然一身,既对日本满怀愤懑,又深陷迷惘和忧虑。国家积弱积贫,命运多舛,他徒有救国之志,却空无一技,救国无方。

一 亡国之忧

陈参一的迷惘和忧虑,来自亡国之忧。

1914年,局势剧烈动荡。堂堂的国务总理赵秉钧,居然被传毒死,报纸言之凿凿,称系民国大总统袁世凯所为。世界更是乱成一锅粥:奥匈帝国向塞尔维亚宣战,第一次世界大战爆发;俄国出兵援助塞尔维亚;德国向俄国宣战,入侵比利时和法国,出兵中立国卢森堡,向法国宣战;英国向德国宣战;奥匈帝国向俄国宣战;英国向奥匈帝国宣战。

1914年8月6日,中国政府为求自保,宣告中立。这本是躲避战祸之策,然而，战祸却找上门来。

袁世凯向来与日本不睦，掌权后倚靠欧美抵制日本，令日本极为不满。一战爆发后，日本见欧美自顾不暇，趁火打劫，借英日同盟之名，于同年9月向德国宣战，出兵先在龙口、莱州登陆，又占领胶济铁路及青岛，攫夺德国在中国的利益，并得陇望蜀，向中国提出更多权益要求。

1915年1月18日，日本驻华公使日置益违背外交惯例，越过外交部，直接向袁世凯递交密约，提出二十一条无理要求，并要求政府"绝对保密，尽速答复"，迫使袁世凯政府签订。这些霸王条款，企图把中国的领土、政治、军事及财政等都置于日本控制之下，将中国变为日本的附庸国。

袁世凯略略过目内容，非常震惊，但他毕竟是个老辣的政治家，表面上不动声色，以外交辞令回复日置益："中日两国亲善，为我之夙望，但关于交涉事宜，应由外交部主管办理。"

日置益离开后，袁世凯细细研读条约文本：中国政府承认日本接收德国在山东享有的一切权益；日本在中国南满洲和东部内蒙古享有特殊权利；汉冶萍公司由中日合办；由中国方面答应所有中国沿海港湾和岛屿概不让与或租与他国；中国政府须聘任日本人担任政治、财政、军事等方面的顾问，给予日本开设在中国内地的医院、寺院、学校等以土地所有权，中日合办警察、军械厂，将若干铁路建筑权给予日本……这些内容，条条令人窒息，袁世凯按捺不住，拍案而起，愤怒地对其日本军事顾问说："日本竟以亡国奴视中国，中国绝不做高丽第二！"

当晚，袁世凯召集内阁部长开紧急会议。与会者，有国务卿徐世昌、陆军总长段祺瑞、秘书长梁士诒、政事堂左丞杨士琦、外交总长孙宝琦、次长曹汝霖、司法总长章宗祥等，还有三名参事。一名是外交部参事、袁的英文秘书顾维钧，毕业于美国哥伦比亚大学。另两名是国务院参事。一个叫伍朝枢，毕业于英国牛津大学，是英国律师；另一个叫金邦平，毕业于日本早稻田大学。

袁世凯说："邀请三位参事参会，是因为你们曾在三个不同的国家留过学，学过法律，懂得国际法。今天的议题，是讨论如何对付日本对中国领土的侵犯。"他先复述了"二十一条"的内容，然后请三名参事发表意见。

顾维钧毫不犹豫地说:"日军在龙口登陆,是公然违犯国际法的行动,因为中国已宣布对欧战保持中立;根据国际法,交战国双方应尊重中国的中立。因此,为了表明中国在尽其中立国的责任,有义务保卫国土以维护其中立立场。因此,抵御日本侵略,理由至为明显。"

袁世凯转向伍朝枢:"我愿意听听研究国际法的留英学生的意见。"

伍朝枢是曾任中国驻华盛顿公使伍廷芳的儿子。他说:"我的观点同顾参事完全相同,中国必须履行中立的义务,才能按照国际法保障中立国的权利。如果中国不保卫自己的中立,沉默即便是不承认,也等于是默许日本的行动。"

袁世凯点点头,又叫金邦平发表意见。

金邦平赶紧站起,显得有些惶恐,犹犹豫豫地说:"日本造成的局势越乎常规,我……实难以表示明确的意见。"

袁世凯皱起眉头,不太满意,转向陆军总长段祺瑞:"如果为了保卫国土,中国军队能采取哪些行动?"

段祺瑞身子一挺:"如果总统下令,部队可以抵抗,设法阻止日军深入山东内地。不过……"

袁世凯急忙问:"不过什么?"

段祺瑞声音低沉下去:"由于武器、弹药不足,作战将十分困难。"

现场骚动起来,人们交头接耳,气氛有些不安。

袁世凯似有不甘,直截了当问:"你就明说吧,抵抗可以维持多久?"

段祺瑞回答:"48小时。"

"那么,"袁世凯手指敲着桌面,"那么,48小时以后怎么办?"

段祺瑞没有立即回答,而是望了望袁世凯,口里喏喏:"听候总统指示。"

大家的目光,齐刷刷地望向袁世凯。

袁世凯深锁眉头,没有表态,转向外交总长孙宝琦:"你的意思呢?"

孙宝琦支支吾吾:"问题已没有谈判的余地,只有接受。"

曹汝霖附和孙宝琦的意见,主张接受。

梁士诒则说:"不谈判就接受,在外交上没有这种成例。我们应与日本开会讨论,至于能讨论到什么地步,以后再看。"

袁世凯环顾左右，希望其他与会者也发表意见，但其他人要么使劲缩脖子，恨不得把脑袋缩进肚子里，要么端着茶杯，有一口没一口喝着，不敢妄言。

"唉！"袁世凯长叹一声，语带悲怆，"我明白你们的意见，这是根据国际法。然而，我国毫无准备，怎能尽到中立国的义务呢？综合大家的意见，我经过慎重考虑，主张与日方谈判。"

说到这里，袁世凯拿出一张小字条，上面写着几条意见，是他事先准备好的，说："在满洲，我国曾遇到过类似的事件。1904年至1905年，日俄在中国境内交战，那时无法阻止日军的行动，只好划出'交战区'。那么，这一次，我们也可以划出走廊，日本可以通过走廊进攻青岛，中国不干涉日本在此地区内通过，在此地区以外，中国仍保持中立。"

大家一听，纷纷点头赞成，觉得这是应付非常局面的非常措施，也是当前中国应遵循的唯一切实可行的政策。

袁世凯见没有反对意见，便嘱咐在场的三名参事："你们起草一份划定交战区的文件，以及在此地区外保持中立的条例。"

随后，袁世凯连续3天开会，详议对策，深知以中国的贫弱，无法对日本示强，遂采取拖延术，在谈判正式开始前，再度起用陆徵祥任外交总长，换下孙宝琦，因为陆善于应对困难局面谈判，而孙在对外交涉上不在行。陆徵祥想出许多计策，与日方展开周旋，谈判时尽量避重就轻。

袁世凯明白，日本要求中国"绝对保密"，是担心招致他国的警惕和干涉。他判断，对日本独占中国的企图，欧美列强绝不会袖手旁观。为达到"以夷制夷"的目的，他决定有意泄露条款内容。于是，陆徵祥上任伊始，就走访俄国驻华公使，故意泄露信息。袁通过专办秘密外交的蔡廷干，向西方记者透露，又通过他们披露给《泰晤士报》和英国驻华公使朱尔典。驻英公使施肇基根据外交部密令，以个人名义，透露给英国外交部。顾维钧则不时向美国公使芮恩施和英国公使朱尔典通风报信。这下子，各国纷纷质询日本，令日本十分被动难堪。

消息传出后，国人强烈愤慨，北京、上海、汉口、广州、奉天、吉林、哈尔滨等地，先后掀起抵制日货运动，并迅速蔓延至全国，致使日本对华出口锐减。袁世凯既想借助反日民意以增加谈判筹码，又怕被国内反对力量钻空子，一旦发现局势难以控制,就发布政令予以严禁。

就在陈参一即将出国时,抵制日货运动在各地兴起,他怀着矛盾心情,登上了"山城丸"轮船。

轮船劈波斩浪,大海一览无余。陈参一极目远眺:海天相融,无边无际。他触景生情,不由得吟诵起屈原的《离骚》:"……日月忽其不淹兮,春与秋其代序。惟草木之零落兮,恐美人之迟暮。不抚壮而弃秽兮,何不改乎此度?乘骐骥以驰骋兮,来吾道夫先路!……"

"中国的出路在哪里?我的前途在哪里?"陈参一凭栏独愁,仰天长问。

到达东京后,陈参一先过语言关,进入东亚预备学校学日语。就在这时,李大钊的《警告全国父老书》发布,形成强烈冲击波。

日本"二十一条"内容泄露后,在国内外掀起轩然大波。日本大阪的报纸也披露了此事,在中国留学生的圈子里立刻炸了锅。

2月11日下午,在早稻田大学附近的中华基督教青年会馆,3000多名中国留学生集会。由于警察干涉,原定于1点到5点的会议,不得不推迟到3点进行。会上,有人失声痛哭,有人慷慨激昂,有人猛烈声讨中国驻日公使陆宗舆,因为传他电劝政府接受日本条件。

会后,成立了中国留日学生总会,决定派代表回上海,敦促召开国民大会、抵制日货,并发布留日学生《泣告全国同胞书》。在早稻田大学留学的李大钊,被推举为文牍干事,负责撰写文稿。

此前,李大钊参观日本靖国神社时,受到强烈刺激。靖国神社内,有一个游就馆,是战争博物馆,于1895年开馆。游就馆的取名,源于荀子《劝学篇》中"故君子居必择乡,游必就士",意为居住要选择合适的地方,交游要接近贤德之人,以此象征靖国神社内供奉的"神",是所谓的高洁之士。馆中,陈列着甲午战争时被日本掳去的北洋水师战舰残骸及其他"战利品",日本人视为国家的荣誉和骄傲。目睹这些战舰残骸和"战利品",李大钊深感奇耻大辱。

旧恨新仇,令李大钊胸臆难平。他连夜奋笔疾书,一气写下6000多字,历数日、俄、英、德等列强凌辱、割据中国的滔天罪行,字字泣血,声声含泪。文章开宗明义:

寅卯之交，天发杀机，龙蛇起陆，婀砦鹑火。战云四飞，倭族乘机，偪（逼）我夏宇。我举国父老昆弟姊妹十余年来隐忧惕栗，梦寐弗忘之亡国惨祸，挟欧洲之弹烟血雨以俱来。霾耗既布，义电交驰。军士变色于疆场，学子愤慨于庠序，商贾喧噪于廛市，农夫激怒于町郊。凡有血气，莫不痛心，忠义之民，愿为国死。同人等羁身异域，切齿国仇，回望神州，仰天悲愤。以谓有国可亡，有人可死，已无投鼠忌器之顾虑，宜有破釜沉舟之决心。万一横逆之来，迫我于绝境，则当率我四万万忠义勇健之同胞，出其丹心碧血，染吾黄帝以降列祖列宗光荣历史之末页。事亟寇深，危险万状，谨陈斯义，布于有众，皇天后土，实式凭之。

他警告国人，如果再不自觉急起，炎黄子孙将沦于永劫不复之地，亡国之痛将比于波兰灭于俄、印度灭于英、越南亡于法、朝鲜并于日，以至于天涯沦落没有国家的犹太民族。国民只有以"死中求活之心"，肩起救国之责。

这篇《警告全国父老书》，文采飞扬、火力十足、鞭辟入里、字字珠玑，饱含民族主义感情，具有强烈的感染力和号召力，很快被油印成册，在留学生中间散发，并被带往国内，迅速传遍全国。李大钊一夜扬名，成为著名的爱国志士。

几天后，中国留日学生总会组织刚到日本的留学生，集体参观游就馆，陈参一也在其中。置身馆中，李大钊诫文中的话，句句如鼓，敲击着陈参一的灵魂："……鼎彝迁于异域，铜驼泣于海隅，睹物伤怀，徘徊不忍去。盖是馆者，人以纪其功，我以铭其耻；人以壮其气，我以痛其心。惟有背人咽泪，面壁吞声而已。……"

那段日子，陈参一寝不安席，食不甘味，牵挂着国内局势，关注中日之间的博弈。

围绕"二十一条"，自1915年2月2日起，中国与日本展开艰难谈判。1915年4月26日，日本提出最后修正案。至此，已历时84天，前后会议25次，会外折冲不下20余次。

到1915年5月1日，中国的最后修正案中，仍然坚持对诸多条款修改和拒绝。日本恼羞成怒,5月7日,悍然向中国下最后通牒。

袁世凯原本指望欧美制衡日本,然而,他太天真了。这些豺狼虎豹、魑魅魍魉,向来视中国权益如草芥,为谋求本国利益最大化,甚至与日本狼狈为奸。在日本搁置有损美国利益的条款后,美国就转而支持日本。英国因殖民地新加坡暴乱,求助日本镇压,自然倒向日本。俄国非但没有支持,反而迫使中国立刻无条件接受日本的最后通牒,趁机攫取更多在华权益。

5月8日,袁世凯召开国务会议,除段祺瑞主张动员军队外,其他人都认为只有接受日本的要求一条路。

袁世凯也曾动过与日本一战的念头,然而,甲午战争、八国联军入侵,两次战败后割地赔款的惨痛教训,令他不敢轻启战端。反复权衡和战之轻重利害后,他被迫向日本低头。

在国务会议上,袁世凯痛心疾首:"……我国国力未充,目前尚难以兵戎相见。英朱使关切中国,情殊可感。为权衡利害,而至不得已接受日本通牒之要求,是何等痛心!何等耻辱!无敌国外患国恒亡,经此大难以后,大家务必认此次接受日本要求为奇耻大辱,本卧薪尝胆之精神,做奋发有为之事业,举凡军事、政治、外交、财政力求刷新,预定计划,定年限,下决心,群策群力,期达目的,则朱使所谓埋头十年与日本抬头相见,或可尚有希望。若事过境迁,因循忘耻,则不特今日之屈服奇耻无报复之时,恐十年以后,中国之危险更甚于今日,亡国之痛,即在目前。我负国民付托之重,决不为亡国之民。但国之兴,诸君与有责,国之亡,诸君亦与有责也。"

1915年5月25日,中日签订《中日民四条约》,与"二十一条"原本条款相比,实际上只有"十二条"。

对此次外交失败,袁世凯视为奇耻大辱,决定将5月9日定为"国耻纪念日",写入教科书,以待后来者奋发图强。

消息传到日本,留学生们群情激愤,纷纷上街游行,声讨袁世凯,谴责日本。走在游行队伍中的陈参一,高呼着口号,浑身热血沸腾。置身海外,他才深切感受到,"中国"的分量何其沉重!他第一次发现,个人的命运、家庭的命运,与国家的命运休戚与共,唇亡齿寒。

"我一定要发愤苦读,学人之长,补己之短,'师夷长技以制夷',多掌握先进的思想和技术,拯救受尽苦难的祖国!"他在心里暗暗发誓。

1915年12月12日,袁世凯称帝,推行君主立宪制。云南的蔡锷和唐继尧率先反对,发动护国战争,贵州、广西等地相继响应。次年3月,袁世凯被迫取消帝制,随后忧愤成疾,6月6日病逝。

在此过程中,李大钊积极投身于反袁斗争,很少去上课。1916年2月2日,早稻田大学以"长期欠席"为由,将他除名。

经过一年半的语言学习,陈参一从东亚预备学校结业。早稻田大学是他心仪已久的,但在选择专业时,他颇为踌躇。

出国前,陈参一奔的是"实业救国"目标,原本打算学习理科。善良的母亲也特地嘱咐:"明儿,你到外国去,别去学法律。听说学法律,就要去做官,去杀人。明儿,你别去学杀人,你是同我一样不会看杀人的!"

6年后的1921年6月2日,陈参一在《民国日报》副刊《觉悟》上,发表《记忆》一文回忆:"我听到了'杀人'两字,就专将'杀人'两字在脑中盘旋,以后的话便丝毫不曾听见了。"

然而,"二十一条"引发的风潮,令陈参一的人生观发生改变。此时的他,受阅历、境界等束缚,还无法做到世事洞明。在他看来,法科是万能的,是能主持正义、维护公平、驾驭时代的,袁世凯签订"二十一条"卖国条约,很大程度上是不熟悉国际法,不懂得运用法律武器。所以,他毅然决定,选择法律专业。

二 改名立志

1916年9月,陈参一进入早稻田大学法科,学籍卡姓名填的是"陈融"。学习期间,一位留着寸头、胡须的教授,让陈参一产生好感。

他叫河上肇,生于1879年,毕业于东京帝国大学法学院,留校相继担任讲师、副教授,主要从事经济学研究,后赴欧洲留学,获法学博士学位。1915年回国后,任京都帝国大学法学院教授,同时兼任早稻田大学教授。

在课堂上,河上肇渊博的知识、开明的思想,深深吸引了陈参一。他细一打听才知道，河上肇不仅是日本著名的经济学家、哲学家，还是著名的社会主义者，发表过《经济学的根本概念》《经济学原论》《日本尊农论》《时势之变》《经济与人生》等著作，还在《读卖新闻》连载专栏文章《社会主义评论》，以其见解独特、文笔畅达泼辣，引起社会极大关注，《读卖新闻》的订户为此而激增。

就在陈参一刚进早稻田大学时，《大阪朝日新闻》开始连载《贫乏物语》，从1916年9月11日，一直刊到12月26日，其作者正是河上肇。这篇著作，以翔实丰富的统计材料，披露了欧美资本主义先进诸国中，伴随生产力发展与社会财富增加，大多数人却愈加贫困的现状，试图从经济学的角度，探讨造成贫困的原因和应对之策。此时，日本因资本主义的迅速发展，贫富分化日益显著，这篇著作现实警世性很强，产生很大的社会影响。

陈参一一见是老师的文章，格外亲切，报纸一到，从头到尾，一字不落，每期必看，对资本主义社会有了比较深刻的认识。读罢还不过瘾，又找来河上肇以前的著作，逐本阅读，边读边作笔记。正是从河上肇的著作中，他第一次接触早期社会主义思想，第一次接触马克思主义新思潮，思想境界大大提高。1917年3月，《贫乏物语》结集成书，一时洛阳纸贵。

陈参一很崇敬河上肇，一有机会就向老师求教。他的勤学善思，令河上肇十分欣赏，有什么想法，或者遇到什么问题，很愿意同他倾心交流，两个人结下深厚友谊，经常促膝长谈。

在早稻田大学学习的同时，陈参一又在东京物理夜校学习数理课程。这所夜校，以数学和物理学著称。

1917年5月，陈参一从早稻田大学退学，同年9月，进入东洋大学，在印度哲学伦理学科当听讲生。

就在这年，俄国十月革命一声炮响，给社会主义革命带来了光明前景，消息迅速传到日本，产生巨大反响。陈参一十分兴奋，仿佛看到了中国的希望和未来，热心参与中国留学生的各项活动，积极传播马列主义。

1918年5月，陈参一从东洋大学退学。随后，进入中央大学法科学习。5月，他在《学艺》杂志第1卷第3号上，发表《标点之革新》，提倡运用西文标点于中文：

标点二字见宋书。义当英文之 Punctuation mark。视俗所谓"圈点"者而广涵。盖即所谓"文字标识"也。文字之标识不完备。则文句之组织经纬时或因之而晦。而歧义随以叠出。而语学浅者。尤非恃此为导莫能索解。以是、"标点"者颇成为语学教学上一重要问题矣。西人言改法。东人议定形。各有专书。足资考鉴。

近人以华文难读。持改革文字之论者日众。此为文字本身革新之事。与革新标点之为文字外缘革新之事。虽皆甚是重要。然实别一问题。文字本身究宜改革与否。关涉綦多。不易猝断。惟此文字外缘。则无论其本身之为沿为革。决不可不从新整理。使就简明。盖中文旧式标点颇嫌太少。不足以尽明文句之关系。其形亦嫌太拙。当此斯文日就繁密之时。更复无足应用无碍也。则革新标点。其事又重且要于革新文字者矣。

然革新标点。有宜先定者一事。则文字之纵横行是也。华文自始从纵。而西文则从横。纵耶横耶。究宜何从。此其事宜以心理生理等学证定之。非可盲遵古制。亦非可盲踵西步也。顾以浅识所见。横行实较纵行之利为多。且又与所欲定之标点问题。有密切之利。余当别造一论以明之。今请径即假定其从横而论其革新。

革新矣。所以新定之标点。为将创造耶。为将旁取耶。其事亦有两歧。主之者既已各有其人。而余则从旁取西标者。此其故有五也。

第一、标点之形易约定也。远西诸国。横点较密。独在华文惟有圈点。然自其文字性质而观之。华文之标。实宜较西标而夥之。于是、在华则有欲以、△、、配西标。在东则有造"、——""、等标以当西标。最甚如冈田学士者。乃至造有九种。光怪陆离。自以谓于标点之恉。斯为最合。卒之、所以谓合者。惟其一人。而其一人。亦以世莫之从。未敢处处用之也。是何也。造之者一人。而欲人之从之者万人。苟非无可易者。其事最为难能。势将或为寂无影响。或致异说纷纭而已。数年以来。音标问题异形百出。定之如何其艰。盖即此理。甚可作标点革新之先例观也。何如改从西式标点。则既系从众。为一部分国民之所惯习。而其形有定。

定约成俗。又最简捷。必不致如事创造者之异形百出。转以利民众者而困民众也。此其故一也。

第二、标点之形最妥适也。标点之形。以便于书写。美于观览。而又与本文有别者为最适。华文标点。如点"、"。遇"然""显"等字。辄易与本文辨别不清。如圈"○"。又占纸太多。圈之不慎。又易实其所虚之中。而与点无甚差别。然而西式标点者反是。此其故二也。

第三、标点之法易更张也。大抵一物。用之既久。则各有其惯例。如云"子曰学而时习之不亦悦乎"。此"学而"以下与"子曰"为别一人语。在西式标点例用摘引标。宜作"子曰,'学而时习之,不亦说乎?'"。而华文则皆作"子曰、学而时习之、不亦说乎。"并不用摘引标。虽或深明文理之士时借""以标。然不作标既已不违惯例。即不能强之使行。而不行。则于"曰"作点作圈。俱属不可。凡此更张之事。非一新其标点。则必不能收速成之效。所谓"若药不瞑眩、厥疾不瘳"也。此其故三也。

第四、标点之例易统总也。在昔文典不明。标点之例亦无统总。如云"君子有三畏畏天命畏大人畏圣人之言。""三畏"之"畏"。殿以点。云"与父老约法三章耳杀人者死伤人及盗抵罪。""耳"又殿以圈。其实彼此共为总散。则其标宜从同。故用西式标点则宜作"君子有三畏:畏天命,畏大人,畏圣人之言。""与父老约法三章耳:杀人者死,伤人及盗抵罪。"此不亦较为有统总也。然有新标而欲以易之。远不若别新其观念而易之之易也。此其故四也。

第五、标点之用易施行也。施用标点。固以明文句之组织。然此一事。可作两面解释之。一恐读者不甚解文字。而不能明其组织。一自恐所作之文字不甚题豁。而读者不能明其组织。由前解之。则于义为骄、为背礼。由后解之。则于义为谦、为适义。华人大抵由前而解。故以文与人。辄不加标点。不然。观者且或不怿。西人则似由后而解。鲜不加标点者。今若用其标点。则其惯习亦易移植。从此作书札。为文章。皆可条分缕析。慎施标点。而无人嗤者矣。以视东人不用西标。而大声狂呼。以令人于书札等俱施标点。而卒无多施之者。为道之径。不亦大相径庭哉。此其故五也。

　　舍此而外。尚有屏除杂用中西标点及并用中西标点。种种不甚重要之事理在。今亦无暇赘陈。总之、纵行者即不旁取。以代吾所固有。横行此绝无杂用中西之必要。标点可以神文字之用。甚愿勿姑息因循。而终徘徊乎歧路也。

文章署名为"陈参一",这是他公开发表的第一篇语文之论。

《学艺》杂志创刊于1917年,由中华学艺社主办。中华学艺社成立于1916年,是中国留日学生创建的学术团体,宗旨是"研究真理,昌明艺术,交换知识,促进文化",郭沫若是其社员,蔡元培、范源濂、梁启超等为名誉社员。

陈参一虽已离开早稻田大学,但一直与河上肇保持密切联系。1918年下半年的一天,陈参一去拜访河上肇,两个人一边散步,一边交谈。

陈参一问道:"先生,我听到有人赞誉您是'求道者',这是什么缘故?"

河上肇笑了:"这个赞誉过奖了,这是我的人生追求,但远远没有达到。不过,我对'道'的追求,还是受到你们老祖宗影响的。"

"是吗?!"陈参一瞪大眼睛,十分好奇,"是谁呢?"

"孔子。"河上肇毕恭毕敬地说。

"我是读四书五经长大的,"陈参一有些兴奋,"四书五经里面,详细记载了中国早期思想文化发展史上的史实资料,包括政治、军事、外交、文化等方面,孔子、孟子等思想家的论著都收集在里面。"

"四书五经我也看过一些。"河上肇点点头,"孔子说,'朝闻道,夕死可矣',我经常以此激励自己。"

"您对孔子说的'道',是如何理解的呢?"陈参一问。

"'道'本是中国传统思想的范畴,其涵盖面极广阔,内蕴亦甚深,不止一种解释,其解释因时代、因人而异。"河上肇娓娓道来,"我的理解是,'道'即'真理','闻道'就是认识或体悟真理。如在自己眼前出现真理,无论其为何物,都是不踌躇地立即接受。既已接受,便追究不息,直至理解为止。只要依然认为那是真理,便敢于不顾身家性命,无视毁誉褒贬,尽可能以谦虚之心,无条件且绝对彻底地,一心一意服从追随。即使最终不得不身陷当初未曾料及的危险、失败或困窘境地,亦不逃避,不畏缩,以服从无上命令的心情,不辞拼死跃。然而,如果在以此种心情不顾一切地前进过程中,一旦发现最初认为是真理者实际并非如此,也会不拘泥于以往的一切情况,断然抛弃。"

河上肇停顿了一下,继续说:"所以,'闻道'是人生唯一目的,是人生的最高境界,也是我的人格本质,可生大平安和大欢喜,可安身立命。"

陈参一说:"我发现,《贫乏物语》有个显著特色,不是就经济而论经济,而是将经济问题与人生价值问题相结合。这是不是贯穿儒家的'求道'精神?"

"看来,你是认真看了《贫乏物语》。"河上肇点点头,"我在文章中论富论贫时,正是遵奉孔子的立场。"

陈参一笑笑,说:"我看不少经济学者,都把物质文明的进步、财富的增值,作为人类社会文明尺度的标准。但是《贫乏物语》告诉我们,应该把更多的人闻道,作为真实意义的文明进步。"

"说得好!这正是我的观点。"河上肇频频点头,"闻道是人生的唯一目的,财富不过是达成人生目的的手段。我之希望从人类社会中驱除贫乏,是因为贫乏是人类闻道的妨碍。"

"不过,"陈参一侧向河上肇,语带征询,"中国有句古话,'饱暖思淫欲,饥寒起盗心',意思是说,过着吃饱穿暖的生活时,会变得不思进取,从而产生淫乱放纵的欲望;过着饥寒交迫的生活时,就会产生偷盗的欲望。这说明,财富多寡、物质盈亏,对人类社会文明的影响还是很大的。"

"我并不否认解决经济问题的重要性。"河上肇说,"孔子说过,'足食,足兵,民信之矣'。足食是政治的第一要性。足食然后始能养成强大军人,而足兵,才能提高教育道德使民信。从人生'闻道'的目的来看,经济问题应是最末之问题,但若从达成人生目的的手段来看,它又是最初之问题。"

陈参一说:"您这番话,阐释了物质利益追求与人生价值的关系。"

"嗯。"河上肇点点头,"我在《贫乏物语》中谈到,造成大多数人贫苦的原因,不应从分配论的角度去考察,而应从生产论的视点去认识。大多数人陷入贫困状态,主要是因为大量生产无用有害的奢侈品,而多数人的生活必需品则十分缺乏。这种情况,也与当下的经济组织有关,因为在当下的经济制度下,制造物品是为了一任个人赚钱。"

"所以,"陈参一接过话头,"您提出三项消除贫困的对策:一是'世之富者自动废止一切奢侈浪费',二是'以某种方法匡正明显的贫富悬隔',三是'为此而改造现时的经济组织'。这三条路行得通吗?坦率地说,我信心不足。"

"第一条显为空想,第二条也无从着手,只有第三条路可走。"河上肇说,"关于改造经济组织,以亚当·斯密为代表的英国正统经济学派,主张各个人追求各自的利益,不要施加任何束缚,通过自由放任,达到社会的繁荣,让最大多数人获得幸福。这种主张,实际上是经济上的自然主义、乐天主义、自由主义、个人主义乃至自由竞争主义,是行不通的。正是在现代经济组织下的利己心的无拘束活动,才导致可悲的不健全状态,造成大多数人的贫困。所以,我在论文中,主张实行不同于个人主义、民业主义的合同主义、官业主义,或者称经济上的国家主义。"

"先生,"陈参一犹豫了一下,"我有个粗浅的判断,未知对不对?"

河上肇问:"什么判断?"

陈参一说:"我对照《贫乏物语》和您以前的论述,发现了一个变化。"

"哦?"河上肇来了兴趣,"说来听听。"

陈参一斟词酌句:"您在以前的论述中,倾向于思考个人的道德理想与人生现实的冲突。但在《贫乏物语》中,则侧重于探究社会经济组织的改造,并力图建立与西方个人主义、自由主义经济学不同的新的经济学,而且您的合同主义、官业主义,已经属于社会主义思想。这应该说是您'求道'思考的扩展和深化,您已经不仅思考个人安身立命之'道',还开始探求社会改造之'道'。"

"看来,你是认真看了我的一些论文。"河上肇拍拍陈参一的肩膀,表情甚是欣慰,"哎呀,有你这样一位异国知音,我就知足了。"

"先生这是抬举我。"陈参一摸摸后脑勺,有点羞赧,"您的观点,同中国的儒家思想是相通的,因为儒家思想认为,人的精神只有通过转化社会,才能完成自我。"

"是的。"河上肇点头赞同,"我在写《贫乏物语》时,确实是有意识地以孔子的立场,也就是儒家的道德主义,对资本主义及其他经济伦理,以及由此带来的弊病进行批判,并进而主张社会经济组织改造的。我认为,社会的一切问题皆系人的问题,比之社会组织的改造,人心的改造是更为根本的工作。这是因为,肉为灵而存,智亦毕竟不过为德而存,故人间生活的一切经营,终极目的不外谋求道德生活的向上。只要有钱人改变了个人的内心,停止了奢侈,纵使经济组织如今日原封不动,也会取得与改造组织几乎相同的结果。"

陈参一说:"不难看出,儒家思想对您的影响很大。您在《贫乏物语》的结尾,用的也是《大学》首章的话。"

河上肇说:"《大学》是论述儒家修身治国平天下思想的,可谓字字珠玑,一语抵千金,我又何必多言。修一身齐一家,所以治国平天下。在我看来,'修身'之道仍是起点,依然重于'治国平天下'之道。"

"听君一席话,胜读十年书。"陈参一肃然起敬,"先生,我理解您的良苦用心了。看来,'求道'就是您义无反顾地追求真理,是您不断克服旧我、超越自我的内在驱力。"

河上肇握住陈参一的手,使劲摇着,话语热切:"希望你也加入'求道'行列!"

"嗯!"陈参一激动地说,"先生这番话,让我如醍醐灌顶,茅塞顿开。我已决定,此生要为'求道'而活,为'闻道'而死!对了,我打算把名字改为'望道',追望真理之道!"

"望道……追望真理之道……"河上肇反复念了几遍,忽然眉毛一挑,"好,太好了!咱们就是同道中人了!"

从此,陈参一便改名为"陈望道",此名伴随他度过一生。

这年冬,陈望道与《新青年》编辑钱玄同通信。1919年1月15日,钱玄同将信件发表在《新青年》第6卷第1号上,标题为《横行与标点》:

> 新青年诸子:昨日马君枉临,带来大志一本,我看了很是赞叹,很是欢喜,——唉!像中华民国这样"与古为徒"的陈死人满山盈谷的地方,还有这开眼张吻的汉子煎"起死回生汤"给人家吃,我骤然看见,却疑是"妖",却是

惊奇了！那反对革新的，亦不过是这惊奇一念的同病别发，诸子不必败兴，尽管放胆前去，等到他们回生之后，元气复了，再和他们重提旧事以相嘲弄行了！

但是我对于诸子，还要说诸子缺"诚恳的精神"，尚不足以讲"撤销他们的天经地义"。譬如文字当横行，这已有实验心理学明明白白的昭告我们，诸子却仍纵书中文，使与横书西文错开；圈点与标点杂用，这是东人尾崎红叶的遗毒，诸子却有人仿他，而且前后互异，使浅识者莫明其妙——这不是缺"诚恳"的佐证么？诸子如此，在诸子心中或有"待其时而后行"之一念亦未可知。在我看来，纵有此一念，亦是不必如此，——亦是绝对的……不可如此。诸子须知……我们破除旧恶习如何困难？倘作过渡想而不以"除恶务尽"为志，将来时过境迁，则此过渡的遗迹又是一种陈症，又须用猛烈剂辛辛苦苦的去医他了。那时回想诸子现在之所革新，岂不是拔毒种霉么？诸子试想，这不是诸子不敢放胆前去的罪么？诸子既以革新为帜，我很愿诸子加力放胆前去，不稍顾忌；勿使"后人而复哀后人"才好。诸子！诸子！亦作如是想否？

刊发时，文末署名为"陈望道　Tokis 1918"。这是他发表的文章中，第一次署名"陈望道"。

《贫乏物语》再版30次，广受青睐，但也遭到早期社会主义者质疑，如日本早期社会主义运动活动家堺利彦，批其是"孔孟的仁道主义、佛教的精神主义，与社会主义的经济学、维持现状的妥协主义等等极不彻底的混合物"，患了"难以摆脱的人道主义病"。

随着对马克思主义了解的增多，河上肇也认识到，要根治贫困，仅靠富者人心的改造是不会奏效的，还必须对社会进行根本的改造。1919年，他主动要求出版社将《贫乏物语》绝版。

1920年，《贫乏物语》分别以《贫乏论》和《救贫丛谈》两种中译本，在中国出版。

留学日本期间,陈望道还结识一位良师益友。

他叫山川均,生于1880年,经济学家、评论家,是日本的社会主义者、共产主义传播者,1900年3月,创办《青年福音》小杂志,幻想"日本在共和政治下,实现社会主义"。因撰文评论皇室婚姻关系,宣传资产阶级民主思想,触犯了天皇的尊严,被判刑3年半。在狱中,他读到英国古典政治经济学著作,才认识到,社会主义并非来自正义和人道的观念,必须从社会的经济原则中去寻找。出狱后,他加入日本社会党,又因"赤旗事件"被判刑2年。1915年,他来到东京,任《新社会》编辑,撰文批判民本主义,成为社会主义运动的中心人物。1922年,他参与创建日本共产党,一年后自行宣布取消日本共产党。

山川均翻译的马克思主义的书和文章,成为陈望道的课余必读物。在新思潮的影响下,陈望道逐渐认识到,救国不单纯是兴办实业,还必须进行社会革命。

1919年7月6日,陈望道拿到中央大学法科毕业文凭,获得法学士学位。在留日4年半中,陈望道完成法律、经济、物理、数学以及哲学、文学等许多学科的修习。

虽然取得法科学历,但陈望道最终还是摒弃法科,把学术专业方向确定为:以中国语文为中心的社会科学。后来,他化名"晓风",在1921年12月8日的《民国日报》副刊《觉悟》上,发表短文《从法科的人生往文科的人生》,透露了自己的心迹:

> 我们不耐烦法科的人生了!我们要咒诅这法科的人生了!
>
> 法科是以古律今的,法科是援此例彼的,法科是单看外貌而不计较内心的,法科是只有功利的认识而无审美的观点的。法科的人生是复辟党的人生,是印板的人生,是绣花枕的人生,是市侩的人生!
>
> 法科的人生,早快过去罢!法科万能的时代,一切尽由法科驾御的时代,早快过去罢!
>
> 法科的人生早快过去,文科的人生早快过来呵!人们互相了解地,人们互相爱护地,人们互相平等地。

此时，五四运动掀起的热潮，正在国内风起云涌，陈望道坐不住了，归心似箭，一毕业就离开日本，踏上归途。

对五四运动后的中国社会，他有着更高的期待，热切渴望人们能够"互相了解，互相爱护，互相平等"。

第七章

在斗争中成长

几天后,陈望道抵达上海。一下码头,他就明显感到,与几年前离开时相比,上海的氛围明显不同。哪里不同呢?细细观察,他发现是人的精神面貌。当年,人的脸上布满阴霾;如今,能看到生动的光泽。他明白了:那时的阴霾,源于"二十一条";如今的光泽,来自五四运动。此时,五四运动热潮澎湃,人们从这场运动中,看到了中国的希望和未来。

"看来,政治环境也像自然环境,能决定人的喜怒哀乐。"陈望道想。

一出码头,陈望道吃了一惊:迎面而来的人,对他明显不友好,脸上本来是晴朗的,同他一照面,转瞬就变了,有的怒目而视,有的侧身打量。偶一回头,赫然见几个青年,自打他下船后,一直不远不近地跟着他。他慢,他们慢;他快,他们快,像是尾巴一样。

陈望道心里"咯噔"一下:自己哪里不对,怎么会被人盯上了?

正纳闷,一抬头,忽见街边的墙上,贴着几条标语,有的被掀开一只角,正随风摇曳,发出"哗哗"响声。细一定睛,标语上写着:"抵制日货""提倡国货"。

他恍然大悟:是了,自己一身行头全是日货,肯定被当成日本人了!

原来,自"二十一条"风波后,国人反日情绪一直未消,持续抵制日货。五四运动爆发后,反日情绪高涨,群起抵制日货。北京爱国学生率先行动,一些高校学生将校内日货尽数焚毁。随后,北京商家也被鼓动起来,商界传单如雪片纷飞,号召人们不买日货,不用日本钞票,呼吁"大家抵制日本,中国或可望不亡也"。

抵制日货的风潮,迅速蔓延至全国各地,从城市延伸到乡村。在一些地方,抵制日货甚至成为最主要的斗争方式,其激烈程度远甚于北京。

在天津,针对一些商家消极抵制或阳奉阴违,学生成立"跪哭团",一律披麻戴孝,装扮成灵堂小子,手持哭丧棒,来到这些商家门前,把店主围在中间,跪倒在地悲痛号啕,边哭边劝,直到店主答应为止,吸引大批市民围观。

在上海,青楼女子也举起抵制日货的大旗,林黛玉、笑意、艳情等数十名歌妓,在国耻纪念日停止歌宴一天。一名叫妙莲的妓女,向国民大会捐助50元,还撰写《敬告花界同胞书》,分发各妓院,文中说:"我们中国到了将亡未亡的时候了,现在所以未亡,全仗一点国民的志气。自外交失败的消息传来,首先由爱国的学生,发起惩警卖国奴、抵制日本货的号召。没有几日,全国各界万众一心了,下至小工车夫,亦不肯与日人做工。可见人心不死,正是我国一线生机。"

这场抵制日货运动,关注的不是抵制的实际效果,而是在国难危急的关头,表现出一种国民的志气,保留住国家和民族的一线生机。

陈望道回过神后,赶紧加快脚步,急急赶到旅馆,掏出钱,对茶房说:"麻烦你帮忙买一件长衫,越快越好!"

开始,茶房脸上冷冷的,显得爱理不理。他一张口,才知道闹误会了,立刻热情起来,答应一声,接过钱,转身出门。

换上长衫后,陈望道再出门时,敌视的眼神便不见了,也不再有人跟梢。

一 四大金刚

陈望道从上海来到杭州,住进泰丰旅馆,打算见几位朋友后,就回家看看家人,然后去台州中学就职。台州中学校长去日本考察时,同陈望道结识,曾约请他去任教。

《教育潮》主编沈仲九,曾与陈望道通过信,对他颇为赏识,得知他来杭州,便去旅馆探望。陈望道问起《教育潮》情况,沈仲九介绍:"这是浙江省教育会办的,原来名称叫《教育周报》。今年初,在会长经亨颐先生主持下,改组为《教育潮》,聘我当主编。创刊号于4月份出版,创刊号里发表了经先生的一篇文章,标题是《动学观与时代之理解》。从中可以看出,他的人格主义教育思想有了转变。"

言谈间,陈望道说起真理同知识、道德的关系,也分析了浙江出版界的现状。沈仲九说:"你的观点很有见地,你这就整理出来,写信寄给我。我正在编辑第三期,可以放进去。"

听说陈望道要去台州,沈仲九劝道:"杭州是省城,发展机会更多,离义乌又近,你应该留在杭州。对了,'一师'怎么样?"

"是浙江一师?"陈望道眼睛一亮。

"一师"的全称是浙江省立第一师范学校,前身为浙江官立两级师范学堂,创建于1908年,分为优级师范和初级师范两部,分别培养中学师资和小学师资,是当时浙江唯一特建的、校舍最宏伟的、办学规模最大的新式高等学堂,也是中国建立最早的六大著名师范之一。民国政府成立后,于1912年更名为浙江省立两级师范学校。1913年5月,普通科优级师范的师生并入北京高等师范学校,优级部停办,初级部在原址改设第一师范学校。从当年7月起,学校改称浙江省立第一师范学校,至1915年6月,最后一届图画音乐手工专修科(高师)学生毕业,学校完全成为中等师范学校,以培养小学教员为主。五四运动前后,成为浙江宣传新文化新思想的中心,享有"北有京师学堂,南有浙江一师"的美誉。

"是的。"沈仲九点点头,"经亨颐先生就是'一师'校长,十分开明,爱才心切,求贤若渴,我去向他推荐。"

"好当然好……"陈望道有点犹豫,"只是,我已经答应台州中学了。"

"良禽择木而栖,良臣择主而事。你可以比较一下,我这就去找经先生。"沈仲九匆匆告别。

8月6日上午,一位戴着眼镜的瘦高个,敲开陈望道的房门,自我介绍:"您是陈望道先生吧? 我叫经亨颐,是……"

"哎呀,您是经先生? 快请进!"陈望道又惊又喜。

经亨颐生于1877年,字子渊,号石禅,浙江上虞人,1902年留学日本攻读师范,回国参加筹建浙江官立两级师范学堂,辛亥革命后任校长,并兼任浙江省教育会会长。

经亨颐落座后,两个人攀谈起来,因为都有留日经历,两个人的共同话题很多,从浅草寺到兴福寺,从富士山到羊蹄山,越谈越投缘。聊完闲话,言归正传,经亨颐真诚地说:"沈仲九先生对您很赞赏,隆重推荐您。我今天是专程来拜访您的。"

陈望道有点诚惶诚恐,拱了拱手:"折煞我了,愧不敢当!"

经亨颐说明来意,真诚邀请他担任国文教员。

"谢谢经先生盛情,这于我来说,是求之不得的事。只是……"陈望道沉吟道,"一来我才疏学浅,恐难胜任;二来,我已答应台州中学校长,我不能失信于人。如果台州中学不硬性叫我去,我愿意去贵校。"

"义乌人刚直守信,果然如此!此乃美德。"经亨颐笑了,"'一师'空间广阔,群贤云集,陈先生胸怀大志,正好可以任由驰骋。要不这样吧,我先告辞,您再斟酌斟酌。"

经亨颐有写日记的习惯,当天晚上,他在日记中记道:

> 晴。大早,到校一转。即至会,晤陈望道,面允就本校国文教员。又便访大白,据云泽人已来诊过。返寓午膳后,四时又到校,决定取二部生十一人,宁再招,勿滥。傍晚,至教育厅,为诸暨中学事,闻陈子韶将为校长云。

8月10日上午,陈望道没有外出,听到敲门声,打开一看,竟是经亨颐。他始料未及,慌忙把客人请进屋。

"刘备三顾茅庐,我这是二次登门。"经亨颐乐呵呵地说,"不知陈先生考虑得怎么样了?是否肯屈就?我可是等不及了。"

这些日子,经亨颐一直为添聘国文教员奔波,他在日记中记载:

7月6日,"丏尊、赓三来,接洽校务,大致已定试行专任制,添聘国文教员、理化教员"。

7月16日,"晨,访沈尹默,介绍李次九为本校国文教员"。

7月19日,"晨,访刘大白,询李次九品学。再赴东坡路,访李,已返沪,不晤"。

8月1日,"十时,辞出,至教育会,沈叔平调任青年团干事,与中庐、大白、仲九接洽。又至英华旅馆,访周麓卿,不晤,即返寓。午后有雨。四时,至校,缮新聘国文教员刘、李二君证书"。

可见,经亨颐添聘教员极为慎重,聘李次九时,光是沈尹默这样重量级人物推荐不够,还要专程向刘大白打听其品学。

"言重了,言重了。"陈望道有点不知所措,"我何德何能,劳烦先生放下公务,一请再请,实在不敢当。我已经写信去台州了,人家还没回音。"

经亨颐环顾一下房间,征询道:"您住在这里,空间窄小,开销又大。我们学校还有几间教员宿舍空着,您不如暂且搬过去,一来考察一下环境,二来也节省点开销,等台州回音后再决定。怎么样?"

一句话说到陈望道心坎上。这些年来,每次写信回家要钱,父亲那句"大洋一畚箕一畚箕往外倒",就会在耳边回响,令他局促不安。他一直省衣节食,一毕业就急急回国,希望早日谋份职业,可以贴补家用,回报父母。听了经亨颐的话,他十分感激:"难为先生想得这么周全,我恭敬不如从命,这就收拾一下,尽快过去。"

"太好啦!"经亨颐站起身,欣欣然,"我先去办点事,就回学校安顿好。您随时可以搬过去!"

当天晚上,经亨颐在日记中写道:

晴。大早,进城,步行至岳坟乘舟。六时,至会,又至校,又至泰丰旅馆访陈望道,便至湾井弄丏尊家,不在,即返寓。午后,不他出。

沈仲九收到陈望道的信后,很快刊登在8月份的《教育潮》第三期。信中说:

仲九先生:

适应时代的,才可以叫做真理;所以我们主张适应时代的知识和道德的人,不过是服从真理,并不足以当"新"的称号。只因为世界上还留有一班时代错误的人,我们就不能够不受那"新"的称号,并且不能够不受那他们的攻击了!

但是,我们以为青年做人,决不可存一种懦怯的心理,因为一些些儿风吹草动,就裹足不前;仍旧应该图谋发展的!

我们因为图谋发展起见,回到浙江来,把浙江的出版的新闻等类,仔仔细细的调查了一番,实在非常失望;因为他们的著述,不但是够不上在二十世纪出版,就是在十九世纪,十八世纪,乃至十七、十六……也还是够不上的。

……

在《陈望道传》(邓明以著,复旦大学出版社1995年3月出版)中记载:"1918年8月《教育潮》第三期上,曾刊出了一则'致仲九'的通讯。这则通讯,使作者陈望道'图谋发展的壮志'得以初露锋芒。"

这段文字后面,摘录了上述这封信。

而《陈望道全集》第10卷显示,这封信发表于1919年8月的《教育潮》第3期。

究竟是1918年8月,还是1919年8月?我采信《陈望道全集》的说法,即1919年8月。理由是:

1.《教育潮》出现于1919年4月,是浙江省教育会在经亨颐主持下,将《教育周刊》更名为《教育潮》并扩大篇幅,改为月报。

2.1918年8月,陈望道还在日本留学,是1919年七八月间才回到浙江的。而这封信中称,"我们因为图谋发展起见,回到浙江来"。从语意中可以判断,他已经回到浙江。

几天后,台州中学校长给陈望道复信,称浙江一师是名校,他理解陈望道的选择,不再强求他。陈望道看了信后,回复经亨颐,答应留下来,秋季开学后,正式担任国文教员。

与陈望道同时受聘的，还有两位国文教员。一位叫刘大白，一位叫李次九。巧的是，他俩都有留日经历。

刘大白生于1880年10月，浙江会稽县（现绍兴）平水村人，中过举人，曾任绍兴师范学堂和山会小学教员，1912年在绍兴主办《禹域新闻》，用诗文反对袁世凯。反袁运动失败后，被迫于1913年流亡日本，随后加入同盟会。1915年，因公开发表反对"二十一条"的文章，遭日本警视厅监视，不得不离开东京，转赴南洋，到新加坡、苏门答腊等地，在华侨学校教授国文。1916年6月，从南洋回国，在《杭州报》任职。他文学功底深厚，又在国外居留多年，广泛接触欧美文化，思路开阔，是新诗运动的重要倡导者之一。

李次九大约生于1878年，江苏归安县（后并入吴兴）双林镇人，是归安县秀才，早年留学日本，参加同盟会，辛亥革命时，任湖州府民事长、浙江都督府军事秘书，年轻时思想激进，被同学梁希（新中国林业部第一任部长）称为"李九狂"。1919年2月25日，在《新青年》第6卷第2期发表《真正永久和平之根本问题》，论述"和平会议（即巴黎和会）之唯一问题为去兵"的观点，还提出具体措施，让列强和军阀自己解除武装，实属"狂"想。

除了新聘的这三位国文教员，学校原有两位国文教员。其中一位，便是夏丏尊。

夏丏尊生于1886年，浙江上虞人，1901年考中秀才，1905年借钱赴日留学，因申请不到官费，于1907年辍学回国，次年受浙江官立两级师范学堂之聘，作日籍老师的翻译助教。学堂改为浙江一师后，任国文教员，与鲁迅共事，两个人过从甚密，1909年参加鲁迅、许寿裳等发起的反对尊孔复古的"木瓜之役"，迫使以道学家自命的监督辞职。1913年，主动兼任被人瞧不起的舍监，对学生既严又爱，被学生称为"妈妈的爱"，语文教学提倡白话文，是中国最早提倡语文教学革新的人之一。

还有一个国文教员，是浙江省政府派来的，原是省政府秘书，思想顽固，与另外四位格格不入。

经亨颐提倡对学生"人格教育"，也即道德教育，以"勤、慎、诚、恕"为校训，后又提出"德、智、体、美、群（指社会活动）"五育，并主张革故鼎新。秋季开学后,"一师"采取与时俱进的办学方针,提倡学生自治、职员专任,改革国文教授及学科制。

三位新国文教员的加盟,为"一师"带来一股清新之风。陈望道、刘大白、夏丏尊、李次九四人一道,积极提倡新道德、新思想、新文化,反对旧道德、旧思想、旧文化。四人思想各有特点:陈望道较急进,刘大白较温和,夏丏尊最温和,李次九最急进。但在改革国文教育上,他们的观点高度一致,认为"要改革教育、普及教育,国文教授是应当第一研究的问题""国文应当为教育所支配,不应当由国文支配教育的宗旨,就非提倡国语改文言文为白话不可"。在经亨颐的支持下,他们对国文教学大刀阔斧改革。

一是提倡白话文。1919年10月10日,陈望道主编的浙江省立第一师范《校友会十日刊》出版。这份刊物后来被评价为"五四"时期"浙江的一颗明星"。刊物的创刊号宣称,"改革我国的文字,教育人确已认为必要了;在本校地位上看起来,更觉得不能不负提创的责任。所以从这个学年起,本校和附属小学国文科的教授,一律改用白话"。

二是传授注音字母。《校友会十日刊》中说:"要想普及白话文,先要灌输注音字母,这是人人知道的。本校国文教授陈望道君,对于注音字母,很有心得,所以特地请他到上海吴稚晖君处再去研究一番。归来便传授给附属小学全体教员和本校全体职员学生斋夫……"

三是出版国语丛书。《校友会十日刊》刊登了出版国语丛书的预告,出版的书包括:《新式标点用法》,陈望道编;《国语法》,夏丏尊、李次九、陈望道、刘大白合编;《注音字母教授法》,陈望道、刘大白合编。

陈望道还积极向学生宣传文字改革的知识,他说:"文字的性质完全是发表自己的意思,使人了解,既然文字的本质如此,所以不能不从容易方面去做。为什么?因文字容易,个个人自然能够晓得我的意思。他如用典古的文字,必定要有我的程度,或高于我的程度,才能了解。……既然文字不宜拘古,当应世界潮流,所以当改革。"

但是,陈望道并不主张立即改革文字,而是主张先实行标点革新。在这段时期里,他围绕标点革新,发表了许多文章。如:《标点之革新》《横行与标点》

《点法答问》《新式标点的用法》《新式标点》《点标论第二·点标之类别》等。

陈望道还主张,无论从"看时的便利",或"经济的便宜"来看,汉字都必须实行横行,"文字之纵横,这是革新标点,有宜先定者之一事",并且文字横排与采用新式标点,关系非常密切。

四位国文教员还共同拟定《国文教授法大纲》,编制新的国文教材,以与人生最有关系的16个问题为纲,如人生、家族、贞操、文学等,选出100多篇时文(多为白话文)作为教材,让学生用批评的眼光研究,而教师处于指导地位,中心是反对文言文,提倡白话文,反对盲目崇拜。每隔一两周,把相关课文发给学生,按照"说明、答问、分析、综合、书面批评、口头批评、学生讲演、辩难、教员讲演、批改札记"的程序实施教学。

陈望道提出:"我们主张语文课要教文言文,也要教白话文,而无论教文言文或白话文都要注意它的思想性和艺术性。教员对于教材要负责任,不能不置可否,更不能颠倒黑白。"他在选用国文教材时,特意把鲁迅的《狂人日记》作为教材。讲课时,故意只讲一些文艺理论知识,对课文不加评析,当学生反映不易理解时,他乘机启发大家:"没有一定的思想基础,即使是白话文,如果单单掌握一定的文艺理论知识,老师对课文不加分析,学生同样也是不能掌握的。"

有一次,陈望道在省教育会演讲时说,学生"要明辨是非,反对权威,先生有不对的地方,学生应该批评。不批评的不是好学生"。

听了这番话,台下听众反响迥异。年轻学子眉开眼笑,热烈鼓掌;一些老先生面露愠色,拼命摇头。

提倡白话文的做法,引起保守派的强烈不满。

陈望道教的是第二班,这个班的国义教员,原先是那个秘书。一个月后,陈望道出了道题,"白话文言优劣论",让同学们做作文。大部分同学都说,白话文比文言文好。但也有反对的。有个学生在作文中,以文言文的体裁大骂白话文。

看到这篇作文时,陈望道皱起眉头,除了未对内容和文言形式修改,对许多文理不通的地方,都作了记号。末了,写上批语:写文言文也该写通顺些,理路不通,无从改起,重新做好再改。

第二天,陈望道在教室发本子。这个学生接过一看,本子里全是红×,恼羞成怒,一把揪住陈望道领口,要拉他去见教务长。其他同学见状,赶紧上前拉开。

事后,校务会讨论时,在经亨颐和国文课主任夏丏尊的力主下,作出决定:除非陈望道先生同意,不然要开除学籍。陈望道说:"开除,我是不同意的。因为,不从思想上解决是不行的。"

这个学生得知后,在陈望道面前痛哭流涕,向他道歉。陈望道循循善诱,对他进行教育,使他认识到了错误。这个学生透露,他是受了那个秘书教员的唆使。后来,这个学生倾向于白话文。

这一系列的改革措施,加上经亨颐力推的学生自治改革,使"一师"面貌焕然一新,但对以熟读和模仿为主的旧教育方法,则造成猛烈冲击,引起守旧派的强烈不满,称4人是"四大金刚"。

在浙江一师的影响下,杭城刮起一阵旋风,各校纷纷提倡白话文,报纸也改为白话文。这让省政府十分头疼。

有一次,"四大金刚"在陈望道房间开会。隔壁,就是那个秘书教员的房间,墙壁隔音不太好。他们正谈论着,忽然传来此君的尖厉嗓音。原来,他正同女儿说话,只听他大声说:"我如果没有其他办法,就用枪打死他们!"显然,这话是故意说给他们听的,以此恫吓他们。"四大金刚"心知肚明,不屑一顾,照样高谈阔论。

就在这时,一片不祥的乌云,正慢慢朝浙江一师上空聚拢。

二 山雨欲来

事情的起因,要从"议员加薪案"说起。

1919年,将要放暑假时,浙江省议会举行常会,议员们否决了创办浙江大学案,却提出增加议员薪给案。要在过去,像这样的问题,学生不会过问,因为这牵涉政治。然而,经历过五四运动后,学生们十分关注政治,议员开会时,大批学生到议会楼上旁听。

听了议员的表决结果,学生们十分不满,纷纷议论:"这些议员的收入,本来已经很高,还要加,而创办浙江大学是大好事,却被否决了,那怎么行?!"

创办浙江大学,是经亨颐力推的事。此前,《教育潮》创刊号上,沈仲九写的《告浙江省议会》一文,提出实行义务教育、创办浙江大学、设立编译机构等3项建议,都代表了经亨颐的意见,很有进步意义,也深受社会支持,"一师"的学生十分赞成。

学生们气愤难当,按捺不住,抓起茶杯、痰盂等物,"乒乒乓乓"地丢了下去。

这可把议员们吓坏了,四下溃散,躲到旁边小房间里,将门反锁起来。

学生奔到楼下会场,想冲进小房间,但房门紧闭,冲不进去。有人就跑上街,买来冥纸钱,点着以后,从窗户里扔进去,大声嘲笑:"你们不是想要钱吗?给你们钱吧!"

会场内,桌椅大多被掀翻,使得"庄严的会场",显得狼狈不堪。警卫跑过来,好说歹说,总算把学生劝住,让议员们鱼贯而出。

学生们把住大门,议员们出门时,逐个盘问,谁反对加薪,就放走;要加薪的,不让混出去。议员们感到事态严重,只好请来浙军二师师长张载阳出面调解。

张师长赶到后,对学生们说:"加薪的事,你们反对,我也是反对的。现在,加薪的事,议员们已经不敢再提了,希望你们也适可而止。"

学生们这才饶过议员。由于学生们强烈反对,这项方案流产,以学生的胜利告终。

这些学生中,浙江一师的最多。为什么"一师"学生多?因为"议员加薪案"中,增薪的经济来源之一,就是打算将"一师"学生享受的公费减半。暑假中,"一师"的学生分散到各县,通报情况,寻求支持。各县教育会及主持正义的人士,纷纷通电,声援"一师"。

如此一来,"尊严"受到伤害的议员们,对"一师"恨之入骨,尤其对经亨颐不满,认定是他唆使,把账记到他头上,伺机报复。

紧接着,又发生了一件事。

当时,全国各地都实行丁祭。所谓丁祭,即每年春秋两季第二个月上旬的丁日，到孔庙祭请孔子。祭孔的仪式很隆重，有职司的人，都要穿上像道袍般的制服，由地方最高级长官主祭，全城地方长官、士绅、学校校长都要参加仪式。

按惯例，每逢祭孔日，"一师"学生要被派去"司乐"。1919年秋季时，因师生们都受了新文化的洗礼，已经觉悟到，孔子原来不应该被那样崇拜，作为偶像的孔子更应该被打倒，那就没有理由再去参与丁祭了。于是，几个学生先跟沈仲九商量，他非常赞成。学生们回校后，一面向同学宣传，一面向学校提出。他们知道，学校是不会反对的。夏丏尊听了学生们的要求，只是微笑着说："牛痘苗发作了！"意思是说，新思想转化为实际行动了。

经亨颐本来是"丁祭"典礼的陪祭官，心里早已反感，这一次，也以出席全国教育会联席会议之名，提前离杭去了山西太原，借机避开典礼，以行动支持学生。学生们知情后，受到莫大鼓舞。所以，祭孔当天，"一师"的师生大多拒绝参加典礼。

这种"出格"行为，又招来保守势力的嫉恨，给"一师"扣了顶"非孔"的罪名，再次把账记到经亨颐身上，打算修理"一师"和经亨颐。

俗话说，不怕贼偷，就怕贼惦记。保守势力终于等来机会。

"一师"有个学生，叫施存统，浙江金华人，1899年出生，1917年考进"一师"，是个进步青年。五四运动后，他与几位同学一道，办起"书报贩卖部"，每天到西湖边公众体育场贩卖进步书刊，有十多种刊物。销行最广的是《新青年》杂志和《星期评论》周刊，有一个时期，校内销行的《新青年》和《星期评论》，达400多份，比"一师"学生数（400人左右）还多。

1919年八九月间，杭州几所学校的学生，通过阅读《新青年》杂志认识后，商量出版一个刊物。这年10月10日的双十节（辛亥革命纪念日），他们创刊了《双十》半月刊。

施存统看到后，十分喜欢。正巧同学傅彬然找他商量，想加入他们的团体。施存统很赞成，就写信去探问。他们回信非常客气，热情邀请加入。施存统便和傅彬然约了七八个同学，在省教育会的一间小屋里，开了一个会，商议改组事宜，最后决定改为《浙江新潮》周刊，经费自由捐助，编辑各校轮流。参加者，以"一师"学生为中心，有施存统、俞秀松、傅彬然、周伯棣，有第一中学的查猛济、阮毅成,还有甲种工业学校的沈端先(夏衍)、汪馥泉和孙锦文等。

生于1900年10月的夏衍,浙江杭州人,年仅19岁。因年纪较小,就给他分配一项工作,每次报纸印出以后,在浙江省教育会楼下的一间小屋子里,装信封、写地址、贴邮票。后来,他在《当"五四"浪潮冲到浙江的时候》一文中回忆:

> 到《浙江新潮》出版,这个刊物的性质已经渐渐的明白了。在《浙江新潮》的发刊词里,宣布了这个刊物"四种旨趣":"第一种旨趣,就是谋人类——指全体人类——生活的幸福和进化,……第二种旨趣,就是改造社会,……第三种旨趣,就是促进劳动者的自觉和联合,……第四种旨趣,是对于现在的学生界劳动界,加以调查批评和指导……"从这篇发刊词可以看出,当时的一部分青年人已经从民族、民主革命前进了一步,认识到改造社会的责任主要是要落在劳动阶级身上,而"智识阶级里面觉悟的人,应该打破'智识阶级'的观念,投身劳动界中,和劳动者联合一致"。在当时,中国共产党还没有成立,在智识界,无政府主义还有很大的影响,象我们这些人,也只不过是激于爱国热情,不满旧社会的黑暗,莽莽撞撞地在寻找革命的道路,所以在当时,对于这一篇分明是受了十月革命的影响而写成的发刊词,在我们同人之间,看法上也还并不是完全明确而一致的。不过,从《浙江新潮》的内容来看,这份刊物已经接受了十月革命的影响,却是很明白的,举例来说,在第一期上,我们转载了日本"赤"杂志的一幅"社会新路线"图,指出了新社会改造的方向,终将走向"布尔塞维克"。毛泽东同志说过:"五四运动时期虽然还没有中国共产党,但是已经有了大批的赞成俄国革命的具有初步共产主义思想的知识分子。"这一论断是完全正确的,因此,把《浙江新潮》看成是无政府主义者领导的刊物,无疑是不恰当的。

1919年11月7日,在《浙江新潮》第2期上,施存统的一篇《非孝》,掀起轩然大波。

这篇《非孝》,是施存统的血泪控诉。

施存统母亲因过度操劳,又缺乏营养,1919年春双目失明,兼患其他疾病,由于贫困,得不到医治,还饱受父亲打骂和虐待。这年10月,施存统接到父亲来信,说他母亲快死了。他赶忙回家,见母亲只穿一件破单衣,瘫在床上,下半身冰冷,吃的是冷硬饭,没人照料,也没人医治。他又惊又气,与母亲抱头痛哭。

接着,他与父亲一问一答:

"有没有医过?"

"只有一个医生看过,说一定不会好了,从此便再没有医生看过。"

"为什么不再请医生看?"

"没有钱。"

"求神求鬼为什么又有钱? 为什么不拿那些钱去请活人医治?"

"鬼神或者有灵!"

"为什么不拿棉被给她盖? 为什么不拿厚衣服给她穿?"

"活人要紧! 她横竖迟早就要死的!"

"我之前寄来的10元钱呢? 没给妈治病?"

"这是叫你借来买罗做寿衣的,不是拿来做医药费的。"

听了父亲冷血的话,施存统心如刀绞,大受刺激,连续两夜辗转反侧:我是做孝子呢,还是不做孝子呢? 我是在家呢,还是回校呢? 我要做孝子做得到吗? 我对于爸要不要一样地孝呢? 一样地孝是不冲突的吗? 我究竟怎么样孝法呢? 我做孝子于爸妈有利吗? 我在家里看到妈死就算是孝子吗? 我爸许我专看妈得的病吗? 我能够忍得住吗? 我不会比妈先死吗? 我死了,于妈又有什么利益呢?

到了第三天,他作出决定:"我想在社会上做一个很有用的人,我还要替社会做许多事情,我不能做家庭的一个孝子! 我即使要做家庭的一个孝子,也万万做不到,有人不许你做! 我在这种环境,绝对没有做孝子的方法! 我此时唯一的方法,只有硬着心肠回到学校里去! 我不回到学校里去,不是气杀,一定要闷杀! 气杀、闷杀,于爸妈都没有益处,于社会上却少了一个有用的人! 我要救社会,我要救社会上和我妈一样遭遇的人! 我妈已无可救,我不能不救将成我妈这样的人!"

第四天,施存统含泪离开垂死的母亲,决然返校,痛恨自己是一个很狠心、

很无情的人。他的内心陷入煎熬,也陷入苦苦思索:

中国历来主张"孝道","百善孝为先",我爱母亲,可是父亲虐待母亲;我要对母亲尽孝,就要反对父亲;可是,对父亲同样要尽孝,我又不能反对他。

私有财产是万恶之源。假使共产的时候,有公共的医院,则我母亲病起的时候,就可以入院医治,何致有临死还不明白什么病的事情?何致有小病变成大病的危险?何致有无人看护的痛苦?

家庭制度利用名分主义不知造了多少罪恶!假如我和我父亲没有名分的关系,则对于我母亲的事尽可自由处理;现在有父亲拿名分关系从中作梗,便使你动弹不得!

"孝"是一种戕贼人性的奴隶道德。假使没有这种道德的束缚,我父亲如此不当的行为,我一定要极力反抗;而平日父母子女之间,一定能够和和乐乐。

没有父母子女的关系,则无论何人都一样亲爱,生死病痛都随时随地有人照料,不必千百里外的人赶回去做。

想到这里,他得出结论:"改造社会,非从根本改造不可!"

于是,他决计写一篇文章,表达这样一个观点:人类是应当自由、平等、博爱、互助的,"孝"的道德与此不合,所以我们应当反对"孝",一味尽孝是不合理的,要用父母、子女间平等的爱代替不平等的"孝",把家庭制度根本推翻,然后建设一个新社会。

开始,他拟的标题是《我决计做一个不孝的儿子》,后来写了3000多字,还没有说到本题,又没有时间再写下去,所以就截取半篇,改题《非孝》先行发表。

此文发表不到一个月,施存统母亲去世,年仅45岁,家人没有通知他。本来,他总对母亲有牵挂,母亲去世后,他不再牵挂家庭,决计献身革命,专心从事改造社会。

一石激起千层浪,《非孝》一出,舆论哗然,在社会上引起轩然大波。在封建的统治者看来,文中观点是违背道德规范、大逆不道的邪说,是洪水猛兽,是孔夫子的叛徒。

浙江省省长齐耀珊,山东昌邑人,蓄着长须。他早就对"一师"不满,闻讯气得长须直颤,给经亨颐扣了"非圣、蔑经、共产、公妻"四大罪状,下令查办"一师",布成"倒经(亨颐)"阵势。省公署发出训令,责成教育厅"文到三日之内,即行切实查明核办具复"。

教育厅厅长夏敬观气急败坏,先后两次派员到"一师"查办,强行索去浙江新潮杂志社的学生名单,逐本逐页地翻查白话文讲义和学生作业,还查看学生自治会章程等。

经亨颐刚从太原返校,面对上峰的兴师问罪,没有被吓住,理直气壮,从容应对,详述学校的改革情况,既谈教改的具体做法和效果,也谈试验中的不足,不卑不亢,有理有度。

齐耀珊盛怒之下,悍然下令查封浙江新潮杂志社。当局勒令浙江印刷公司,将已排好的《浙江新潮》第3期版子全部拆毁。

政府的高压,让一些青年学生心生畏惧,但浙江新潮杂志社的学生们并没有屈服,他们想出一招,派人将第3期文稿送到上海,由星期评论杂志社代为重新印刷,然后秘密带回杭州发行。

《浙江新潮》第3期迅速在杭州传开,齐耀珊如临大敌,1919年11月27日,他与浙江省督军卢永祥一道,联名致电北洋政府大总统和国务院:

北京大总统、国务院钧鉴:

内务部、教育部钧鉴:

统密。近来杭州发现一种周刊报纸,初名《双十》,改名《浙江新潮》,通讯处为第一师范黄宗正。大致主张社会改造、家庭革命,以劳动为神圣,以忠孝为罪恶。其贻害秩序,败坏风俗,明目张胆,毫无忌惮。稍有知识者,莫不发指眦裂。已令饬警务处禁止印刷邮寄,并饬教育厅查明通讯之人于该学校有无关系,呈复核办。以后如续有类此书报,凡违背出版法者,均当随时严重取缔。惟查谬论流传,本非始于浙省,以全国推仰之北京大学,尚有《新潮》杂志专肆鼓簧;此外如《新社会》《解放与改造》《少年中国》等书以及上海《时事新报》,无不以改造新社会、推翻旧道德为标帜,掇拾外人过激言论,迎合少年浮动心理,将使一旦信从,终身迷罔。好事者又藉其鬼蜮行为，觊彼鸡虫得失，于是风发泉涌，惟恐后时，蚁聚蜂屯，如失本性。岂知一发难收，万劫不复，直至荡检逾闲之后，同罹洪水猛兽之灾，天下从此沦胥，无人可以幸免。兴言及此，可为寒心。浙省完善之区，未罹兵革之祸，黠者思乱，愚者盲从。当此邪说横行，不啻众流就下，防范之法，尤应加严。钧座维持礼教，扶植纲常，海内喁喁，群思振定。若辈韦心背谬，自外生成，敢为叛道之莠言，即是人类之公敌。此等书报，有在内地发行及在租界外转售者，究应如何办理之处，伏乞训示遵行。迫切陈词，敬希垂鉴！

永祥　耀珊叩

12月2日，北洋政府国务院密令各省：

各省督军、省长、都统、护军使鉴：

　　统密。据浙江卢督军、齐省长有电称："近来杭州发现一种周刊报纸，初名《双十》，改名《浙江新潮》，……大致主张社会改造、家庭革命，以劳动为神圣，以忠孝为罪恶。其贻害秩序，败坏风俗，明目张胆，毫无忌惮。……已令饬警务处禁止刷印邮寄。"并称："以后如续有类此书报，凡违背出版法者，均当随时严重取缔"等情。此种书报，宗旨背谬，足为人心世道之忧。浙省既有发端，各省倘无流衍，应即随时严密查察。如果与出版法相违，立予禁止刷印邮寄，毋俾滋蔓，以遏乱萌。是为至要！

这下子，杭州风声鹤唳，空气中充满了火药味，施存统四面楚歌，官府和社会上倒也罢了，校园内也处处招人敌视。教员中，除了"四大金刚"鼓励他，其他人大多侧目而视。一个郦姓教员，在外面散布谣言，说他是"过激党""无政府主义"；一个姜姓教员和一个吴姓教员，在讲堂上鼓动学生驱逐他。还有一个教数学的潘姓教员，本是个老实本分人，这回也在课堂埋怨他惹事。受老师影响，很多同学也责骂他，要驱逐他。

　　险恶的环境，已容不下施存统。他和周伯棣、俞秀松、俞荻芬等4名同学，被迫离开"一师"，前往北京，进入工读互助团。临行时，李次九把仅有的一件皮袍送给了他们。

由于《非孝》作者是"一师"的学生，此文又经过夏丏尊审阅，加上在《浙江新潮》的广告上写着"本社通讯处由浙江杭县贡院前第一师范转"，顽固派便把"非孔""非孝"联系起来，叫嚷大逆不道，把账都算到"一师"和经亨颐身上，纷纷向他们发难。

省议员们终于找到报复机会，趁机鼓噪登场，联名抛出"质问书""查办案"，控告经亨颐"在校内刊行《浙江新潮》，提倡非孝、废孔、公妻、共产""提倡过激主义"，要求政府"立予撤查，依法处置"。

杭州各校校长中的顽固守旧派，对经亨颐既妒又恨，叫嚷"经氏不去，我辈不得安"，甚至组成"校长团"，与经亨颐所代表的革新派相对抗。在校长团唆使支持下，"一师"学生凌荣宝（单眼失明），办起《独见》小报，公然与《浙江新潮》对立，肆意攻击《非孝》和"一师"学生自治。夏敬观对他大加赞扬，称他"言论维护道德""难能可贵"。

齐耀珊趁机命令夏敬观：逼经亨颐辞职！

夏敬观召经亨颐到教育厅，罗列了一串罪名，横加指责："一师"国文课用白话文，"与师范学校教授国文要旨未尽符合"；所选教材，"夹杂凑合""未免有思想中毒之弊""长此以往，势必使全体学生坠入魔障"。令他自行辞职。

经亨颐瘦长挺拔，向来刚正不阿，听罢脸色一沉，俯视着比自己矮一头的夏敬观："我办学十几年，固已厌倦，本来要辞职的，但公职予夺，权在执政，此身进退，当由自主，故自辞则可，受讽而辞则不可，如以我为不合，请撤职可也！"

夏敬观被经亨颐的气势镇住，奈何不了他，只好向齐耀珊报告。

齐耀珊顾忌经亨颐声望，一时无策，心犹不甘。过了些日子，他向夏敬观下达命令：开除施存统，辞退陈望道、夏丏尊、刘大白、李次九。

夏敬观又把经亨颐召去，攻击陈望道、刘大白、夏丏尊、李次九是"不学无术之辈"，强令开除施存统，将陈望道4人解职。

经亨颐断然拒绝："青年学生本是交给我们教的；在尚未教好时，我们不能放弃责任，一定要教他好来；施存统言论即使失当，然没有犯罪，不能开除。若以消极的开除就算完事，则是使社会上多一个游民，怎么会对呢？所以，我们要积极继续教育。至于教师,总是教人家好的,决不会教人不孝,更不能辞退。"

齐耀珊见经亨颐护着"四大金刚",怀恨在心。与夏敬观密谋后,决定撤换校长。

就在这时,陈独秀在《新青年》上发表《随感录》,盛赞《浙江新潮》,旗帜鲜明地支持"一师"学生。他在文中说:"《浙江新潮》的议论更彻底,《非孝》和攻击杭州四个报——《之江日报》《全浙公报》《浙江民报》和《杭州学生联合会周刊》——那两篇文章,天真烂漫,十分可爱,断断不是乡愿派的绅士说得出的。""我祷告我这般可爱可敬的小兄弟,就是报社封了,也要从别的方面发挥'少年''浙江(新)潮'的精神,永续和'穷困及黑暗'奋斗,万万不可中途挫折。"

邵力子也在《民国日报》上撰文,提醒学生们,要迎接新的斗争:"《浙江新潮》的风潮,听说有人要借此破坏浙江师范学校。……浙江师范的前途如何?要看他们学生的团结力怎样!压力的大小是不用管的。"

忌惮于经亨颐资深望重,齐耀珊进退两难:如果由着经亨颐,他不甘心;真个下令撤换,又怕节外生枝。但他知道,要泯灭"一师"的教育改革精神,摧残浙江的文化运动基础,经亨颐是心腹大患,必须拔掉这颗"眼中钉"。

他和夏敬观绞尽脑汁,终于想出一条"调空"妙计:利用学校放寒假、学生四下分散时,调离经亨颐,明升暗降。他们以为,来年春季开学时,学生们见生米已做成熟饭,即使不满也奈何不了,到头来会不了了之。

但是,他们的如意算盘打错了,他们低估了青年学生的力量。这股力量,来自经亨颐力推的学生自治会。

1919年秋季开学后,在经亨颐倡导下,"一师"学生开始筹备学生自治会。学生们十分认真,各年级推荐的代表,经过一个多星期起草,拟定了自治会章程。学生会从酝酿到成立,再到通过全部章程,整整开了十多天会。徐白民被推选为评议长。这是继北京大学之后,全国第二个学生自治组织。

自治会成立后,组织机构健全,学生干部认真履职,经济、管理、膳食都由学生自理,学生们感到很新鲜,自觉遵守自治会管理,整个学期秩序良好,让学校省了不少心。自治会还印了一本纪念册,寄发给全国、全省有名的学校。

1920年2月1日,腊月十二,"一师"进入寒假。徐白民和自治会干部宣中华,为预防不测,留在校园。此外,还有10多名家境清贫的学生,为了省路费,也留在学校过年。经亨颐因没忙完校务,尚未回故乡上虞。

2月9日,省教育厅发文,先夸经亨颐"德高望重",然后调任其为教育厅视学(高等顾问),由教务主任王锡镛(即王赓三)接任校长。同日,夏敬观还致函经亨颐,称:"奉浼台端为视学,尚希屈就!"

经亨颐为人耿直,不愿受夏敬观摆布,更耻于同他为伍,复信拒绝:"顷奉令调任视学,未敢拜命!校事遵即交卸。"随即召开校务会,宣布辞职,不接受任命。当天,他就愤而离校。

夏敬观求之不得,假惺惺回信说:"务勿固辞为幸!"并未真诚挽留。

几天后,经亨颐离杭返乡,受民营资本家陈春澜资助,在白马湖畔创办起春晖中学。

在经亨颐的感召下,一批名师硕彦慕名而至,荟萃于白马湖畔,夏丏尊、朱自清、朱光潜、丰子恺等先后执教于春晖,"一洗从来之积弊",推行新教育,传播新文化,留下深厚的文化积淀,为春晖中学赢得"北南开、南春晖"的美誉。

1923年8月,经亨颐兼任宁波省立四中校长(任职2年),春晖中学校务由代理校长主持。1925年,他参加国民革命,先后任国民政府常务委员、教育委员会委员长、中山大学代理校长。1930年,北平反蒋派推其为中央党部组织部长,经亨颐遂被南京国民党中央党部开除国民党党籍。1931年后,经亨颐任全国教育委员会委员长。1938年9月15日,病逝于上海。

王锡镛深知情势复杂,不想接这个烫手山芋,任凭夏敬观如何苦劝,坚决不受,聘函三送三拒。夏敬观无奈,只好另外选人。

2月12日,"一师"教职员召开全体会议,推举范允滋、胡公冕两个人,持学校公函,面见夏敬观,要求让经亨颐复任。夏敬观不为所动。次日,全体教职员再次开会商议,会后以全体教职员名义,向教育厅呈文请愿,并发表挽留经亨颐的宣言。夏敬观仍不予理睬。

2月14日，教育厅下文，任命教育厅视学金布兼代"一师"校长，并规定原有教员都要经新校长重新聘任。金布长期在夏敬观手下干，是夏的心腹。夏指使他整肃"一师"，借重新聘任之机，排斥"四大金刚"等新派教员。

陈望道、夏丏尊、刘大白、李次九明知不受当局待见，见经亨颐被罢，早已无心恋栈，哪里还会引颈待戮，无端受金布的落聘之辱？于是不等金布整肃，他们互道珍重，拱手而别，自动离校，各奔前程。

陈望道因常给邵力子投稿，离开杭州去了上海，投奔邵力子，随后接受翻译《共产党宣言》的任务。

夏丏尊离开杭州到长沙，在湖南第一师范任国文教员。1921年，应邀受聘春晖中学，还邀请一批志同道合者同往。1924年底，在发生一场反对反动势力的学潮后，与匡互生、丰子恺、朱光潜等教师以及一批学生愤然离开春晖。1925年到上海，参与创办立达中学、立达学会及该会杂志《立达季刊》《一般》月刊。1927年，他任上海暨南大学中国文学系主任；次年，任开明书店编辑所所长。1937年，立达学园、开明书店皆毁于日军炮火，被迫内迁，他因体弱多病留守上海，参加抗日后援会，坚守气节，矢志不为日本人做事。1943年12月，他被日本宪兵拘捕，后经日本友人内山完造营救出狱，但肺病复发，身心受到严重摧残，1946年4月23日病逝。

刘大白从杭州回绍兴之后，往返于杭州、萧山、绍兴等地，先后在崇文、安定、春晖等中学任教。1924年2月底，由杭抵沪，经邵力子推荐，受聘于上海复旦大学，任大学部文科教授。后又受聘上海大学，教中国文学。1928年1月，他辞去复旦大学职务，任国立浙江大学秘书长。1929年8月15日，他应教育部部长蒋梦麟之邀，任教育部常任次长，1929年12月辞职。1931年，他开始闭门写作，1932年2月13日病故，年仅53岁。

李次九离开"一师"后，依然关注时势，热心社会变革。1921年4月22日，当选省议会议员的他，与王廷扬等发起"省宪期成会"，并制定了简章。5月22日，该会正式召开成立大会。6月3日，浙江省议会选出55位省宪（法）起草员及同数的候补起草员，他是湖州籍5位起草员之一，在"九九宪法"起草过程中，一直表现活跃，支持省议院议员由人民直接选举，主张省长由人民另组选举会选出。

1937年,他接任浙江省民政厅下属的杭州贫儿院院长。全面抗战爆发后,眼看杭州沦陷在即,贫儿院数百儿童,绝大多数已由父母领去,最后剩下无家可归的50个贫儿。因教职员工大半离去,他以年迈之躯,毅然担起重任,带着50个贫儿,坐小船到了金华,再转往山区里郑。1938年9月,他辞去院长职务,携家人去广西投亲。1940年夏天,他辗转来到上海,1953年去世。

三 一师风潮

听说经校长被免职,徐白民、宣中华等人十分气愤,立即组织留校同学,于2月10日、15日、19日,连续3次发信给放假的同学,要求大家在2月29日(农历正月初十)前返校,共谋对策。徐白民和宣中华作了分工:徐白民负责校内,主持会议,发表讲话;宣中华负责校外,联络和发动各校声援。

2月17日,金布走马上任,一面催办交割,一面聘任教员,对陈望道等4位国文教员一概不聘。但他没料到,他所聘的教员,只有两个人答应,其他一律拒聘。他无奈,只好一面四处聘任教职人员,一面致函学生家长,托辞延期开学,并且威胁学生,"以后来校求学,须遵守校规,万不得有越轨之举",以免"自绝求学之路"!

2月底,学生陆续返校。由于学生不承认金布兼代校长,大部分原来的教员因拒聘不便进校,学校处于无人主持状态。学生自治会决定,由学生轮流站岗,维持秩序,负责收膳食费。在自治会的组织下,生活井然有序,大门、二门、三门都站了岗,检查进出的人。学生自觉服从,没有一个不缴膳食费。28日开始,学生自治会连续组织到校同学开会,大家一致反对撤换经先生,主张挽留。3月5日,学生座谈会决定,联合教职员共同斗争,推定21名代表。会后,学生自治会与教职员举行联席会议。

3月13日,到校学生已达200余人。当晚,学生自治会召开全体同学大会,一致议决:维持文化运动,坚持到底;无论何人不得暴行,校事未妥善解决以前,无论何人概不得擅离本校;留经目的不达,一致牺牲。大会决定,立即开展请愿活动,并推定徐白民、宣中华、徐仁、石樵4人为请愿代表。

从3月15日起,徐白民等4人持《请愿书》,多次向省教育厅、省公署请愿,要求"收回成命,以安众心"。夏敬观强词夺理,齐耀珊不是托辞不见,就是敷衍搪塞。"一师"学生上书教育部,请求力予维持。当教育部视学南下巡视时,宣中华、孔庆恒又赶到上海,向部视学请愿。

与此同时,"一师"学生多次向社会发表宣言,阐明事件性质和"挽经拒金"理由,明确提出:"在本校校长问题没有解决以前,无论什么样人来发布校长的命令,我们可都不承认的。"他们还给旅外浙籍名人、社会团体通电呼吁。

这期间,夏敬观数次派员到"一师",逼迫学生复课。学生们坚决不从,明确表示:"倘经校长能今日复职,今日即可上课",不然,"我们宁可牺牲学业,不愿牺牲人格"。见请愿无效,他们就继续罢课。3月22日,金布带领新聘任教职员进校,学生将他们围在接待室,拒绝他们进校。后来,他又来了一次,带的人比第一次还多,学生们不准他进校长室。他被大家冷嘲热讽,狼狈不堪,悻悻而去。屡次受挫后,他知难而退,辞职不干。

"一师"的斗争,得到全国各界广泛支持,纷纷来电声援,抨击政府当局。上海的《民国日报》《申报》《新闻报》《时事新报》《星期评论》、北京的《益世报》《晨报》,以及《国语日报》《江声日报》《中外新报》《神州日报》《时报》《四明日报》《越铎日报》等报刊,刊登了大量的新闻和时评。

浙军师长张载阳、潘国纲和中国银行杭州分行行长蔡谷卿,以私人资格出面调停,请经亨颐向学生"转圜"。经亨颐主张,赶紧物色校长,克日上课,如果一时找不到人,不妨暂时虚左,校内工作暂由教职员负责,并答应极力疏通学生。当他们把经的意见转告齐耀珊时,齐不屑一顾。听说金布被学生阻挠,他怒不可遏,下令教育厅解散"一师"、财政厅停发学校经费。

3月24日,教育厅在"一师"门口贴出布告,宣布"一师""暂行休业",勒令学生"即日一律离校"。次日,当局以"保管校舍"为名,派40多名荷枪实弹的警察进驻"一师"。学生看到"休业令"后,立即派代表到教育厅质问,夏敬观避而不见。

开始,学生与警察同站大门岗,在警察的排挤下,被迫退到二门岗。警察步步紧逼,先将学生挤出二门岗,又将学生挤出三门岗。三门距大礼堂很近,警察霸占三门岗后,就干涉学生开会。

3月26日,全校学生在礼堂开会,驻校警长上门干涉,不准开会。这天,当局又向"一师"增派武装和便衣警察,紧紧把守校门。学生们只好秘密接头,商定再次到教育厅请愿。

此时,前面3道门都有警察把持,不准学生外出。自治会决定,从后门出去。学生们半夜起床,做好早饭,饱餐一顿,在凌晨3点钟时,悄悄溜出后门。后门平时不开,只在运柴草时才开,门外隔着一条小河。他们在河面铺上木板,鱼贯而出。到教育厅门前时,天还未亮,春寒料峭,200多名学生穿着棉衣,臀下垫着稻草,静静地席地而坐。

天亮后,教育厅的人看到门前这么多学生,大为惊奇,立刻打电话到"一师",责问守校警官:"为什么放他们出来?"

守校警官莫名其妙:"校园静悄悄的,学生们还在睡觉呢,没有一个人出校门呀!"

教育厅的人说:"我们门口这么多的学生,难道是飞过来的?"

警官赶紧四下察看,才发现后门河面上的木板。

学生代表向夏敬观提出,立即撤退警察,恢复自由,否则就在门前马路上露宿。临近中午,有人挑着一担担稻草来。显然,这是用来当露宿地铺的。一看这阵势,夏敬观知道不妙,只好答应撤退站岗警察。学生们这才回校。

北京一批社会名流,3月28日在《晨报》刊登一封致齐耀珊的信,信中说:

浙江齐省长鉴:

近闻浙省一师更换校长,生徒惶惶,已陷失业状况。兹复有勒令休业之谣。诚恐压迫过甚,牵动全局,尚祈鼎力维持,恢复原状,学界前途,关系非浅。某等或情关教育,或谊切梓桑,冒昧渎陈,请乞鉴谅。

梁启超　张一麟　范源廉　梁善济　蔡元培
汤尔和　王家襄　汪大燮　孙宝琦　王式通

齐耀珊看罢大怒,拍着桌子说:"经亨颐必须撤,绝无挽回余地!这批小子,竟然以北京阁老来压迫我,我愿意以省长一官拼之!"

最终的摊牌终于来临。

3月29日清晨,500多名军警突然包围"一师",守住学校大门。门外,停了数百辆人力车,是当局雇来的。警察冲进校园,声称省长有令,要遣送学生回家,从最外面的第一斋第一自修室开始,四个人架一个人,强行把学生拖到门外,押上黄包车,分别送到轮埠或车站,并给予到家路费。徐白民住在第三斋,听到消息后,心想,这样死守各个自修室,势单力薄,必须集中起来共同抵抗。他秘密通知传达各室:"未被押走的同学,立刻到操场集合!"

这时,警察只封锁住第一斋教室,还没来得及冲进第二斋、第三斋。接到徐白民通知后,第二斋、第三斋的同学闻风而动,立刻往大操场集中。第一斋未被押走的各室同学,也从窗子跳出来,往大操场跑。很快,300多名学生围坐到操场上,群情激愤。

在徐白民等的部署下,还有几名同学撬开后窗跳出,悄悄从后面的商业学校出门,向杭州各校呼吁。居住在校外的教职员,得知消息后,一面购买食品,送给同学充饥,一面火速到其他各校求援。杭州学生联合会得悉后,立刻派出代表,到督军公署请愿。

中午时分,500多名警察冲向操场,把学生团团围住,警长高声喊道:"省长已经几次来电催促,再不走,我们要动手了!"学生们毫不畏惧,口号声震耳欲聋,此起彼伏。

警长一声令下,数百警察扑向学生,拖的拖,拉的拉,推的推,欲把学生强行架走。男学生高声抗议,女学生哭声四起,场面十分混乱。

闻讯赶来的教员们,纷纷上前,阻拦警察的行为,为学生声援。体育教员胡公冕冲进来,责问警察:"我们的学生犯了什么罪?你们这样虐待他们!"

看到有教员声援,学生们勇气更足,持续高呼:"国家兴亡,匹夫有责!""我们情愿为新文化而牺牲,不愿在黑社会中做人!"

警察一见有人挑头,怕不好收拾,扑向胡公冕,要把他抓走。学生们见势不妙,立刻冲上去,隔开警察。

正在推搡间,学生朱赞唐情绪失控,悲愤交加,哭喊道:"你等不肯牺牲数十元金钱甘来摧残我辈,我宁肯牺牲生命以全人格!"趁警长不备,一把抽出其佩带的指挥刀,就要往脖子上抹。

胡公冕见状,猛扑过去,奋力夺下指挥刀。学生们赶紧挤上去,把胡公冕往外推。在学生的掩护下,胡公冕得以脱身。

警长吓得脸都白了,下意识往后退了几步,朝手下命令:"你们都小心点,别闹出人命,不好收拾!"

这一幕,把周围的人吓坏了,齐声惊呼:"啊……"一些胆小的女学生,吓得号啕大哭,一些男学生也跟着大哭。操场上,顿时哭声震天。一些老师和来校安慰者,也陪着落泪、哭泣。有的警察也受到感染,悄悄地抹着眼角。

这时,外面传来嘈杂声,很多人冲破警察封锁,拥进校门,原来是杭州各校学生。听说"一师"已断炊,他们带着饼干、馒头、水果,纷纷与"一师"学生会合。警察被挤得东倒西歪,不得不暂时松围。一些进不了校园的人,就从西面围墙外往操场丢食品。

这时,医药专门学校的红十字卫生队赶到。徐白民认识他们,上前去打招呼。场外的警厅督察长看出他是领头的,就让人来通知,说想和他谈谈。

徐白民没有经验,毫无戒备,就跟着去了,结果被关进一间教室里,警察在门口把守。为防止出意外,督察长下令,暂缓强制行动。

"一师"的动静迅速传开,学生家长和社会各界强烈不满,公推中国银行行长蔡谷卿等人,再向政府交涉,要求和平解决,不得伤害青年学生。蔡谷卿是蔡元培的胞弟。蔡元培声名显赫,是国民党四大元老之一、中华民国首任教育总长,1917年起任北京大学校长。

齐、夏深知,蔡谷卿的背后,便是蔡元培,这让他们倍感压力,只好答应与学生代表谈判,请蔡谷卿居中调停。他们退了一步,无论谁来做校长都同意,只要经亨颐除外,"四大金刚"则非撤换不可。

下午5时余,蔡谷卿和几位教职员代表,来到"一师",要与学生代表面谈。学生们说:"我们没有代表,因为我们的代表还在软禁中。"

蔡谷卿找到督察长,指名要见徐白民。督察长见蔡谷卿来头大,不敢做主,请示上峰同意后,放了徐白民,让蔡谷卿领走。

当晚10时,蔡谷卿偕同徐白民、宣中华,来到学生中间,通报谈判结果:立即撤退驻校军警;立即收回解散"一师"命令;定期开学,原有教职员复职。

关于校长去留问题,学生原来的口号是"留经目的不达,一致牺牲",因经亨颐决意不愿复任,学生态度有所改变,认为只要新任校长维护改革精神,可以接受。经过谈判,这一条改为:"立即取消金布代理'一师'校长的命令,新任校长必须取得全体学生同意。"

在场的师生听到这个消息,有的雀跃欢呼、欣喜若狂,有的热烈拥抱、泪水涟涟。

很快,教育厅委任"一师"教务主任陈成仁代理校长之职,从4月1日起接任。4月2日,原聘的教职员返校,部分学科开始上课。但"四大金刚"一个不留,非撤换不可。在当局看来,浙江之有新文化,完全是他们提倡之故。

其实,即使当局挽留,陈望道、夏丏尊、刘大白、李次九也不愿留校,他们同经亨颐一样,任凭学生如何苦苦挽留,均去意已决,此前已自动离校。4月10日,他们还在上海《民国日报》第6版,刊登《浙一师国文教员为辞职事致学生书》:

第一师校同学诸君:

　　这几天诸君的代表,天天来要求我们到校授课,我们已经把不便继续就职的理由,再三地对代表说明了。但恐怕诸君一方面还不能彻底地原谅我们;其余各方面又不免横生枝节,乱起猜疑。所以,不得不再决决绝绝地声明一下。

　　在声明之先,我们还要先向诸君道歉道谢。

　　为什么道歉呢? 我们不便就职的理由,和诸君毫无关系。所以诸君来挽留我们,我们简直没有正面的理由可说。既没有正面的理由可说,却又因为旁面的理由,决不便满足诸君底要求,实在很觉得对诸君不起,所以不得不对诸君道歉。

　　为什么道谢呢? 并不是说诸君来挽留我们,可以保全我们的位置,所以感谢诸君。我们很明白诸君的挽留,是因为文化运动底缘故。态度既很光明,用意又极诚恳。所以我们也为文化运动的缘故,不得不对诸君道谢。

现在要说我们底理由了。

(一)浙江底教育当局,呈复省长令,查第一师校的公文上说:"所聘国文教师,学无本原,一知半解……。"这几句话,把我们国文教师业务上的信用完全损坏了。业务上的信用既然损坏,怎么还可以到校授课呢?有人说,这是官厅的话,本来无足轻重的,可以不去管他。但是:(1)我们不管他是官厅的话,不是官厅的话,总之是侮辱我们的一个人。无故受了人家的侮辱,难道可以说不去管他吗?(2)就是我们看官厅的话是无足轻重的,一般社会却把官厅底话看得很重。倘然我们再到校授课,他们一定要说我们贪图饭碗,不知羞耻了。那岂不是我们受了官厅底侮辱还嫌不彀,再去招引一般社会底侮辱吗?这是我们决不便再到校授课的一种理由。

(二)我们自从去年秋季开学以后,这半年当中,受外界的攻击非常利害,那也不必说了。但是,照古人"物必先腐而后虫生"的话,这外界攻击的根原,实在并不从外界起的。所以这半年当中,我们在内部里所受的痛苦,真是一言难尽。那受外界攻击的痛苦,也就从此而来。想来诸君同在校内,决不是不明了这种情形的。现在好容易得到了脱离这种痛苦的机会,要是再钻进这痛苦窟来,那真是自作孽了。况且当这暂告段落的时候,在诸君方面,固然是贯彻始终,绝无变化。但是,旁的方面,也有主张维持现有地位的;也有主张无代价牺牲的。在这情形复杂的当中,我们要是进校,不是做破坏现状的罪魁,就是做促进牺牲的机械。诸员试替我们一想,就(我)们还可以到校授课吗?这是我们决不便再到校授课的又一种理由。

以上理由说明了,要请诸君彻底地原谅我们,我们并不是对于诸君说"不肯",也不是对于官厅说"不敢",实在是有种种的不便。还要忠告诸君一句话,你们第一次宣言上说:"我们今儿挽留经校长,并不是'非经不可式'的挽留";现在我们希望你们底挽留旧教职员,也别作"非旧不可式"的挽留。以后只要注重校长问题,别再把旧教职员全体进校的这句话,和官厅争无所谓的意气,让我们也得藉此息肩罢。我们从此以后,决和第一师校的职务脱离关系,做一个和诸君永远不断关系的校友,有可以替诸君尽力的地方,还是一样可以尽力。那么我们虽然很觉得对不起诸君,也藉此可以自解了。

诸君:你们以后,向着光明的路上努力为新文化运动奋斗,千万别挽一点替个人谋私利的念头在里面。那么,虽然不免暂时的牺牲,毕竟能得最后的胜利。不然,像西南军政府底一面挂起护法的招牌,一面争权夺利,那终究是不免拆穿西洋镜,不值半文钱的。这种教训多着哩。古人说:"殷鉴不远";又说:"前事之不忘,后事之师"。诸君记着,这是我们底临别赠言。

陈望道　夏丏尊　刘大白
1920.4.8

为什么没有署李次九? 我分析,当时,李次九打算竞选省议会议员(后来当选),不想节外生枝。

受政府当局央请,浙江籍的北京大学教授兼总务长蒋梦麟,专程来到杭州,当面责备夏敬观,代表北京学界慰问"一师"师生,并与学生自治会协商校长人选。

他说:"我同蔡校长商量,准备介绍暨南大学教务长姜伯韩,来做你们的新校长,他是个能够满足你们愿望的人,如果你们相信我,我去同他商量。"

学生自治会讨论后,表示同意。4月17日,全校复课。5月10日,姜伯韩正式就职。

自此,这场以维护与摧残教育改革、巩固与破坏新文化运动为主要内容的"一师风潮",在持续两个月后,最终以学生的胜利而告终。

胜利的消息传到北京后,在教育部任职的鲁迅先生,不由想起10年前的那场风潮。

1909年冬天,浙江两级师范学堂("一师"前身)监督(校长)沈钧儒,被选为咨议局副议长,夏震武接任学堂监督。教职员中,留日学生约占十之八九,包括鲁迅、许寿裳、朱希祖、夏丏尊、章嶔、张宗祥等,个个短衣无辫。在夏震武看起来,这些人都是乱党,都是革命党。新潮教员对夏亦看不顺眼,说他思想保守,是个老顽固,背后称他"夏木瓜"(一说是鲁迅取的)。在浙江民间,"木瓜"指脑袋不开窍者。

夏震武架子大,上任后,只差人给教员们送一张名片,并不亲自拜会,教员们大哗,立刻集会于会议厅,请他出席,他还要摆臭架子,于是教员们一哄而散。此时,新旧监督交接尚未结束,许寿裳不满夏震武,便向沈钧儒辞职。不料,教员们纷纷辞职,共有25人,鲁迅是其中之一。他们统统搬出校舍,住在离校五六里远的湖州会馆,干脆不来教课,以示决绝。夏震武被迫辞职,教员们便回校,还开了一个"木瓜纪念会"。

想到这里,鲁迅对弟弟周作人说:10年前的夏震武是个"木瓜",10年后的夏敬观还是一个"木瓜",增韫早已垮台了,我看齐耀珊的寿命也不会长的。现在经亨颐、陈望道他们的这次"木瓜之役",比10年前我们那次"木瓜之役"的声势和规模要大得多了。……看来经子渊、陈望道他们在杭州这碗饭是难吃了……不过这一仗,总算打胜了。

"一师风潮"斗争的胜利,影响和促进了全国学生运动的开展。"一师风潮"不是孤立的斗争,它曾轰动全国,得到各地,特别是北京、上海等大中城市师生的群起声援。不久,杭州就发生"驱齐灭夏"的学生运动,迫使省议会于同年6月16日通过"弹劾省长齐耀珊案"。齐耀珊、夏敬观被逼先后辞职离杭,应验了鲁迅先生的预言。

这场胜利,也巩固和发展了新文化运动的成果。虽然经亨颐被免职、"四大金刚"离校,但新任校长姜伯韩和他新聘的语文教员朱自清、俞平伯、刘延陵,以及次年聘请的叶圣陶,都继承了"一师"的改革之风。

更为可贵的是,新文化运动及其"一师风潮",锻炼和造就了一批英才,不仅为杭州的建党、建团作了组织上、思想上的准备,而且为中国共产党上海发起组和社会主义青年团的创建,作出了杰出贡献。

陈望道、俞秀松、施存统成为上海发起组的成员。1921年中国共产党诞生后,陈望道即担任中共上海地方委员会书记。

俞秀松在上海共产党早期组织的领导下,于1920年8月组建社会主义青年团,任书记,成为我国团组织的一位杰出创始人。叶天底在上海与俞秀松一起建团,也成为团的创始人之一。

施存统在旅日留学生中建立共产党早期组织,1922年1月从东京回国,在同年5月召开的中国社会主义青年团第一次代表大会上,当选为团中央书记。

还有不少"一师风潮"的参加者,后来加入中国共产党或社会主义青年团组织,成为各级领导人,为党的事业贡献了力量,有的甚至献出宝贵生命。

胡公冕,1921年10月,在上海加入中国共产党,成为早期的党员之一,后来从军,先后任黄埔军校卫队长、中国工农红军第十三军军长,1979年6月30日辞世,享年93岁。

宣中华,协助浙江印刷公司工人,在1920年七八月间,建立"工作互助会",成为中国现代工会组织的发轫者。1921年上半年加入社会主义青年团,1924年1月参加中国共产党,后任中共上海闸北区部委书记、国民党浙江省党部中共党团书记等职。

刘大白、宣中华、徐白民等师生,应中国共产党上海发起组成员沈玄庐之邀,于1921年夏赴萧山衙前,一面办农村小学,一面协助开展农民运动,为建立在中国共产党领导下的全国第一个农民组织——衙前农民协会作出了贡献。

徐白民,1923年春参加中国共产党,后任中共上海地方兼区委委员、国民运动委员会委员长等职。

汪寿华,1923年加入中国共产党,曾任中共上海区委主席团成员、职工运动委员会主任、上海总工会委员长等职。

梁柏台,1920年冬加入社会主义青年团,1922年底参加中国共产党,后任中华苏维埃共和国中央执行委员、司法部副部长、内务部副部长和代部长等职。

庄文恭,1920年9月加入社会主义青年团,1922年7月参加中国共产党,后任中共上海地方兼区委委员长、上海区委主席团成员和组织部主任、杭州地委书记、浙江省委书记等职。

这些党团骨干中,宣中华、汪寿华、叶天底、俞秀松、梁柏台后均为革命牺牲,成为浙江省的著名烈士。

"一师风潮"的胜利,是广大师生发扬五四运动爱国、民主、科学精神和时代赋予改造社会之责任,进行不屈不挠斗争的结果。"一师风潮"有着重要的历史地位和作用,在中国学运史上写下光辉的篇章。

在此过程中,有三个关键的时间节点,存在不同说法,值得商榷:

一是陈望道何时改名?

邓明以在《陈望道传》中,有这样的记载:

> 陈望道原名陈参一,他求学东瀛及初到"一师"任教时都是用的原名。正是在受到"五四"新文化运动的启示后才改名为"望道"。改名"望道"二字的含义是,"望",原有展望以及寻找和探索的意思;"道",亦即道路,它还含有法则、道德的意思。"望道"二字合起来即为探索、展望、寻找新的道德、新的法则、新的革命的道路。陈望道改名以后,他的两个弟弟也分别由贯一和精一改名为伸道和致道。改名为伸道和致道亦有同样的意思。

我不认同此说法。理由是:

其一,早在1919年1月15日,陈望道尚在留日时,就以"陈望道"之名,在《新青年》第6卷第1号发表《横行与标点》。

其二,经亨颐在1919年8月6日、10日的两则日记中,均写"陈望道"。这说明,陈望道在进入"一师"前,就已改名。

其三,1919年11月20日,在"一师"《校友会十日刊》第5号,刊登的《学生自治会成立》的新闻中,就两次提到"陈望道"。文中说:"本月16日,上午8时本校学生自治会开成立大会,来宾到的(得)很多,一同对国旗校旗行礼唱校歌之后,由校长致辞,又由学生自治筹备会报告经过情形,并读宣言书,接着唱自治歌。随后就是演说,本校职员演说的有王庚(赓)三、李次九、吴庶晨、袁新产、陈望道诸君……""……第二出是陈望道、夏丏尊二君合编的《严肃》……"

其四,我查阅《浙江一师风潮》一书,无论是各种电文,还是众多亲历者回忆,凡是提到陈望道,均称"陈望道",未见称"陈参一"。

综上所述，我判断，陈望道是在留日期间改名。

二是陈望道何时离校？

《杭州地方革命史资料》1959年第1期，刊发陈望道的《"五四"时期浙江新文化运动》，系浙江省委党校党史教研室访问陈望道后整理而成。文中有这样的记载：

> 教育厅则要撤换校长，另派一新的校长（诸暨人）来接替。这事引起了学生反对，学生关起了学校的铁门，不让校长出去，又不让新校长进来。省政府没法，就派了警察把学生赶到操场里，用枪、刺刀把学生围起来，声言要解散学校。这时，我们四人与学生一起，学生在周围，老师坐在中间与之斗争。这事情发生后，很快的传遍了整个杭州城，杭州各学校学生都到一师来支援，要求如果解散一师，则把其他学校也解散。反动当局在这群众运动面前，没有办法，一个士绅出来调停，同我们讲条件，我们认为在警察包围的情况下根本无从谈起，不愿谈。他们没法，就只好下令警察一律后退三步。实际上这一退，警察也都散了，我们就与他谈判。谈判时，他们坚持要查办我们四个教员，我们则坚持要反动当局收回成命（即既不能查办四个教员，也不能撤换校长），以后由于这事情激起了北京、上海等大城市师生的公愤，纷纷起来支援。最后，反动当局不得已收回成命而告结束。

邓明以在《陈望道传》中，参照上述这篇文章，也有这样的记载：

> 1920年3月29日清晨，七八百名军警奉督军省长的命令，把"一师"校舍团团围住，随后用刺刀、步枪将学生逼往操场。他们拖的拖、拉的拉，妄图驱散学生，解散学校。手无寸铁的学生，面对反动政府的无耻挑衅，感到无比气愤，操场上顿时一片哭声。此时，陈望道表现出非凡的机智和勇敢，他疾步走入学生中间，高声喊道："同学们，我和你们永远在一起，你们不要哭！"然后他带领学生同军警开展面对面的斗争。这时有一学生愤然对军警说："你等不肯牺牲数十元金钱甘来摧残我辈，我宁肯牺牲生命以全人

格。"语毕,竟夺下一军警的指挥刀要自杀。体育教师胡公冕见状,猛扑了过去,奋力夺下指挥刀,救下了这个学生,陈望道乘机向军警大喝道:"学生被逼得要自杀了,你们还不赶快后退!"

我赴分水塘村采访时,在陈望道纪念馆看到,介绍"一师风潮"的说明中,也有类似的内容。

上述文字表明,陈望道参与了"一师风潮"全过程,在风潮结束后才离开"一师"。陈望道第一个研究生、复旦大学教授陈光磊,陈望道之子、复旦大学教授陈振新,也持同样的观点。

我经过考证,得出的结论是:"一师风潮"可分两个阶段,第一阶段是"非孝",时间为1919年下学年至寒假;第二阶段是"留经",时间为寒假至1920年上学年。陈望道等"四大金刚"经历了第一阶段,因寒假时离校,未参加第二阶段。依据是:

其一,时为"一师"三年级学生的傅彬然,在《"五四"前后》一文中回忆:"不久,《浙江新潮》被反动政府通令查禁,校长经子渊也就被迫离校,陈望道、夏丏尊等也都离去了。第二年,第一师范学校因为更换校长,发生了风潮……"

其二,时为"一师"教员的姜丹书,在《〈非孝〉与浙江第一师范的反封建斗争》一文中回忆:"有一天,来了一封公函,大略说:'……先生德高望重,……调任本省教育厅高等顾问'等语。经校长看后,即召开校务会议表示:在我个人去留上只好算了,否则变为恋栈了。当天就离校,但不接受新的名义。其时施存统和四位教师都自动离校了。"

其三,时为"一师"学生的曹聚仁,在《我与我的世界》一书中回忆:"夏教育厅长调任经校长的命令中,附带要解除刘大白、陈望道、夏丏尊、李次九这四位教师的职位。"

其四,《浙江一师风潮》一书的综述中说,《非孝》发表后,夏敬观把经亨颐召去教育厅谈语,横加指责,"夏还攻击陈望道、刘大白、夏丏尊、李次九是'不学无术之辈',强令'一师'立即将此4人解职,并将施存统开除出校。经亨颐据理申述,严词拒绝"。"金布于2月17日到'一师'仓促上任,一面催办交割,一面聘任教员。他秉承夏敬观的意旨,对陈望道等4位国文教员一概不聘。"

综合上述回忆,不难看出,自《非孝》发表后,陈望道等4人一直受冲击,寒假期间又遭金布排挤,他们都是心高气傲者,不太可能新学年又返校。

其五,如果这4位重要人物3月29日在冲突现场,在场的师生不可能不注意,但《浙江一师风潮》中辑录的亲历者回忆中,无一人提及他们在现场。

其六,从陈望道、夏丏尊、刘大白在《民国日报》刊登的《浙一师国文教员为辞职事致学生书》中,也不难看出,他们内心已经深受伤害,去意坚决,绝不可能新学年再返校。

其七,同样是在《"五四"时期浙江新文化运动》中,陈望道明确提到,"在杭州工作了半年,1920年初就离杭到了上海,后在上海搞马克思主义研究工作""1920年初,我就离开杭州"。"一师风潮"的最高潮是3月29日,假如陈望道此时仍在"一师",离开杭州时,最快也要延至4月上旬。这个时间点,按照习惯表述,应该是"1920年上半年",而不是"1920年初"。

那么,为什么陈望道回忆中,会出现"我们四人与学生一起,学生在周围,老师坐在中间与之斗争"这样的话呢?我分析:陈望道回忆时,已时隔三十八九年,可能记忆有误,或者口述有误。

不过,即使陈望道身不在"一师",心仍系"一师"。据傅彬然回忆,风潮之后,"一师"学生在陈望道等辅助下,又出版了《钱江评论》。据他评价,这个刊物战斗性也许不及《浙江新潮》,但文章却比《浙江新潮》好。

三是陈望道何时回家?

在分析陈望道何时回分水塘翻译《共产党宣言》时,有些研究者认为是1920年4月,即在"一师风潮"结束后。

我同样不敢苟同。理由是:

1919年11月,《非孝》发表后,"四大金刚"就遭解职,即使没有立即离校,势必会在寒假期间离开,不会再留在这块伤心之地。"一师"放假时间为1920年2月1日,陈望道离开杭州去了上海,并领受了翻译《共产党宣言》的任务。此时已近年关,按中国人春节团圆的传统,陈望道断不会留在上海过年,肯定会回到家乡,与父母、妻儿团聚。

此外,陈望道是4月底完成翻译任务的,如果是4月份回家,时间上来不及。

为此,我判断,他应该在2月中旬回到分水塘,最迟是在除夕,即1920年2月19日。

第八章

重返分水塘

天色渐渐深沉，山谷愈发空旷寂静，"沙沙"的脚步声，也能在山谷回响。疾步行走的年轻人，额头沁出汗珠。

行走久了，皮箱更显分量，年轻人换了一只手，顺势检视一眼皮箱。皮箱安然无恙，纹丝不动，仿佛睡着一般。箱里装的，不过是些换洗衣服、糖果点心，还有一摞书。但在年轻人看来，箱子里正电闪雷鸣、翻江倒海。他小心翼翼，生怕一个闪失，箱里的书会挣脱出来，化成一条巨龙，飞向空中。

这位年轻人，便是陈望道。

前些天，邵力子把他介绍给戴季陶，戴季陶又引荐他见了陈独秀。两个人郑重托付他一项重任：翻译《共产党宣言》。戴季陶说："别看这么薄薄一本，要准确翻译，难度不小。你试译一下，译成后，我就在《星期评论》上连载。"

天空像一口巨锅，笼罩着山山坳坳，脚下的路，只有模糊的路印子，山谷愈发宁静，山风刮过，松涛"呼呼"有声。密林之间，不时传来"咕咕"声，那是猫头鹰在打招呼。

凭着脚力，两个多小时后，前面出现一些光亮，星星点点，散布在山麓间。虽然昏暗，却让陈望道心里一暖：分水塘到了，到家了！

一 自我革命

夜幕下,散居的村落若隐若现。劳作一天的村民,此时正在吃晚饭,家家户户紧闭大门,窗户透出昏黄光亮。借着这光亮,陈望道在村庄间穿行,偶尔能闻到饭菜的香味。

陈望道推开家门时,全家人正围坐在八仙桌旁。陈君元已经吃完,坐在上首,手里握着旱烟袋。听到门响,大家抬头的抬头,扭身的扭身。

"大哥回来啦!"两个弟弟欢呼雀跃,奔过来,接过箱子。小妹漱青也在家里,旁边依偎着一个孩子。

"参一回来了?"陈君元放下旱烟袋,眯起眼,上下端详儿子。

"哎呀,是明儿!饿了吧?快来吃饭。"张翠婠站起身,招着手。

"菜凉了,我再去热一下。"张六妹赶紧放下碗筷,端着菜进厨房。

陈望道注意到,桌子旁,站着3个孩子,正咬着手指,怯生生地望着他。

"秀莲、尧卿、次莲,这是你们的爸爸,快叫爸爸!"张翠婠俯下身子,鼓励孩子。

仨孩子扭捏着,低着头,脚搓着地,不肯开口。"这孩子,平时念叨着要爸爸,爸爸来了,怎么不敢叫了?"张翠婠怜爱地挨个摸孩子的头。

张六妹端着热气腾腾的菜上来,仨孩子躲到母亲身后,探出头,盯着父亲看。

陈望道赶紧打开箱子,掏出一大把糖,先分给妹妹的孩子,然后分给自己的孩子。

见有糖吃,几个孩子活跃起来,接过糖,跑到旁边,叽叽喳喳,边吃边数起来。

陈望道狼吞虎咽,三下五除二就填饱了肚子,接过张六妹递过来的茶,一边陪父母说话,一边四下张望,心生许多感慨。

父母老了,脸上沟壑纵横,头发花白,身子佝偻,动作迟缓。生活的磨难,给他们刻下了沉重的印迹。

陈宅是庭院建筑、砖木结构,徽派民居风格,已显得陈旧。外墙布满青苔,屋内有5间房,进门是个门厅,中间是天井,两侧是厢房,正屋中间是厅堂,厅堂两侧是卧室。

门厅照壁上,写着一句话:"地球之大,空气遇热则胀而轻,遇冷则缩而重,其轻者必升,而冷必下沉",落款为"宣统纪元一年"。此屋建于1909年,陈望道正在金华学习数理化。

陈望道环顾四周。家什仍是旧物,没见添新物件。他忽然想起父亲那句话:"大洋一畚箕一畚箕地往外倒。"他明白,为了供他留学,全家人省吃俭用,节衣缩食,把所有财富都用在他身上了。愧疚、自责,一下子涌上心头。

小妹夫病故,小妹漱青领着孩子,寡居在娘家。母亲不让漱青改嫁,说是要守"三从四德"。这让他深不以为然。

不过,也有让他高兴的事。多亏他从日本寄来的药,母亲的肺痨痊愈了,虽然苍老许多,但面色红润,不再病病恹恹。

两个弟弟蹿出一大截,仿佛雨后春笋。贯一已经18岁,个头同大哥一般高。16岁的精一,嗓音已经变粗,唇上一层绒毛,像个大小伙子。

最让陈望道高兴的是,自己的3个孩子,长大了许多。秀莲已经9岁,尧卿已有7岁,临走时还抱在怀里的次莲,也快6岁了。

陈望道瞥一眼六妹,心里顿时打翻五味瓶。六妹的额头,已有很深的抬头纹,皮肤粗糙黝黑,脸上没有光泽,腰也不再挺拔,像40多岁的人。岁月如一把无情刀,才短短5年,就把昔日水灵的甜妹子,雕刻成一株萝卜干。

最让陈望道别扭的,是她那双小脚,走路一颠一颠,找不到平衡,似乎一阵风就能刮倒。在他眼里,这双小脚,就像封建主义的一把枷锁,既锁住六妹的一生,也锁住他的内心。他明白,这绝不是六妹的错,六妹只是受害者,但是,即便他万分同情六妹,在留洋多年后,他已无法面对这样一双小脚。

发觉丈夫打量自己,六妹羞红了脸,赶紧低下头,显得局促不安,双手摩挲着,一双小脚使劲往后缩,恨不得藏起来。

一个小山村,藏不住秘密,陈望道回家的消息,很快在村里传开。几百年来,村里第一次出了个留洋的大学生,人们煞是好奇,拥到陈家,盯着陈望道看新鲜，叽叽喳喳问个不停。陈望道一边回应，一边忙不迭地给大人递烟、给孩子分糖果，带来的香烟、糖果，很快一分而空。

一别经年，家乡的一切都显得亲切。陈望道挨家挨户串门，拜访长辈，探望发小。他发现，村庄虽然年味浓浓，却掩饰不住暮气沉沉，乡亲们既熟悉又陌生。说熟悉，他能轻易认出三伯四叔、七姑八姨；说陌生，他们的眼睛浑浊空洞，举止缓慢迟滞，没了敏捷身手，已过早步入老年。

陈望道心里沉甸甸的。刚进家门时，他以为只是父母衰老，没想到六妹也过早衰老。走遍分水塘才知道，原来人人都已过早衰老。是生活粗粝所致，还是这世道暗无天日，让他们看不到希望？或者两者兼而有之？他想起自己写的两篇文章。

大半年前，有感于国内局势混乱、国民沉沦，他激愤写就《扰乱与进化》，寄给上海的《时事新报》，发表在1919年3月13日副刊《学灯》上：

> 民国成立，已八年矣。此八年中，几无年不有扰乱，无月不有扰乱，乃至无日无时无刻无分无秒不有扰乱。愚者笃于目前，于是遂有民主不如君主之论。
>
> 黠者善伺时变，见民之有逆退之志，亦即因利乘宜，妄欲导之古初，博己身一时之安乐。
>
> 此二者，行事之目的之见解，或有一发之差。其不解进化之为何物，则无一丝之别也。
>
> 吾人不曾习字乎？其始临帖也，固不如未临帖时之犹成字样也。
>
> 吾人不曾服药乎？其方服药也，固不如未服药时之犹鲜酸楚也。
>
> 凡事从一境进入他境，必有一番扰乱，一番凄楚。而此扰乱凄楚，不过外面现象；其内面则实为进步，进化其物也。
>
> 世人欲离扰乱而求进化，此真无异缘木求鱼。其愚非吾辈可及。

陈望道憎恨"父母之命，媒妁之言"的包办婚姻，斥其为"兽畜之道德"，是"机器的婚姻"。在《时事新报》编辑的鼓励下，他将心中愤懑付诸笔端，发表在

1919年4月2日《学灯》上：

> 有人说："女子仿佛是一架机器：（一）他是可以听凭选择，出了财礼，搬到家里来的。（二）取得之后，供男子自由使用。（三）他能制造货品——儿女——越是制造得出，越是这样机器的优点。（四）购机器玩弄使用，不嫌其多，所以不妨多备几架。（五）这机器不合我意，或是不能出货，尽可抛在一旁，另换别的。"
>
> 我说若是用机器来比方，男子也何尝不是机器：（一）年纪很轻，就要替他买别样的机器来，叫他共同制造货品。（二）和别样的机器不凑榫，也硬把他拼起来……有人说这很象猪公、猪娘，都是由人撮合，不由自家做主的。看起来，象煞是这样的。
>
> 既然是这样，那么，那些反对机器的结婚的，真正是正当办法了！真正是合乎正谊人道的了！我们应该绝对的赞成他，应该绝对的称道他！
>
> 那些提倡摹仿猪公猪娘的，他自己以为讲道德，他所说的简直是"兽畜的道德"！我们应该绝对的抨击他，应该绝对的笑骂他！
>
> "吾爱吾师吾尤爱真理。"没有什么客气可做的。

此时，陈望道想，《扰乱与进化》写的，虽是泛泛国民，何尝不是写自己父母、写六妹，还有分水塘的父老乡亲？《机器的结婚》写的，虽是泛泛的包办婚姻，何尝不是写自己的境遇？写六妹的境遇？看来，自己的命运、父母的命运、六妹的命运，是与分水塘的命运系在一起的，而小小分水塘的命运，又是与泱泱中国的命运系在一起的。覆巢之下，安有完卵？任你有天大的本事，也都挣脱不了。

想到这里，陈望道心里忽然冒出一句话：黑夜里被风吹着的蜡烛，怎样才能等到日出？

自从接触李大钊、河上肇、山川均等先进知识分子后，陈望道像海绵吸水般，如饥似渴地吸收新文化、新思想、新道德，猛烈抨击旧文化、旧思想、旧道德，自觉站在反帝反封建的前列，渴望社会变革，推崇社会进步。1919年5月13日，

《学灯》刊发他的《因袭的进化和开辟的进化》，可以看出其迫切心情：

> 十九世纪的后半期和二十世纪的初期，不用多说，简直可以叫做"进化论的时代"了。无论什么，总是用进化论去做个根柢，从进化论里的"生存竞争""适者生存"几句话出发。露骨的讲起来，这种以生物的进化做人类生活模型的议论，简直无异"叫人类去做畜生"。而其议论，只知以生物自然的生存竞争（达尔文所说的 struggle 本不该译作竞争）说明人生，也只是盲目的"因袭的"歪话——嗳——"生命之祸极矣"。流血几多国，花钱几多万，他的"毫厘之差"，不是别的，单是……看不见我们人类的"开辟的进化"这个显明事实，怎不伤心？

> 这显明事实，不用远搜旁索。就是他们所据以为人类生存竞争说的"欲望"上，也就可以找出这人类的"开辟的进化"的证据来。他们不是说人类的欲望如食欲和色欲，是无限的，而那供给，是有限的，照着生物进化公例，不竞争就不能以生存吗？可是我要问：食欲，固是我们人类和别种动物同具的；至于那食物，我们却能够造出火器来，煮了吃，燉了喝，这也和别种动物同的吗？既然要摹仿别种动物，要取别种动物的经过和现状，来做我们人生的榜样，总要证实得这种事实，也是和别种动物一色无二才好。不然，我们人类，自初化以来，已有了我们的开辟的进化，和别种动物不同了。

> 就是色欲，我们人类，固然和别种动物同具，可是可以说做一样吗？我们现在且就近举例。譬如狗鸡等类，他们无论在哪里，无论他们同类在不在那里，一见异性的，就立刻交合起来。他们终究有我们人类的"付之秘密不许公然"的习惯吗？如其没有，这就是我们人类的开辟的进化，和别种动物不同了。

> 根柢上，既然如此，那用为生存竞争的手段上的阴险、猜忌和种种武器战术，和别种动物不同，更是人类开辟的进化，不用多说了。

> 所以我极希望我们人类认明这开辟的进化的事实和价值，互相诚心诚意的，共谋人类幸福，共进光明世界，交臂携手，一共跳舞。不要再去走那摹仿下等动物的死路。若是做得到，那就可以说：

"我们人类从柙栏中解放了！！！"比那从君主脚下、资本家脚下解放来的,更是光荣百倍呢!

在"一师"任教期间,陈望道念念不忘社会改造。1920年1月20日,他在《校友会十日刊》第11号上,撰文《改造社会底两种方法》,呼吁废除旧制度、改换新制度:

社会制度底改造,据我想来,共有两种方法。现在底改造声里,只有一种方法,音度异常高响;旁的一种方法,差不多都已遗弃了不说,这实在不是健全发展上可喜的现象。要是想从改造声里跃出很好的结果来,我想这两种方法,总得兼顾的。

那两种方法是甚么呢? 就是:

(1)除了旧制度,换上新制度;

(2)除了旧制度底旧意义,换上新意义。

换句话说,就是:

(1)改换制度;

(2)改换生命。

一切改革,我们应该先从这两种方法里底第二种方法,用了一番考虑,就是想一想换上一个新生命,那制度是否仍旧有存在底价值。要是经了这种考虑,看是有存在底价值的,那就应该使它在新意义上仍旧存在,不必盲目地破坏它。要是没有存在底价值,那么就该用第二种方法去破坏旧有的了。破坏了旧有的要不要谋建设新来的,这是要看那破坏的东西底性质怎么样,才可以定夺的:破坏的东西,性质上不要另建设甚么的,那就不必建设;比方除旧偶像,谁还去建造新的呢? 破坏的东西是该另外建设的,那又不用说,要另外建设新来的。不过这破坏的和建设的却不定要同个人;这人破坏,那人建设,也没有甚么不可以的。社会上常责成破坏的去建设,这实在是大错特错的。

要之,改造社会,共有两种方法,不应该专用一种方法,就算用了方法底全体；破坏和建设应看作可分两件事，不应该责成一个人去干办的。现在改造声响得很高了，还请大家把这两种方法注意一下罢！

当陈望道在呼吁"除了旧制度，换上新制度"时，没有想到，有朝一日，这事儿会落到自己家头上。

这天上午，陈望道正在卧室收拾行李箱，有人在门外喊："重阳伯在吗？"

张翠婠在厨房应道："他去祠堂商量事了。"

来人怯生生地问："听说参一回来了？"

"是的。"陈望道应了一声，走出房门，见是一个小老头，扶着一把锄头，倚在大门上，朝里面探头探脑，一看到他，满脸绽出笑容："果然是参一！哟，多年没见，还这么白白净净。"

小老头皮肤黝黑，满脸皱纹，手指粗大，骨节暴突，约莫五十开外。

"噢，噢……"陈望道觉得面熟，一时想不起来，只好茫然应着，"进屋坐坐吧。"

"不了，站着就行。"小老头有些拘谨，"不认识了？我是先塘的张水财呀。"

"哎呀，是水财哥啊，快快进来！"陈望道心里一凛，跨前一步，要拉张水财的手。张水财慌忙后退一步，摆摆手："不了，不了，我还要去干活，说几句话就走。"

陈望道外婆家在先塘村，张水财是外婆的邻居，比陈望道略大几岁。陈望道去外婆家玩时，常跟着他上树摘果、下河摸鱼。一晃几年不见，才三十出头，竟衰老得不敢认了。

陈望道一把拽住张水财胳膊，用力握住他的手，这才发现，他的手像把钢锉。

张水财赶紧抽出手："我手上净是灰，别弄脏了你。"

陈望道毫不介意，问道："水财哥，你没外出做生意？"

"做啥生意……"张水财讪讪地笑着，有些不自在，"我是你家的佃户。"

"啊？！"陈望道大吃一惊，"你自家不是有田吗？怎么成我家佃户了？"

"唉！"张水财长叹一声，"前几年，为给我爸妈治病，把田都卖了。"

"这样啊!"陈望道十分关切,"老人病治好了?"

"唉!都走了。"张水财又长叹一声,"我是人财两空,只好租你家的田。"

陈望道默然片刻,忽然想起:"你找我爸有事?"

"这个……"张水财挠挠头,面露难色,"我家孩子多,日子本来就紧巴巴。前些天,县里来征丁,不去当兵的,要交征丁税,我家只我一个壮劳力,离不开,只能交税。今年年成不好,稻谷歉收,这一交,谷桶就见底了,只够勉强过个年。所以,想来向重阳伯求个情,能不能减减租。"

陈望道急忙问:"你要交多少税?"

张水财苦着脸:"要交三成田租。"

陈望道心里一沉。自古以来,村里就有规矩,租佃三七分,东家得七分,佃户得三分。佃户粮食本来就不多,再交征丁税,无异于雪上加霜。想不到,苛捐杂税这么重,乡亲们活得这么苦,怪不得衰老得快!他问道:"你想减多少?"

"我和几个佃户商量过了,想求重阳伯减两成,这样勉强能挨到夏收。他们抹不开面子,托我来求情。"张水财说。

"走,我领你去找我爸。"陈望道说罢,转身在前面走。

祠堂里,陈君元正抽着旱烟,同几位宗亲聊天,看到陈望道走进来,朝地上磕磕烟灰,说:"参一啊,我们正商量祭祖的事呢,你来得正好,给出出主意。"

陈望道朝几位长辈道一声安,垂手对父亲说:"爸,水财哥有事求您。"

张水财碎步趋前,低声下气地说明来意。

陈君元吸着烟,眯着眼,没吭声。

"减租?"一位长辈接过话茬,"我家的佃户也说要减租,我没答应。交税是按收成定的,我家交的税更多,如果再减租,一大家子喝西北风啊?"

"我家佃户也提了,我也没答应。"旁边一位长辈附和。

"小户人家家底薄,经不起折腾。大户人家家底厚,省着点就过去了。"陈望道人朝着父亲,话说给几位长辈听。

"什么话!"一位长辈不乐意了,"小家有小家的难,大家也有大家的难。自古以来,这租田交租,天经地义。租不起,可以不租嘛。"

陈望道微微一笑,不紧不慢,递上一顶高帽子:"我问过了,以前年成不好时,老辈人也给佃户减过租。几位长辈都是善人,向来慈悲为怀、怜贫惜弱,老辈人的这份善心,想必也传承下来了。"

听了此话,几位长辈面面相觑,一时语塞。

陈望道不失时机,又加了点补药:"其实,响鼓不用重槌敲,几位长辈比我明事理,可能早有打算,我也是多嘴说的。"

几位长辈张了张嘴,不知如何接话。沉默一会儿,一位长辈睃陈君元一眼,踢过皮球:"重阳哪,你是族长,这破规矩的事,还得你拿主意。凡事得讲个理儿,讲个公平,对吧?七里八乡,户看户,村看村,都盯着呢,不能光拍脑袋,要看看左邻右舍。不然的话,一碗水没端平,别人会戳脊梁骨。"

陈望道听出话里有话,接过话头:"爸,三伯说得对。这是积德行善的事,如果见危不助、见死不救,别人会戳脊梁骨的。"

三伯一听着急了,赶紧说:"我的意思是……"

陈望道打断他的话:"三伯深明大义,教导得对,我记住了。谁家没个急事难事?我们应该互帮互助,有福同享,有难同当。不能光顾自己吃肉,也要让别人喝点汤。今后,我要向各位长辈学习,多帮帮别人,多积德行善。"

三伯干咳一声,尴尬地笑笑:"参一啊,你这几年洋墨水没白喝,我说不过你。还是让你爸拿主意吧。"

"是,是。三伯说得是,听我爸的。"陈望道就坡下驴,对着父亲,"爸,您说呢?"

陈君元白了儿子一眼,拔出烟嘴,沉吟片刻,说:"是啊,大家说得都在理。小家有小家的难,大家也有大家的难,凡事要讲个公平。我看,要不就折中一下,减一成,行不?"

几位宗亲对视了一下,不情愿地点点头:"好吧。这已经不少了。"

"爸,您看……"陈望道有些失望。

陈君元手一举,阻止儿子往下说,转向张水财:"你看呢?这样行不?"

"欸,欸!好,好,我这就去告诉他们。"张水财哈着腰,转身欲走。

"等等。"陈君元想了想,补了一句,"你家人口多,如果粮食不够,我给你赊些,明年再扣。"

"欸,欸!那敢情好。这个年,我可以过安稳了!"张水财大喜过望,朝陈君元鞠了一躬,扛起锄头,乐颠颠走了。

待几位宗亲走后,陈君元朝儿子狠狠瞪一眼:"哼,这几天,整天听你说这革命、那革命。这下倒好,先革起老子的命来了!今后,家里的亏空,你给填上!"说罢,一跺脚,背着手,气呼呼地往家走。

"是,是,我来填,我来填!"陈望道吐一下舌头,连忙跟上。

二　寒夜孤灯

庚申新年到了,分水塘鞭炮声此起彼伏,陈家高朋满座。陈望道陪伴父母,逗弄孩子,给岳父母拜年,表面乐乐呵呵,心里却牵挂着翻译的事。

春节的热闹散去后,陈望道觉得不对劲。在军阀卢永祥的管治下,浙江民生不安,常有乡长保长警察进村,保不准上门盘查,左邻右舍也随时会来串门,得找个僻静地方。

哪里合适呢?他屋里屋外转了几圈。

陈家人口多、人缘好,整日人进人出,无处隐蔽,左邻右舍都爱来串门,有时正吃着饭,邻家大嫂就端着碗上门,坐在门边矮凳上,边吃边聊。待碗里的菜吃完后,还会大大咧咧上桌夹菜。显然,在屋里肯定不行。

陈望道转悠到柴房,眼睛一亮。柴房是陈家旧宅,两屋相距数十米,陈家盖新屋后,旧宅便当作仓库,堆置柴火、农具和杂物。

陈望道推开房门,一股霉味,扑面而来。因年久失修,柴房四处漏风,蛛网密布。他打定主意,就在这里翻译。

说干就干。陈望道挽起袖子,把柴火、农具搬到角落,在窗户下腾出一块空地,洒些水清扫干净,摆上两条长凳,搁一块木板,权当书桌,在窗户上钉一块旧床单,晚上遮光用,然后在角落搁只便桶。忙乎大半天,看上去顺眼多了。

当天,吃罢晚饭,陈望道让漱青领走几个孩子,压低嗓音,郑重其事,对父母、六妹和弟弟说:"从今天起,我要在柴房写点东西,这是一件极重要的事,不能让外人晓得,也不能让外人来打搅,大家长个心眼。如果有人问起我,就说我回杭州了。"

看他那严肃的表情,一家人有些紧张。

陈君元"吧嗒吧嗒"吸着烟,沉默良久,皱起眉头:"参一啊,你张口革命、闭口改造的,难道这写字,也是为了革命、改造?会不会犯法呀?现在兵荒马乱,经常枪毙人,听了瘆得慌。犯法的事,你千万别做啊,那是要掉脑袋的!"

一听说要掉脑袋,全家人吓着了,个个面露惊慌。

"呵呵,爸,您想多了,哪有那么严重。"陈望道故作轻松,连忙安慰,"我是受人所托,写点东西而已,只是不想让外人知道。您放心,不是啥犯法的事。"

张翠婠还是不放心:"不就是写字吗?这是读书人的事,干吗要偷偷摸摸的?"

"这个嘛……"陈望道想了想,打了个比方,"我写的这字,同读书人写字不一样,我是为了让穷人有饭吃、有衣穿、有房住、有面子,过上富人一样的生活,实现世界大同。"

张翠婠愣住了:"写字这么管用?"

贯一不以为然:"这是大好事呀,为啥像做贼似的?"

张翠婠点点头:"是呀,做好事还要藏着掖着?"

陈望道循循善诱:"世上的人,不是都像咱们这样善良的。有些富人,自己花天酒地、绫罗绸缎,却见不得穷人过好日子,整天欺凌穷人,让穷人做牛做马。这世道,好人难当,恶鬼难缠。"

听到这里,陈君元抬起头来,满脸释然:"参一说得在理。咱们不能光顾自己吃肉,也要让别人喝点汤。不能光顾着自己吃饱喝足,还得为穷人着想。就拿咱家佃户来说,他们日子过得好,咱们也高兴不是?他们揭不开锅,咱们心里也不安,也会帮衬他们。"说罢,看了长子一眼。陈望道会心一笑。

陈君元磕了磕烟灰,呷一口茶,继续说:"我看,参一干的是正事、是大事,咱们帮不上啥忙,就帮他打打下手,帮他望好风,让他安心干事!"

"欸,欸!"全家人齐声应道。

山里天黑得早,吃过晚饭,已是伸手不见五指,陈望道拎着行李箱,拿着笔墨纸砚,来到柴房,用旧床单遮住窗口,点上一盏煤油灯。漆黑的小屋,霎时间光亮起来,有了几分暖意。张翠婠也跟进来,给他泡了一杯绿茶,一股清香溢满小屋。这茶叶,是她和丈夫亲手烘焙的。

看着母亲满头白发,陈望道有些感触,对母亲说:"妈,您劳累了一天,早些歇息吧,我自己来。"

"习惯了,不累。你别太晚了,熬夜伤身子。"张翠婠柔声嘱咐,掩上门离开。

陈望道打开行李箱,把书和资料摆在案板上,有英译本、日译本的《共产党宣言》,还有英汉和日汉字典。

煤油灯光昏黄摇曳,陈望道端坐案板前,点燃一支烟,摊开两个译本,对照着默默诵读起来。虽然他中文功底深厚,兼修英文和日文,留日期间又大量接触社会主义,但细细研读后,仍感到十分棘手。这时,他才理解,为什么戴季陶说请他"试译"。

要准确翻译《共产党宣言》,实在不是一件容易的事。在国内,只有一些零星的段落翻译,因文中有大量的新名词、新思想、新观点,译者从未遇到过,理解把握的难度相当大。

有的译者,从未听说过社会主义思想,把它同中国传统的大同思想、安民思想混为一谈,将"社会主义"译成"安民新学"。

有的词不达意,如《万国公报》连载的《大同学》中,译了其中一段文字:"纠股办事之人,其权笼罩五洲,突过于君相之范围一国。"这段话,在后来的中译本中,则变成"资产阶级,由于开拓了世界市场,使一切国家的生产和消费都成为世界性的了"。两相比较,天壤之别。

有的还出现许多谬误,让读者不知所云。如《共产党宣言》最末一句,"全世界无产者,联合起来",同盟会成员朱执信的译义则是:"嘻,来。各地之平民其安可以不奋也!"

摊在陈望道面前的两个译本,出身颇为曲折,传播路径经历了德文(1848)→英文(1888)→日文(1906)的转译历程。因译本出处不同,加上译者理解有异,两个译本存在差异。他一会儿拿起这本,一会儿放下那本,反复对照,尽量吸取两者合理之处。

日译本中,有很多汉语词汇。这些词汇,有的仍沿用汉语用意,有的已产生变异。陈望道反复比较、斟酌后,保留许多汉字词汇。如:怪物、欧洲、徘徊、共产主义、神圣同盟、急进党、在野的政党、在朝的政敌、事实、共产党员、意见、目的、趋向、废墟、农奴、特许市民、殖民地、贸易、工厂组织、近世产业、国民解放、制造家、中等阶级、复杂、刺激、自治团体、交换机关、财产关系、劳动阶级、革命阶级、危险阶级、伦敦、历史、制造工业、商业、航海、共产党、谬见谬想、劳动者、权力阶级等。

《共产党宣言》开宗明义的第一句,就让陈望道颇费踌躇。他在纸上写了画,画了写,绞尽脑汁,反复修改,最后敲定为:"有一个怪物,在欧洲徘徊着,这怪物就是共产主义。"

油灯下的陈望道,并没有意识到,他郑重写下的这句话,在民众心里回荡了数十年! 直到22年后,在延安窑洞的另一盏油灯下,共产党的理论家博古反复推敲,才将"怪物"改为"幽灵",把"徘徊"改作"游荡"。

到今天,经过100年的演变,汉语本身词义已发生变化。陈望道当时选用的"怪物"和"徘徊",在今天来看,已不是当初的意义内涵,都有一定的贬义。而"幽灵"和"游荡",更能客观表述出当时共产主义所处的状态。

日译本中的其他汉语词汇,陈望道并没有完全照搬,而是根据自己的理解,加以变更。比如,第一章标题,日译本译作汉字"绅士和平民",陈望道则译作"有产者及无产者",并在标题后面的括号里,加了两句说明,解释其内涵:"有产者就是有财产的人,资本家,财主,原文Bourgeois;无产者就是没有财产的劳动家,原文Proletarians。"

最明显的,是对国名的翻译。日译本中,国名采取音译,这是旧式的译法,陈望道没有照搬,而是采用现代的国家名称。日译本中,有一个国名叫"和阑"。开始,陈望道译作"荷兰",但对照英译本,发觉不对。反复琢磨后,他得出结论:日译本译错了,正确的国名应是"丹麦"。

得益于深厚的中文功底,陈望道注重在韵律节奏、直白易懂、生动形象上下功夫。如"同业组合、被雇职人",他换成简短的"行东、佣工";"阵营、渣滓、革命要素",他换成形象的"营寨、赘疣、革命种子"。这么一换,想象力和理解力大增。一些原本抽象难记的词,如"生产机关、社会组织、农业的革命",他换成具象易懂的"生产工具、社会的状况、土地革命",既易懂,也易记。特别是"土地革命",此概念融入《共产党宣言》思想后,使《宣言》犹如教科书,在后来的革命实践中,产生直接的现实指导作用,影响广泛而深远。

为了体现鲜明的立场,使《共产党宣言》更具号召力、战斗性,他还增加了一些更为尖锐的词汇,体现更为激烈的斗争立场。如,表示两种阶级对立状态时,日译本用的是"相敌视",他改为"对垒"。分析资产阶级发展状况时,日译本用的是"没落",他换成"倾覆"。

陈望道发现,日译本中的一些词汇,偏重于书面语,严谨有余,不易传播。于是,他有意识口语化。如,将"战栗"译为"发抖"、将"精神"译为"智识"。现在,"智识"已很少用,"精神"倒是常见,但在新文化运动时期,"智识"是个高频词,知识界无人不晓。

在日译本中,陈望道还发现一个现象:在第一章和第三章,有很多英文原词,数了数,共有49处。为什么要保留这些英文呢?他拿起英译本,揣摩出缘由:这两章中,提到大量西方社会阶层和角色,以及社会主义代表性人物和文献,日译本保留的英文,都是专名(包括人名、地名、书名等)、术语和重要概念。为了保留英文专名的参考价值,他决定参照日译本。不过,他在译文中附录了45处。

陈望道注意到,英译本的第三人称代词"they, their",日译本却变成第一人称代词"吾人,吾人の",即中文"我们,我们的"。他心生狐疑:两位日译者翻译时,为什么要转换人称呢?是无意的叙事视角转变,还是特意的立场转换?

对幸德秋水和堺利彦,陈望道并不陌生。他俩的文章,他都读过,深受影响。他想,两位译者之所以转换人称,绝不是无意的前者,肯定是特意的后者。因为,他俩都是著名的社会主义运动活动家,视自己为共产党人,使用第一人称,更能表达自己的立场,更具感情色彩。

"那么,我是忠于英译本,还是像两位日译者,表达鲜明立场呢?"陈望道一边哈着气,给冻僵的手取暖,一边原地转着圈。柴房本就不大,又堆着杂物,空间逼仄,行不过七八步,就走到尽头,稍不留意,不是碰着柴火,就是磕着农具。

磕磕碰碰中,他忽然想起唐代诗人刘禹锡的《陋室铭》,便摇头晃脑,轻轻吟诵:"山不在高,有仙则名;水不在深,有龙则灵。斯是陋室,惟吾德馨。苔痕上阶绿,草色入帘青。谈笑有鸿儒,往来无白丁。可以调素琴,阅金经。无丝竹之乱耳,无案牍之劳形。南阳诸葛庐,西蜀子云亭。孔子云:'何陋之有?'"

吟诵罢,他心里乐了:"嘿嘿!我这也算是'身居陋室,心忧天下'吧?"

陈望道陷入深思:两位日译者,都是我仰慕的对象,他们信仰社会主义,视自己为共产党人,我虽然还不是共产党人,但他们的信仰,就是我的追求,我也应该朝这个目标前进,早日做一个共产党人!

"对,我也要表达鲜明立场!"陈望道立刻坐下,拿起毛笔,在相关的人称位置上,郑重写下"我们""我们的"。

在如今的中译本中,这些代词更忠实于原文。这是因为,《共产党宣言》不仅是中国人民的革命纲领,更是全世界人民的行动纲领。

早春的江南山区,春寒料峭,晚上寒气逼人,陈望道冻得手脚发木。六妹心很细,每天晚上,都要准备两样东西:一是火熜。在南方农村,这是取暖用具,外壳用竹篾编织,里面是空器,一般为泥土烧制,也有铸铁的,内盛炭火。二是汤婆子。铜制,扁形,状似南瓜,内灌热水。火熜给他暖脚,汤婆子用来暖手。

靠着这点温暖,伴着不熄油灯,陈望道喝着浓茶,在香烟缭绕中,熬过一个个长夜,反复推敲每一个词、每一句话,力求既准确,又通俗。实在困了,收拢笔墨纸砚,打开铺盖卷,将书案当床板。

毕竟是开天辟地第一回,有些新鲜词语,陈望道生平第一次见,字典里查不到,手头又缺少参考资料,翻译得不够精确,所翻译的一些词语,在后人的译本中,逐渐准确、通达、雅致起来。如,在表达"消除、停止"的含义时,当时还没有具体的细化措施,他统译作"废止",如今译本中,分别译作"剥夺""废除""取消"。他翻译的"设立",如今译作"拥有",体现出从无到有的过程。他翻译的"联络",如今译作"把……结合起来",强化了二者之间的融合性。一些意译的词,如今有了专门术语,如"高额累进税""垄断权""信贷"及"劳动义务制"等。

还有一些名词,后来的译本逐渐完善。如,他把"资产阶级"译作"有产阶级",1938年,成仿吾、徐冰确定为"资产阶级",并沿用至今。他把"消灭私有制"译作"废止私有财产",此后多个译本相差不大,直到1948年,莫斯科译本中,改为"消灭私有制",才抓住实质。最后的尾句,他译为"万国劳动者团结起来"。1930年,华岗译作"全世界无产阶级联合起来";1943年,陈瘦石译作"全世界工人联合起来"。相比之下,莫斯科译本的"全世界无产者,联合起来"更贴切,所以流传至今。

陈望道所处的时代,正是中国新文化运动时期,文言文向白话文过渡,他的语言风格,带有文白夹杂的特点。比如,全文共用216个"底"字,代替"的"字。

《共产党宣言》中的"十大纲领",是非常重要的内容,常被人段落翻译。陈望道反复比较发现,日译本完全忠实于英译本:

一、土地所有權の廢止、及び一切の地代を公益事業に用ねる事。

二、重さ累進率の所得税。

三、一切相續權の廢止。

四、移民及び叛逆者の財産沒收。

五、國家の資本を以て全然獨佔の國民銀行を作り、信用機關を集中統一する事。

六、交通及び運輸機關の國有。

七、國有工廠及び國有生産機關の擴張。荒蕪地の開墾、及び劃一制度に應ずべき一般土地の改良。

八、平等に就動の便を興ふる事。産業的(殊に農業的)軍隊の設立。

九、農業と製造工業との聯絡。全國の人口を按排し、漸次に都會と地方との區別を廢する事。

十、公立學校に於て、一切の兒童に無料の教育を施す事。現在行はれ居るが如き兒童の工廠勞動を廢止する事。教育と産業との聯絡等。

开始,陈望道参照日译本译法,完全忠实于英译本,但译完之后,隐隐约约中,总觉得哪里不对劲。是哪里不对劲呢?他一会儿站起,一会儿坐下,苦思冥想。这种感觉,若隐若现,稍纵即逝,就像空气中有道光,他一伸手,明明抓住了,又倏然不见了。几番努力后,他泄了气,打算放弃,继续往下译。然而,眼睛盯着下文,脑袋却开小差,跑去找那个感觉了。如此多次反复,搅得他心神不宁,无法继续进行。

"我就不信,今晚非要找到你!"陈望道发起狠来,笔一撂,起身又转起轱辘来。油灯下的身影,一会儿长,一会儿短,一会儿圆,一会儿扁。

"喔喔喔——"这时,家里公鸡引颈长鸣,引来全村公鸡附和。一更天了,陈望道的脑袋像高速的马达。

"喔喔喔——"二更天了,陈望道的马达还在空转。

"喔喔喔——"三更天了,陈望道的马达声越来越混沌,心里有些烦躁,恨不得大吼几声。张了张嘴,又憋回去。

渐渐地,窗户开始发白,天破晓了。油灯慢慢暗淡,原来油盏缺油了,灯芯昏昏欲睡。陈望道忽然觉得,自己就像这根灯芯,也快熬干了。他俯下身子,努起嘴,"噗"一声,吹熄灯芯。

就在灯芯熄灭的一刹那,陈望道心里,忽然冒出一束亮光:那道稍纵即逝的光,被他抓住了!

原来,他发现,"十大纲领"的目标明确、路径清晰、把握全面、措施具体,具有很强的操作性和指导性,可在实践中照方抓药,但在日译本和英译本中,都是采取"名词化"的叙事性翻译,感染力和号召力都打了折扣。

"我们为什么要翻译《共产党宣言》?难道仅仅是为理论研究,仅仅是宣扬政治主张?不!是为了指导行动、付诸实践,尽快改变旧中国的面貌,改变中国人的命运!"陈望道的思绪如电闪雷鸣,似暴风骤雨,"对!应该采取'动词化'的施事性翻译,让每一条措施都有明确的施为动词,把'十大纲领'变成可复制、可实施的措施,增强《共产党宣言》理论的行动推力,激活它的革命实践性!"

此时,天已大亮,陈望道掀开旧床单,柴房顿时亮堂起来。晨风中,飘来一阵炊烟味,肚子受不住诱惑,"咕咕"叫起来。他贪婪地吸了几口,端坐下来,添水研墨,轻蘸墨汁,静心屏息,笔下行云流水:

(一)废止土地私有权,将所有的地租用在公共的事业上。

(二)征收严重累进率的所得税。

(三)废止一切继承权。

(四)没收移民及叛徒底财产。

(五)用国家资本,设立完全独占的国民银行,将信用机关集中在国家手里。

(六)交通及运输机关,集中在国家手里。

(七)扩张国有工场及国有生产机关;开辟荒地,改良一般土地使适于共通计划。

(八)各人对于劳动有平等的义务。设立产业(尤其是农业)军。

(九)连络农业和制造工业;平均分配全国底人口,渐次去掉都会和地方的差别。

(十)设立公立学校,对于一切儿童施以免费的教育。废止现行儿童底(的)工场劳动。连络教育和产业的生产等等。

只剩下最后一段了,陈望道搁下笔,先拿起英译本,轻声诵读:

The Communists disdain to conceal their views and aims. They openly declare that their ends can be attained only by the forcible overthrow of all existing social conditions. Let the ruling classes tremble at a Communistic revolution. The Proletarians have nothing to lose but their chains. They have a world to win.
WORKINGMEN OF ALL COUNTRIES,

UNITE!

放下英译本,他又拿起日译本,一边诵读,一边与英译本对照:

共產黨は其主義政見を隱蔽するを陋とす。故に吾人は公然に宣言す。曰く、吾人の目的は一に現時一切の社會組織を顛覆するに依て之を達するを得べし。權力階級をして共產的革命の前に戰慄せしめよ。勞動者の失さふべさ所は唯だ鐵鎖のみ。而して其の得る所は全世界なり。

萬國の勞動者團結せよ！！（Workingmen of all countries, unite！）

他发现，英译本结尾的最后一句，所有单词都以大写呈现，并且是单独分行的感叹句。他明白，这是全文感情抒发的高潮。日译本受语言限制，没有原样复制，对应译为感叹句，并附上英文原文，保持英文号召性的呼语气势，还添加两个感叹号，以示强调。他很喜欢英译本的译法，很想借鉴，不过，汉语同样受到限制，无法原样复制。最终，他借鉴日译本译法，但只用一个感叹号。英译本结尾共6句，日译本扩展为7句。为增强力量和号召力，他合并为4句。此外，英译本中，用了"disdain""declare""overthrow""unite"这些表明立场和行动的词语，他译为"鄙薄""宣言""打破""团结起来"：

共产党最鄙薄隐秘自己的主义和政见。所以我们公然宣言道：要达到我们的目的，只有打破一切现社会的状况，叫那班权力阶级在共产的革命面前发抖呵！无产阶级所失的不过是他们的锁链，得到的是全世界。
万国劳动者团结起来呵！（Workingmen of all Countries, unite！）

在今译本中，结尾仍译成6句，将英译本的"disdain""declare""overthrow""unite"，分别译作"不屑于""宣布""推翻""联合起来"。从"鄙薄"到"不屑于"，可以看出语体的变化，从当年的半文半白语体，到如今的以白话文表述。从"宣言"到"宣布"，可以见词义的变化。从"打破"到"推翻"，显示出译词的尖锐化趋势。最后一句话，也以感叹句结尾，但没有附英文句子。值得注意的是，今译本将"全世界无产者"作为呼语，与后面的"联合起来"分开表述，更加重情感表达色彩，凸显原文的感召力：

共产党人不屑于隐瞒自己的观点和意图。他们公开宣布：他们的目的只有用暴力推翻全部现存的社会制度才能达到。让统治阶级在共产主义革命面前发抖吧。无产者在这个革命中失去的只是锁链。他们获得的将是整个世界。

全世界无产者,联合起来!

1977年1月15日,陈望道在《文汇报》刊发《深切的怀念》,纪念周总理逝世一周年,文中有这样一段话:

> 解放以后,我跟周总理接触的机会更多了,周总理也经常找我们知识分子谈话,关心我们的进步。有一次,周总理亲切地问我:《共产党宣言》你是参考哪一国的版本翻译的? 我回答说:日文和英文,主要是英文。周总理就用英文和我交谈,对《共产党宣言》英文版作了一些分析,和我商讨翻译上的一些问题,给了我很大的启发。

对照中、日译本和英文版,应该说,陈望道的译本是以日译本为底稿,同时认真参考了英文版,转译传播的路径是:德文(1848)→英文(1888)→日文(1906)→中文(1920)。

这天傍晚,隔壁的阿旺嫂来借筛子,一进来就东瞅西瞧。
张翠婠问她:"妹子,你找啥呀?"
阿旺嫂说:"咦,参一呢? 前些天我还看见他,这几天咋没见?"
张翠婠有点慌张,还是陈君元反应快:"噢,他呀,他回杭州了。"
阿旺嫂感到奇怪:"回杭州了? 咋没看到他从我门前过哩? 他啥时回来?"
张翠婠支吾道:"这个嘛……估计要过些日子。找他有事?"
阿旺嫂说:"这不,我儿媳快生产了,参一喝过洋墨水,学问大,我想请他给取个名。"
张翠婠松了口气,满口应承:"好咯好咯,待他回来,我告诉他便是。"
阿旺嫂道了声谢,拎着筛子回去了。
张翠婠见儿子这么辛苦,十分心疼,琢磨着弄点好吃的。
陈望道爱吃粽子。浙江农村,一般两个节庆包粽子,一是过年,二是端午。粽子分咸粽、甜粽和碱水粽。常见的咸粽,有鲜肉粽、腊肉粽;常见的甜粽,有豆沙粽、蜜枣粽。碱水粽里的碱,旧时多从草木灰中提取,义乌称其灰汤粽。在义乌,还有一种甜粽,叫豇沙粽。所谓豇沙,即豇豆泥。豇豆有长短两种,都可炒着吃,短豇豆一般是待其老熟后,去壳食豆子。包粽子时,即把其豆子蒸熟,拌上糖,再捣成豆泥。这是义乌的传统小吃,不常食用。

春节时,家家户户都包粽子,主要是咸粽。张翠婠想,明儿难得吃豇沙粽,该让他尝尝鲜。这天,她早早起床,忙乎半天,包了几只豇沙粽,煮熟后,剥掉粽叶,盛在碗里,怕豇沙不够甜,又备了一碟红糖。义乌盛产甘蔗,这红糖便是蔗糖。然后,她拎起篮子,朝柴房走去。

埋头写字的陈望道,听到门"吱呀"一声响,刚抬起头,一股热气腾腾的清香扑来,不由得猛吸鼻子:"香,好香!"放下笔,手就往篮里伸。

"别急,别急。"张翠婠赶紧拦住,取出粽子、红糖,再把筷子递给他。

陈望道早已满口生津,迫不及待地夹起一只,就往嘴里塞。

张翠婠心疼地说:"慢点,蘸着糖吃,别噎着。"

陈望道含含糊糊应着,三下五除二就消灭了一只。

张翠婠爱怜地笑了,悄无声息地带上门。虽然儿子老大不小了,在母亲眼里,永远是长不大的孩子。

过了一会儿,张翠婠在门外轻声问:"红糖够不?"

屋里回答:"够了,够了!"

又过一会儿,张翠婠探头进来,小心问:"吃了没?"

"吃了,吃了!"

"甜不?"

"甜,甜!"

"那我来取碗了。"

"好,好!"陈望道低着头,只顾自己忙着。

张翠婠走进来,近前一看,一碟红糖好好的,感到奇怪:"咦,咋没蘸红糖?你不是说甜吗?"

陈望道这才抬起头来:"您刚才说啥?我没在意听。"

儿子这一抬头,把母亲吓得不轻,连退两步:"你嘴上黑乎乎的,啥东西?"

"没啥呀。"陈望道抹了一把嘴,"咦,怎么尽是墨汁?"低头一看,不由得哈哈大笑。原来,自己稀里糊涂,竟然蘸着墨汁吃粽子!

"你呀你,着魔了!"张翠婠又好气,又好笑,用手点了他额头一下。

转眼到了4月底。这天上午,当一缕阳光投进柴房时,陈望道搁下笔,长吁一口气:终于完成了!

陈望道掐指一算:完成《共产党宣言》时,马格斯(马克思)30岁,安格尔斯(恩格斯)28岁。自己翻译《共产党宣言》时,比马格斯小1岁,比安格尔斯大1岁。

第九章

革命的火种

就在这时,从杭州传来消息:杭州学生与军警发生冲突,造成流血事件,十多名学生严重受伤!

原来,齐耀珊和夏敬观对"一师"师生的迫害,受到社会各界广泛谴责,杭州各校学生遂发起"驱齐逐夏"斗争。4月11日,杭州市学生联合会发出《声讨齐耀珊通电》,指出:"齐耀珊如此摧残吾浙文化,蹂躏吾浙教育,岂尚可任其一日在位!故特声诉,望为援助,即日声讨,务驱此贼,以安浙江,无任盼切。"

4月12日,在杭各校宣布一律罢课,全市5000余名学生举行示威游行,沿途高呼"驱逐齐耀珊""驱逐夏敬观"等口号。齐耀珊恼羞成怒,勾结卢永祥,密谋镇压。次日上午,杭州市学联召开评议部会议,部署"驱齐逐夏"斗争。密切监视学生的军警,闻讯闯入会所,带走学联干部,关押在教育会。各校门口和大街上,军警密布,严厉盘查,搞得全城人心惶惶。

学生们没有畏惧,推举新的代表,继续同当局交涉。当局提出要求,只要取消驱齐主张,即可撤回军警,学生们拒绝。这时,全国学生联合总会致电杭州市学联,要求14日起全国学生罢课,以反对北京政府直接同日本交涉山东问题。为顾全大局,杭州市学联宣布,暂改"驱齐逐夏"为"一致对外"。14日起,学生继续罢课,上街演讲,揭露日本的侵略野心和政府的卖国行径。

4月21日,杭州各校学生5000余人,在湖滨公众运动场集会。1000多名军警冲进会场,强力驱赶,野蛮殴打,84名学生负伤,其中18人受伤严重。当天下午,杭州市学联决定,把两项斗争结合起来。随后,他们与教职员联合会联手,广泛动员各界参与。

杭州的学潮,牵动着陈望道的神经。他四处打听新的消息,恨不得胁生双翅,飞到杭州,与师生们并肩斗争。

新的消息不断传来:杭州市学联致电北京、上海等地学联寻求支持,还强烈要求省议会弹劾齐耀珊。这些行动,得到全国学联、省内外各界的呼应,声势越来越大。5月17日,浙江省议会召开临时会议,部分不满齐耀珊的议员,要求弹劾齐耀珊。杭州市学联不失时机,再次发动学生请愿,揭露齐耀珊的罪状,要求议会弹劾齐耀珊。在社会舆论压力下,议会正式提出弹劾齐耀珊案,列举齐耀珊八大罪状:引用私亲、克扣军饷、摧残教育、玩视交代、破坏预算、侵越职权、宠任劣员、废弛烟禁。

4月底,一天傍晚,陈家正在吃晚饭,门外有人喊:"陈先生,陈先生,有你的电报!"

陈望道连忙出来。本村一个年轻人,刚从城里回来,邮差托他捎来电报,收件人写的是"陈望道"。村里人都知道他改了名,但背后还是称他"参一"。受哥哥影响,两个弟弟也改了名,一个叫伸道,一个叫致道。

陈望道道声谢,接过来,拆开一看,是星期评论杂志社发来的,邀请他去担任编辑。

这个好消息,真是求之不得。自离开"一师"后,陈望道处于失业状态,天天窝在家里,吃父母的、用父母的,心里十分不安,担心坐吃山空,早就想找份工作,养家糊口。于是,他带上《共产党宣言》译稿,告别家人,兴冲冲赶往上海。

一 意外变故

到上海后,陈望道直奔星期评论杂志社。杂志社原先在爱多亚路(今延安东路)新民里5号,1920年2月,刚迁到法租界白尔路(今顺昌路)三益里。这是一幢独立小楼,据说是因三人投资建房、三人受益而得名。眼下,住着李汉俊一家,编辑部在三楼。

李汉俊是湖北潜江人,1890年4月生于教师家庭,6岁进私塾,勤于学习,聪慧过人,过目成诵。14岁时,哥哥李书城(新中国农业部首任部长)在朋友资助下,领着他一起留学日本,哥哥学军事,他先上中学,后考入东京帝国大学(今东京大学)土木工科,成为清政府官费留学生,1918年毕业,获工科学士学位。在校期间,结识河上肇,深受其影响,信仰马克思主义。当年岁末回国,在上海积极参加劳工运动,热情宣传马克思主义,从事写作、翻译工作,后参与《星期评论》编辑,写了很多文章,大部分在《星期评论》上发表,很快成为上海社会主义者群体中的著名人物。

陈望道轻叩门环,门启半扇,一个用人探着脑袋,问道:"先生,侬找啥人?"

陈望道微微颔首:"我找戴季陶先生。"

用人打开门,侧身让陈望道进去,然后指指楼上,请他自行上楼。

陈望道正欲上楼,上面忽然传来男人的哭声,他惴惴不安,不知发生何事,硬着头皮上楼,循声而去。在三楼阳台,围坐着五个文质彬彬的人,哭者正是戴季陶,另外四人在劝慰。有两个人他见过,叫李汉俊、沈玄庐,去年底,他来见戴季陶时,邵力子介绍,他们三个人是《星期评论》的"三驾马车"。另两个人,一位面庞瘦削、梳着背头,一位戴副眼镜、剃着光头。

见有客人到,几个人都站了起来。戴季陶当即止住哭,没事人似的打招呼,介绍了一番。原来,那两位,一位叫沈雁冰,一位叫李达。

沈雁冰是浙江桐乡人,生于1896年7月,1913年考入北京大学预科,因家境窘迫,毕业后便开始谋生。1916年8月,到上海商务印书馆编译所工作,从此开始文学生涯,用过数十个笔名,其中最常用的是"茅盾"和"蒲牢"。1920年初任《小说月报》主编。

李达是湖南零陵人,生于1890年10月,1909年进入京师优级师范学校,1913年考取留日官费生。因用功过度,得了肺病,于1914年辍学回国。1917年二赴东京,考入日本第一高等学校,学理科。留日期间,受到俄国十月革命影响,开始勤奋研读马克思主义著作,是河上肇器重的学生。

李汉俊搬来一把椅子,请陈望道坐下。戴季陶揩揩眼泪,对陈望道说:"电报是我让发的。前几天,中山先生电召我去广州,有要务相托。我立誓终生追随他,他有召唤,我义不容辞。但我心里,却有十二万分不舍!本来,我想让你来代替我,参与编辑工作。没想到,唉……"

说到这里,戴季陶的眼里又噙满泪,说不下去了。在场的几位,默然无语,个个垂头丧气。

陈望道惴惴不安:"发生什么事了?"

李汉俊推一下眼镜,低沉地说:"当局勒令我们停刊。刚才,我们正在研究这事,打算出满53期后,6月6日停刊。"

"啊?"陈望道大吃一惊,"办得好好的,怎么说停就停呢?"

对《星期评论》,他还是很了解的,刊物办得有声有色,文章材料丰富,涉及面广,宣传马克思主义,倡导工人运动,针砭时政,文笔精辟,走在时代潮流的前列,给人以耳目一新的感觉,与陈独秀主编的《每周评论》、毛泽东主编的《湘江评论》一起,成为宣传社会主义思潮的"三大评论",享有盛誉,深受广大读者欢迎,无论是进步知识分子,还是普通工人、市民,都对之有好感。刊物的销路也很广,除单独销售外,还附随《民国日报》免费赠送。戴季陶既是主编,又是主要撰稿人,前后写了130余篇文章,几乎每期都有几篇出自他手。

"我们戳到了当局的痛处,当局容不下我们哪!"沈玄庐长叹一声,告诉陈望道,《星期评论》创刊一年来,刊登了不少观点激进的文章,社会各界反响热烈,发行量有十几万份,当局十分不满,悄悄截留各地寄给编辑部的书报信件,又没收编辑部寄出去的杂志,"自47期以后,当局干脆勒令禁止,已寄出的被没收,未寄出的不准寄出。你瞧,堆在这里的这些,都是没有寄出去的。"

陈望道四下打量,过道上,角落里,堆满往期的《星期评论》,显得零乱拥挤。他忽然想起来,打开随身带的皮箱,取出一摞厚厚的稿纸:"糟糕,我的译稿咋办?为了它,我费尽心血。"

"本来是要在刊物上连载的。现在看来,连载是不可能了。"戴季陶接过来,浏览了一遍,露出赞许的神情,"译得非常好!不能连载,真是可惜了。"

李汉俊读过大量的马克思原著,深知《共产党宣言》的重要性,曾动过翻译的念头,自忖中文功底不够而作罢,听说陈望道翻译好了,自然吃惊,接过来,从头到尾翻阅，边看边说好。

戴季陶等李汉俊看完，同他和沈玄庐对视一下，沉吟道："这样吧，书稿你先保管，怎么处理，再想办法。行吗？"

陈望道点点头，接过来，重新放回皮箱里。大家神色凝重，说了几句话，便散场了。

当天晚上，陈望道就住在李汉俊家里。

第二天，编辑部召开会议，戴季陶哭丧着脸，宣布停刊决定。宣布罢，又是一阵号啕大哭。

正巧，俞秀松在这里当编辑，散会后，陈望道把俞秀松拉到一边。

俞秀松是浙江诸暨人，生于1899年，1916年高小毕业时，以优异成绩考入浙江一师，思想活跃，求知欲强，以善辩著称，爱刨根问底，被同学称作"三W（英语'who、what、why'的缩写）主义者"，立志"做一个利国利民的东西南北人"，是学生骨干之一。五四运动时，是杭州学生运动领袖。"一师风潮"后，和施存统被迫离开杭州，赴北京参加工读互助组，不久便到上海，进入星期评论杂志社。

"我还没开张，就赶上关店了。"陈望道挠挠头，苦笑了一下，"《共产党宣言》怎么办？我费了这么多心血，可不想让它在箱子里睡大觉。"

俞秀松安慰道："您别急，我正在协助仲甫先生筹建共产党早期组织，要不我找他想想办法？"

"哎呀，我把他给忘了。"陈望道一拍大腿，"他对翻译的事很上心，他那本英文版《共产党宣言》，帮了我大忙呢。这样吧，等忙完这里的事，再找他。"

陈望道没赶上编辑刊物，却赶上给刊物收摊子。他帮着李汉俊一起，把积压的杂志拿到街上，避开警察，悄悄分发给过往市民。

这天，陈望道正往背包里塞杂志，俞秀松兴冲冲跑进来："先生，有好消息！"

"什么好消息？"陈望道连忙放下杂志。这些天，编辑部的气氛有些沉闷，一听有好消息，陈望道一下子来了精神。

俞秀松掩饰不住喜悦："杭州学生'驱齐逐夏'斗争，终于取得胜利！"

"哦？"陈望道急不可耐，"快说说，别卖关子！"

"6月16日，浙江议会通过弹劾齐耀珊案，齐被迫于17日离杭了！"

"那夏敬观呢？"

"树倒猢狲散。"俞秀松端起杯子，咕咚咕咚喝了几口水，"夏敬观也灰溜溜地辞职了。"

"太好了！"陈望道长吁一口气，"正义虽然来得晚了些，但毕竟是来了！"

待把屋子收拾停当，已是6月27日。

这天晚上，陈望道找到俞秀松，把《共产党宣言》译稿和日文、英文译本交给他，托他带给陈独秀，请陈独秀校阅把关。

俞秀松不敢怠慢，第二天上午，来到法租界环龙路陈独秀寓所，将译稿郑重交给了陈独秀。

陈独秀寓所所在的老渔阳里2号（今南昌路100弄2号），是安徽都督柏文蔚的私房。1896年，陈独秀与柏文蔚同榜考中秀才，两个人虽然信仰不同，但革命同路，同窗加同乡，感情颇深。所以，陈独秀回上海后，柏文蔚就把房子借给他住。

陈独秀看罢译稿，连连称好："中国共产主义运动基础薄弱，没有本像样的理论书指导，怎么行？这译稿可是及时雨啊！"

他兴奋地带上译稿和日文、英文译本，找到李汉俊："陈望道立了大功，把《共产党宣言》翻译出来了，你这个马克思主义理论家好好看看，帮忙润色润色。"

工科出身的李汉俊学识渊博，除精通日语外，还懂得英文、法文、德文。沈雁冰晚年撰写的回忆录中说："现在年轻的一代，乃至中年的一代，大概不知道李汉俊是怎样的一个人。我在1921年至1922年，同他有较多的工作关系，我很钦佩他的品德和学问。他是湖北人，中学时代就在日本，直至大学毕业，学的是工科。日文很好，自不待言，甚至日本人也很钦佩。又通英、德、法三国文字。德文说得极流利，此与他学工科有关，法文、英文也能读能译。他如果不从事革命，稳稳当当可以做个工程师。"

李汉俊说："我已经先睹为快了，只是不知如何处理。别看这本书字数不多，翻译难度可不小，有很多新名词，我自感力所不逮，不敢动手。望道了不起！"

"是啊，有志者事竟成。"陈独秀感慨不已，"你尚且知难而退，望道不事张扬，却终成大事，就更值得钦佩了。你多费点心，帮他把把关。"

李汉俊连连摆手："休提把关，折煞我也。我当好好拜读，虚心学习。"

过了几天，陈望道从外面回来，李汉俊拿出一沓手稿："我没敢在你的手稿上动一个字，只是提一点粗浅意见，你看合意不？如不合意，再商榷。"

陈望道浏览一遍，十分惊讶："你做事真用心！提了这么多意见，多数都很中肯。"

两个人当即坐下来，将译稿和修改意见摊在桌上，对照着讨论。谈得兴起时，两个人仰头大笑。有时因一个字意见不合，争得脸红脖子粗的。李家人见状，连忙上前劝阻，他俩反倒莫名其妙，不知家人劝阻什么。李家人背后嘀咕："两个神经病！"

最后，仍有几处，谁也说服不了谁。他俩便拿着去找陈独秀，让陈独秀最后定夺。

对陈望道的才学修养，陈独秀大为赞叹。此时，新青年杂志社正需要编辑，他觉得陈望道堪担重任，便邀请陈望道前去。《新青年》编辑部设在陈独秀寓所。这样，陈望道就搬出李汉俊家，与陈独秀同住。

二　酝酿建党

俄国十月革命胜利后，建立苏维埃政权。1919年3月，在列宁领导下，共产国际成立，总部设于莫斯科。

共产国际又称第三国际，初成立时，各国支部大多从第二国际原有的支部分裂出来，是第二国际中的革命派发展而来的，正式抛弃改良主义，号召世界革命。1922年7月，中国共产党二大决定参加共产国际，成为它的一个支部，在很长一段时间里，第三国际成为中共的实际领导者，中共也从第三国际获取援助。1925年和1926年，中国国民党两次向共产国际申请加入，但都被拒绝。

1920年春天，一位叫维经斯基的俄国人，作为俄共（布）远东局和共产国际派出的代表，带着两名助手——季托夫和谢列布里亚科夫，还有他夫人库兹涅佐娃、翻译、旅俄华人、俄共(布)党员(到中国后转为中共党员)杨明斋,秘密来到中国。此行的目的,一是帮助中国建立共产党,二是考察在上海成立共产国际东亚书记处的可能性。

1920年4月,维经斯基来到北京,通过北大俄籍教师鲍立维和伊凡诺夫介绍,与李大钊见了面。维经斯基亲切地称李大钊"同志",说读过他写的关于马克思主义和十月革命的文章,觉得他已达到他们"同志"的水平。李大钊向他们隆重推介陈独秀。于是,维经斯基一行南下上海,与陈独秀会晤。

经陈独秀介绍,戴季陶与沈玄庐、李汉俊和《时事新报》负责人张东荪等人,作为宣传研究马克思社会主义的积极分子,也一起会见了维经斯基。

维经斯基与陈独秀多次接触,对他印象很好,在写给共产国际远东局的一份报告中,称他是"当地的一位享有很高声望和有很大影响的教授"。

随后,维经斯基在上海建立共产国际东亚书记处,下设中国科、朝鲜科和日本科,并任临时执行局书记。其中,中国科的任务:一是通过学生组织以及在中国沿海工业地区的工人组织成立共产主义基层组织,在中国进行党的建设工作;二是在中国军队中展开共产主义宣传;三是对中国工会建设施加影响;四是在中国组织出版工作。

1920年5月,陈独秀发起成立一个组织,史料中称其为"马克思主义研究会"。据陈望道1956年6月17日在《回忆党成立时期的一些情况》中回忆,当时,他们都住得很近(都在法租界),几个人都是搞文化的,经常在一起,越谈越觉得,要彻底改革旧文化,根本改革社会制度,有研究马克思主义的必要,有组织中国共产党的必要,便组织了"马克思主义研究会"。这是一个秘密的组织,没有纲领,会员入会也没有成文的手续,参加者有:陈独秀、沈雁冰、李达、李汉俊、陈望道、邵力子等,先由陈独秀负责,一开始就叫"书记"。这"书记"的名称,是从俄国来的(在过去中国的习惯用法中,"书记"就是抄写员)。

但《陈独秀全传》的作者唐宝林认为,这个组织并不是真正的共产党组织,而是"社会主义同盟",即与无政府主义者等社会主义者联合的统一战线组织。也正是因为有这样的背景,陈独秀才成为共产国际和俄共(布)中央为在中国建立共产党物色的对象。

上海中共一大会址纪念馆研究院副院长任武雄认为,"马克思主义研究会"可能并不存在。他的依据是,上海有"马克思主义研究会"的说法,主要是根据陈望道、邵力子的回忆。但其他成员,如沈雁冰、施存统、李达等,或者对"马克思主义研究会"的存在加以否认,或者从未提及。

日本学者石川祯浩考证后发现,陈望道关于"马克思主义研究会"的记忆不准确。因为,陈望道所翻译的《共产党宣言》的出版者,是上海的"社会主义研究社",即《新青年》杂志的发行者新青年社。他认为,"陈望道把'社会主义研究社'误作'马克思主义研究会'了"。

1920年6月,在维经斯基帮助下,陈独秀、李汉俊、俞秀松、施存统、陈公培开始筹建党组织。

按照维经斯基的想法,7月初就召开各城市的革命者联合代表会议,把各革命团体联合起来（可以容纳无政府主义者）,组成一个中心组织,建立对中国现存政府不利的革命政党。但陈独秀不同意,表示要建立信仰无产阶级专政的政党。维经斯基赞同陈独秀的意见,决定在上海座谈会的基础上,成立共产党发起组织。

为此,陈独秀与戴季陶等人一起,先筹建社会主义青年团,以期在人才和组织等方面,为成立中国共产党作准备。这个时期的戴季陶,对社会主义充满向往和热情,在《星期评论》中积极宣传马克思主义,介绍苏维埃政权,被陈独秀视为同路人,密切交往,结为同志。中国社会主义青年团在上海成立时,团址就设在他的住址,对外称"外国语学社"。

陈独秀赞赏说,"戴季陶对马克思主义信仰甚笃,而且有过相当的研究"。此时,法租界对革命党的活动密切监视,上海流氓也经常敲诈勒索,戴季陶仍无所畏惧,把自己寓所提供出来,作为活动场所。

社会主义青年团成立后,维经斯基打算,把《新青年》《星期评论》《时事新报》结合起来,乘五四运动的东风,建立一个革命同盟,并由这几个刊物的主持人物联合起来,发起成立中国共产党或中国社会党。在座谈会上,他提出这个建议,多数与会者赞同,也有人反对,张东荪只参加一次座谈会就退出了。

最初,戴季陶表示同意,但在酝酿过程中,他的态度开始发生变化。

有一天,大家在讨论党纲问题。此时,党纲已起草完毕,内有这样一条:"共产党员不做资产阶级政府的官吏,不加入资产阶级的政治团体。"

盯着这条内容,戴季陶沉思良久,犹豫再三,说:"我是国民党员,立誓此生追随孙先生,只要孙先生在世一日,我就不能加入别的党,更不可能同孙先生和国民党断绝关系。"说罢,他的眼圈就红了。

会后,戴季陶给大家写了一封信。信中说,他和国民党关系太深,的确不能参加共产党的组织,不过他是同情共产党的;他正在筹办交易所,打算以交易所的盈余,来资助共产党的经费。

据张国焘后来回忆,陈独秀曾同他谈过当时的情形,"在这个小组正式成立的会上,每个参加者都曾正式表示加入的意思。戴季陶则表示他与孙中山先生的深切关系,不能成为一个党员,并因此哭了一场;因为他内心很相信共产主义,很想加入,但又不能如愿以偿"。

到了8月,在新青年杂志社,上海的共产党早期组织正式成立。这是中国第一个共产党组织。发起人共有8人,即陈独秀、李汉俊、沈玄庐、陈望道、俞秀松、施存统、杨明斋、李达,陈独秀任书记。其中,李汉俊、沈玄庐、陈望道、俞秀松都曾是星期评论杂志社的编辑。

上海共产党早期组织成立后,成为各地建党活动的联络中心,起着中国共产党发起组的重要作用。

1920年10月,由李大钊、张申府、张国焘3人发起成立北京共产党早期组织,当时称"共产党小组",同年底决定成立共产党北京支部,李大钊为书记,成员大多为北京大学马克思学说研究会的骨干。它曾帮助天津、唐山、太原、济南等地的共产主义者开展工作,对北方党团组织的建立起过促进作用。

在上海及北京党组织的联络和推动下,党的早期组织在各地如雨后春笋般涌现:

1920年秋,董必武、陈潭秋、包惠僧等在武昌正式成立武汉共产党早期组织,推选包惠僧为书记。

1920年秋,施存统、周佛海等在日本东京建立旅日共产党早期组织,施存统为负责人。

1920年秋冬之际,毛泽东、何叔衡等在长沙,以新民学会骨干为核心秘密组建共产党早期组织。

1920年底至1921年初,王尽美、邓恩铭等在济南建立共产党早期组织。

1921年春,在与无政府主义者组织的"共产党"分道扬镳后,陈独秀等重新组建广州共产党早期组织,成员有谭平山、陈公博、谭植棠等,陈独秀、谭平山先后任书记。

1921年,张申府、周恩来、赵世炎、刘清扬等在法国巴黎也建立了由留学生中先进分子组成的共产党早期组织,张申府为负责人。

这些共产党早期组织的名称不一,有的叫"共产党",有的叫"共产党支部"或"共产党小组",他们的性质相同,都是组成统一的中国共产党的地方组织,后来被通称为"共产主义小组"。

以陈独秀为书记的上海共产党早期组织,开创中国共产党历史上诸多"第一":1920年8月15日,创办发刊最早、出版时间最长、影响最大的工人刊物《劳动界》,创办党的第一个出版机构"社会主义研究社",开办第一所干部学校"外国语学社";8月22日,成立中国社会主义青年团,陈独秀指定俞秀松为书记;10月3日,召开发起第一个产业工会"上海机器工会";11月7日,创办第一个秘密理论刊物《共产党》月刊,制定第一个《中国共产党宣言》。对于推动各地共产党早期组织和青年团组织的建立,作出了不可磨灭的贡献。

陈望道是发起组核心成员之一,任劳工部部长,在办刊物、办学校和发动工人等方面,都做了大量工作。在办刊物方面,他曾任新青年杂志社主编,开辟《俄罗斯研究》专栏,积极传播马克思主义。为在工人中宣传马克思主义,他参与创办《共产党》月刊和《劳动界》,用通俗语言在工人群众中宣传马克思主义,并在《劳动界》的《演说》栏目发表文章。

在办学校方面,1920年,上海发起组办起一所青年学校和一所平民女校。青年学校即外国语学社,是社会主义青年团的机关所在地。陈望道是青年团八位创始人之一,也是外国语学社的文化教员。

在发动工人方面,身为劳工部部长的陈望道,不但关注工人教育,去工人夜校授课,还创办起邮电工会。因为邮电工人相对有文化基础,所以陈望道先把他们组织起来。1920年11月,陈望道又帮助建立上海机器工会。同年12月,上海印刷工会也宣布成立。

过去,很多人认为:1920年8月,在上海成立的中国共产党第一个早期组织叫"共产党"。中共中央党史研究室2002年版的《中国共产党历史》,在介绍上述1920年8月的会议时,也直称"取名为中国共产党"。

我从掌握的史料分析,这个组织刚成立时,应该叫"社会党",随后才改称"共产党"。当年,陈独秀发表在《新青年》上的一篇文章,是有力佐证。

1920年9月1日出版的《新青年》,发表陈独秀的《对于时局的我见》。内有这样两段文字:

> 法律是强权底化身,若是没有强权,空言护法毁法,都是不懂得法律历史的见解。吾党对于法律底态度,既不像法律家那样迷信他,也不像无政府党根本排斥他;我们希望法律随着阶级党派的新陈代谢,渐次进步,终久有社会党的立法,劳动者的国家出现的一日。
>
> 在社会党的立法和劳动者的国家未成立以前,资本阶级内民主派的立法和政治,在社会进化上决不是毫无意义。所以吾党遇着资本阶级内民主派和君主派战争的时候,应该帮助前者攻击后者。后者胜利时,马上就是我们的敌人……吾党虽不像无政府党绝对否认政治的组织,也决不屑学德国的社会民主党,利用资本阶级的政治机关和权力作政治活动。

文中三次提到"吾党",两次把"社会党"与"劳动者国家"并列,说明当时的党名叫"社会党"。

但是,关于党的名称究竟叫什么好,陈独秀仍吃不准。上海发起组成立后,他给北大教授张申府写了封信。信中说,在开始酝酿建党的时候,除有信仰共产主义者外,还有胡汉民、戴季陶、张东荪等人以及一些无政府主义者,所以叫"社会党",叫共产党怕他们接受不了。现在他们都退出了,是叫社会党还是共产党,他拿不准,要张申府与李大钊一道商量商量。

李大钊和张申府是北京最早的两名中共党员,他俩发展的第三名党员,便是北大学生张国焘。张申府收到信后,立刻将信给李大钊看。

看了信后,李大钊深思片刻,果断告诉张申府:"共产国际'二大'上,列宁坚决抛弃第二国际,'社会党'的旗号实已落伍,俄国社会民主工党已称共产党了,其他一些国家原叫社会党的也正改称共产党。你回信给仲甫先生,不要叫社会党,要旗帜鲜明地叫'共产党'!"

张申府是"南陈北李"间的联络者,为中共建党出了不少力。1920年冬,他赴法国巴黎勤工俭学,在李石曾、吴稚晖等人办的里昂中法大学教逻辑学。临行前,李大钊、陈独秀委托张申府,到法国后继续发展党员、建立党组织。1921年初,经张申府介绍,刘清扬加入中国共产党巴黎小组,二人结为夫妇。1921年2月,他俩又介绍周恩来加入中国共产党。此时,周恩来刚到法国三个月。

很快,上海的党员赵世炎和陈公培也来到法国。于是,张申府、周恩来、刘清扬、赵世炎、陈公培五人组成一个共产党早期组织。不久,组织的事就由周恩来管理。赵世炎有个妹妹叫赵君陶,其子李鹏后来成为中华人民共和国总理。

说起刘清扬,她差点成为中国共产党第一位女党员。

刘清扬生于1894年,回族,天津人。1920年8月,李大钊筹建北京中国共产党早期组织时,北京的党员,只有他和张申府。本来想发展刘清扬,他俩同她谈话时,她却拒绝了。

为什么要拒绝呢?根子在张国焘。后来,刘清扬在《北京、天津党组织的建立和发展》一文中,解开了这个谜团:

> 这时(注:9月份),李大钊同志通过张国焘给天津写信,约我到北京谈话。我到北京见了李大钊同志,他说:成立了共产主义小组,其中有张申府、张国焘等,并希望我成为一个妇女中的小组成员。但是我拒绝了,这是我终生的遗憾。拒绝的原因是我和张国焘有一个感情上的沟壑。五四运动时,我和马骏代表天津学生,出席全国各界联合会的成立大会(这个会是由天津发起的),张国焘代表北京学生出席,我们在一起工作。我感到他思想狭隘,既不善于团结人,又没有远大的革命理想。大约是在五四运动接

近结束的时候,他向我提出恋爱要求。本来我们"觉悟社"的社员是不能过早地考虑个人问题的。虽说五四运动的火热斗争将要结束,但仍在作坚持长期革命斗争的准备,所以我根本没有考虑过什么个人的恋爱问题,因而我严肃地拒绝了张国焘的要求。所以,当李大钊同志要我加入共产主义小组时,因为张国焘也在小组里,怕他再和我纠缠,我就表示拒绝了。我对李大钊同志说:"我是要坚决革命到底的,但我还不懂得共产主义(当时我的思想认识水平确实很低),所以我必须学习懂了再入组,好为共产主义事业奋斗到底。"

按照李大钊的意见,张申府给陈独秀回了信,陈独秀看后说:"守常说得有理,就叫'共产党'!"1920年暑期,张申府特意到上海,与陈独秀商讨建党问题。

1920年11月7日,即十月革命胜利3周年之际,一份新杂志在上海面世,刊名就叫《共产党》,创刊词《短言》由陈独秀撰写,阐明共产党的基本主张:

> 经济的改造自然占人类改造之主要地位。吾人生产方法除资本主义及社会主义外,别无他途。资本主义在欧美已经由发达而倾于崩坏了……代他而起的自然是社会主义的生产方法,俄罗斯正是这种方法最大的最新的试验场。……
>
> ……要想把我们的同胞从奴隶境遇中完全救出,非由生产劳动者全体结合起来,用革命的手段打倒本国外国一切资本阶级,跟着俄国的共产党一同试验新的生产方法不可。……
>
> ……我们只有用阶级战争的手段,打倒一切资本阶级,从他们手里抢夺来政权;并且用劳动专政的制度,拥护劳动者底政权,建设劳动者的国家以至于无国家,使资本阶级永远不致发生。……

共产党杂志社的地址、印刷、发行都未公开,作者用的都是化名。这家由上海共产党早期组织主办的月刊,第一次在中国竖起"共产党"旗帜,发行量最高达5000份,广泛发到各地共产主义者、旅欧勤工俭学的革命者手中。这意味着，中国共产党从一开始，就是马克思列宁主义政党的性质。

在党的名称上，还有一位革命先驱，与李大钊的主张不谋而合，可谓英雄所见略同。

1918年4月，新民学会在长沙正式成立，会员都是有理想有抱负的青年，毛泽东和蔡和森是创立者。同年6月，23岁的蔡和森受学会委托，赴北京组织赴法勤工俭学事宜，次年12月从上海乘船赴法，先入蒙达尼中学就读，不到一个月就离校自学，靠着一本《法华字典》，三个月后就基本能看懂法文报纸，开始接触马克思主义，并逐步奉之为信仰。

有一天，蔡和森在法文报纸上看到，1920年7月，30多个国家的代表聚集莫斯科，召开万国共产党会议，认定苏联一定会派人到中国组建共产党，十分兴奋，先后写信给毛泽东和陈独秀，介绍欧洲社会主义运动，阐述创建中国共产党的主张。在写给毛泽东的第一封信中，他认真分析世界革命运动大势，认为中国将来的改造，完全适用社会主义的原理和方法，并提出建党主张："我认为先要组织党——共产党。因为他是革命运动的发动者、宣传者、先锋队、作战部。以中国现在的情形看来，须先组织他，然后工团、合作社，才能发生有力的组织。"他还建议毛泽东："我愿你准备做俄国的十月革命。这种预言，我自信有九分对，因此你在国内不可不早有所准备。"

这封写自8月13日的信，辗转数月，一直到11月，才送到毛泽东手上。久未等到好友回信，蔡和森迫不及待，9月16日又写了第二封信，长达6000多字，进一步阐述创建中国共产党的理论，"明目张胆正式成立一个中国共产党"，并提出具体的建党步骤。

蔡和森充满激情的来信，让毛泽东产生强烈共鸣，在第一封回信中，对蔡和森的建党主张"深切赞同"；在第二封回信中说："你这一封信见地极当，我没有一个字不赞同。"

这些珍贵书信，后来被毛泽东整理成册，加注按语和标题，汇编成三本《新民学会会员通信集》，1920年底由长沙文化书社出版，中国革命博物馆至今仍存有原件，长沙新民学会旧址展馆内也陈列着复制件。

三 错印封面

陈望道心心念念的,是让《共产党宣言》中译本尽早问世。上海共产党早期组织的成立,让他看到了希望。

上海共产党早期组织成立后,把出版《共产党宣言》中译本列入计划。这天,陈独秀约了陈望道和李汉俊等人碰头,商议出版中译本《共产党宣言》的事。

李汉俊挠了挠头:"现在局势已经趋于紧张,《星期评论》也被迫停刊了,公开出版《共产党宣言》会有麻烦。"

陈望道眉头紧锁,叹了口气:"是啊,上海的华界在军阀统治下,租界在帝国主义统治下,哪里能容忍《共产党宣言》公开印刷发行?"

李汉俊接着说:"还有一个难题,到哪里筹集出版经费呢?"

"钱的事,我想办法。"陈独秀踱着步子,"听说维经斯基带来一大笔共产国际经费,我找他去商量商量。"

陈望道一听转忧为喜:"如此甚好!"

听说要出版《共产党宣言》中文译本,维经斯基当即拍板:"在中国组织出版工作,是我们的工作内容之一。好!给你们一笔经费,你们干脆建一个印刷所,今后还要经常印资料呢。"

拿到钱后,陈独秀、陈望道等人立刻张罗起来,在辣斐德路(今复兴中路)成裕里12号租了一间房子,秘密开设又新印刷所,所名取自"苟日新,日日新,又日新",负责承印《共产党宣言》。

这天,陈独秀和陈望道、李汉俊等人悄悄来到印刷所,其急切心情,就像等着自己的孩子降生。过了一会儿,工人送来几本刚装帧好的小册子,一股油墨的清香沁人心脾。几个人迫不及待地捧在手里,一边仔细端详,一边压着嗓子,兴奋地议论着。

这是一本小32开的小册子,高18.1厘米,宽12.4厘米,封面是水红色的,中央印有大幅马克思半身坐像。肖像上端,依次印有4排字:社会主义研究小丛书第一种,共党产宣言,马格斯、安格尔斯合著,陈望道译;肖像下方,有"马格斯"3字。在书封底,印有"一千九百二十年八月出版,定价大洋一角。原著者:马格斯、安格尔斯;翻译者:陈望道;印刷及发行者:社会主义研究社"。

翻开书本,里面无扉页,无序言,无目录,内文共56页,每页11行,每行36个字,采用繁体字和新式标点,用5号铅字竖版直排,页侧印有"共产党宣言"的页边字,页角注汉字小写页码。许多新名词和专用术语以及部分章节标题,如"贵族""平民""宗教社会主义""贫困底(的)哲学"等,都用英文原文加括号附注。在"有产者与无产者"一章标题旁,除标明英文原文外,还用中文注释:"有产者就是有财产的人资本家财主……无产者就是没有财产的劳动家"。

"哎呀,糟糕,印错了!"眼尖的陈望道惊叫一声,"怎么印成《共党产宣言》了?"

陈独秀仔细一看,可不是吗,封面上果然印着"共党产宣言"!

"快停下,快停下!"陈望道连忙朝印刷工人喊。

可是已经晚了,500册已经装帧好。

"怎么办?毁掉重印?"几个印刷工人慌了。

"不行!"陈独秀摇摇头,"我们本来就缺经费,这样太浪费了。"

"好在页侧和封底的书名没印错,"李汉俊安慰道,"没关系,内容比形式更重要。"

"这样吧,"陈独秀思忖片刻,果断决定,"再印500册,这批书就不要出售了,全部免费赠送。把封面重新排版,下个月再印1000册,封面改成蓝色的。"

当然,他们并没有料到,这一错误,却为后人鉴别这个版本的《共产党宣言》提供了铁证。

看到在自己推动和资助下的成果,维经斯基十分高兴。1920年8月17日,他给共产国际写了一封信。信中说,中国不仅成立了共产党发起小组,而且正式出版了《共产党宣言》。

上海党组织成立后,维经斯基多次参加会议,一起讨论党的工作和工人运动问题。为帮助我国劳动者了解俄式革命,启发他们奋起革命,他还以吴廷康为名,撰文《中国劳动者与劳农议会的俄国》,刊登在《劳动界》第13册上。1921年初春,维经斯基回国。

关于陈望道译本第一版的出版时间,长期以来存在分歧。有的说是1920年4月,有的说是1920年5月。现在看来,比较准确的时间应该是1920年8月。证据是俞秀松的日记和维经斯基写给共产国际的信。

1932年7月,俞秀松等人受全联盟共产党(苏共前身)中央委派,到伯力工作。伯力原属清政府管辖,1860年被沙俄割占。1935年6月,他又被派往新疆工作,被盛世才任命为省立一中校长和新疆学院院长。1937年11月,王明和康生从苏联回国途经新疆时,借盛世才之手,将俞秀松逮捕入狱。回延安后,王明、康生又诬蔑俞秀松等为托洛茨基匪徒,借苏联肃反扩大化之机将其杀害。1962年5月,俞秀松被追认为烈士。

俞秀松遇难后,其遗骸不知所终。上海福寿园在团市委支持下,多次与烈士遗孀安志洁和四弟俞寿臧联系,为烈士建碑立传。2002年12月,在共青团成立80周年之际,俞秀松烈士纪念铜像正式落成。

1991年,俞秀松的日记在上海被发现。据其日记记载:"1920年6月27日,夜,望道叫我明天送他译的《共产党宣言》到独秀家里去""28日,九点到独秀家,将望道译的《共产党宣言》交给他"。

从俞秀松的日记中,可以判断出版时间一定是在1920年7月以后。而从维经斯基写给共产国际那封信的落款时间,则可以判断出版时间是在1920年8月17日之前。

此外,中译本的封底,印的也是1920年8月出版。

8月版的两次印数只有1000册,一经推出,立刻引起先进知识分子的强烈关注,很快一抢而空。9月,又印了1000册,改为蓝色封面,只是封底改为"一千九百二十年九月再版"字样,还是很抢手。

陈望道对鲁迅向来敬重,译本出版后,特地寄赠给他和周作人兄弟俩,请他们指点。

鲁迅收书当天,就读了一遍,对周作人说:"这本书虽然译得不够理想,但总算译出一个全译本来。现在大家都在议论什么'过激主义'来了,但就没有人切切实实地把这个'主义'真正介绍到国内来,其实这倒是当前最紧要的工作。望道在杭州大闹了一阵之后,这次埋头苦干,把这本书译出来,对中国做了一件好事。"

看到自己的心血获得空前成功,陈望道和陈独秀、李汉俊都十分兴奋,约了邵力子、沈玄庐等友人,悄悄地庆贺一番。

邵力子显得十分得意,端起家乡的绍兴老酒,有滋有味地呷了一口,晃动着大拇指说:"我这个'月下老人'功劳不小吧?没有推荐错人吧?"

陈独秀两颊红扑扑的,逗他:"瞧你得意的。你干脆说,功劳统统归你一个人得了。"

一句话,逗得大家哈哈大笑。

"没有革命的理论,就没有革命的行动。"陈独秀斟满一杯绍兴老酒,郑重其事地站起来,"这本《共产党宣言》就像是一颗革命火种,必将在中国大地上呈燎原之势。来,让我们干了这杯,预祝中国共产党早日成功,英特纳雄耐尔早日实现!"说罢,一仰脸子,杯子见底。

"干!"大家齐刷刷地站起来,端起杯子,一饮而尽。

邵力子说:"很多读者渴望得到此书,苦于寻找不到'社会主义研究社'的地址,纷纷投书到我们报馆求助,有的还打听这本书的背景。"

"是啊,"沈玄庐接过话茬,"好几位友人也找到我,缠着我打听这'社会主义研究社'在哪里,我咋能告诉他们?"他两手一摊,扮了个鬼脸:"你们这不是给我出难题吗?罚酒,罚酒。"

大家又是一阵笑。李汉俊说:"这'社会主义研究社',本来就是杜撰的,外人哪里知道就是咱们的新青年社?真实社址当然不能告诉外人,否则当局肯定要来找碴儿。难为你了,该罚,该罚。"说着端起酒杯。陈独秀和陈望道也跟着端起。

"这是一个很好的开端。你们看这样行不行?"陈独秀沉吟道,"我们继续做好再版的准备,另外在《觉悟》上发个公开信,介绍一下书的背景,给读者统一做个交代,同时含蓄地告诉他们购书地址。"

"好,这个我来写。"沈玄庐自告奋勇。

邵力子转向陈望道:"有的人在信中也指出译作中的错误,我统计了一下,全书错字、漏字达25处,比如第一页中,'法国急进党'写成'法国急近党'。再版前,还是纠正一下为好。"

陈望道说:"有些错误我已注意到了。你把那几封信转给我看一下,我对照修改。"

沈玄庐说:"那我在公开信里一并回应吧。"

陈独秀说:"行。"

1920年9月30日,《民国日报》副刊《觉悟》上,刊出一则《答人问〈共产党宣言〉底(的)发行所》公开信:

慧心、明泉、秋心、丹初、P.A:

你们的来信问陈译马克思《共产党宣言》的买处,因为问的人太多,没工夫一一回信,所以借本栏答复你们的话:

一、"社会主义研究社",我不知道在哪里。我看的一本是陈独秀先生给我的;独秀先生是到"新青年社"拿来的,新青年社在法大马路大自鸣钟对面。

二、这本书底(的)内容,《新青年》《国民》——北京大学出版、《晨报》都零零碎碎地译出过几本或几节的。凡研究《资本论》这个学说系统的人,不能不看《共产党宣言》;所以望道先生费了平时译书的五倍功夫,把彼底全文译了出来,经陈独秀、李汉俊两先生校对,可惜还有些错误的地方,好在初版已经快完了,再版的时候我希望陈望道亲自校勘一遍!(玄庐)

第十章

从这里开天辟地

1920年10月,广东的粤军司令陈炯明在孙中山支持下,赶走桂系军阀,进驻广州。11月,孙中山在广州组织护法政府,与北京政府对立,任命陈炯明为广东省省长。陈炯明一上任,就电邀陈独秀去广东主持教育,提倡新思想,发展新文化。

12月17日,陈独秀登船离沪赴粤。行前,他指定李汉俊任代理书记(1921年2月,李达任代理书记)、李达任共产党杂志社主编、陈望道任新青年杂志社主编。在这之前,从1920年秋天开学起,陈望道已接受复旦大学中文系主任邵力子聘请,到该系任教。

就在这时,列宁的热切目光,投向古老的东方大国。以他为首的共产国际,对中国革命运动和中国共产党的成立十分关心,在维经斯基回国后,又委任荷兰人马林为共产国际驻中国代表。

1921年4月,马林从莫斯科出发,取道欧洲,乘意大利劳尔·特利斯提诺公司的轮船,于6月3日抵达上海,化名安德雷森,住进南京路东方大旅社,6月14日换到麦根路32号一家公寓。这时,俄国人尼科尔斯基也来到上海,他是共产国际远东书记处和赤色职工国际代表。

他们先联系上李达和李汉俊,了解中国各地发起组织共产党的情况,认为中国组党时机确已成熟,建议及早召开党的全国代表大会,宣告中国共产党正式成立。李达接受了他们的建议。

于是,李达、李汉俊分别写信给各地共产党组织,通知各派2名代表,到上海参加第一次全国代表大会。李汉俊还给陈独秀寄去200元路费。代表名额不是以党员人数为标准,而是以地区为标准,每个地区产生2名。

关于中国共产党早期组织成员的人数,长期有不同的说法。马林给共产国际的报告中说是50人,中共一大给共产国际的报告说是53人,陈独秀给共产国际的报告写得比较含糊,说是50余人。后来,张国焘在莫斯科说是57人。主要的争议,围绕"53人说"与"57人说"展开。

"57人说"依据的,是1928年中共六大召开时的一份统计表,该表中所记一大党员数为57人,包括旅法小组。但这一记载在后期论述时,对于代表中"工人4人"一说的争议较大。

而"53人说"的依据是,共产国际中共代表团档案中,保存着一份写于1921年下半年的不具名的俄文档案文献《中国共产党第一次代表大会》,这个应该是距离中共一大召开最近的一份文字记载。文中称"已有6个小组,有53个成员"。

但这份档案并没有把旅日、旅法小组包括在内。如果都算上,应该是8个小组,又由于旅日小组已包括在上海小组内,所以应在53个成员之上再加上旅法小组5人,这样应有58人。

由中共中央党史研究室著、中共党史出版社2011年1月出版的《中国共产党历史》第一卷,在"党的早期组织的建立"一节中,一共列举了59名成员的名单。这份名单中,陈独秀、陈公培、施存统、袁振英、周佛海、张申府6人重复出现,所以只有53人。如果去掉旅法小组的5个人,只有48人,与俄文档案文献中所说的国内"现在有6个小组,有53名成员"之说法不相符。

中共浙江嘉兴市委宣传部、市社科联、嘉兴学院红船精神研究中心协同,承担"中共创建过程中重大历史问题"的研究,课题组历时3年,考证了中共早期组织建立的过程、成员的人数、每个成员的基本情况,厘清中共8个早期组织建立的过程,基本弄清中共早期组织每一个成员的情况,提出中共早期组织有58个成员的新观点。权威专家认为填补了中共创建史研究空白。课题组联合撰写的《中国共产党早期组织及其成员研究》,2013年12月由中共党史出版社出版。

2016年6月,中共中央党史研究室著的《中国共产党的九十年》,由中共党史出版社、党建读物出版社出版。书中采纳了嘉兴的研究成果,认同58人之说。他们是:

上海(14人):陈独秀、李汉俊、李达、陈望道、沈玄庐、邵力子、袁振英、林伯渠、沈雁冰、沈泽民、杨明斋、俞秀松、李启汉、李中。

北京(16人):李大钊、张国焘、邓中夏、高君宇、何孟雄、罗章龙、刘仁静、范鸿劼、缪伯英、张太雷、李梅羹、朱务善、宋介、江浩、吴雨铭、陈德荣。

武汉(8人):董必武、陈潭秋、包惠僧、刘伯垂、张国恩、赵子健、郑凯卿、赵子俊。

长沙(6人):毛泽东、何叔衡、彭璜、贺民范、易礼容、陈子博。

广州(4人):谭平山、陈公博、谭植棠、李季。

济南(3人):王尽美、邓恩铭、王翔千。

旅法中共早期组织(5人):张申府、周恩来、刘清扬、赵世炎、陈公培。

旅日中共早期组织(2人):施存统、周佛海。

根据嘉兴的考证,这58名党员,基本上都是知识分子。其中,留日的有18人,北大毕业生有17人,其他大学的有8人,中师、中学毕业的有13人。

从籍贯来看,湖南、湖北人数较多,分别为20人、11人。鲜明的地域特征,折射出太平天国运动、辛亥革命不容忽视的影响力。此外,他们大多走出故乡,到北京、上海甚至远赴海外留学,从而接受了马克思主义。因此,聚集在北京和上海的最多。

他们之中,有参加过辛亥革命的老同盟会会员,在实践中接受了马克思主义,如董必武、林伯渠、贺民范等人。而陈独秀、李大钊等人,则成为新文化运动的精神领袖。也有五四运动前出国留学的知识分子,留学海外的经历使他们了解到社会主义的理念。最为年轻的是在五四运动时期成长起来的左翼青年学生,以北大学生居多。还有湖南以毛泽东为代表的一批青年学生以及赴法国勤工俭学的学生。这一代从新文化运动成长起来的知识分子和知识青年的群体特征表明,中国共产党诞生的历史起点很高,是近代中国社会变革深入到思想文化层面的产物。

在革命征途上,58名成员历经革命战争的"大浪淘沙",有21人牺牲(包括在革命岗位上病逝),有16人因各种原因脱党退党。脱党后又恢复党籍参加革命工作的有5人。有8人被开除党籍。到革命胜利时,成为党和国家领导人的有4人。

他们当中,大多数人经受住了考验。这充分说明,这个群体是当时中国先进分子的集中代表。

一 百川归海

会场很快定下来,就在李书城的公馆,法租界贝勒路树德里3号(后来曾改为望志路106号,现为兴业路76号)。李书城去外地避暑,房子空着,李汉俊就做主了。

李书城留学日本时,结识孙中山,并参与发起建立同盟会。武昌起义时,任总司令部参谋长,英勇指挥作战,横扫清兵,出奇制胜。1912年,南京国民政府任命他为总统府军事秘书兼陆军顾问,成为孙中山的得力助手,是国民党元老,有崇高威望。

代表住宿的事,李达交给妻子王会悟办。他对妻子说:"我们要开个会,需要找个地方给代表住。你对上海情况熟,帮忙安排一下。"

"没问题,交给我吧!"王会悟满口答应,立即出门办理。

王会悟相中的是博文女校。学校在法租界蒲柏路389号(今太仓路127号),离会场不远,行动方便,加之正值暑假,师生都已离校,只有一个校工,在此住易于保密。王会悟认识校长黄绍兰,遂以北京大学师生暑期旅行团名义,向她租借房间,一次性支付三个月的房租,讲明只住一个月(实际只住不到半个月),买来芦席铺地,以当床铺,还请了一个可靠的校役做饭。

各地共产党组织接到通知后,积极响应,纷纷推派代表。由于党处于秘密状态,又缺乏统一的规章和严格的制度,加上各地政治环境不同,活动特点也不一样,所以产生代表的方式不同,代表到达上海的时间也不一样。

此时,陈独秀正担任广东政府教育委员会委员长兼大学预科校长,接到李汉俊的信后,召集党员,在谭植棠家中开会。他说:"李汉俊告诉我,第三国际和赤色职工国际派了两个代表到上海,要召开中国共产党的发起会,要我回上海,我还不能去,至少现在不能去,因为我正在争取一笔款子修建校舍,我一走,款子就不好办了。这样吧,我提名陈公博为代表,再委派包惠僧代表我参加。"

陈独秀在党内威望极高,广州的党员都是他的学生,他既作出决定,别人只好同意。

新婚燕尔的陈公博,借度蜜月的名义,于7月14日,偕妻子从广州出发,经由香港转赴上海,于7月21日前后到达上海。

包惠僧原是武汉共产党早期组织的成员,1921年初因事到上海。5月中旬,李达派他去广州,找陈独秀商谈工作,后留在广州,与陈独秀关系密切。他于7月15日动身,大约7月20日到达。

李大钊是北大教授兼图书馆主任,兼任北京八校教职员代表联席会议主席,公务繁忙,无法抽身。于是,北京组织推选张国焘、刘仁静为代表。张国焘因要参与会议筹备工作,当选代表后,很快就动身赴沪。刘仁静于7月上旬到达。

长沙代表是毛泽东、何叔衡。毛泽东接到李达的信后,立刻相约何叔衡同行。何叔衡时任《湖南通俗日报》经理。6月29日晚,他俩从长沙乘船北上,经武汉转赴上海,7月4日以后到达。

武汉代表是董必武、陈潭秋,于7月20日前后到达。

济南代表是王尽美、邓恩铭,于6月下旬到达。

旅日小组只有2名党员,即施存统和周佛海,也产生2名代表。因施存统到日本时间不长、功课很紧,故未回国。周佛海乘暑假之机回国,7月下旬才抵上海。

旅法小组因路途遥远,接到开会通知后,没有派代表回国。

外地代表均住在博文女校,只有陈公博住在南京路英华街大东旅社。大会原定6月20日召开,因代表7月23日才全部到达,所以推迟了。

各地代表到齐后,在住地开了一个简短的预备会,相互问候和交换意见,一致认为,应立即召开大会,宣告党的成立。

工于心计的张国焘,暗暗观察每个人,后来写入他的回忆录中:

马林很骄傲,很难说话,作风与维经斯基迥然不同,与李汉俊和李达第一次见面就谈得不大投机;尼科尔斯基不大说话,像个老实人;李汉俊是位学者型人物,称得上是理论家,对马克思经济学说的研究特别有兴趣,不轻易附和人家,爱坦率表示不同见解,但态度雍容,喜怒不形于色;刘仁静埋头于书本,读过许多有关共产国际的文件;王尽美、邓恩铭都是刚毕业的中学生,因在五四运动中积极活动而著名;董必武为人淳朴,蓄着八字式的胡子,活像一个老学究,谈吐中才表现出一些革命家的倔强性格;陈潭秋老是一本正经,教员味十足;包惠僧是个初出茅庐的新闻记者;何叔衡是一位读线装书的年长者,常常张开大嘴,说话表情都很吃力,对马克思主义懂得最少,但显出一股诚实和热情的劲儿;毛泽东也脱不了湖南的土气,是一位较活跃的白面书生,穿着一件布长衫,常识相当丰富……

7月23日晚,中国共产党第一次代表大会在李公馆开幕。上海人进出习惯走后门,王会悟关紧前门,在后门望风。

这是一座老式石库门建筑,一楼一底,青色砖墙,黑色大门,红色门楣。进入大门,有一个小天井。穿过天井,是客堂,能容纳十几个人,会场就设在这里,面积不大,中间摆一张大餐桌,四面放十几把椅子,十几个人坐下来,满满当当。

出席会议的有13人:董必武、李汉俊、毛泽东、李达、陈潭秋、何叔衡、王尽美、邓恩铭、刘仁静、张国焘、陈公博、周佛海、包惠僧,代表全国50多位党员。此外,还有马林和尼科尔斯基,共15人。筹备组给每位代表发了一本陈望道译的《共产党宣言》,大家如获至宝,爱不释手,读后反响热烈。

与会者平均年龄28岁,正巧是毛泽东的年龄。更为巧合的是,从中共一大召开,到夺取全国政权,也恰好是28年。

关于出席中共一大的代表人数,有两种不同说法,一种是13人,一种是12

人。如刘仁静在《回忆"五四"运动、北京马克思主义研究会和党的"一大"》(写于1957年4月,1980年3月修改,收录于人民出版社1980年7月版《"一大"前后》)中称:"第一次党代会的人数是12人。包惠僧不是代表。"

陈独秀和李大钊虽然亲手创建了中国共产党,却都没有出席"一大"。如果他俩能预见到这次会议在中国历史上的意义和分量,也许就不会缺席了。

其实,即使是与会的代表,也都没有太看重这次会议,甚至没人记得此次会议的具体时间。19年后的延安时期,中央决定纪念党的生日时,曾经参加"一大"的毛泽东和董必武,竟然都忘记具体的日期,只好把党的生日大致定在"7月1日"。

1978年8月,中国社科院李新受命编著《中国新民主主义革命史长编》,组织一批著名学者详细考证后,才终于确定"一大"开幕的日期为1921年7月23日。

据《陈独秀传》作者陈利明考证,陈独秀缺席"一大",虽然自称是为"筹款",但根本原因是,第三国际代表包办中共成立大会的错误做法引起他的强烈不满。

在陈独秀看来,马林建议召开中国共产党正式成立大会,本应先向他建议,然后由他出面筹办、召集,才合乎情理,可是却由李汉俊直接通知他去开会,他当然接受不了。他性格刚烈,为筹建中国共产党花费巨大心血,最后竟由两个外国人来主导,他深感人格尊严受到伤害。不过,由于中共上海发起组的代理书记已经接受马林的建议,他不好完全拒绝,也不好再改变召开大会的日期,只好借故不去,而是安排陈公博、包惠僧去,这是一种有限度的抵制,说明他还是顾全大局的。

后来,他也不赞成马林的主张。"一大"闭幕后,包惠僧奉命接他去上海任书记时,转述马林在"一大"上说的话,即中国共产党从成立起,就是共产国际的一个支部。他听了很反感。到上海后,他多次与马林交谈,还是谈不拢。他对大家说:"我们不能靠马林,要靠中国人自己组织党,中国革命靠中国人自己干,要一面工作,一面革命。"由此可见,在建党宗旨上,他与第三国际代表是有分歧的。而这,恰是他的可贵之处。

会议原定由陈独秀主持,直到临开会时,才改由张国焘主持。毛泽东和周佛海担任记录,刘仁静担任翻译。

开幕式上,先由张国焘报告会议筹备经过,介绍中共一大召开的意义,并提出这次代表大会应当具体讨论和所要解决的问题,主要是制定党的纲领、工作计划和选举中央机构。他念了陈独秀托陈公博带来的信,信中希望,大会在讨论党纲党章时需要注意四点:一是党员的发展与教育;二是党的民主集中制的运用;三是党的纪律;四是党的路线。

接着,马林和尼科尔斯基致辞,李汉俊和刘仁静即席翻译。马林一气讲了三四个小时,一直讲到子夜。

马林说,中国共产党的正式成立,具有重大的世界意义,共产国际增添了一个东方支部,苏俄布尔什维克增添了一个东方战友,希望中国同志努力工作,接受共产国际的指导,为全世界无产者联合起来,作出自己的贡献。他还分析了国际形势,介绍共产国际的工作情况,以及他在爪哇建党活动的情况和经验。

马林强调,共产国际不仅仅是世界各国共产党的联盟,而且与各国共产党之间保持领导与被领导的高度统一的上下级关系。共产国际是以世界共产党的形式,统一指挥各国无产阶级的战斗行动。各国共产党是共产国际的支部。

马林还提出,目前,中国共产党基本由知识分子组成,工人成分太少,因此党要特别注意开展工人运动,建立工会组织,把工人中的积极分子吸收到党内来。

尼科尔斯基讲话时,首先对中国共产党的成立表示祝贺,接着介绍赤色职工国际和共产国际远东局的情况,建议中国共产党将代表人会的进程及时报告远东局。

然后,代表们具体商讨"一大"议程和任务,一致同意先由各地代表向大会报告各地区的工作,然后讨论和通过党的纲领,制订今后的实际工作计划,最后选举党的中央领导机构。

第二天,举行第二次会议,各地代表向大会报告,内容包括:本地区党团组织成立的经过、所开展的主要活动,以及进行的工作和积累的经验。因各地组织成立的时间都不是太长,工作只是初步开展,代表们的报告都比较简短。

代表们说,各地党组织在1920年下半年建立不是偶然的,而是有其深刻的国内国际背景。苏俄十月革命的影响、五四运动的爆发、工人阶级的兴起以及他们在革命斗争中的表现、马克思主义的传播,这一切所形成的现实斗争的需要,使具有初步共产主义觉悟的先进分子产生建立革命政党的要求。

会议中,毛泽东除担任会议记录外,只作过一次发言,报告长沙党组织的建立情况、主要工作、活动方式和经验教训。讨论工人运动的形式时,毛泽东还根据自己的体会,坚决主张应把整个工人阶级团结起来,组织起来。他的汇报,让人刮目相看,正如包惠僧所说,"我对他的印象是:老成持重,沉默寡言,如果要说话,即是沉着而有力量"。刘仁静则回忆:"在'一大'会议上,毛泽东很少发言,但他十分注意听取别人发言。"

因筹备工作不够充分,马林建议,先组成一个委员会,起草会议的文件。于是,会议决定,由张国焘、董必武、李达等人组成起草委员会,用两天时间,起草党的纲领、工作计划和成立宣言。

于是,7月25日、26日,休会两天,用于起草文件。两位共产国际代表没有出席。

上海和北京的党组织在建立时,都起草过党纲,作为接纳党员的标准。1921年2月,陈独秀和李汉俊又分别在广州、上海起草了党章。起草委员会参考以上几个最初党纲的内容,并吸收《共产党》月刊介绍的外国共产党纲领的部分条文,着手党纲和决议的起草工作。

经过两天的紧张工作,起草委员会拟出《中国共产党第一个纲领》和《中国共产党第一个决议》初稿,供与会代表讨论。

接着,7月27日、28日、29日,分别举行三次会议,集中讨论党的纲领和今后实际工作。大家发言热烈,各抒己见。在党的名称、性质、纲领和组织原则等问题上,与会代表意见基本一致。

这时,有代表提出:"党员能不能在现政府中做官?"

"我认为可以。"有人说,"党员做官没有任何危险,建议挑选党员加入国会,以使他们在党的领导下进行工作。"

"我不同意。"有人反对,"党员既不能当议员,也不能做官。因为采纳国会制,会把我们的党变成黄色的党,进而放弃自己的原则,成为资产阶级的一部分,变成叛徒。我主张集中党的力量,在国会外进行坚决的斗争。"

对这两种对立观点,代表们有的支持,有的反对,争论激烈,没有取得一致意见。鉴于这是一个重要问题,大家决定,留到下次大会时,再进一步讨论和决定。所以,在具体修改纲领条文时,双方都让了一步。最终,在党纲第14条写下规定:"党员除非迫于法律,不经党的特许,不得担任政府官员或国会议员。士兵、警察和职员不受此限。"

关于党在当前的斗争目标和手段,李汉俊提出:"因为中国的无产阶级还很幼稚,不懂马克思的理论,无产阶级还缺乏思想准备,现在党首先要用马克思主义武装知识分子。当革命的知识分子掌握了马克思主义时,再大力组织教育工作,办马克思主义大学,出版报纸刊物,建立图书馆,组织教育工人,提高他们的阶级觉悟,推动无产阶级革命,在现阶段,共产党可以参加资产阶级民主运动,应该支持孙中山的革命。"

刘仁静不同意李汉俊的观点,认为党应该立即向产业工人进军,在工人中发展党员,发动社会主义革命,以无产阶级专政为直接斗争目标。无产阶级政党要与资产阶级划清界限,反对任何形式的公开工作。

应当说,他俩的观点都有合理之处,也都有不足之处。代表们有的支持李汉俊,有的赞成刘仁静。经过热烈讨论,最后,大多数代表倾向于刘仁静的观点。李汉俊虽然坚持己见,但表示可以服从多数人的意见。

7月30日,夜幕降临。按议程,今晚是闭幕会。马林和尼科尔斯基都来了,周佛海因腹痛没有参加。

8点多钟,代表们在大餐桌四周坐定。马林正准备讲话,后门突然被推开,一个中年男子探进半个身子,他头戴礼帽,身穿灰布长衫。

李汉俊坐在门边,起身问道:"先生,你找谁?"

"灰长衫"挤进门来,脱下礼帽,哈了哈腰:"我找王主席,他在吗?"

李汉俊皱了皱眉头:"哪个王主席?"

"灰长衫"支支吾吾:"社联的王主席。"

李汉俊有点诧异："这里哪有什么社联呀，你找错地方了。"

"灰长衫"口里敷衍着，身子却赖着不动，一双眼睛贼溜溜的，迅速把会场扫了一圈，当看到两个外国人时，眼睛停了下来。

李汉俊不耐烦了，挥挥手："你快走吧。"

"灰长衫"把帽子搁到胸前，又哈了哈腰："啊，对不起，找错了。"转身退了出去。

马林十分警觉，他虽然听不懂两个人的对话，但从两个人神态上发觉不对头。"灰长衫"一走，他就站起来，用英语问怎么回事。李汉俊用英语作了解释。

马林反应极快，猛击一下桌子："这一定是侦探，我建议立即散会，大家马上离开！"

代表们一听，马上站起来。

李家的前门是望志路106号，后门是树德里3号，平时前门是关着的，进出走后门。李汉俊打开前门，向两侧看了一下，见外面没有动静，忙指引大家从前门撤离。最后，只剩下他和陈公博。

李汉俊是主人，自然不会走。陈公博为什么不走呢？后来，陈公博在《寒风集》里作了解释："我本来性格是硬绷绷的，平日心恶国焘不顾同志危险，专与汉俊为难，到了现在有了警报又张皇地逃避。心中又是好气，又是好笑，各人都走，我偏不走，正好陪着汉俊谈话，看到底汉俊的为人如何，为什么国焘和他有这样的恶感……"

此后的情景，唯有李汉俊和陈公博亲历。李汉俊牺牲得早，没有留下任何回忆。从陈公博的两篇回忆文章中，可以还原当时的场景。

李汉俊动作麻利地将屋子恢复成原状，然后带着陈公博上了楼，坐在书房里，镇静地展开报纸。陈公博见状，也装模作样地看起书来。

那个不速之客果然来者不善。大约十几分钟后，望志路突然响起尖厉的警笛声。很快，响起了粗暴的砸门声。李汉俊吩咐用人廖伯开门。

门刚打开，一伙人就闯进来，直奔楼上。陈公博一看，上来的，有3个法国警察、4个中国的便衣密探，全副武装，横眉怒目，要马上拿人的样子。

便衣密探一副凶神恶煞模样："人呢？"

李汉俊脸露不悦神色,反问道:"谁呀?你们这么多人要干什么?"

"少废话!"那人眼睛一瞪,恶狠狠地说,"刚刚那些人呢?"

李汉俊故作轻松:"噢,那是我的几个朋友,他们走了。"

法国警察喝问:"你们为什么开会?"

李汉俊把报纸一合,一脸无辜:"我们没开会呀,只是聊聊出版丛书的事儿。"

法国警察不相信,朝手下一挥手:"严密搜查!"

两个人盯住陈公博,不许他离开座位,不许说话,甚至不许喝茶。其余的人,押着李汉俊,在各个房间搜索,翻箱倒柜,东西扔得到处都是。

李汉俊一面沉着应对,一面观察警察和密探的举动。走到客堂时,他心里一紧,暗暗叫苦:餐桌玻璃板下,压着一张共产党组织大纲草案!这份草案字迹潦草,涂涂改改得厉害。刚才收拾时,急急忙忙,他一时大意,忘记收起来了。

李汉俊的心,几乎要跳出胸口,眼珠在镜片后面急速转动,紧盯住警察和密探的一举一动。他急中生智,一会儿与中国密探搭讪几句,一会儿又用法语与法国警察套近乎,分散他们的注意力,装作若无其事的样子,身子慢慢往餐桌转移,然后挡住桌子。

陈公博心里怦怦乱跳,吓得魂飞魄散,鼻尖上渗出汗珠。为掩饰紧张神情,他不停地抽烟,一支接一支,不知不觉间,竟把整整一听长城牌香烟,共48支烟卷全部抽光!幸亏警察和密探忙着搜查,没注意到他的反常表现。

骚扰足足有两个小时,角角落落都翻了个底儿朝天,仍然一无所获。李汉俊和陈公博暗暗松了口气。警察和密探不死心,把李汉俊和陈公博隔开讯问。

法国警察问陈公博:"你懂英语不懂?"

陈公博答:"略懂一些。"

法国警察问:"你从哪里来?"

陈公博答:"我从广州来。"

法国警察问:"你懂北京话不懂?"

陈公博说:"我懂。"

法国警察又问:"你什么时候来中国的?"

陈公博知道他误会了,老实作答:"我是中国人,并且是广州人,这次偕眷来游西湖,路经上海,在这里游玩几天。"

"噢。"法国警察恍然大悟,"我还以为你是日本人呢。"

陈公博大着胆子,趁机问:"你们为什么要来搜查?并且还这样严重地搜查?"

法国警察说:"我们怀疑那两个外国人是俄国的共产党,所以才来搜查。"

书柜里藏书很多,有英文版的马克思著作,也有中国的经史子集。几个法国人认识英文书,审问道:"那两个外国人是干什么的?你家里为什么有这么多社会主义的书?"

李汉俊对答如流:"他们两个是英国人,北大的外籍教授,来上海交流学术。我是编辑兼商务印书馆翻译,这里又是书社,当然什么书都有了。"

法国警察说:"看你们的藏书,可以确认你们是社会主义者。但我以为,社会主义或者将来对于中国很有利益,但今日教育尚未普及,鼓吹社会主义,就未免发生危险。今天本来可以封房子,捕你们,然而看你们还是有知识有身份的人,就通融办理。"

接着,他板下面孔,把他俩训斥一番,朝手下挥挥手,悻悻离去。

密探为什么会突然闯进会场?原来,问题出在马林身上。

后来揭秘的资料显示,马林1921年4月在奥地利维也纳被捕过,获释之后,成为各国警方密切关注的目标。来华途中,他从科伦坡、巴东,到新加坡、中国香港,一举一动都受到严格检查,沿途各国情报部门和警方对他都了如指掌,相互致函通报,载入档案。马林到上海之后,荷兰驻沪总领事馆和法租界工部局就盯上了他,严密监视。7月下旬,他频繁出入李汉俊寓所,自然引起巡捕房警觉。7月30日,见他又进入李公馆,密探就闯了进去。

闯入会场的"灰长衫",也是有名有姓的人。他叫程子卿,是法租界巡捕房的侦探。当时,他只知道一个外国"赤色分子"在召集会议,并不知道开啥会。幸亏马林地下工作经验丰富,反应敏捷,当机立断,避免了中国共产党在初创时的一场大劫。

待巡捕和侦探走后,高度紧张的陈公博口干舌燥。李汉俊吩咐廖伯烧水沏茶。

陈公博刚端起茶杯,楼梯又响起脚步声。他以为巡捕又来了,吓得一哆嗦,茶溅了一身。

脚步迟迟疑疑,一步三顿,慢慢往上移,先是露出一个脑袋,再露出脸庞。陈公博定睛一看,原来是包惠僧!一颗心这才放进肚里,不由得埋怨起来:"咦!你怎么又回来了?委实吓我一大跳!"

包惠僧东张西望,确认没有险情后,这才放心上来,一屁股坐下,倒了一杯茶,边喝边说:"我们出门后,分散行动。我不敢回博文女校,怕那里已被监视。回头望望,没人盯梢,就穿小巷、走里弄,拐入李达家里,等了两个钟头,没听到异样动静。其他代表都在李达家里,大家惦记着这里,不知情况怎样了。我自告奋勇,特地过来打探消息。"

陈公博把刚才的险情讲述一遍,催促他:"法国巡捕刚走,这里已非善地,我们还是赶快走吧!你先出门。"

李汉俊叮嘱道:"你还是多绕几个圈子,防着'包打听'盯梢,确认安全后,再回宿舍。"

"嗯。"包惠僧应一声,先行离开。出门不久,一辆黄包车路过。他跳上车,东拐西拐,绕了一大圈,行至老渔阳里附近,确认无人跟踪,才下了车。

这番遭遇,让陈公博胆战心惊,离开李公馆后,总觉得有人跟踪他,吓得不敢去李达家,匆匆返回大东旅社。7月31日凌晨5点多钟,旅社忽然大乱,原来是隔壁房间一女子遭奸杀,警察如临大敌,对住客严厉盘问,陈公博更是吓破胆,再也不敢待在上海,也不敢继续开会,次日就偕妻子离开,跑到杭州西湖游玩去了。后来,他卖身求荣,与汪精卫沆瀣一气,成为中国第二号大汉奸。日本投降后,他仓皇逃往日本,被遣送回南京后,于1946年6月被枪毙。

二 南湖红船

包惠僧摸到李达家,轻叩房门。一直竖着耳朵的李达,赶紧给他开了门。

李达家就在老渔阳里2号,原是陈独秀寓所,也是《新青年》编辑部。陈独秀离开上海后,其夫人高君曼和李达夫妻仍住在这里。

此时，已是午夜时分，李达家却还亮着灯，代表大多在这儿，正在焦急等候包惠僧。老渔阳里距李公馆并不远，包惠僧一去多时未返，大家担心出啥事，都为他捏一把汗，听了包惠僧的叙述，无不敬佩马林的机敏。

马林和尼科尔斯基没有出现。后来才知道，他俩离开李公馆后，怕甩不掉跟踪者，未敢到老渔阳里来，在城里兜了几圈，各自回住处了。

这时，又传来叩门声，来的是毛泽东和周佛海。

周佛海因严重腹泻，拉得有些脱水，迷迷糊糊躺在铺上。将近午夜，忽听有人上楼，睁眼一看是毛泽东。毛泽东先到老渔阳里2号，因不放心女校情况，特地来探路。

毛泽东轻声问："这里没发生问题吧？"

周佛海莫名其妙："出什么事了？"

听毛泽东一说，周佛海头皮发麻，抬头看看铺位，全都空着，知道问题严重了，挣扎着起来，跟随毛泽东来到李达家。

接下来的会议，到哪里开呢？大家你一言，我一语，讨论起来，都觉得，这次虽侥幸逃脱，危险依然存在，不能再在上海开会了。为了党的安全，必须改变开会地点。

代表们的判断是正确的。两天后的8月2日，《上海生活报》报道："前天，法国警察通知法租界的中国团体说，根据新规定，一切团体在他们待的地方举行会议，必须在48小时之前取得警察的批准。"显然，法国警察已获悉，有政治团体在法租界开会，只是没掌握确凿证据，于是作出这项新规定，意在限制政党活动。因此，在上海开会已不可能。

可是，离开上海，上哪儿去开会呢？

"到杭州怎么样？"周佛海提议，"去年，我在西湖智果寺住了3个多星期，那里非常安静，是个开会的好地方。我很熟悉那里，可以当向导。如果可以，明天一早，我带领大家去。"

有人说好。也有人说，杭州过于繁华，容易暴露，寺庙人多眼杂，这么多人聚在一起，目标太大，不合适。

"我倒有个主意。"正给大家续水的王会悟说。

李达一听，急忙催促："啥主意？你快说说。"

王会悟放下茶壶，捋一下头发，轻声说道："我是桐乡县人，桐乡紧挨着嘉兴。我在嘉兴师范学校读过书，对嘉兴很熟悉。嘉兴有个南湖，离火车站很近，湖上有游船可以租。从上海到嘉兴，只及上海到杭州的一半路。如果到南湖租条船，在船上开会，又安全又方便。游南湖的人，比游西湖的人少得多。"

"这是个好主意！"大家一听，纷纷赞成。

王会悟比李达小8岁，浙江桐乡乌镇人，与沈雁冰是同乡。父亲是晚清秀才，靠教私塾养家糊口。她13岁时，正在嘉兴女子师范学校学习，父亲突然病故，家庭经济拮据，她被迫辍学，接替父亲教书。因学生增加，教室太小，向本镇宝阁寺和尚借了一间殿堂，独自办起桐乡县第一所女子小学，课程有国文、算术、体育等。

办了一阵，反响很好，乡亲们说："小王先生教得也不比王老先生差啊。"学生很快增至百人左右。她一个人忙不过来，就请来沈雁冰的堂妹沈明霞，帮忙教初级班，她教高级班。后来，根据家长要求，还增设一位教刺绣的教员。王会悟边教书，边向学生宣传新思想，倡导新风俗，如反对当童养媳，鼓励女孩剪辫子、放脚等。

五四运动后不久，王会悟来到上海，接触大量新思想、新文化，最爱读的就是《新青年》。她拿起笔来，用白话文大胆地给陈独秀、李达、恽代英等写信，表示赞成采用白话文，拥护他们的革命主张。陈独秀在回信中，兴奋地说："没想到，我们的新思想都影响到教会学堂了。"夸奖王会悟胆子大，鼓励她多读一些书。

李达回国不久，就与王会悟结识，两个人很快坠入爱河。此时，她正给黄兴夫人、上海中华女界联合会会长徐宗汉当秘书。1921年4月，他们在老渔阳里2号举行简朴的新式婚礼，沈雁冰等几位朋友参加，陈独秀夫人高君曼是证婚人。

要去嘉兴，最简捷的办法是坐火车。王会悟立刻去上海北站，摸清到嘉兴的火车班次。大家商定，为缩小目标，避免引人注意，王会悟同毛泽东、董必武、何叔衡、陈潭秋，坐早上头班车先走；李达同其他人坐第二趟车，各自买票，分坐在不同车厢，相互装作不认识。马林和尼科尔斯基太显眼，在火车上容易引人注意，不要去嘉兴，李汉俊已引起巡捕注意，也不适合去。

李达看了一下手表，说："天快亮了。现在街上行人少，你们抓紧回去，先睡一会儿，收拾好行李，各自行动。咱们到嘉兴会合。"

王会悟想了想，说："嘉兴市内的张家弄，有家鸳湖旅馆，我们先去那里落脚、雇船。然后我到车站接你们。"

一大早，王会悟和毛泽东、董必武、何叔衡、陈潭秋分别赶到车站，在不同车厢落座，即便迎面相遇、擦肩而过，也装作素不相识。

"呜——"火车一声长鸣，缓缓驶出车站。望着窗外倒行的景物，毛泽东露出不舍神情。

此前，毛泽东多次到过上海。第一次是1919年3月14日，为欢送赴法勤工俭学的新民学会青年。《申报》专门刊登了此次赴法勤工俭学青年名单，89名学生中，有43人是湘籍青年，居各省首位。这一年，毛泽东在上海共送走三批学生，最后一批是在同年的12月16日，他从武汉绕道上海，为蔡和森、向警予、蔡畅等人送行。

也是这一年，湖南老乡章士钊曾帮助毛泽东筹集2万块银元，作为新民学会会员的赴欧费用。对于章士钊的这次帮助，毛泽东一直铭记心中。

为新民学会会员赴法勤工俭学，毛泽东四处奔波，多方联络，为什么自己不走呢？1920年3月，他在写给友人周世钊的信中，谈到暂不出国的原因："吾人如果要在现今的世界稍尽一点力，当然脱不开'中国'这个地盘。"他在北大时，也曾向李大钊敞开心扉："现在中国太复杂，要做的事太多。去法国，去日本，少说要两三年，大家都出去了，谁给中国做点实事？谁去把我们探索的思想付诸实践？我不想做个空谈的书生，中国的变革需要我们做实际的斗争，我想留下来……"

毛泽东从26岁开始，一生同上海有极深的渊源，1919年3月到1971年9月，曾经36次到过上海，在那里生活和工作过相当长时间。也有说他一生中到过上海50多次。其中，仅1919年至1926年，就11次到上海。五方杂厝的上海，留下了他探寻真理的足迹。

"哐当！哐当！"火车喘着粗气,吐着浓烟,一路颠簸南行,树木、房屋、山山水水,在眼前疾速倒行。毛泽东凭窗而坐,随着车轮的滚动,心潮起伏:积贫积弱的中国,该往何处去？饱受蹂躏的国民,何时能当家做主？共产党这株幼苗,能长成参天大树吗？我们的肩膀,能扛起历史重任吗？

为了掩护,代表们的票是买到杭州的。火车经停嘉兴时,他们佯作下车散步,快速混入嘈杂拥挤的人群,顺利出站,此时已是上午8点多钟。

王会悟扮作导游小姐,领着大家来到鸳湖旅馆,开了两个房间,大家洗脸吃早饭。安顿好后,她找到账房先生,用当地话说:"我有几位游客,麻烦你帮我订一只大的画舫,今天上午用。"

画舫就是游船。账房先生说:"大的没有了,只有中号的。"

"那就中号吧。"王会悟说,"中午我们还要订一桌酒菜,大概十来个人吃,送到船上去。需要多少钱？"

账房先生拨拉着算盘珠子:"船费4元5角,一桌酒菜3元,加上小费,共8支洋。"

王会悟把钱付清,对账房先生说:"你给留两个好的房间,如果好玩,我们晚上再回来住。"

"好嘞!"账房先生仔细记下。

订好画舫,王会悟陪同几位代表,乘船来到南湖湖心岛,登上烟雨楼,借着游玩,为会议踩点儿。

嘉兴南湖,旧称陆渭池,唐代改名南湖,唐后又有滮湖、鸳鸯湖、马场湖和东南湖之称,由运河各渠汇流而成,上承长水塘和海盐塘,下泄于平湖塘和长纤塘。五代后晋年间,湖畔建起两层楼,取唐代诗人杜牧"南朝四百八十寺,多少楼台烟雨中"诗意,得名烟雨楼。明嘉靖二十七年(1548年),嘉兴知府赵瀛疏浚城河,将淤泥填入湖中,垒土成岛,俗称湖心岛,次年移建烟雨楼于岛上。清以后,又相继建成清晖堂、孤云簃、小蓬莱、来许亭、鉴亭、宝梅亭、东和西御碑亭、访踪亭等,亭台楼阁,假山回廊,古树碑刻,错落有致。乾隆皇帝六下江南,多次登临烟雨楼,一再赋诗,还亲绘烟雨楼图。1912年10月,孙中山曾游览南湖,在烟雨楼与各界人士合影。

李达等人乘火车到达嘉兴站时，王会悟已在站外等候，领着大家先到鸳湖旅馆，与毛泽东等人见面，放下行李，然后出门。

刚走到门口，王会悟忽然想起什么，折回身，找到账房先生，租了两副麻将。

李达见状嗔怪："这个当口儿，哪有心思搓麻将？"

王会悟顽皮地眨眨眼："你莫管，用得上！"

关于代表离开上海赴嘉兴的准确时间，党史文献未见明确记载。我找到两个版本的说法：

一是南湖革命纪念馆编的《启航》（人民出版社2019年1月版）。书中记载："8月1日，王会悟带着董必武、陈潭秋、毛泽东等第一批代表先行来到嘉兴。8月2日，李达带着其余代表，乘坐早班火车来到嘉兴。"

二是陈光辉、叶鹏编著的《李达画传》（人民出版社2018年1月版）。书中记载："李达让王会悟当晚（指7月30日晚）便去上海北站了解赴嘉兴的火车班次。第二天黎明，她与毛泽东等几位代表搭头班车先赴嘉兴……7月31日上午10时左右，其余代表乘坐早班火车到了嘉兴。"

一行人在王会悟带领下，一边听她讲解，一边指指点点、说说笑笑。听着他们南腔北调的口音，街市居民以为是外地游客。大家来到狮子汇渡口，登上停靠在码头的画舫。

这是条单夹弄丝网船，长约16米，宽3米，船头宽平，设有前舱、中舱、房舱和后舱，前舱搭有凉棚，中舱是个客堂，房舱设有床榻，后舱是船老大夫妇的卧室，右边一个夹弄贯通艏艉，船尾系一条小拖梢船，屏风、装饰雕刻精致，人物和花卉栩栩如生。客堂里，摆着八仙桌，桌上有套茶具，两旁摆着靠椅、茶几。舱顶有个小气窗，当中悬挂一盏煤油灯。

大家在中舱坐定，王会悟沏上龙井茶，然后取出麻将牌，"哗"一声，倒在八仙桌上，高声说道："你们一边欣赏风光，一边尽兴玩吧！"代表们互相对视，都会心地笑了，把麻将牌搓得哗哗响。

王会悟来到后舱，同船老大打声招呼，递上一包香烟，热情地说："大哥，他们是我的重要客人，要谈些生意上的事，你多操点心。午餐我已经订好，过会儿,摆渡船会送上来。"

船老大面孔黝黑,头戴笠帽,身披蓑衣,赤着一双大脚,把烟揣进短卦口袋,露出憨厚笑脸:"唉,大妹子,你忙你的,只管放心!"

王会悟道声谢,来到前舱,坐在舱门旁,装作观赏风景,警惕观察四周情况。

画舫缓缓离岸,穿桥过河,进入南湖,在湖里悠游一周,按着王会悟指引,摇到湖心岛东南角约200米处,停橹息棹,泊在湖面。这里环境幽静,游船少,离岸近。

正值盛夏时节,天空细雨霏霏,雨丝如雾,湖面荷花盛开,莲叶绿如翡翠,柳枝拂堤,烟霭似纱,湖心岛朦朦胧胧,烟雨楼若隐若现,湖面如镜,画舫宛如停在画中。

毛泽东触景生情,脱口吟诵:

  水宿枫根蟀。尽沽来、鹅黄老酿,银丝鲜鲊。记得筝堂和伎馆,尽是仪同仆射。园都在、水边林下。不闭春城因夜宴,望满湖、灯火金吾怕。十万盏,红球挂。

  重游陂泽偏潇洒。剩空潭、半楼烟雨,玲珑如画。人世繁华原易了,快比风樯阵马。消几度、城头钟打。惟有鸳鸯湖畔月,是曾经、照过倾城者。波织簟,船堪藉。

大家一听,纷纷叫好。毛泽东笑着解释:"这是清代陈维崧的《贺新郎·鸳湖烟雨楼感旧》。自宋以后,南湖闻名遐迩,文人墨客慕名而来。宋代的苏轼、吴潜、杨万里,元代的方回,明代的张岱,清代的钱谦益、吴伟业、陈其年等,都来过这里,吟咏不绝。"

"我也来凑个趣。"李达兴致勃勃,"杨万里的《烟雨楼》,是我最喜欢的——轻烟漠漠雨疏疏,碧瓦朱甍照水隅。幸有园林依燕第,不妨蓑笠钓鸳湖。渔歌欸乃声高下,远树溟濛色有无。徙倚阑干衫袖冷,令人归兴忆莼鲈。"

大家你一言,我一语,有的吟诵名人诗句,有的即兴作诗赋词。经历前夜惊险,甩掉巡捕暗探,置身如画景色,大家心情大好。

约11时，会议开始，继续7月30日晚被打断的议程，讨论和通过党纲、决议、成立宣言，选举党的中央机构。鉴于上海的险情，代表们都主张缩短会期，以一天时间结束，所以加速讨论，集中解决具体问题，很少长篇大论。

在前几次会议上，《中国共产党第一个纲领》和《中国共产党第一个决议》已经充分讨论过，达成基本共识，所以很快就通过了。

党纲第一条开宗明义，便是"本党定名为中国共产党"，提出"党的根本政治目的是实行社会革命""把工农劳动者和士兵组织起来"。纲领是："革命军队必须与无产阶级一起推翻资本家阶级的政权""承认无产阶级专政""消灭资本家私有制""联合第三国际"。

党纲明确申明中国共产党的政治主张，规定中国共产党的奋斗目标、组织原则以及与其他政党的关系，确定中国共产党是工人阶级的政党，是无产阶级革命的神经中枢。党的基本任务是，领导无产阶级进行革命斗争，推翻资产阶级的国家机器，实行无产阶级专政，消灭私有制，最终目的是实现社会主义和共产主义。

这表明，中国共产党从诞生之日起，就沿着马克思主义的轨道运行，旗帜鲜明地把社会主义和共产主义定为自己的奋斗目标，并且坚持用革命的手段来实现这个目标，从而同崇拜资产阶级民主制度、主张走议会道路的第二国际社会民主主义划清界限，坚决摒弃当时颇为盛行的无政府主义。

值得一提的是，党纲在组织章程中明确规定，入党须由党员介绍，候补党员经过一定考察期限，才能被接收为正式党员。时至今日，这套入党程序仍在使用，现有的9500万名中共党员，每个人都严格履行过。

党纲共15条，不足千字，只有薄薄几页纸。中国共产党后来日臻完善的制度建设，正是源于最初这份不足千字的党纲。

会议接下来通过的，是《中国共产党第一个决议》，分为六部分：一、工人组织。二、宣传。三、工人学校。四、工会组织的研究机构。五、对现有政党的态度。六、党与第三国际的联系。在讨论党的实际工作计划时，"因为党员少"，关于"组织农民和军队的问题成了悬案"，决定集中精力组织工厂工人。《决议》规定，党在当前的"基本任务是成立产业工会"，"党应在工会里灌输阶级斗争的精神",要派党员到工会去工作。这说明党在成立时,就十分注意同本阶级建立密切的联系。

在中国共产党历史上,这是具有重要历史意义的两个文献。可惜,在后来的战争岁月里,这些原件不慎散失。现存的只有俄文、英文两种译本。

俄译本来自20世纪50年代,是苏共中央移交给中共中央的共产国际中共代表团档案资料。英译本则来自1923年陈公博在美国哥伦比亚大学所写的硕士论文《共产主义运动在中国》,"一大"纲领和决议作为附录,放在正文之后。这两种译本,因经过两次翻译,在文字表达上无法保持原来的面貌,但条文和内容基本一致。

中午12时许,摆渡船送来一只竹编大笼屉,这是王会悟预订的午餐。船老大走进中舱,请客人搭把手,抬起旁边的圆形台面,搁在八仙桌上,大家围坐一起,并不拥挤。

饭菜摆好后,王会悟请大家就餐,自己仍旧坐回到船头。大家招呼她一起吃,她莞尔一笑:"你们吃吧,我不饿。"

代表们匆匆用餐后,又接着开会,讨论宣言草案。

如何看待南北政府,是宣言中的内容之一。代表们都主张,北京封建政府必须打倒,但在如何对待孙中山南方国民政府问题上,却发生激烈争论。

有人说:"南方军政府比北京政府进步。"多数人赞成这话。

也有人不同意:"南北政府是一丘之貉,都要打倒!"

双方争执起来,最终未能达成统一认识。最后确定,把宣言交给即将组成的中央局处理。

坐在前舱的王会悟,对中舱的争论充耳不闻。她的精力,都集中在四周湖面上,每当有游船靠近时,她就高度警觉,随时准备报警。

"嘟——"下午5时许,突然传来一阵汽笛声,王会悟循声望去,远处湖面上,出现一艘汽艇,似乎正朝画舫驶来。王会悟立刻敲打船舱,通知休会。代表们迅速收好文件,哗啦啦搓起麻将。

汽艇越来越近,"突突"的马达声越来越响,代表们一边搓麻将,一边注视汽艇,想着如何应对军警盘问。

汽艇驶近后,并未减速,而是飞快驶过。王会悟走到后舱,装作好奇地问:"大哥,这是什么艇啊?"

船老大抬头望了一眼,扭头回答:"这是城里豪绅的私人游艇,常来湖里转悠,汽笛拉得又响又长,很烦人。哼!"

听了船老大的话,大家松了口气。

最后一项议程,是选举中国共产党的中央领导机构。考虑到总共只有50余名党员,各地组织也不健全,会议决定,暂不成立中央执行委员会,只设立中央局,作为中央的临时领导机构。

经过无记名投票,大会选出陈独秀、张国焘、李达组成中央局。陈独秀为书记,张国焘为组织主任,李达为宣传主任。

陈独秀能在缺席情况下当选书记,再次说明他在创建中国共产党过程中的特殊贡献和崇高威望。

张国焘能够脱颖而出,有一定的机缘巧合。因李大钊没有出席,他成了北京的代表。因陈独秀人在广州,本该由作为东道主的李达或李汉俊主持会议,但两个人都不善交际,并且与马林关系不是很融洽,张国焘则能说会道、左右逢源,大家便推举他主持,使他顺利进入中央。

下午6时许,会议圆满结束,张国焘宣布闭幕。代表们齐刷刷站起,紧握右拳,压低嗓音,喊出时代的最强音:

"共产党万岁!"

"第三国际万岁!"

"共产主义——人类的解放者万岁!"

……

南湖红船,就此扬帆启航。

灾难深重的中国人民,从此有了指路明灯,有了光明和希望。

1963年,董必武重访南湖时,欣然题写对联:"烟雨楼台,革命萌生,此间曾著星星火;风云世界,逢春蛰起,到处皆闻殷殷雷。"如今,对联挂在烟雨楼上。

1964年4月5日,也是一个细雨天,董必武再访南湖,登上画舫,回首往事,心潮澎湃,挥笔题诗:"革命声传画舫中,诞生共党庆工农。重来正值清明节,烟雨迷蒙访旧踪。"

2002年10月22日,习近平履新浙江第11天,专程到南湖瞻仰红船,接受革命洗礼。在浙江工作期间,他先后5次瞻仰红船。

"一个大党诞生于一条小船。"2005年6月21日,浙江省委书记习近平在《光明日报》撰文,首次公开提出"红船精神",并系统阐述"红船精神"的历史地位、深刻内涵和时代意义。

2017年10月31日下午,中共中央总书记习近平率中央政治局常委,集体瞻仰中共一大会址和南湖红船,循着革命先辈的足迹,从上海乘坐火车赴嘉兴南湖。抚今追昔,他感慨良多:"小小红船承载千钧,播下了中国革命的火种,开启了中国共产党的跨世纪航程。"

第十一章
跌宕起伏的人生

陈独秀到广州任职后,李汉俊代理上海党组织书记,除了负责党务工作,还要编辑《新青年》等刊物,由于这些工作均无报酬,他既要筹措党的活动经费,又要养家糊口,不得不经常熬夜,拼命地写稿,夜以继日地忙碌。但陈独秀家长制思想重,先是与李汉俊产生冲突,殃及陈望道,后又与李达闹僵。

1921年2月,陈独秀起草一份党章,寄到上海,主张党的组织采取中央集权制。李汉俊不以为然,说陈独秀要在党内搞个人独裁,也起草一个党章,主张地方分权,中央只不过是一个有职无权的机关。陈独秀看后,极为不满,大发雷霆。此前,他俩就有分歧意见,这下子关系更加紧张。

当时,党的工作经费,每月需要大洋200元,大家却无力负担,因为在上海的党员,大多没有职业。中共从创建到第一次国共合作,其九成经费都来源于共产国际,也就是苏俄的帮助。新青年社在法租界大马路开了一家新青年书社,生意很好。李汉俊向陈独秀提议,由新青年书社按月支200元作为党的经费,陈独秀不同意,两个人发生冲突。

有道是"城门失火,殃及池鱼",他俩的矛盾,把陈望道也牵扯了进来。

党内活动经费由李汉俊负责,陈望道协助管理,但经费领取须经陈独秀签字。身在广州的陈独秀"不当家不知柴米贵",谁开口要钱,只管大笔一挥签字同意,钱柜空了也不知道。

这一天,又有个年轻人拿着条子来了。李汉俊气不打一处来,没好气地说:"没钱了,你找陈独秀去要!"

年轻人不乐意了:"我是给组织办事,经费是组织的,不是你个人的,怎么能由着你的性子呢?我向陈独秀反映去!"

"你用陈独秀压我?我还要找他算账呢!"李汉俊心里正窝着火,闻言一拍桌子。

两个人你一言,我一语,互不相让。吵了半天,年轻人还是一无所得,气得摔门而去。李汉俊越想越恼,摊开信纸,给陈独秀写了封火气很大的信,叫他今后不要乱批条子了。

陈独秀心高气傲,觉得这是向他的权威挑战,四处写信向别人抱怨,说他俩要夺他的权。一些不明真相者,对李、陈二人产生误解。

这一天,李汉俊接到一封寄自日本的信。展开之后,先是眉头紧皱,继而手开始发抖,口里连连说:"岂有此理,岂有此理!"当即找到陈望道,把信往桌上一拍,震得茶杯里的水四溅,劈头盖脸地说:"老头子糊涂,年轻人也跟着犯浑,瞧瞧你学生干的好事,满纸胡说八道!"

陈望道丈二和尚摸不着头脑,先看了信的末尾,落款是"施存统"。

原来,1920年6月,在戴季陶资助下,施存统赴东京学习和养病,经常与陈独秀、李达书信来往。陈独秀、李达还介绍他与周佛海联系,建立旅日小组,陈独秀指定他为负责人。他对陈独秀充满崇拜之情,看了陈独秀的信,信以为真,给李汉俊写信,措辞严厉地批评李汉俊和陈望道,说中国共产党尚未正式成立,你们就先在那儿争夺起书记来了。

看罢此信,陈望道气得差点背过气去,将信纸揉成一团,背着手在屋内团团转,像是关在笼子里的怒狮。以他的火暴脾气,如果施存统在他身边,他可能会抡起大巴掌扇过去。

他对李汉俊说:"这小子无礼固然可恨,但根子在陈独秀身上,咱们不能就这么背了黑锅,要和陈独秀理论出个是非曲直。"

李汉俊问:"怎么个理论法?"

陈望道思忖了一会,说:"我给他写封信,要求他澄清事实,公开道歉。"当即修书一封。

陈独秀接到信后，轻蔑地哼了一声，把信往抽屉里一扔，置之不理。他一向当惯了"大家长"，当然不肯低头道歉。

陈独秀的傲慢无礼，激怒了李汉俊和陈望道。

李汉俊一梗脖子："此处不留爷，自有留爷处。这个书记当得这么窝囊，不如不干！"

李达连忙写信向陈独秀告急。

李汉俊说的只是气话，如果陈独秀能冷静下来，退让一步，或者如果他人在上海，两个人面对面沟通一下，矛盾也不至于激化。

然而，陈独秀毫不相让，态度依然强硬，还写信让李达接任代书记，令矛盾激化。李汉俊长叹一声，把文件移交给李达。

1921年2月，李达代理书记。不过，李汉俊并没有一走了之，对党的工作热情丝毫不减，从未懈怠。

一　沉浮命运

作为"一大"主要召集人和筹备者，李汉俊从会前准备，到开会期间的组织、保卫、文件起草等，鞍前马后，亲力亲为。会议期间，他终日端茶送水，竭尽地主之谊，出力最多，贡献最大，到头来却没有任何职务。究其原因，一说是因与陈独秀闹僵，会前已辞去代理书记职务；一说是受张国焘等人排挤。

由于在党内没有地位，又受到张国焘排挤，李汉俊心灰意懒，第二年初便离开上海，返回武汉，进行革命活动。为掩护计，曾在武汉市政督办公署挂名，同时在武昌中华大学担任社会学教师，还在武昌高等师范学校历史社会学系执教。他以教师为职业，进一步宣传马克思主义，鼓励学生理论联系实际，亲身参加劳工运动。来听他讲课的人很多，教室里坐不下，连窗台上都坐满人。

李汉俊很少顾及自己和家庭，平时穿着朴素。在孩子眼里，父亲不像个大学教授，像个乡巴佬儿。他毫不在意地说，穿着简朴一些，方便与工人联系。由于长期奔波革命，他的经济并不宽裕，但对别人慷慨解囊，资助过很多人，加上朋友和学生多,经常有很多人到他家吃饭,有时候一桌坐不下,还要开两桌才行,所以没有什么积蓄,与陈静珠结婚时,几乎一无所有,连婚礼穿的西装都是借哥哥的。

1922年7月,中共二大在上海召开时,中央曾召集李汉俊参加,他并未到会,只是写了一封意见书,继续反对集权制和铁的纪律。不过,"二大"仍选他为中央执行委员会候补委员。

李汉俊虽然离开上海的党组织,但并没有放弃自己的信仰,依然为心中的理想奔波。在他从上海带到武汉的行李中,就藏有浸润着他心血的陈望道翻译的《共产党宣言》。在武汉期间,他经常拿出这本《共产党宣言》,宣传马克思主义,指导武汉的党团活动。

1923年2月7日,京汉铁路总工会组织"二七大罢工",这场大罢工震惊中外,李汉俊是组织者之一。在京汉铁路总工会成立大会上,他挥笔写下"大地赤化"四个大字,献给大会,并引用《共产党宣言》中的观点,告诫参加罢工的工人们:"工人斗争的真正成果并不是直接取得的成功,而是愈来愈扩大的团结。只有我们团结起来,才能形成强大的力量,迫使反动当局产生畏惧,向我们低下头来。"

大罢工失败后,参与组织的施洋、林祥谦被害,李汉俊等人被通缉,成为捕杀对象,被迫离开武汉去上海,又转到北京避难。出于谋生考虑,他先后在北京政府的外交部、教育部、农商部任职。然而,无论走到哪里,他都不忘带着《共产党宣言》。

党中央对李汉俊在北京政府任职很反感,发出公告给他处分。无奈之下,1923年5月,李汉俊在北京向党组织递交退党书。

递交退党书的第二个月,中共三大在广州举行,李汉俊自然没有出席大会。让他意外的是,他竟被选为五名候补委员之一。

几天后的一个晚上,有人叩响李汉俊寓所的门。他开门一看,愣住了。

"咋不请我进屋呢?你就这样待客啊?"来人嗔怪道。

"哦,哦,没想到,真没想到。"李汉俊仍然愣在门边。

客人也不客气,推开他,顾自闯了进去。李汉俊这才醒悟过来,慌乱关上门。

客人抬头四处扫了一眼。这是一间不大的居所,屋顶很矮,几件旧家具胡乱摆放着,显得空间很逼仄。客人神色凝重:"我们大名鼎鼎的理论家,生活竟这样窘迫。"

"临时租的,估计也住不了多长时间,有个地方安身就行。"李汉俊嗫嚅着,显得手忙脚乱。他想给客人泡杯茶,打开水瓶塞,试了试温度,才想起已几天没烧热水了,只好倒杯凉开水,满怀歉意地递给客人。

客人拉着他的手:"别忙乎了,快坐快坐。"

李汉俊坐下后,取下眼镜,低头擦着镜片,沉默了好久,抬起头来时,双眼已经噙满泪水。

客人吃了一惊:"你怎么啦?"

李汉俊有点难为情,赶紧掏出手绢擦拭,带着鼻音说道:"守常,没想到你会来看我,我已经流浪很久了,就像是个没娘的孩子,很久没有看到家里人了。"说罢,竟呜呜哭起来,眼泪像断线的珍珠。

来客正是李大钊,怪不得李汉俊这么激动。

李大钊比李汉俊年长一岁。在中国共产党的历史上,他俩是齐名的人物:都具有高超的马列主义理论水平,都大力宣传马克思主义,都为建立中国共产党立下汗马功劳。

听了李汉俊的话,李大钊的眼圈也红了,身子前倾,一手紧握李汉俊的手,一手轻拍他的背,轻声劝慰:"我理解你的心情。是啊,我们在敌人的屠刀下可以不皱一下眉头,却难以承受自己人射出的暗箭。你既遭反动当局的迫害,又被党内同志排挤,受了不少委屈,心里有很多苦水。但是,"李大钊话锋一转,语调铿锵,"既然投身革命,身许大众,受点委屈怕什么,舍掉性命也在所不惜!"

李汉俊使劲点头,一把抹去泪水,眼里透出刚毅。

"这次会上,很多人都念叨你,都为你没参加会议而惋惜,为你受到的处分鸣不平。"李大钊热切地说,"仲甫也深情回忆起你俩在上海时的难忘岁月,他看到一些代表带着陈望道译的《共产党宣言》时,还特地说,李汉俊为这本书也费了不少心血。你虽然没参加大会,仍然被选为候补委员,足以说明中国共产党没有忘记你,你的娘家人没有忘记你!"

一席话,说得李汉俊心里热乎乎的,积压在心底的委屈和落寞,霎时间烟消云散。

当选候补委员的事,他前几天已经获悉,曾为此激动得彻夜难眠,既感意外,又觉温暖。陈独秀为他说话,则是第一次听李大钊说,同样让他意外。

看到李汉俊似乎不信,李大钊从怀里掏出一封信,郑重递给他:"看了这封信,你就知道我所言非虚了。"

信是党的一位领导人写的,对李汉俊在"一大"上受到的不公平对待,信中作了道歉,并表示取消因他在北京任职给予的处分通告,要求他用各种方式继续帮助党做工作。

看罢信,李汉俊眉头上扬,笑出声来。李大钊也欣慰地笑了,逗他:"心里还有委屈吗?"

"没了,没了,只有温暖和力量!"李汉俊握紧拳头,用力一挥。

大罢工风潮过后,李汉俊从北京回到武昌高师,继续任教。令人费解的是,从这时候开始,他没有再参加党的活动,并且据说还有分裂党的行为(有一种说法是,他打算组建一个新的党派——"独立社会党")。是误入歧途?是组织误解?是遭人排挤?是党内矛盾不可调和?还是被敌对阵营蓄意陷害?我心中有一连串的问号,期待尽早解疑释惑。

不管何种原因,总之结果令人扼腕:1925年1月中共四大召开前后,他被党中央开除党籍。

即使如此,李汉俊仍没有放弃战斗,各种游行集会上,都能见到他的身影。后来,他与党中央的关系也渐渐融洽起来。1926年春,陈独秀还邀请他到上海大学任教。刚在上海待了半年,又被由他介绍入党的董必武动员回武汉,一起组织革命活动。

北伐军攻占长沙后,李汉俊和董必武赶到长沙,递送武昌敌军情报。这期间,李汉俊加入国民党,被委任为国民革命军总司令秘书。同年8月,北伐军进驻武汉,随后成立湖北政务委员会,李汉俊任接收保管委员会主任委员、教育科长等职。

1927年4月,湖北省政府成立后,李汉俊任省政府委员兼教育厅厅长。他利用职务之便,为共产党做了大量工作。

在武汉共产党组织看来,李汉俊虽然退党,但他的言行早已是真正的共产党员,并且凭其政治素质堪当大任。他们经过认真讨论后,向党中央建议恢复他的党籍。就在这个时候,汪精卫发动七一五反革命政变,疯狂屠杀共产党人,致使第一次国共合作彻底破裂,革命形势急转直下,中国共产党面临生死存亡,顾不上讨论李汉俊重新入党的事。

1927年12月17日下午,李汉俊正在汉口住所里,好友詹大悲来访。李汉俊拉着他说:"来来来,杀几盘,今天不分胜负不许走。"两个人坐下,摊开棋盘,一边捉对厮杀,一边分析形势。

詹大悲是湖北蕲春人,曾任《商务报》《大江白话报》的主笔,1913年任国民党汉口交通部长。"二次革命"期间,因讨袁失败亡命日本,1914年加入中华革命党,回上海策划起义,事败再避日本。护国运动爆发后,回国拟策动湖北讨袁起义,抵沪时被捕入狱,袁世凯死后获释。与孙中山关系密切,1920年协助孙中山重组军政府,1922年追随孙中山讨伐陈炯明。1923年10月,参与起草《中国国民党改组宣言》。

詹大悲通过李汉俊介绍,结识陈独秀等一批上海进步知识分子,参加革命活动。1920年8月,中国共产党上海发起组成立时,考虑到詹大悲与孙中山关系密切,社会影响大,认为他不宜公开身份,也不要参加党的会议,党的指示精神由联系人传达,按这种方式执行党的任务。

1926年5月,在国民党二届二中全会上,詹大悲联合恽代英、吴玉章、毛泽东等共产党人,促成会议作出决定,继续拥护孙中山的三大政策,打击蒋介石的嚣张气焰。1927年,蒋介石、汪精卫公开叛变国民革命,詹大悲一面利用自己的身份,将在武汉被捕的共产党嫌疑分子二三百人全部释放;一面在报刊上反复揭露反动派罪行,高呼"国共两党合作万岁"。

李汉俊说:"桂系军阀上个月开进武汉,正副军长胡宗铎、陶钧执掌武汉卫戍司令部后,大肆屠杀共产党人和进步人士,你今后要小心点。"

"是啊,"詹大悲忧心忡忡,"听说胡宗铎生性残暴,杀人如麻,被称作'胡屠户',不知又有多少革命志士遭殃。"

正说着,只听见"咣当"一声,门突然被人踹开,闯进几个荷枪实弹的军警。真是说阎王,阎王到,他们正是胡宗铎派来的手下和租界巡捕,为首的叫林运圣。

林运圣冷冷地问:"谁是李汉俊?"

看到他们的阵势,李汉俊心里一紧,表面上依然平静,放下手中的棋子,站起来沉着回答:"我就是。什么事?"

林运圣朝詹大悲一指:"你,干什么的?"

詹大悲连忙站起来:"来串门的。"

林运圣眼一瞪:"哼,串门?是串谋吧?你叫什么?"

李汉俊刚想使眼色,詹大悲已经脱口而出:"詹大悲。"

林运圣嘴角一抽,露出一丝不易察觉的得意:"巧得很,自投罗网啊,省得我到处找。"

他停顿了一下,凶狠地盯着他俩,拉长了声调:"我奉上司命令,以'赤色分子'的罪名逮捕你们!"

说罢,林运圣朝几个军警一挥手:"带走!"几个军警如恶狼般扑上来。

李汉俊的两个孩子惊恐万状,"哇"地哭了起来,扑过来抱住父亲不放。妻子陈静珠有孕在身,手上正端着托盘,见此情景慌了,托盘连同茶杯掉落地上。

李汉俊有过两次婚姻。发妻1920年病故后,大家以为,以他的地位和学识,完全可以续弦一位名媛淑女、大家闺秀。可是,他却娶了个普通姑娘,也没多少文化,让很多人不理解。原来,他考虑的是,找一位勤劳朴实贤良的妻子,既能使自己专心做事,又能照顾前妻留下的两个年幼孩子。事实证明,李汉俊的选择是对的,他遇难后,陈静珠为躲避迫害,拖着孕身,带着他的两个孩子东躲西藏,受尽折磨,终身守寡,对他和发妻的孩子视若己出。

李汉俊挣脱军警,轻轻地摸摸孩子的头,抹去他们的泪水,轻声安慰道:"别害怕,爸爸去去就来。"

他站起来,走到妻子身边,爱怜地摸摸她张皇失措的脸,平静地说:"没事,你在家照顾好孩子,还有……"他轻轻拍拍她的肚子:"照顾好自己,别动了胎气。"说罢,转身向门外走去。

陈静珠见李汉俊脚上趿着拖鞋,连忙说:"换了鞋子再走吧。"

李汉俊回过头,朝妻儿挤出笑容:"不用换,我过会儿就会回来的。"

谁知,这一去,从此阴阳两界。这一笑,竟是他留给亲人、留在人间的最后一笑!

不知是视他俩罪大恶极,还是视如草芥,胡宗铎连审也不审,就下令连夜枪毙。第二天,武汉卫戍司令部贴出布告,称李汉俊、詹大悲为"湖北共产党首领",将他们暴尸街头多日。此时,李汉俊年仅37岁,詹大悲40岁。

李汉俊的哥哥李书城也被关押,但胡、陶不敢加害。李书城被释放后,通过关系,收殓了李汉俊遗骸,停放在蛇山的庙宇内。

噩耗传出,全国震惊,各大报纷纷报道,无一例外地称他们是"共产党首领"。但在1927年12月,中国共产党机关刊物《布什维克》发表的《冤哉枉也李汉俊》中,却否认他是共产党员,"若詹大悲也以共产党罪名遭枪毙,那更是冤枉也"。

呜呼,一个被共产党中央开除党籍的人,却死在"共产党首领"的罪名下,怎能不让人唏嘘!

1933年,经武汉市民的强烈要求,国民政府被迫同意,李汉俊的遗体移葬于武昌伏虎山卓刀泉庙后。

董必武与李汉俊相识于1919年。这年春,董必武由鄂赴沪,与张国恩同住老渔阳里路南。李汉俊向他们介绍十月革命,推荐反映新思想、新思潮的日文书籍和杂志。董必武阅后深以为然,思想发生质的飞跃,开始信仰马克思主义,两个人一直保持深厚友谊。李汉俊遇害后,董必武十分关心他的遗属。多年以后,董必武在回忆中谈道:"当时社会上有无政府主义、社会主义、日本的合作运动等等,各种主义在头脑里打仗。李汉俊来了,把头绪理出来了,说要搞俄国的马克思主义。"他还对外国记者说,李汉俊是"我的马克思主义老师"。

1952年,经董必武认定,毛泽东亲笔签署的烈士证书,发到李汉俊家属手里。烈士证书上赫然印着:"李汉俊同志在大革命中光荣牺牲,丰功伟绩永垂不朽!"既然中国共产党的主席称他为"同志",说明党已把他纳入自己的怀抱。

听到这失而复得的神圣称呼,这位铁骨铮铮的汉子,是否会含笑于九泉?

长期以来,我们谈起中国共产党的创始人,都不约而同地首推李大钊和陈独秀。是的,他俩确实功不可没。但是,李汉俊在建党中的重要作用不容忽视。

首先,他掌握深厚的马克思主义理论。由于他14岁就留学日本,在日本生活了14年,广泛接触日本的社会主义者,很早就开始信仰马克思主义,加上通晓日、德、英、法四国语言,阅读大量的马克思原著,连与他关系并不融洽的马林也不得不叹服,称他是中共"最有理论修养的同志"。

其次,他是马克思主义的积极传播者。回国后,他从事翻译和撰写工作,创办《劳动者》,参加编辑的《新青年》《星期评论》《共产党》,都是马克思主义在中国初期传播的重要刊物,同时还在《民国日报》《新青年》《建设》《劳动界》《共产党》《小说月刊》等报刊上发表60多篇译文和文章,积极宣传马克思主义和十月革命,为马克思主义在中国早期传播作出杰出贡献,影响了整整一代革命青年,包括毛泽东、刘少奇、周恩来、董必武等。

再次,他善于用马克思主义指导解决中国的实际问题。他与董必武一起组建湖北的第一个党支部,又支持毛泽东等人组建长沙党组织。山东的王尽美,就是在他支持下创建的济南党支部。他介绍了许多人加入共产党,董必武、沈雁冰等就是由他介绍入党的。

李汉俊的退党,不是信仰动摇,不是贪生怕死,不是卖身求荣,而是遭人排挤。李汉俊的牺牲,完全是为了反对军阀、反对独裁、反对帝国主义、追求民主自由,为了中国人民的解放事业。

然而,中国共产党成立迄今百年来,这位建党大功臣却长期被忽视。他是位悲剧人物,但他是位伟大的悲剧人物。这也是我为什么花这么大篇幅讲述他的缘故。

李汉俊遇难时,长子李声簧14岁,长女李声馥不到10岁,次女李声輢20多天后才出生。他遇难后,李声簧就投身革命,两年后加入父亲参与创立的中国共产党,两个女儿后来也都加入了中国共产党。

自己创立的事业后继有人,李汉俊若地下有知,该是何等欣慰!

二 分道扬镳

有一个人的命运,与李汉俊高度相似:留学过日本,是星期评论杂志社骨干,参与创建中国共产党,被开除党籍,死于非命。然而,两个人的历史地位,却截然不同,有云泥之别。他就是沈玄庐。

沈玄庐,又名沈定一,浙江萧山衙前镇人,生于官宦家庭,19岁中秀才。任云南广通知县时,以爱民为箴言,每年倒贴上万两银子,兴学堂、办团练、建设基础设施,惩治贪官污吏,受百姓爱戴。因帮助同盟会发动河口起义,被人告密,遂留学日本,其间加入同盟会。1910年回国后,联络革命党人,从事反清斗争,遭到清政府通缉。

辛亥革命爆发后,沈玄庐参加光复上海的武装起义。上海有个"中华民国学生军团",他不认识任何人,却孤身闯入,凭借出色的演讲和慷慨解囊,竞选成为团长,麾下1300余人,受到孙中山嘉奖。1912年1月,他当选浙江省议员。袁世凯篡权后,他响应孙中山的"二次革命",在上海倒袁,失败后,再次流亡日本,任留日学生总会总干事,潜心研究各派社会政治学说,尤其是醉心于社会主义学说。

1916年6月,沈玄庐回国,当选浙江省议长,将家里农田分送给佃户,实行"耕者有其田",自己也下田耕作,主动减租减息,还要求其他地主减租。他出门收租时,一早摇船出去,晚上非但没收回租子,还倒贴钱给困难租户,表现出千金散尽的侠客性格。

因为阻止北洋军阀控制浙江,沈玄庐再遭通缉,避居上海,先是参与创办《民国日报》副刊《觉悟》,又与戴季陶创办《星期评论》,不仅担负起杂志的大部分经营事务,还为杂志撰写大量诗文。

沈玄庐身材修长,双目有神,性格豪爽,喜好饮酒,学问广博,写得一手好字,声音洪亮,能言善辩,说话极富煽动性。青年人多为之倾倒,理想主义者慕名而来,与其热烈讨论中国前途。受他的影响,杂志社朝气蓬勃、平等向上,大家直呼其名,相互分担任务,女子都剪了长发,留着短发。

1920年8月,沈玄庐参与组建上海共产党早期组织,共同起草党纲,成为中国共产党的创建者之一。随后,与陈独秀等一起指导上海的工人运动,与俞秀松等在浙江创建党和社会主义青年团。

1921年初,沈玄庐随陈独秀南下广州,与陈独秀、谭平山创办《劳动与妇女》杂志,担任主编,向工人和妇女宣传马克思主义,同谭平山一起创建共产党早期组织。

1921年8月,沈玄庐回到家乡,利用庙宇戏台,头戴当地毡帽,身着农民短衫,操着当地方言,发表《谁是你的朋友》《农民自决》等演说,揭露地主豪绅剥削压迫农民的罪行,号召农民团结起来,成立农民协会,与地主开展斗争。

据记载者形容,"当时听者,拥挤不堪,大多数的农民工人,听了他的话,如见天日,这是因为他极力模仿那地方的土话,说出很明白的利害来,句句话都被农民工人听懂了"。

1921年9月27日,沈玄庐在衙前东岳庙召开农民大会,成立衙前农民协会。这是中国共产党领导的现代中国第一个农民革命团体。在会上,他发表《衙前农民协会宣言》,声明"本会与田主、地主立于对抗地位",提出"土地应该归农民使用""土地该归农民所组织的团体保管分配"的主张。

衙前农民协会像一团烈火。这团烈火迅速燃遍百里平原,短短一两个月,萧山、绍兴和上虞三县的80多个乡村,相继成立农民协会,十多万贫苦农民投身其中。地主豪绅和官吏极为惊恐,军阀派出大批军警,"围剿"农民协会。农民运动虽遭血腥镇压,但影响巨大,揭开中国现代农民革命斗争的序幕,显示农民群众中蕴藏的巨大力量。

沈玄庐虽然热情如火,却有个致命弱点:权力欲望过于强烈。因未能在党内担任领导职务,他耿耿于怀,大为不满,萌发退党念头。1923年6月,作为浙江代表,他拒绝参加中共三大。

孙中山十分赏识沈玄庐,赞其为"浙江最有天赋之人"。1923年8月,经孙中山指定,沈玄庐参加"孙逸仙博士代表团",出访苏联,团员包括蒋介石、王登云、张太雷。在历时75天的考察中,沈玄庐折服于苏俄的革命成就,回国后打消退党念头,服从党中央关于国共合作的指令。

1923年12月,孙中山授意沈玄庐,以个人身份参加国民党,回到浙江改组国民党浙江省组织。1924年1月,国民党"一大"在广州召开,国共两党达成正式合作的协议,沈玄庐作为国民党浙江省代表参加,当选中央候补执行委员。

大会结束后,孙中山派他与中共党员宣中华等,到浙江组建国民党浙江省临时省党部,担任国民党浙江省党部负责人,宣中华任党部执行委员。

沈玄庐的儿子叫沈剑龙、儿媳叫杨之华,两人育有一女。1924年初,沈玄庐带着儿媳,拜访上海大学社会学系主任兼教授瞿秋白,请他帮杨之华进社会学系读书。在瞿秋白的帮助下,杨之华免考进校上课,并在学校入团入党。

瞿秋白妻子王剑红因患肺病,于1924年7月去世。杨之华安慰老师时,两个人坠入情网。瞿秋白主动去见沈剑龙,两人开诚布公聊了一夜后,沈剑龙爽快同意离婚,还与瞿秋白成为知己好友。

1924年11月27日、28日、29日,上海《民国日报》连续三天,刊登三则大大的启事,一时在上海疯传:

第一天登的是,"杨之华沈剑龙启事:自1924年11月18日起,我们正式脱离恋爱的关系"。第二天登的是,"瞿秋白杨之华启事:自1924年11月18日起,我们正式结合恋爱的关系"。第三天登的是,"沈剑龙瞿秋白启事:自1924年11月18日起,我们正式结合朋友的关系"。

杨之华离婚后,很快与瞿秋白成婚。婚礼当天,又出现惊世骇俗的一幕:作为新娘的前夫,沈剑龙到场祝福两个人。

然而,"秋之白华"却激怒了沈玄庐。他大骂瞿秋白是流氓,以"党内同志拐走儿媳"为由,写信给陈独秀,要求退党。

尽管沈玄庐高喊"以天下解放为己任",但生活腐化,一妻三妾。他还不满足,1924年初夏,又迎娶一女,小他23岁,受到党组织严肃批评。对此,沈玄庐心生怨愤。

1925年1月,中共四大在上海召开。沈玄庐作为正式代表出席,在会上指责党的路线,反对党的国共合作路线,要求共产党放弃领导地位,全面服从国民党,遭到许多代表的严厉批评。沈玄庐愈加怨恨。

同年5月,沈玄庐赴广州,出席国民党一届三中全会,公开支持戴季陶"国民党最高的唯一的原则就是三民主义""共产党员退出国民党"的反动主张。鉴于沈玄庐的背叛行径,中共中央决定,开除他的党籍。

7月5日,沈玄庐在衙前召开浙江省临时执行委员会全体会议,与戴季陶一起,鼓吹"共产主义不适合中国国情""三民主义为最高原则",主张"单纯的国民党运动",遭到宣中华等坚决反对。在他的控制下,全会通过否定阶级斗争和攻击中国共产党的宣言。衙前会议破坏了浙江国共合作的大好形势,为后来召开的西山会议以及蒋介石的反革命政变作了舆论准备。

1925年11月至次年1月,国民党右派谢持、邹鲁、居正等十余人,在北京西山碧云寺孙中山灵前,召开所谓"国民党一届四中全会",时间长达43天,宣布取消共产党员的国民党党籍,解除苏联顾问鲍罗廷的职务,通过反苏、反共、反对国共合作等宣言,形成"西山会议派"。沈玄庐是会议宣言和决议的主要起草人之一,他在会上发表反共言论,叫嚷要解除共产党人在国民党的领导职务,其中包括谭平山、李大钊、毛泽东、瞿秋白、张国焘等人,"誓与共产党不两立",公开与共产党叫板,堕落成为国民党右派。

1926年1月,在中国共产党和国民党左派支持下,国民党"二大"决定,进一步贯彻孙中山"联俄、联共、扶助农工"三大政策,通过弹劾西山会议的决议案,首要分子邹鲁、谢持被开除党籍,沈玄庐也受到警告处分。

1927年4月12日,蒋介石发动反革命政变,沈玄庐为蒋介石摇旗呐喊。因国民党内部权力争斗,蒋介石于当年8月下野,"西山会议派"掌权,沈玄庐受到重用,成为国民党中央农民运动委员会委员长,担任浙江省清党委员会主任委员,带领国民党特务到各地收缴枪支,查封革命团体,大肆搜捕共产党员和革命群众,从一个对中共建党有贡献的人,蜕变成一个彻头彻尾的反共急先锋。

浙江共产党组织被迫转入地下,但因沈玄庐了解其内部情况和党员的分布情况,秘密机关遭到严重破坏,许多共产党人和革命志士遭到捕杀。据统计资料,在沈玄庐负责清党委员会期间,浙江有1800多位革命者被捕,932位中共党员被杀害。

这样一个对共产党血债累累的人,却没有死在共产党人手里,而是死在了蒋介石手里。原来,在国民党内斗中,沈玄庐逐渐站在蒋介石的对立面。1928年春,蒋介石重掌国民党大权。沈玄庐自知失势,回到衙前,在戴季陶、张静江等人支持下,一面撰写《防共方案》,陈述自己反共反革命的立场,一面集结旧友亲信,企图推翻蒋介石的统治,引起蒋介石嫉恨。

1928年8月28日,沈玄庐赴莫干山会晤戴季陶,返回途中,突遭枪杀。当时,他的死因成谜,有人栽赃共产党。后来,徐梅坤在《九旬忆旧》中披露:"蒋介石通过何应钦派刺客杀了沈玄庐。"

沈玄庐死后,戴季陶、张静江等国民党要员主持,以国葬仪式安葬,墓址位于衙前镇凤凰山北坡,浙江省政府拨款1万元建造,墓制采用中西合璧式,墓穴长、宽、高各3米,棺木用铁链悬挂其中,用厚约半米的混凝土浇封,墓前竖立高大墓碑,由省长张静江手书"沈定一先生之墓",南角建一墓亭。沿山直达坡地墓道,采用彩色鹅卵石铺成,十分讲究。1966年"文化大革命"期间,某厂"左派"组织炸开墓墙,将其暴尸,被当地村民就近掩埋。因这些村民均已过世,其墓址无人知晓。20世纪90年代,凤凰山规划列入森林保护区,消灭"青山白化"现象,有主墓悉数迁出,无主墓被平掉,沈墓彻底被毁。

在沈玄庐的身上,体现出人物的矛盾性、多样性和复杂性:做过清政府官员,但最早研究马克思主义;出身于大地主,却领导了一场轰动全国的农民运动;既高举妇女解放运动的旗帜,又妻妾成群生活腐败;既是共产党的创始人,又是叛党、"清党"急先锋;前半生,走在共产主义的前头,后半生,成为屠杀共产党人的刽子手;本是革命先行者和同路人,后来却走向革命对立面,成为千古罪人。

同样一个人,反差为何如此强烈?有人认为,政治主张的不同,是他后来叛党的重要原因。也有人分析,是他的政治信仰动摇了。

回顾沈玄庐的一生,强烈的叛逆性格,加之强烈的权力欲望,既造就了他,也毁灭了他。有人评价,他之所以穷尽手段,包括散尽家财、反目成仇,绝不是为了信仰,而是为了出人头地。

时间的力量真是太强大了,这段近百年前的历史,已被局外人渐渐淡忘。对这个双手沾满共产党人和革命者鲜血的刽子手,其家乡的百姓也已经印象模糊。直到今天,如何评价他的功过是非,人们依然难以把握分寸。

与沈玄庐一样,戴季陶也是一个毁誉参半、明暗交织的人物。所不同的是,戴季陶不像沈玄庐那样反复无常、不择手段。他是一个富于思想的人,是一个理想主义者。只是,他的理想和信念,在与共产党人分道扬镳后,就渐行渐远,直至背道而驰。

与共产党人的分手,始于1920年五六月间,在讨论党纲时,戴季陶看到其中"共产党员不做资产阶级政府的官吏,不加入资产阶级的政治团体"的内容时,倒吸一口凉气,独自关门垂泪,内心十分痛苦。他总算明白,共产党与他心目中设想的,完全不是一回事儿,共产党并不准备与政府合作,而他作为国民党员,誓死效忠孙中山,绝不会同国民党断绝关系。所以,他同共产党人挥泪告别。当然,这时的他,只是同共产党人产生分歧,还谈不上为敌。

戴季陶脱离上海共产党早期组织后,到广州投奔孙中山。然而,思想上的徘徊,令他十分苦恼,于是称病回到吴兴隐居。

孙中山二次护法失败后,1922年8月抵达上海。戴季陶义无反顾,抱病赶到上海,陪伴孙中山。孙中山派他入川,劝告川军众将领通力合作,完成全国统一大业。此前,孙中山已通电四川各军师旅长,希望停止战争。

此时,戴季陶的母亲恰巧70岁,他正想回川为母祝寿,接受任务后,信心满满,指望大展才华,一举平息军阀争斗,结束流血混乱局面,所以十分兴奋,乘船沿长江溯流而上。

船到汉口,戴季陶住进旅馆,先是从报上惊闻,从川战中败退到鄂西的杨森,准备购买步枪2000支、子弹50万发,用意不言而喻。接着,又偶遇川军各派代表,正躲在汉口,策划再开四川内战。戴季陶焦急万分,苦苦劝阻,川军代表根本不把他放在眼里。

眼看川战难免,戴季陶大受打击,加之久病未愈,心力剧衰,行至宜都境内时,趁夜深人静,跳江自尽。这时,不可思议的事情发生了。

他事后回忆:

万念俱空，就想沉下水去。但是越要沉越不得沉，想钻下去，从对面浮起出来，向左左浮，向右右浮，把头埋在水中，拼命的饮水，但肚皮已饱不能再喝。只有听天由命，站在水里，很清楚的觉得我站在水里成二十三度的倾斜，两肩以上完全露出水面，这是九月二十一二的光景，天气已经很冷，我身上穿的一件花缎薄棉袍，里面是卫生绒衫，长江的水，已经完全将它浸透，我一点不觉得寒冷。头部露在水面，习习江风吹来，使我心地清凉只觉得舒服，一点也不觉得痛苦。民国九年以来，三年当中，一切烦恼罪恶失意忧思通同付与长江的水，流的干干净净。

　　我忽然望见在我的四周，有一圈很圆的白光，从水面射到空中，越近越浓，越远越淡，此光离我有好远，不得而知。我从小随着母亲，就有佛教的信仰，虽然在人世的当时，把信仰忘却，到此时深刻的信仰心，又自然的发现出来。看见这个白光，心中忽然感动，确实这个佛光，是我的生机，我一定不应该死该要生。

在寒冷的江水中，戴季陶很快冻僵，失去知觉，被江水漂送到下游。合当命不该绝，第二天，他被枝江的乡民救起。

第二天天亮后，船上的随从发现他失踪。有个目击者称，昨晚看见有人投江，因害怕落水鬼找他，所以没敢声张。船靠宜昌时，一行随从下船，留下人在宜昌准备后事，其余人顺江而下，到枝江一带寻尸。

戴季陶投江自杀的消息传出后，孙中山等人悲恸欲绝。当他被救生还后，国民党要人举杯庆贺。对他投江自尽死而复生的奇闻，上海《申报》、长沙《大公报》等大报连篇累牍报道，广为流传，举国震惊。

戴季陶投江自尽，表面看是受一事刺激，实则有着深刻背景。

据《戴季陶传》作者分析，1919年以后，戴季陶深入研究马克思主义，接触到一个崭新的理论世界，试着用马克思主义的学说分析中国现状，也领会到社会主义的某些要义。然而，作为资产阶级民主主义者，他不愿正视这一现实，并且极力回避和否认。当他与上海共产主义者分道扬镳，重新回归三民主义麾下时，孙中山却正陷入彷徨徘徊中。这让戴季陶茫然苦闷，加上与结拜兄弟蒋介石吵翻,导致身体状况剧衰。陈炯明叛变后,孙中山退守孤舰,死里逃生。想着中国南北的昏暗社会,他信奉的三民主义行不通,又不愿接受前途光明的社会主义,找不到出路,"公私的前途都无半点光明",深感失望,心中的灯被吹灭。这次入川受挫,便成为压倒他的最后一根稻草。为了解脱一切痛苦,他选择了死。

凡是死而复生者,往往会大彻大悟、看淡一切,戴季陶也是性情大变。他开始反省过去的所作所为,认为自己有两大罪过:

一是,"想起当年《民权报》时代,自己过于鼓吹杀伐的言论来,觉得自己对于这种离乱景象,不能不负重大的责任"。

二是,"当年我们糊糊涂涂,把中国人民优点看得太轻,胡乱输入西洋的学说,以为便可以救国救民,不只是太过无识,而且真是罪过"。特别是回想他在星期评论杂志社时期曾介绍过马克思主义,并且参加了上海共产党早期组织的初期活动,"这更是不可饶恕的罪过","至于一些盲从着几句西洋的共产口号,借来遮盖自己个人性欲食欲的放纵的共产党人,说什么为无产阶级谋幸福,为世界人类造文明,真是一群野兽,真要把中国民族仅存的一点保存在平民阶级里面的优美德性也都破坏干净,造成洪水猛兽的世界"。

船上那名目击者害怕落水鬼。殊不知,戴季陶死而复生后,竟真如落水鬼附体一般,鬼迷心窍,颠倒黑白,把军阀混战、社会险恶等一切罪孽,全部扣到社会主义思想的头上。从此,他的人生发生重大变化,思想不再犹豫彷徨,而是公开与共产党决裂,在中共一大召开三年之后,成为国民党右派的旗帜性人物,扬言要把共产党人斩尽杀绝、绝不养虎贻患,彻头彻尾反共,一条道走到黑。

1925年3月,孙中山病逝后,戴季陶以孙中山思想正宗传人自居,先是抛出《接受总理遗教宣言》,提出"纯正的三民主义",旨在反对三大政策,清除共产主义思想,接着又相继抛出《民生哲学系统表》《孙文主义哲学之基础》和《国民革命与中国国民党》,构成一整套理论体系,形成有系统的"戴季陶主义",阉割孙中山的三大政策和关于新三民主义的革命内容,攻击中国共产党,排斥和打击工农革命力量,以维护国民党的"纯洁性"。

戴季陶还把希望寄托在蒋介石身上,直接充当他的文胆,为其出谋划策,助纣为虐。在蒋介石一系列反共动作中,背后都能看到他的影子。

1926年3月20日,蒋介石借"中山舰事件"之机,在广州实行紧急戒严,监视和软禁大批共产党人,打击和排斥共产党,破坏国共合作,夺取领导权。这一事件,成为大革命时期国共关系发展的转折点。

1926年5月15日,在国民党二届二中全会上,蒋介石等抛出整理党务案,要求共产党员在国民党高级党部任执行委员的人数不得超过该党部全体执行委员的三分之一、共产党员不能担任国民党中央各部部长、加入国民党的共产党员名单须全部交出等,加紧对共产党员的全面打击和迫害,把共产党人排挤出国民党中央领导机关,并打击国民党左派,夺取国民党最高领导权。此案最终获通过,毛泽东等人被撤销国民党中央领导职位,共产党员被一一清除出国民党,蒋介石趁机篡夺党权、政权和军权。

1927年,蒋介石在上海发动四一二反革命政变,公然举起反共大旗,大批共产党员和革命群众被捕杀。戴季陶积极参与策划,为蒋介石制定《离俄清党谋略纲要》。

抗战开始后,国民党内部笼罩着悲观情绪,戴季陶坚决批判亡国论,信誓旦旦地说,离开南京最多十年八年,一定会重返的。西迁重庆时,别的高官举家搬迁,他虽有六辆汽车跟随,却只带个人铺盖衣服,其余物品一概不带,已放上车的全部取下。结果,盗匪把他家洗劫一空,临走又放了一把火,烧得片瓦无存。

抗日战争胜利后,戴季陶分析,共产党的势力会逐步壮大,最终会取代国民党,遂极力反对国共谈判,向蒋介石进言:"切不可视共产党为合法之团体,匪首为正当之人物,言论为正当之道理。"

蒋家王朝摇摇欲坠时,确定台湾为"复兴基地",部署党政军要员撤往台湾岛。通知戴季陶入台时,他一口拒绝:"不去了,但愿回四川老家以竟终年,伴父母于九泉,尽人子之责。"

1949年2月11日,戴季陶神经痛病发作,剧疼难忍,晚上无法入眠,服用近70粒安眠药。次日上午,家人发觉有异,医生为其注射、洗肠,但为时已晚。上午10点40分,这个"反共最早、决心最大、办法最彻底"者,气绝身亡,终年59岁。

关于戴季陶的死因,有两种说法:一是绝望自杀,二是服药过量。

说他绝望自杀,是因为,全面内战爆发后,国民党军队败绩接踵,800万精锐丧失殆尽,他忧心如焚,曾经哀叹:"时局日下,衰病之身,毫无所补,每一念及,则深惶汗。"加之逐渐失宠于蒋介石,又患神经衰弱症,长期受病痛折磨,终日郁郁寡欢。

身病加心病的戴季陶,既不愿随蒋介石残喘台湾,又怕成为共产党的俘虏。在离世前一天,他对秘书说:"国军难以据守西南,四川必为共产党所得。他们不会放过我,我也不甘当他们的阶下囚。"

戴季陶有11个千手观音,古铜铸造,用于平时拜佛。败退到广州后,他亲自送到六榕寺,放在觉皇殿中,遇到佛教会同人胡毅生。两个人谈禅时,他说自己不久会脱离此恶世,好像预知死期将至。

说他服药过量,是因为,他因病寝食不宁,常靠服大量安眠药入睡,曾在1948年9月和10月,两次服药过量,幸被及时抢救,这次也不排除有这个可能;他是个心思缜密的文人,如果自杀,势必会像陈布雷一样留下遗书,但他却没有,说明没有准备死;当时,他准备回四川,已经订好专机,做好各种准备,不可能突然自杀;他与赵夫人感情深厚,当时赵夫人患中风刚脱险,偏瘫尚未复原,极需人照顾,他应不忍弃她而去。

一个有理想、信念、抱负、追求的人,没有真正以国家、民族、人民的利益为重,而是逆历史潮流而动,处心积虑排斥异己,站在人民的对立面,顽固反共、反人民、反革命,从共产党的同路人,变成共产党的死对头,最终落得个可悲下场,成为国民党政府的殉葬品。不能不说,戴季陶是一个悲剧人物。

李汉俊、戴季陶、沈玄庐,作为星期评论杂志社的"三驾马车",在传播马克思主义之初,站在同一起跑线上,曾经一度是同路人。然而,随着马克思主义在中国的进一步传播,在面临中国是否走俄国革命道路、建立无产阶级政党的十字路口时,他们却选择了截然不同的道路。李汉俊义无反顾地高擎马克思主义大旗,奋不顾身投入中华民族解放的斗争中,而戴季陶、沈玄庐却仅仅限于宣传,犹如叶公好龙,一旦要把马克思主义付诸中国革命实践时,就犹豫彷徨临阵脱逃,蜕变成马克思主义及其政党中国共产党的敌人。

三 重拾初心

陈独秀把《新青年》交给陈望道负责,大大惹恼了胡适。

在这之前,由于李大钊、陈独秀先后转向马克思主义,胡适对他们在《新青年》上宣传马克思主义很不满意,利用临时接办《每周评论》的机会,发表《多研究些问题,少谈些"主义"》,双方分歧逐渐加大。他早就有控制《新青年》之心,只是因种种原因未能如愿。

陈独秀赴广州任职的消息传来,胡适想趁此机会另起炉灶,为创办一种"哲学文学的杂志"找借口。当陈独秀写信给胡适,言明把《新青年》交给陈望道编辑时,胡适当即给陈独秀复信,提出分裂《新青年》、改变《新青年》办刊性质的三个方案,其中包括不谈政治和停办刊物。

胡适的主张,遭到李大钊、鲁迅等人的坚决反对,李大钊说:"我觉得外面人讲什么,尚可不管,《新青年》的团结,千万不可不顾。""绝对不赞成停办,因为停办比分裂还不好。"

鲁迅也明确表示,赞同陈望道等人的办刊方针。他在给胡适的信中说:"发表新宣言说明不谈政治,我却以为不必。"

面对胡适的责难,陈望道气不忿儿。1921年1月,他给胡适寄去一张明信片:"《新青年》内容问题,我不愿意多说话,因为8卷4号以前我纯粹是一个读者。5号以后我也只依照多数意思进行。"

胡适也回复一张明信片:"我不是反对你编辑《新青年》,而是反对你把《新青年》作宣传共产主义之用。"

陈望道则反驳:"适之先生的态度,我却敢断定说,不能信任。""胡先生总说内容不对,其实何尝将他们的文章撤下不登。他们不做文章,自然觉得别人的文章多;别人的文章多,自然他有些看不入眼了。"

胡适见目的没有达到,又想把《新青年》移回北京编辑,便于受他控制,但遭到陈独秀、陈望道等人的断然拒绝。

1921年2月,两个阵营彻底分裂,《新青年》开始成为中共中央的机关报,由一个文化刊物变成一个政治刊物。从1921年1月第8卷第5号,到1922年7月第9卷第6号,陈望道任《新青年》主编,共负责编辑出版8期。

两个阵营分裂之后,同道中人本该齐心勠力,共同渡过危机。不料,同一阵营内部这时也产生纷争,进而再次引起新的分裂。这场纷争,便是陈独秀与李汉俊、陈望道相继发生冲突。

陈独秀与李汉俊、陈望道的冲突,与陈独秀的个性有很大关系。

陈独秀博古通今,文思敏捷,口才了得,威望很高,连胡适都推崇他,党内都尊称他"老头子""中国的列宁"。但他性子暴躁,领导欲强,动辄拍桌摔碗,对别人吹胡子瞪眼。李达就领教过多次。

有一次,陈独秀看一份关于铁路工人运动的报告,没看几行就暴跳如雷,抄起手边的两个茶碗往地上摔。摔完后气还没消,一边骂骂咧咧,一边眼睛往四处瞄。

李达一看要坏事,连忙把其他茶碗往旁边挪,一个劲地好言劝道:"您先别生气,把报告看完再说嘛。"

陈独秀狠狠瞪了李达一眼,一时发作不起来,跺了跺脚,一边喘着粗气,一边耐着性子看下去。

李达发现,他看着看着,气息渐渐平稳,看到最后,竟然和颜悦色起来。

李达逗他:"咋了? 不生气了?"

陈独秀鼻子哼一声,脸上露出一丝不易觉察的羞赧神情。

还有一次,陈独秀到李达家,李达给他沏了一杯茶,拿起一封党内同志来信给他看。大概是信里的内容不顺眼,他没看一会,就破口大骂,手习惯性地伸向茶杯。

李达叫声"不好",赶紧去抢夺茶杯,却没陈独秀手快。瞬间,那只可怜的茶杯碎了一地,热茶四处飞溅。

事后,李达正色对他说:"你这个家伙,要有了权,一定先杀了人以后,再认错。"

有道是"不是冤家不聚头",一头犟牛偏偏遇到一头犟驴。陈望道绰号"红头火柴",意思是一点就着。陈独秀四处写信,抱怨李汉俊和陈望道要夺他权,而施存统不明真相，写信把他俩大骂一通，陈望道怒意难消，写信要陈独秀澄清事实、公开道歉，见陈独秀不理不睬，犟脾气上来了，一拍桌子："老子不愿再受他的家长式统治，不干了！"

此时，李达、李汉俊、陈望道正在紧锣密鼓地筹备"一大"。李达连忙劝他："你已经被推选为上海的代表，而且正在参与筹备会议，不能就这么撂挑子。"

"大不了我退党，不当这个代表，不参加会议！"陈望道干脆地说。

无论别人怎么劝，他就是那句话："让陈独秀先道歉再说！"

高傲的陈独秀，最终没有道歉。陈望道虽经众人劝说没有退党，但因为这件事，也没有出席"一大"。

后来，施存统知道事情原委后，极为后悔，给陈望道写了一封长信，表示至诚的歉意。

"一大"之后不久，中共上海地方委员会成立，陈望道被选为第一任书记。这期间，他为党做了很多工作。

1922年1月28日，旧历新年，中共上海地方委员会发动党员、团员及进步青年，到市区的大街小巷，向市民和行人赠送贺年卡，实际是借机宣传共产主义。陈望道、李汉俊、李达、沈雁冰等人，也都上街去派送。

贺卡用书面纸印写，正面印着"恭贺新年"，背面以花边为框，框内印着一首《太平歌》，歌词是陈望道起草的：

> 天下要太平，
> 劳工须团结。
> 万恶财主铜钱多，
> 都是劳工汗和血。
> 谁也晓得：
> 为富不仁是盗贼。
> 谁也晓得：
> 推翻财主天下悦。
> 谁也晓得：

不做工的不该吃。

有工大家做，

有饭大家吃，

这才是共产社会太平国。

别小看这薄薄一张贺年卡，在上海滩上震动可不小。一些市民读了《太平歌》后，不由得惊呼："不得了了，共产主义到上海来了！"

但是，陈望道是个好静之人，喜欢搞研究工作，秉性上有点自由散漫，既没有权力欲望，也不喜受人约束，加上当时党还处于初创时期，缺乏严格的组织纪律规程，他和其他党员一样，组织观念也相应淡薄，不习惯于经常过组织生活。

这一天，中共上海地方委员会开会，陈独秀、陈望道、沈雁冰、杨明斋、李达、张国焘、李启汉、徐梅坤等到场参加。

徐梅坤发言说："每一个党员要有具体的工作活动，并把每次活动情况，在会上作简要报告。不然，党是很难有进展的，党就没有存在的必要。"

大家点头称是，纷纷说，陈望道是书记，应该搞好组织活动。

陈望道不以为然："我认为我们的工作重点是做好宣传教育，用马克思主义的道理教化人民，而不是开展实际活动。"

李启汉说："我们准备在平民女校买些旧机器，组织学生利用课余时间织袜子，积攒一些组织经费。希望陈望道同志能利用自己的影响力，带领我们实施这些活动。"

平民女校是中国共产党创办的第一所培养妇女干部的学校，1922年2月正式开学，属半工半读性质，开办不到一年即因经费困难停办，前后共招收30多名学员，丁玲就是其中之一，李达、蔡和森先后任校务主任，陈独秀、邵力子、陈望道、沈雁冰等都授过课。

陈望道不同意："这些是普通劳工的事务，怎能让青年学生来承担？青年学生应该赋以革命崭新的内容，投身社会改革之中，而不是做些婆婆妈妈的事。至于我，教学和编辑工作已经很忙，也没有精力组织这些活动。"

徐梅坤反驳道："陈望道同志，你作为书记，这些都是你的分内事。"

陈望道皱起眉头，面露不悦："组织分工应该是不同的，我的擅长是做案头工作，而不是组织群体性活动。如果觉得我不适合当这个书记，我可以不当。"

会议不欢而散。

对陈望道不付诸行动的表现，党内一些同志公开表示不满。陈望道得知后，变得消沉起来，干脆连党的会议都不参加了。上海党组织一度陷入半瘫痪状态。

党内一些同志急了，向陈独秀反映。陈独秀便与张太雷商量，让他把工作抓起来。一些年轻党员受"左"的思想影响，言辞过激，指责陈望道投机革命，有的甚至骂他和李汉俊等人叛党。陈望道既委屈又愤慨，再度要求退党。

1922年5月，中共上海地方委员会改组为中共上海地方兼区执行委员会，当选的委员有徐梅坤、沈雁冰、俞秀松三人，徐梅坤任书记，沈雁冰负责宣传。陈望道这时已正式提出辞呈，故而不再当选。

陈望道退党没有严格的时间界限，大概是在1923年6月中共三大召开之后，不再参加党的组织活动。

就在这时，毛泽东的一番话，给了苦恼中的陈望道莫大宽慰。

毛泽东与陈望道相识于1921年7月。他作为长沙的代表到上海出席中共一大，与正在筹办"一大"的陈望道见了面。

1923年8月，上海地方兼区执行委员会召开第六次会议。毛泽东代表中共中央出席会议并作指导。听说邵力子、沈玄庐、陈望道等人脱离党的组织，毛泽东深为惋惜，他与人为善，明确建议：对邵力子、沈玄庐、陈望道的态度应缓和，劝他们取消退出党的意思，把他们编入小组。

于是，党组织派沈雁冰去劝说。沈雁冰将邵力子劝转了心意，但沈玄庐死心塌地追随国民党，陈望道则仍与陈独秀较着劲，说什么也不肯妥协。

陈望道对沈雁冰说："你和我多年交情，知道我的为人。我既反对陈独秀的家长作风而要退党，现在陈独秀的家长作风依然如故，我又如何取消退党呢？"

沈雁冰还要再劝，陈望道摆摆手，制止他开口，坚决地说："你不要再劝了，请放心，我不会背叛共产党，我信仰共产主义终生不变，愿为共产主义事业贡献我的力量。"

谈话的气氛很沉闷。见沈雁冰失望的样子,陈望道拍拍他的肩膀,挤出一点笑脸,故作轻松地说:"不要这样垂头丧气嘛,我仍然是你的同志。我认为,不参加组织,同样可以为党工作,不同陈独秀发生关系,也一样可以干革命。只要自己为共产主义事业奋斗的决心忠贞不渝,在党外也一样能贡献出自己的一切。"

最后,他苦笑了一下,像是安慰沈雁冰,又像是自我解嘲:"我在党外,为党效劳也许比在党内更方便呢!"

后人在分析陈望道退党原因时,有两种截然对立的观点:一是把责任全部推给陈独秀,二是指责陈望道"信仰动摇"。这两种观点,前者有失公允,后者矫枉过正。

陈独秀蛮横的家长作风,工作上专断的做法,应该是造成陈望道退党的直接原因,但不是唯一的原因。

建党初期,中共由于缺少活动经费,依赖于第三共产国际的资助,只好受苏俄摆布。作为总书记的陈独秀,非常注意中共自我的独立,不想由于中国革命需要外援而被敌对者诬蔑是"卢布党"。为此,他曾与共产国际代表马林大吵过。

"每月只拿他们2000多元,事事要受支配,令人难以接受。中国一国也可以革命,何必一定要与国际发生关系?"陈独秀说,"我坚决主张不要别人的钱。拿人家钱,就要跟人家走,我们一定要独立自主地干,不能受制于人。"

现在看来,陈独秀的话无疑是对的。一个政党,如果无法独立自主,处处仰人鼻息、受人掣肘,不仅难以决定自身命运,连起码的尊严都不保。1953年,中国政务院总理周恩来访问印度时,第一次正式向国际社会提出"和平共处五项原则"。半个多世纪以来,"互相尊重主权和领土完整、互不侵犯、互不干涉内政、平等互利、和平共处"五项原则,不仅成为中国奉行独立自主和平外交政策的基础,也被世界上绝大多数国家接受,成为规范国际关系的重要准则。

但是,在当时的社会阶段,陈独秀的观点却被视为搞"独立",后来他被开除出党,被人指责搞"家长制""家长作风",这是其中一个重要因素。

然而,"吃人嘴短,拿人手软",处于襁褓中的中国共产党,想独立也独立不起来,不得不受制于第三国际,陈独秀陷于孤立。当初他尚可耍耍"家长作风",到了后期被架空后,逐渐失去领导权,想要也耍不起来了。

唯物辩证法认为,任何事物的产生、发展和灭亡,总是内因和外因共同作用的结果。但内因是事物发展的根本原因,外因是事物发展的第二位原因。正如毛泽东所言,"外因是变化的条件,内因是变化的根据,外因通过内因而起作用"。否认事物的内部矛盾,把事物发展变化的原因完全归结为外因,是形而上学的观点。同样,只讲内因不讲外因,忽视事物发展的外部条件,也是片面的。

陈望道退党,陈独秀的家长作风属于外因,内因在于陈望道的主观因素。1954年,陈望道本人也对退党一事作了自我批评:"这是小资产阶级的自由主义的表现。"

至于指责陈望道"信仰动摇",则是上纲上线,是一种"左"的观点。

创党初期,中国共产党尚在摇篮中,党的组织还不够健全,党内生活还不够规范,没有严明的组织纪律,入党和退党也没有严格的手续,加之当时国共两党关系融洽,共产党员可以个人身份加入国民党、在国民党机构任职,退出共产党组织并非是大逆不道的事。陈望道性格沉稳内向,习惯于静坐书斋、钻研学问,不习惯抛头露面、组织协调,正如其挚友邵力子所言,"陈望道好静,喜欢研究工作,不习惯于经常过组织生活"。要求他做个社会活动家,有点强人所难。同样是无产阶级革命家,禀赋特质各有千秋:有的横刀立马、叱咤风云,如彭德怀;有的冲锋陷阵、刀口舔血,如许世友;有的高瞻远瞩、运筹帷幄,如毛泽东;有的虚怀若谷、坚忍负重,如朱德。如果让毛泽东阵前拼杀,让许世友著书立说,同样是强人所难。

客观平和地对待历史往事,是一个成熟社会所需要有的素质。评价历史人物,要把其放到当时所处时代的大背景中去,不能以今天的标准苛求前人,也不能拿一把尺子,去衡量所有的人。

2013年12月26日,中共中央在北京人民大会堂举行纪念毛泽东同志诞辰120周年座谈会。习近平总书记的一番话,可谓至理名言:

对历史人物的评价,应该放在其所处时代和社会的历史条件下去分析,不能离开对历史条件、历史过程的全面认识和对历史规律的科学把握,不能忽略历史必然性和历史偶然性的关系。不能把历史顺境中的成功简单归功于个人,也不能把历史逆境中的挫折简单归咎于个人。不能用今天的时代条件、发展水平、认识水平去衡量和要求前人,不能苛求前人干出只有后人才能干出的业绩来。

革命领袖是人不是神。尽管他们拥有很高的理论水平、丰富的斗争经验、卓越的领导才能,但这并不意味着他们的认识和行动可以不受时代条件限制。不能因为他们伟大就把他们像神那样顶礼膜拜,不容许提出并纠正他们的失误和错误;也不能因为他们有失误和错误就全盘否定,抹杀他们的历史功绩,陷入虚无主义的泥潭。

在对待创党初期退党者的态度上,毛泽东为我们作出了表率。

李达的退党过程,与陈望道很相似。

李达禀性直率,接任上海共产党早期组织代理书记后,与陈独秀的矛盾也日益尖锐。1922年7月,在中共二大上,他提出不再承担中央局宣传工作,要到湖南自修大学任教。

李达重视理论研究,愿意专心钻研马克思主义,不愿分心于其他事务。他事后回忆:"那时候,我主张党内对马克思学说多做一番研究工夫,并且自己也努力研究马克思学说和中国经济状况,以求对于革命理论得一个彻底的了解。但当时党内的人多注重实行,不注重研究,并有'要求马克思那样的实行家,不要求马克思那样的理论家'的警句,同时我也被加上了研究系(指研究社会学说讲的)的头衔。"

而陈独秀则与李达相反,注重革命实践,轻视学理研究。1922年5月,他在《马克思的两大精神》的演说中说:"我希望青年同志们,宁可少研究点马克思的学说,不可不多干马克思革命的运动!"

与陈独秀理念的不同,是李达退党的重要原因之一。他说:"在主观上,自以为专做理论的研究与传播,即算是对党的贡献,在党与否,仍是一样。"

李达与陈独秀还有第二个分歧,即关于国共合作的策略问题。1922年8月,中共中央在杭州西湖举行特别会议,决定采用"党内合作"的形式进行国共合作,共产党员以个人身份加入国民党。

自党的"二大"后,李达离开中央,没有参加西湖会议,对这一决定难以接受。他在自传中回忆,1923年暑假时,他从长沙到上海见陈独秀,谈起国共合作时,他说:"我是主张党外合作的。"他的话还没说完,陈独秀"便大发牛性,拍桌子,打茶碗,破口大骂,好像要动武的样子",威胁说:"你违反党的主张,我有权开除你!"

李达毫不示弱,针锋相对:"被开除不要紧,原则性决不让步,我也不重视你这个草寇英雄!"

吵过之后,李达心里想,像这样草寇式的英雄主义者,做我党的领袖,前途一定无望。但是,陈独秀在党内威望很高,被别的党员尊称为"老头子",他知道拗不过陈独秀,于是萌发了退党的念头。

1923年秋,李达回到长沙,脱离了中国共产党。他后来认为,这是他"生平所曾犯的""最严重的、最不能饶恕的大错误"。

李达脱党不脱离革命,更没有离开马克思主义,仍与党组织保持良好的关系,用各种方式始终不渝地为党工作,坚持马克思主义理论的研究与宣传。回长沙后,湖南党组织把他作为自己同志对待,毛泽东、李维汉等负责人有工作时,仍然叫他做。他也经常向湖南党组织推荐进步学生入党。国民党也仍视他为共产党,后来还以"著名共首"的罪名通缉他。

1949年12月初,毛泽东邀请李达到中南海叙谈。那天,还有刘少奇、林伯渠、李维汉等老朋友在座。

谈话中,李达分析自己退党原因时,除了"不满意陈独秀的鲁莽暴烈的草寇式作风"之外,也检讨了自己的主观因素:不愿意参加示威;不愿意做国民党员;要专心于马克思主义研究,不愿分心他务;自己当时患有肺病;小资产阶级的生活负担颇重;自以为专做理论的研究与传播,即算是对党的贡献,在党与否都是一样。最后,他总结认为:"小资产阶级意识过于浓重,以致思想与实践脱节——这是当年离开党组织的总的原因。"

可以说，李达自我剖析的主观原因，也是当时退党知识分子一个共同的主观原因。

在深刻检讨自己的过错后，他郑重提出重新入党的要求。

毛泽东中肯地说："鹤鸣兄，你早年离开党，不管是什么原因，都是不对的，这是在政治上摔了一跤，是个很大的损失。但是，往者不可谏，来者犹可追。你现在能认识到这个问题的错误，也是很好的。你的为人，我是了解的，你坚信马克思主义和布尔什维克主义，我们是知道的。你在早期传播马克思主义，起了很大作用。创建中国共产党，你也作出了很大贡献，即使是与陈独秀赌气，作出离开共产党的决定后，你还是一直坚持在马克思主义研究和宣传这块阵地上，这也是很了不起的。我在延安时，就读过你翻译的《辩证法唯物论教程》和你的专著《社会学大纲》，对我可有很大的影响哟！特别是你与湖南地下党组织一道，推进了湖南的和平解放，做了一件功德无量的大好事。对此，党是了解你的，人民也是不会轻易忘记你的。"

毛泽东一番推心置腹的话，让李达激动得热泪盈眶。

不久，李达正式履行入党手续，由刘少奇介绍，毛泽东、李维汉、张庆孚为历史见证人。

李达重新入党后，激动地说："这么多年了，毛主席还没有忘记我，是毛主席的关怀和鼓励，才使我获得了新的政治生命。我决心为共产主义事业奋斗到底，鞠躬尽瘁，死而后已！"

邵力子最终也脱离共产党，但他退党有特殊原因。

1926年1月，邵力子参加国民党二大，被选为中央监察委员。同年7月，北伐战争开始，担任国民革命军总司令部秘书长。同年8月，他和谭平山赴莫斯科，参加共产国际执行委员会第七次扩大全会。临行前，陈独秀、瞿秋白、张太雷、恽代英、周恩来等人，在上海为他们开欢送会。会上，瞿秋白建议邵力子："这次到莫斯科去，还是做个纯粹的国民党代表好。"按照这一指示，邵力子正式退出共产党，完全以国民党员身份开展工作。

1933年4月,邵力子任陕西省政府主席。此时,日寇已侵占东北三省,但蒋介石却推行"攘外必先安内"政策,意欲剿灭共产党。邵力子怕得罪蒋介石,不敢在报纸上公开主张抗日,而是避重就轻,提出"开发西北""建设西北"。

1936年9月8日,素知邵力子的毛泽东,以真诚恳切的态度,给他写了一封信:

力子先生:

阅报知尚斤斤于"剿匪",无一言及于御寇,何贤者所见不广也!窃谓《觉悟》时代之力子先生,一行作吏,而面目全变。今则时局越作越坏,不只一路哭,而是一国一民族哭矣!安得去旧更新,重整《觉悟》旗帜,为此一国一民族添欢喜乎!共产党致国民党书,至祈省览。语云:越人弯弓而射之,则己弯弓而射之,其兄弯弓而射之,则己垂涕泣而道之。此垂涕而道之言也,先生其不以为河汉乎?"开发西北""建设西北",先生之志则大矣,先生之办法则不可。日本帝国主义正亦有此大志,正用飞机大炮呼声动地而来,先生欲与之争"开发",争"建设",舍用同样之飞机大炮呼声动地以去,取消它那一边,则先生之"开发""建设"必不成功,此办法问题也。谈到这个办法问题,询谋佥同,国人皆曰可行,不信先生独为不可行,是则国共两党实无不能合作之理。《三国演义》云:天下大势,合久必分,分久必合。弟与先生十年矣,今又有合的机会,先生其有意乎? 书不尽意。顺颂

勋祺!

毛泽东
九月八日

邵力子看罢信后,深为触动。

1936年12月12日,张学良、杨虎城"兵谏"蒋介石,西安事变爆发。邵力子赞成共产党"停止内战、一致抗日"的主张,对抗日民族统一战线的成立、西安事变的结束,发挥了积极有益的作用。

西安事变后,在国共合作、共同抗日的形势下,1937年2月召开的国民党三

中全会上，邵力子被任命为国民党宣传部长。在会上，他积极响应和支持中共提出的五项要求、四项保证的建议。会后不久，邵力子学生孙寒冰送来《毛泽东自传》，作者是美国记者埃德加·斯诺，请示是否可以刊登。

邵力子深知，如果刊登，蒋介石肯定会生气，甚至可能会迫害他，但对于帮助人民了解共产党和毛泽东，却大有裨益。最终，他毅然决定刊登。孙寒冰马上在《文摘》上刊出《毛泽东自传》，一时轰动全国。邵力子的超人勇气和魄力，受到广泛赞誉。

1945年8月28日，毛泽东受蒋介石邀请，从延安坐飞机到重庆谈判。邵力子偕夫人傅学文，与张澜、郭沫若等各界要人，到机场迎接毛泽东。这是邵力子和毛泽东分别近20年后重逢，两人十分高兴。

邵力子是国民党代表之一，在谈判中，国共双方出现分歧时，他千方百计撮合，既能基本上维护国民党的利益，又能满足共产党的要求。10月10日，国共两党签署《双十协定》。由于邵力子在和谈中为中国和平作出贡献，获得"和平老人"美誉。

1949年1月，蒋介石宣布"下野"，李宗仁任代总统。李宗仁组织"上海人民和平代表团"，成员包括邵力子、颜惠庆、章士钊、江庸四人，邵力子以私人身份参加。2月13日，代表团乘飞机飞往北平，在傅作义、邓宝珊陪同下，又从北平飞往石家庄，面见毛泽东、周恩来。毛泽东给李宗仁写了封信，托邵力子带给李宗仁。2月27日，邵力子等由北平飞回南京。接着，南京政府组织"和平商谈代表团"，成员包括邵力子、张治中、黄绍竑、章士钊、李蒸、刘斐，并要邵力子任首席代表。邵力子知道和谈希望不大，坚辞不受，最终由张治中任首席代表。

4月1日，代表团飞抵北平南苑机场。张治中与周恩来是旧识，私交甚好，满心以为周恩来会亲自到机场迎接自己。但是，周恩来并没有出现，这让张治中感到不妙。

中共代表团成员包括周恩来、林伯渠、林彪、叶剑英、李维汉、聂荣臻。谈判开始后，张治中为了缓和气氛，用半开玩笑的口气说：我们中国这个大家庭，原来是哥哥当家，可是没有当好，把家管得很糟。弟弟能干，能把家管好，哥哥当然就该把钥匙交给弟弟。但不管怎样，兄弟总是一家人嘛！不能把哥哥当罪犯……

周恩来一听,剑眉倒竖,拍案而起,厉声斥责:你们难道像兄弟一样对待我们了吗?!你们国民党从1927年算起,杀了成千上万的共产党人,这笔账人民是要清算的!你们一小撮反动派挑起了全面内战,这些难道仅仅是没有管好家吗?!

现场气氛顿时紧张起来,张治中倒吸一口冷气,吓得连连道歉,说自己用词不当。在场的共产党谈判代表都感到扬眉吐气,深为周恩来的大义凛然和谈判辞令所折服。

经过半个月的较量,国共双方草拟《国内和平协定》(最后修正案),商定于4月20日签字。4月20日晚,南京政府拒绝签字,和谈宣告破裂。21日,毛泽东起草向全国进军的命令,与朱德一起发布渡江命令。

考虑到南京和谈代表团回去后的安全问题,4月20日夜,周恩来打电话给张治中、邵力子,代表中共中央、毛主席和他本人,请南京和谈代表团全部留下。此后,邵力子等代表就留在了北平。

6月中旬,邵力子在北平参加新政治协商会议,为主席团成员之一。同年7月,他参加第一次全国文代会,并被选为全国文联常务委员。10月1日,邵力子在天安门城楼上参加开国大典。随后,又参加全国政协第一届第一次会议。

陈望道虽然退党,但后半生的经历足以说明,他仍是一位信仰坚定的共产主义者。

退党之后的陈望道,依然与中国共产党组织保持密切的联系。1923年秋,陈望道接到一张条子:"上大请你组织,你要什么同志请开出来,请你负责。"署名是"知名"。陈望道一看笔迹,就知道是陈独秀写来的。

"上大"即上海大学,诞生于1922年10月。其前身是东南高等师范专科学校,是私立弄堂大学。创办人只是为赚钱,并非为教育事业。学生来校后才发觉受骗,不久即发生学潮,学生赶走了校长。当时正处于第一次国共合作期间,中共党组织便把它接管过来,名为国共两党共同领导,实际上办事全靠共产党员。

陈望道尽管对陈独秀个人还有意见,但把这项指令视作党组织交给他的任务,慨然应允,担任上海大学中文系主任,开设美学、修辞学、文法学等课程。自此以后，在长达半个世纪里，他主要通过教育工作和学术研究来践行心中信仰，不管是在什么场合，从事什么工作，他始终想到的是，为了信仰，该做些什么，又该如何去做。

1925年，五卅运动爆发，三分之二的上大师生参加示威游行。随后，根据党的指示，邓中夏去广东领导工人运动，陈望道接任上大教务长，并代理校务主任。在党的领导下，他率领全校师生，投入反帝反封建斗争。那时的上海大学，与黄埔军校一样有名。他的学生中，有丁玲、康生和陈伯达等人。

1927年，四一二反革命政变后，上海大学被反动当局查封。同年9月，陈望道出任复旦大学中文系主任及复旦实验中学校长。

大革命失败后，1929年冬，陈望道受地下党夏衍、冯雪峰委派，出任中华艺术大学校长。因该校经常举办半公开的活动，成为左翼文艺运动的中心，1930年5月下旬也被查封。1931年，为保护左派学生，他被迫离开复旦大学。

陈望道博学多才，知识面广，除擅长文学、语言学、法学等学科外，对美学、因明学、伦理学等都有研究。1926年出版《美学概论》，1930年出版《因明学》。离开复旦大学后，他蛰居上海寓所，修改《修辞学发凡》讲稿，1932年《修辞学发凡》在大江书铺出版。这部著作，是他十余年的心血结晶，也是我国修辞学的开山之作。

陈望道与鲁迅交往密切，大江书铺就是他与鲁迅一起筹建的，书铺出版了大量从苏俄引进的作品。他们共同倡导左翼文化运动。在鲁迅支持下，1934年9月，他创办并主编重要的进步刊物《太白》。

1932年一·二八事变后，陈望道与鲁迅、沈雁冰、郁达夫、叶圣陶等43人，发表《上海文化界告世界书》，抗议日本侵华暴行，组织中国著作家抗日会，陈望道任秘书长。

1933年3月14日，上海中国学术界举行马克思逝世50周年纪念大会，陈望道发表演讲，介绍马克思的学说和成就。这年9月，陈望道应邀去安徽大学任教，人还没到，安徽的反动传单就已经铺天盖地，说"翻译《共产党宣言》的赤色分子来安大了"。特务死死盯住他，甚至上课时也会出现在教室里。陈望道从容应对，改用英语讲课。特务听不懂，只好悻悻离开。

1935年,陈望道应邀去广西师专任教。课余时,他帮助学生办《月牙》校刊、办社团,自任团长,在桂林公演话剧《怒吼吧,中国!》《巡按使》等,在桂林引起热烈反响。

1937年卢沟桥事变后,陈望道返回上海。1938年至1939年,参加地下党领导的上海文化界联谊会,从事抗日救亡运动,又一次上了敌伪的黑名单。为躲避特务迫害,1940年,他辗转香港,来到重庆北碚夏坝的复旦大学任教。抗战时期,因上海沦陷,复旦大学迁至重庆,成为大后方的著名民主堡垒。

1942年,陈望道出任复旦大学新闻系主任,提出"宣扬真理,改革社会"的办系方针。在讨论确定新闻系铭时,有人提出"打成一片",陈望道建议"好学力行",一直沿用至今。1944年,在艰难条件下,他冒着酷暑四处募捐,于次年办起高校第一座新闻馆。新闻馆的学生能收听延安新华社广播,然后广为传播,新闻系成了复旦大学的"小延安"。

陈望道还极力支持新闻系学生举办新闻晚会,每周一次,前后举办100多次,影响越来越大。校方感到担忧,陈望道却说:"出了问题,我负责!"新闻系的学生中,左派和右派对峙激烈,他总是站在左派学生一边。

陈望道在复旦大学留下了很多佳话。1944年,湖南青年张啸虎报考复旦大学新闻系时,数学考了零分,但两篇作文都是100分。按照规定,主科只要有一门零分,就不能录取。陈望道却说:"作文考满分,这在复旦没有先例。一个投考新闻系的学生,一支笔能这样棒,应该破格录取。"经过他力争,复旦大学破格录取了张啸虎。

1946年,陈望道随复旦大学迁回上海。随着国共两党博弈加剧,国民党反动派进一步迫害进步人士。陈望道多次帮助地下党员和左派学生脱离危险,他对地下党员邹剑秋说:"你有什么需要请告诉我,我会用我的方式来做。"

1947年5月30日,上海政府抓捕左派学生,复旦大学新闻系学生何晓沧慌不择路,躲到陈望道家中。陈望道见他正感冒发烧,让他睡在楼下客厅旁的小房间里,自己坐在客厅看书,守护着他。凌晨,国民党来抓人,陈望道赶紧摇醒他,让他睡到楼上卧室里去。

何晓沧刚上楼,就有一名警察来敲门,进门后,冲着陈望道嚷嚷:"有没有人来过?"

陈望道照常看他的书,头也不抬:"没有。"

那人见客厅旁的小房间门开着,问:"这是谁睡的?"

保姆连忙说:"是我睡的!"

那人见问不出什么,摔门而去。何晓沧安然无恙。

1949年4月,为庆贺陈望道执教30周年暨59岁寿辰,复旦大学新闻系师生举行隆重的庆祝活动。中文系教授、诗人汪静之把陈望道30年来的成就概括为"三个第一":《共产党宣言》第一个中文全译本译者,中国第一部系统的修辞学论著《修辞学发凡》的作者,中国第一本简明美学理论《美学概论》的作者。

庆祝活动刚结束,国民党反动派大肆逮捕屠杀爱国人士,陈望道被列入黑名单。幸亏复旦大学中共地下党组织截获情报,及时通知陈望道转移,他才幸免于难。

陈望道后半生的命运,与毛泽东紧紧联系在一起。他与毛泽东的重逢,是1945年8月,地点在陪都重庆。

此时的毛泽东,已是一颗世界瞩目的巨星。虽然日寇已经缴械投降,但内战阴云依然笼罩在中国上空。为争取和平,毛泽东应蒋介石之邀,以大无畏的精神,率领周恩来、王若飞飞赴重庆,与蒋介石共商国是,展开国共谈判。

在扣人心弦的紧张谈判期间,毛泽东不忘党的统一战线大业,关怀留在大后方的爱国民主人士和进步教授,挤出时间会晤复旦大学的张志让、陈望道、周谷城等一批教授。

在后来的岁月里,陈望道一直得到毛泽东无微不至的关怀和帮助。这种关怀和帮助,既体现在对他的学术研究上,更体现在政治上。

1949年9月,中国人民政治协商会议第一届全体会议在北京召开。在毛泽东直接过问下,陈望道作为特邀代表参会。此后,他历任第二届全国政协委员,第三、四届全国政协常委,并被选为上海市政协第二、三、四届副主席,还担任中国民主同盟中央副主席兼上海市委员会主任委员。1954年起,他又先后当选第一、二、三届全国人大代表,第四届全国人大常委会委员。

新中国成立后,陈望道担任复旦大学校委会副主任委员、主任委员。1952

年11月，经毛泽东亲自任命，他担任复旦大学校长，成为新中国成立后的首任复旦大学校长，也是该校创办以来的第13任校长。直到1977年逝世，任复旦大学校长时间长达25年。

1952年，全国高校院系大调整，上海市高教局以苏联只有党校才能办新闻系为由，准备停办复旦大学新闻系。陈望道两次专程赴京，先找教育部，又找周恩来。

周恩来请示毛泽东，毛泽东说："既然陈望道要办，就让他办吧。"复旦大学新闻系这才得以保留下来，成为全国新闻院系中历史最悠久、唯一薪火不断的院系。

燕京大学新闻系曾与复旦大学新闻系齐名，但燕京大学并入北京大学后，北大就没再设新闻系，只在中文系中设置编辑专业。

1962年3月起，陈望道担任修订《辞海》的总主编。

在教导学生、开展研究的同时，陈望道始终牢记马克思主义信仰所赋予的使命。在1949年主持复旦大学校务工作时，他即提出校委会下专设政治学习委员会和马列主义研究会的建议，并开设"辩证唯物论""历史唯物论""社会发展史"和"政治经济学"四门课程。担任校长后，在一次全校大会上，他语重心长地说："我们第一不要把马克思主义放在科学之外，马克思主义就是一种科学，而且是一种极其重要的科学，是一切科学的科学，一切工作的科学，对于一切科学，一切工作都有指南的作用，它能帮助我们高瞻远瞩，勇往直前，能够正确认识世界，改造世界。"

陈望道专注于学术研究，硕果累累，正如他在《我对研究文法、修辞的意见》一文中所说，研究中的"调查研究要以马克思主义作指导"，"要有爱国主义也要有国际主义，我们研究语文，应该屁股坐在中国的今天，伸出一只手向古代要东西，伸出另一只手向外国要东西。……我们研究语文，要把马列主义、毛泽东思想渗透到学术中去"。

陈望道退党后，一直忠诚于党的事业，不论何时何地，都真心实意地在党领导下工作，并作出重要贡献。他与陈独秀的关系也渐渐改善。1940年秋，他去四川重庆任教时，还特地拜访处于困顿之中、寄居在四川江津的陈独秀。后来,他评价陈独秀:对革命工作"很有勇气,胆大,能吃苦,没有架子,也能身体力行"。

鉴于他一贯的政治立场,中共地下党组织对他持完全信任的态度,欢迎他及早回到党组织中来。他考虑到当时斗争形势还很复杂,自己在党外可以发挥更大的作用,就诚恳地表示:"现在还不到时候,但是总有一天,我会回到党组织的怀抱中的。"

陈望道毕竟是中国共产党最早的党员之一,总希望有朝一日回归党组织。特别是1956年元旦,毛泽东在上海会见他这位老朋友,谈起往事,更使陈望道强烈地希望重返中国共产党。于是,他向中国共产党上海市委提出自己的请求。

陈望道的身份、资历,非同于中国共产党普通党员。他要求重新入党,不是中国共产党上海市委所能决定的。1957年5月31日,中共上海市委向党中央请示报告,建议吸收陈望道入党,报告送到毛泽东那里。

非常了解陈望道的历史和为人的毛泽东,明确指示:"陈望道什么时候想回到党内,就什么时候回来。不必写自传,不必讨论。可以不公开身份。"

1957年6月,中央组织部批复上海市委,同意接收陈望道入党。

考虑到陈望道的历史情况及当时的具体政治环境和工作需要,党中央和上海市委没有立即公开他的党员身份。他仍以党外人士的身份参与社会活动。直到1973年8月,陈望道出席中共十大时,他的党员身份才公开。

陈望道年轻时,性格急躁,一点就着,外号"红头火柴"。后历经磨难,性格渐渐改变。中年时,成了"热水瓶",外面冷、里面热。步入老年后,温声细语,和蔼可亲,雅号"城隍佬",被人尊称为"陈望老"。

1977年10月29日凌晨4时,陈望道溘然长逝,享年86岁。

1980年1月23日,在陈望道翻译《共产党宣言》60周年之际,中共上海市委根据中共中央的指示,为陈望道举行了隆重的追悼会。他的骨灰盒上,覆盖着一面鲜艳的中国共产党党旗。

"有的人备受敬仰,却无人敢亲近。望道先生是你敬仰他,又可以亲近他。"陈望道的第一个研究生陈光磊教授这样评价导师,"大学的校长应该是这个学校的文化灵魂。望道先生就以他'真善美'的人格魅力为复旦的文化精神树立一座丰碑,而且象征了复旦的文化精神。"

陈望道诞辰100周年时,他的继任者、时任复旦大学名誉校长的苏步青教授撰写了一副对联:"传布共产党宣言千秋巨笔,阐扬修辞学奥蕴一代宗师"。

陈望道和李汉俊,中国共产党的两位创始人,又同时期退党的难兄难弟,命运结局却大相径庭。与英年惨遭杀害的李汉俊相比,陈望道后半生安居乐业,事业辉煌,最终寿终正寝,可谓功德圆满。

第十二章
永恒的明灯

1975年初,严寒笼罩着北京城。

1月13日晚8时,人民大会堂大厅内灯火辉煌,第四届全国人民代表大会开幕。面对代表们的热切目光,77岁的周恩来,开始作《政府工作报告》。代表们发现,昔日神采奕奕的总理,已瘦得脱了形,脸上布满皱纹和老年斑,声音和动作也显得苍老、疲惫。

周恩来重病缠身已是公开的秘密。1972年5月,保健医生张佐良在为周恩来做每月一次的小便常规检查时,从显微镜里发现4个红细胞;3天后,北京医院复检时,红细胞的数量变为8个。报告单上赫然写着:"膀胱移行上皮细胞癌。"那一年,周恩来74岁。

过度的操劳,加上一再延迟治疗,到1974年,周恩来的病情越来越重,膀胱里淤积大量血液,血尿不止。血液凝结成血块后,堵住尿道内口,排尿时异常痛苦。尿不出时,周恩来只好使劲晃动身体,甚至上下跳动。有时,一些小血块随尿液一起排出,可以顺畅排尿时,周恩来会长长地吁一口气。所以,每次排尿,周恩来都像是干一件重体力活,额头上沁出汗珠,常常被折磨得筋疲力尽,不得不躺在沙发上缓一阵子。工作人员见状心疼不已,背地里暗暗落泪。

在医生的强烈要求下,1974年6月1日,周恩来被迫放下手头工作,住进解放军305医院治疗,先后接受大小手术13次,平均40天左右动一次手术。

四届人大的政府工作报告,本来由周恩来主持起草。考虑他的身体状况,毛泽东指示邓小平主持,并要求字数限制在3000字左右,以便周恩来能在大会上顺利读下来。

周总理作完报告后,原本一直挺直的腰板塌了下来,整个人陷进座位里。他右手伸向茶杯,三指捏住杯把,却端不起来,又伸出左手,两手合力,才将茶杯端起,颤巍巍地送到嘴边,由于手抖得厉害,茶水溢出来,洒到胸前。

自知时日无多的周恩来,依然日理万机,大事没有耽搁,小事也放不下。这天会议间隙,他让人把参加会议的陈望道请来。

不一会儿,走廊上出现一位老人。老人身材瘦削,步履蹒跚,拄着拐杖,嘴角略有点歪,是轻度中风后遗症。

当陈望道出现在门口时,周恩来艰难地站起来,挣脱工作人员搀扶,身子前倾着迎向前。两位老友紧紧相拥,互相观察着对方。这年,陈望道84岁,年长周恩来7岁。

陈望道惊讶地发现,周恩来身子单薄得像层纸(体重仅61斤),原本温暖有力的手,柔弱无力,青筋暴露,皮肤干枯,手背尽是斑斑点点。他的心收紧了,嘴唇嚅动着,难过得不知说什么好,满脸忧戚。

周恩来读懂了他的心思,淡淡一笑,安慰道:"这是血液循环不好造成的,不碍事。"

两位老人互相搀扶着,挪到沙发前坐下。工作人员连忙趋前,给陈望道泡了一杯茶,盖上杯盖。

周恩来细心地帮陈望道取下杯盖,示意他喝口热茶。待陈望道放下茶杯后,他定定地望着他:"首印本找到没有?"

陈望道看了一眼总理,无奈地摇摇头:"没有。"

"唉,"周恩来轻轻叹口气,"长征的时候,它是我的贴身伙伴呵。本来还想再看一眼,看来这个愿望无法实现了。"

陈望道顿顿拐杖,也叹口气:"我寻访多年,一直没有消息。我已经老朽了,恐怕满足不了总理的愿望了。"

周恩来轻轻拍一下沙发扶手,露出焦虑神情,无言以对。两位老人默默地坐着，显得失望而无助。

旁人不知道周恩来要找什么，但陈望道知道：总理是询问《共产党宣言》中文版首印本的下落。

临别时，周恩来握着陈望道的手，摇了又摇，怅然若失，又心有不甘："这是马列老祖宗在我们中国的第一本经典著作，也是中国共产党的指路明灯。找不到它，是我的一块心病啊！"

马克思和恩格斯在撰写《共产党宣言》时，绝对想不到：127年后，在遥远的东方，一位泱泱大国的总理，竟然在重病缠身的垂暮之年，仍对这部著作牵肠挂肚。当然，他们也绝对想不到，在这个古老的东方国度里，会拥有数量如此庞大的忠实追随者。

一　继往开来

一本书影响了一群人，一群人改变了中国的命运。这本只有56页的32开小书，为苦难深重的中华民族点燃新的希望之火，直接催生了中国共产党的成立，更滋养了一代又一代中国共产党人。

翻开中国共产党的历史，你会发现，在早期领导人身上，都留下了《共产党宣言》的深深烙印，许多老一辈革命家，都是读着《共产党宣言》，走上革命道路，进而成为坚定的马克思主义者。

1936年11月，毛泽东在延安，同美国记者斯诺谈话时回忆："我第二次到北京期间，读了许多关于俄国情况的书。我热心地搜寻那时候能找到的为数不多的用中文写的共产主义书籍。有三本书特别深地铭刻在我的心中，建立起我对马克思主义的信仰。我一旦接受了马克思主义是对历史的正确解释以后，我对马克思主义的信仰就没有动摇过。这三本书是：《共产党宣言》，陈望道译，这是用中文出版的第一本马克思主义的书；《阶级斗争》，考茨基著；《社会主义史》，柯卡普著。"后来，斯诺在他所著的《西行漫记》中，记录下了这段话。

毛泽东的记忆可能有误。他第二次进京，是1919年12月18日，为推动驱逐湖南军阀张敬尧的运动而奔波，住在北长街的福佑寺，在京共寓居114天。

这里往北走数百米,就是北京大学,他常去拜访李大钊,了解更多的马克思主义知识,也常去图书馆,借阅有关共产主义和俄国十月革命的书。1920年4月11日,他离开北京,辗转去上海。这个时间段,陈望道尚在分水塘翻译《共产党宣言》,毛泽东不可能读到他的译本。

那么,毛泽东在北京读到的,是哪个版本的《共产党宣言》呢?

1990年3月,罗章龙曾回忆:"毛泽东第二次来北京的时候,我们有一个庞大的翻译组,大量翻译外文书籍,《共产党宣言》就是其中一本。《共产党宣言》不长,全文翻译了,按照德文版翻译的,我们自己还誊写、油印,没有铅印稿,只是油印稿。我们酝酿翻译的时间很长,毛主席第二次来北京后看到了。"

1992年9月,河南人民出版社出版《毛泽东和他同时代的人》,书中记载,当时的北大学生刘仁静,将德文《共产党宣言》译成中文,并且油印成册,于1920年初陈列于"亢慕义斋"。因毛泽东与邓中夏、罗章龙是老友,常去"亢慕义斋"找他俩。酷爱读书的毛泽东,不可能不翻阅这个油印本。

还有一种说法:毛泽东1920年在上海,与陈独秀见面时,陈独秀正在校阅陈望道的《共产党宣言》译稿,遂将清样送给毛泽东详阅。

1920年5月5日,为给赴法勤工俭学的湖南青年送行,毛泽东来到上海,住在哈同路民厚南里29号(今安义路63号),寓居两个月左右。这段时间,他经常到老渔阳里2号拜访陈独秀,听他讲述对马克思主义的信仰,以及酝酿创建中国共产党的计划。在陈独秀的影响下,这段时间,毛泽东的思想发生重大转变。

后来,毛泽东在延安同斯诺交谈时回忆:"他(陈独秀)对我的影响也许超过其他任何人。""陈独秀谈自己信仰的那些话,在我一生中可能是关键性的这个时期,对我产生了深刻的印象。""到了1920年夏天,在理论上,而且在某种程度的行动上,我已成为一个马克思主义者了,而且从此我也认为自己是一个马克思主义者了。"

1920年7月5日,毛泽东离开上海,临行前向陈独秀告别。陈独秀交给他一项重要任务:回湖南组建共产党组织。这年11月,他与何叔衡、彭璜等,在长沙创建共产党早期组织。

在上海期间,毛泽东有无可能看到陈望道的《共产党宣言》译本?从时间交汇上看,不排除这个可能。

据俞秀松日记记载,1920年6月28日上午9点,他到陈独秀家,把陈望道译的《共产党宣言》交给陈独秀。

也就是说,6月28日上午,陈独秀就拿到陈望道译稿了。毛泽东7月5日离沪前,在陈独秀处看到陈望道的《共产党宣言》译稿,是有可能的。

综上所述,可以得出两个判断:其一,如果毛泽东确实是第二次到京时首次读到《共产党宣言》,他读的应该是刘仁静译本。陈望道的译本,他后来反复读过,印象深刻,估计时间太久搞混了。其二,如果毛泽东首次读到的确实是陈望道的译本,则应该是1920年六七月在沪期间。因到京和到沪的时间紧挨着,他可能记错了。

自1920年起,毛泽东一直把《共产党宣言》作为必读书之一,不仅自己喜欢读、用心读、反复读、重点读,许多精辟论断几乎能背下来,而且一再提醒领导干部和全党注重学习这部经典著作。

1939年底,毛泽东曾对陶铸的夫人曾志说:"《共产党宣言》,我看了不下一百遍。遇到问题,我就翻阅马克思的《共产党宣言》,有时只阅读一两段,有时全篇都读。每阅读一次,我都有新的启发。我写《新民主主义论》时,《共产党宣言》就翻阅过多少次。读马克思主义理论在于应用,要应用就要经常读,重点读,读些马列主义经典著作,还可以从中了解马克思主义发展过程,在各种理论观点的争论和批判中,加深对马克思主义普遍真理的认识。"

1941年9月13日,毛泽东在延安对妇女生活调查团成员说:"记得我在一九二〇年,第一次看了考茨基著的《阶级斗争》,陈望道翻译的《共产党宣言》,和一个英国人作的《社会主义史》,我才知道人类自有史以来就有阶级斗争,阶级斗争是社会发展的原动力,初步地得到认识问题的方法论。"

1942年,在中共中央西北局高级干部会议上,毛泽东作《布尔什维克化十二条》报告,强调:"党的高级干部要注意理论学习,要精通马克思主义,要准备读书,从《共产党宣言》读起,要能读一二十本到三四十本马克思、恩格斯、列宁、斯大林的书,这样就把我们的党大大武装起来了。"

1945年,在中共七大上,毛泽东号召全党学习5本马列著作,《共产党宣言》

又被列为首位。

1949年，中共七届二中全会决定，党员干部要学习包括《共产党宣言》在内的12本马列著作，毛泽东亲笔在这12本书的目录前面加上"干部必读"4个字。由毛泽东起名的《干部必读》12本书，在一个比较长的时期内，一直是干部学习马列主义的基本教材。

新中国成立后，毛泽东又多次阅读《共产党宣言》，并在书上圈圈画画。毛泽东晚年专职图书管理员、中共中央办公厅老干部局原局长徐中远回忆，书中有关废除资产阶级所有制，剥夺资产阶级占有他人劳动、奴役他人劳动的权力，与传统的所有制观念决裂等处，都作了密密麻麻的圈画。

1963年，毛泽东提出，要学习包括《共产党宣言》在内的30本马列著作，并指示这些书都要出大字本，以便老同志阅读。其中，《共产党宣言》不仅出版了大字本，还出版了竖排的线装本。

1965年4月，毛泽东在长沙时，召集艾思奇等5位专家，准备为6部马列经典著作的中文版各写一篇序言，并说要亲自为《共产党宣言》中文本作序。他还多次表示：要结合中国革命的经验，为《共产党宣言》作注释。

1970年，毛泽东再次号召党内外广大干部和群众，要学习6本马列著作，放在首位的仍是《共产党宣言》。

毛泽东对《共产党宣言》情有独钟，不仅研读中文版，而且对英文版也兴趣盎然。为了能够直接读懂外文的马列书籍，早在延安时期，毛泽东就自学过英语。从1954年秋天起，他重新开始学英语。其国际问题秘书兼英文指导老师林克回忆："毛主席想学一些马列主义经典著作的英文版，第一本选的就是《共产党宣言》，这本书的文字比较艰深，而且生字比较多，学起来当然有不少困难，但是他的毅力非常坚强。我发现他在《共产党宣言》的第一页到最后一页，全部都密密麻麻地用蝇头小字注得很整齐，很仔细，他的这种精神很感人。"这部英文版的《共产党宣言》，一直陪伴毛泽东到晚年。

作为毛泽东的政治智慧源泉，《共产党宣言》伴随了他一生，直到晚年，他还经常阅读大字本的《共产党宣言》。他逝世后，工作人员在清理他的床头书时，发现有6本《共产党宣言》，其中竟有2本是英文版。这部经典著作的永恒价值和魅力,由此可见一斑。

《共产党宣言》也是刘少奇的"启蒙老师"。他最早接触《共产党宣言》,是在1920年夏秋之际。这年9月,成立不久的上海共产党早期组织,为培养革命干部,在上海新渔阳里6号创办了一所干部学校,对外宣称"外国语学社"。22岁的刘少奇和16岁的任弼时、18岁的罗亦农、17岁的萧劲光等,都是这里的学员。学员的教材之一,就是刚刚出版的中文译本《共产党宣言》,还散发着油墨的清香。给他们授课的,正是译者本人陈望道。

新中国成立后,刘少奇回忆说:"那时我还没有参加共产党,我在考虑入不入党的问题。当时我把《共产党宣言》看了又看,看了好几遍……从这本书中,我了解了共产党是干什么的,是怎样的一个党,我准不准备献身于这个党所从事的事业。经过一段时间的深思熟虑,最后决定参加共产党,同时也准备献身于党的事业。"

1921年5月,莫斯科东方劳动者共产主义大学(简称东方大学)成立。经上海共产党早期组织介绍,刘少奇、任弼时、罗亦农、萧劲光、任岳、蒋光慈等一批热血青年,怀着寻找救国之路的急迫心情,来到东方大学的中国班学习,其中的主要课程,就有《共产党宣言》。刘少奇刻苦学习,融会贯通,深刻掌握了《共产党宣言》的精髓。后来,在他所写的《论共产党员的修养》等著作中,都能看到《共产党宣言》的影子。

军人出身的朱德,于1922年9月赴欧洲,在那里结识周恩来,两个人一见如故。经周恩来介绍,当年11月,他就加入了中国共产党。周恩来还送给他一份珍贵礼物——陈望道翻译的《共产党宣言》,他如获至宝。

在这之前,朱德从未学习过马克思主义文献,这是他第一次接触如此新鲜而又深奥的革命道理。他如饥似渴地反复诵读,犹如醍醐灌顶。在柏林支部,他和同志们围绕《共产党宣言》中的观点,经常展开热烈讨论。

1976年5月18日,成仿吾将重新翻译的《共产党宣言》转送给朱德委员长,朱德看了很高兴。5月21日,朱德不顾90高龄,亲自到中央党校成仿吾住处看望他,高度称赞新译的《共产党宣言》,说:"做好这一工作有世界意义。"

在那个年代,《共产党宣言》就像一盏指路明灯,照亮立志拯救中国的一代有为青年前进的方向。恽代英、刘志丹、董必武、邓子恢、彭德怀、贺龙等,都是通过读《共产党宣言》走上革命道路的。

1926年,彭德怀已读过《共产党宣言》《资本论大纲》《新社会观》和考茨基著的《阶级斗争》等书。延安时期,他在接受斯诺采访时,仍然清晰记得当初《共产党宣言》对他的帮助:"以前我只是对社会不满,很少看到有进行根本改革的希望。在读了《共产党宣言》以后,我不再悲观,开始怀着社会是可以改造的新信念而工作。"

红军长征途中,在国民党军队围追堵截下,红军战士为轻装战斗,被迫烧毁许多书,其中就包括《共产党宣言》。然而,一旦安顿下来,战士们就重新捧起《共产党宣言》等经典著作。在他们心目中,薄薄的《共产党宣言》,就像一盏指路明灯,照耀着前方黑暗的路;就像一碗可口饭菜,能给辘辘饥肠补充能量;就像一盆温暖炭火,能驱散冬夜严寒。陈云就曾用《共产党宣言》,挽救过西路军。

1937年4月下旬,陈云按照党中央指示,与滕代远一道,从苏联经迪化(今乌鲁木齐)到星星峡,接应失利的西路军余部。这支军队共有400多名战士,溃不成军,士气低迷。陈云决定,利用休整时间,抓紧学习文化、政治和军事课。陈云亲自抓政治学习,他说:"战胜敌人,除了必须装备先进武器外,还必须懂得马克思列宁主义,否则就会迷失方向。"战士们政治课学习的,就是《共产党宣言》等经典著作。通过学习,战士们变得生龙活虎,朝气蓬勃。

1949年4月24日凌晨,一阵激烈的枪炮声过后,南京总统府楼顶的青天白日旗飘然落地。当天晚上,邓小平和陈毅掸去身上的烟尘,信步走到总统府图书室。蒋介石仓皇逃跑,大多数书籍都来不及带走。望着像墙一样的书架,两个四川同乡大开眼界,一边翻阅,一边操着浓重的家乡话秉烛夜谈。

邓小平说:"戎马倥偬半辈子,一直想静下心来好好读点书,却一直不得空。真想就住在这个图书室里不走喽。"

陈毅打趣道:"我说同志哥,这可要不得噢!孙中山先生不是说,'革命尚未成功,同志仍须努力'嘛。"

一句话勾起邓小平的美好展望:"是的,是的,等将来赶走蒋介石,解放了全中国,我们一定要好好办学校、办教育。我们自己的学业被耽搁了,不能再耽搁娃儿们的学业了。"

陈毅赞许道:"对头,对头,最好多给娃儿们创造些条件,让他们也到国外去长长见识,我们不都是在旅欧勤工俭学中了解马克思主义的嘛。"

陈毅一边说着,一边从书架角落里抽出一本小册子。小册子小32开大小,封面是蓝色的。他定睛一看,惊喜地冲着邓小平说:"快看,我发现宝贝了!"

邓小平一把夺过,大声念出书名:"《共产党宣言》!"

封面中央,是马克思的半身坐像。像的上端,依次印着4排字:社会主义研究小丛书第一种,共产党宣言,马格斯、安格尔斯合著,陈望道译。像的下方,有"马格斯"3个字。

邓小平翻过书来,书的封底,印着"一千九百二十年九月再版"等字样。

陈毅惊奇地说:"老蒋怎么藏着这本禁书？难道他改变信仰了?"

邓小平嘲讽道:"他肯定很想知道,共产党为什么凭着小米加步枪,就能把他武装到牙齿的800万军队打得落花流水。他是偷偷地从这本书里找答案呢!"

陈毅问:"你是什么时候看到这本书的?"

邓小平道:"在法国勤工俭学的时候,有人从国内带去陈望道翻译的《共产党宣言》。我正是读了这本书,才认准这条路的。"

陈毅一听,惊喜地说:"哎呀,这么巧?！我也是在法国读了这本《共产党宣言》后,才茅塞顿开的。不光是我,我们那一批年轻人,也都是读了《共产党宣言》等启蒙书后,才走上革命道路的!"

邓小平一拍陈毅肩膀:"什么叫殊途同归、志同道合？这就是啰!"

两位战友哈哈大笑,连日战事带来的疲倦,在这笑声中云消雾散。

43年后的1992年,在南方视察的邓小平,又一次回忆起年轻时的难忘岁月,满怀深情地对身边人说:"我的入门老师,是《共产党宣言》和《共产主义ABC》。"

对《共产党宣言》,周恩来更是情有独钟。

在中国共产党领导人中,周恩来是最早了解《共产党宣言》者之一。第一次接触《共产党宣言》时，周恩来只有21岁。那是1919年，他在日本留学时，通过河上肇创办的《社会问题研究》杂志，了解到《共产党宣言》一书。1920年10月，他赴法留学，与蔡和森等人继续学习《共产党宣言》，逐渐成为共产主义者。1921年2月，周恩来等在巴黎成立社会主义青年团，次年7月改组为中共旅欧总支部，总支部先后创办《少年》《赤光》刊物，宣传马克思主义，也宣传过《共产党宣言》。

1922年8月，周恩来在《少年》上发表《共产主义与中国》一文。他在文章中说，"全世界无产阶级为创造新社会所共负的艰难责任，我们也应当分担起来"，"共产主义在全世界，尤其是在中国"，"永远不许忘掉"。

1926年，周恩来在他撰写的《现时政治斗争中之我们》一文中说："马克思说，'共产党最鄙薄隐蔽自己的主义和政见'，所以我们除宣传主义外，还时时有将政见宣布的必要。"这句马克思的话，就是引自陈望道译的《共产党宣言》。

从长征到抗战，周恩来随身携带的公文包里，总是装着《共产党宣言》等马列著作，只要一有空，他就拿出来学习，并用来指导具体的革命实践。他把这当作自己的必修课。

正因为深受《共产党宣言》的影响，周恩来对陈望道也格外关注，每次见到陈望道，总会习惯性地提起《共产党宣言》。

1949年7月，第一届中华全国文学艺术工作者代表大会在北平召开。会上，周恩来当着代表们的面，郑重向大家介绍陈望道，并且说："陈望道先生，我们都是您教育出来的。"

会场上顿时响起热烈的掌声。陈望道连连摆手，站起来给大家深深地鞠一躬，惶恐地对周恩来说："言重了，言重了，我只是学了点皮毛，而且食古不化，不像您和其他共产党领导人这样融会贯通、学以致用。"

1954年9月，陈望道在北京出席第一届全国人民代表大会期间，周恩来又提起《共产党宣言》，还特意问他是参考哪个版本翻译，听说主要是英文，就用英语和他交谈，商讨翻译上的一些问题。不难看出，《共产党宣言》在周恩来心目中的重要地位。

"文化大革命"期间，陈望道一度受到造反派的打击，周恩来知道后，点名要求上海保护好陈望道,阻止了造反派对陈望道的迫害。

1972年2月下旬,美国总统尼克松访问中国,《中美联合公报》在上海签署。陈望道作为上海市政协副主席和著名学者,应邀到上海虹桥机场迎接尼克松。这是他复出工作后,第一次参加外事活动。

这天早晨,陈望道早早来到机场,站在迎候贵宾的行列中。由于两年前中过风,加上毕竟是81岁高龄的老人,他本来矫健的步履变得迟缓,不得不依赖拐杖。陈望道刚站定不久,周恩来就出现了。原来,他早已等候在机场。

周恩来一眼就看到了陈望道,疾步上前,紧紧握住他的手,询问他的身体状况,嘱咐他出门穿暖点。然后,对身旁的外交部礼宾司负责人说:"望道同志年纪大了,到机场路远,很累,以后不要通知他到机场迎送外宾,只需请他直接到宾馆参加会见就可以了。"

陈望道一听,连忙摇着手,笑着回答说:"不碍事,不碍事的,我的体力还行。"

周恩来刚转身要离开,又想起什么,转头问陈望道:"对了,《共产党宣言》首印本找到了吗?我一直惦记着。"

陈望道有点过意不去,惭愧地说:"我也一直在找,一直没找到。"

周恩来轻拍陈望道的胳膊:"你要继续找,它是我们党的宝贵财富啊。"

此时,春寒料峭,呼出的热气瞬间成白雾,但总理的话,却让刚从政治浩劫中走过来的陈望道心里暖融融的。

由于年代久远,岁月动荡,加之当时仅印刷千册,陈望道译的《共产党宣言》中文版首印本早已散失。人们苦苦寻觅,就是不见踪影,周恩来已经惦记很长时间了。

1976年1月8日,周恩来与世长辞,享年78岁。一年多后,1977年10月29日,86岁高龄的陈望道在上海病逝。

其实,就在两位老人最后一次念叨的那年秋天,在山东广饶县大王镇刘集村,《共产党宣言》中文版首印本已经被发现并保护起来。只是在那个信息闭塞的时代,这个喜讯传播的范围太小,他俩都没有机会获知。

2004年,陈望道译的《共产党宣言》中文版首印本,被批准列入第二批"中国档案文献遗产"。

时至今日,陈望道译的《共产党宣言》中文版首印本已被发现12本,分别珍藏于中国国家图书馆、中国国家博物馆、北京市文物局、上海市档案馆、上海图书馆、上海中共一大会址纪念馆、上海鲁迅纪念馆、上海社会科学院图书馆、延安革命纪念馆、山东东营市历史博物馆、浙江上虞档案馆、温州市图书馆。

中国国家图书馆的首印本,是个残缺本,水红色封面保存完好,但缺少封底版权页,故而长期沉埋库中,鲜为人知。

1975年1月17日,第四届全国人大闭幕。22日,陈望道到北京图书馆(中国国家图书馆前身)善本部,参观各种早期版本的《共产党宣言》。这里珍藏着他译的蓝印本复制件,其原件本来珍藏于此,1959年为支持中国革命博物馆开馆,已转赠该馆。在当时,蓝印本被视作最早版本。图书馆副馆长鲍正鹄教授是复旦大学老校友,早年曾在教务处任过职,在中文系任教过。他特地取出蓝印本复制件,请老校长签名留念。陈望道有点犹豫:"这是马克思和恩格斯合著的经典著作,我怎好在上面签名呢?"鲍正鹄说:"您是书的译者,在书的封面和扉页上都印有您译者的姓名,完全有资格在上面签上您的姓名。"陈望道盛情难却,端端正正地写上"陈望道,七五年一月二十二日"。

签罢字,陈望道继续翻看其他版本,一本残本引起他的注意。这本的封面呈水红色,书名为《共党产宣言》。在马克思画像右侧,用毛笔写着:"兴民中学图书馆惠存,罗易乾赠,十、八、十三"。因缺少封底,没有版权页,无法确定出版时间。陈望道兴奋地说:"这才是《共产党宣言》最早的一个单行本,现在也可以说是革命文献了!"

两个月后,陈望道赴京出席四届人大常委会,本想见到周总理时,当面向总理汇报发现首印本的事。不料,周总理因病重无法同大家见面,陈望道得知后万分忧虑。散会后,他急忙走到邓颖超面前,同她握手问好,想请她转达对总理的问候,话还没来得及说,与会者纷纷围上来,向邓颖超问好,询问总理病情,他无法插上话。这成了他心中一桩憾事。

这个首印本,是图书馆从中国书店购藏而来。至于其从何而来?罗易乾是何许人也?一直是个谜团。这个谜团,直到近年才揭开。

2011年6月，中国国家图书馆举办纪念中国共产党成立90周年馆藏珍贵历史文献展。6月26日，《光明日报》刊文，介绍该馆《共产党宣言》中文版首印本的情况，并配发首印本的封面照片。2012年10月20日，《羊城晚报》刊发罗易乾儿子罗雨林文章，介绍其父生平和此书来历。

罗易乾，广东省兴宁县宁新镇寨子村罗祥昌屋人，1909年考入兴民学校，1913年因成绩优秀，直升兴民中学老制第三届。民国十年（1921），在上海复旦大学毕业后，经中法（联合）医院的举荐和帮助，参加广东省首批赴法官费留学考试，以优秀成绩考取法国里昂中法大学医科，在法国留学10年。1931年3月学成归国，先在广州新民路挂牌行医，后相继任中山石岐侨立医院、罗定泷江医院的院长。新中国成立后，同在法国留学的周恩来总理十分关心他，曾指示有关部门寻找他，并邀请他到东北军区野战医院担任院长，因其母亲年迈，未能成行。1951年底，任广州军区陆军总医院（即后来的广州军区医院）医师总顾问。1953年，调到广东省人民医院负责内科医疗工作。1975年12月去世。

捐赠时间"十、八、十三"，指的是民国十年八月十三日，也就是1921年8月13日。此时，罗易乾正准备出发去法国，临行前将书捐赠给母校图书馆。这本书，应该是他在复旦大学读书期间，因思想进步而获得上海共产党早期组织派发。新中国成立后，北京图书馆从中国书店购藏。

对于这件事，罗易乾从未宣扬过，也没有向子女、亲属交代，早已湮没无闻。直到《光明日报》披露后，罗雨林听一位收藏家介绍，才知道原委。

中国国家博物馆珍藏的首印本，原由中国革命博物馆珍藏。1950年3月，中国革命博物馆用国立革命博物馆之名并始筹建，同年7月改为中央革命博物馆。1961年2月开馆时，更名为中国革命博物馆。1972年5月，与中国历史博物馆合并，成为中国革命历史博物馆。1983年4月，恢复中国革命博物馆建制。2003年2月，又与中国历史博物馆合并为中国国家博物馆。该书归属几经变更，现为中国国家博物馆珍藏。

北京市文物局珍藏的首印本，系2001年7月，在该局资料信息中心的珍本库房中发现的。封面有一个钢笔的签名，因年代久远，字迹不清，已难以辨认。北京市文物局成立于1978年11月，这本《共产党宣言》何时进入珍本库房，至今无从考证。2005年，北京市文物机关将其送到南京博物院，精心修复和技术保养，后长期被首都博物馆借用展览。

上海市档案馆珍藏的首印本，系第一任馆长罗文捐赠。20世纪50年代末，上海市档案馆刚成立，罗文为收集档案资料，经常走街串巷逛地摊。有一天，他在一个地摊前，发现这本陈旧泛黄的《共党产宣言》，当即以5角钱买下，如今已成镇馆之宝。该馆还珍藏了一本陈望道译的第二版蓝本。

上海图书馆珍藏的首印本，封面红色已显淡化，但封面品相较好。

上海中共一大会址纪念馆珍藏的首印本，来自山西一收藏者的有偿捐赠。2005年7月初，山西某县一收藏者致函中共一大纪念馆，希望有偿捐赠中文版首印本《共产党宣言》。纪念馆高度重视，热情邀请他来沪面谈。持书人抵达后，纪念馆立即邀请上海图书馆等单位的有关专家学者，与本馆专家学者一起，从纸质的硬度、印刷的特点等做专业技术分析，发现此书纸张松脆，实属无法复制的旧纸；字体具有旧时机器印刷的凹凸感；书的封面图片颜色也非仿冒做旧的。最终一致认定，这就是1920年8月的首印本，纪念馆当即决定收藏。

此书内有圈点，封二有英文签名，流传经过不详。据捐赠者透露，此书原深藏于山西某县一望族家中，一次偶然机会，小辈在其祖上留下的大量藏书中发现，判断同电视、报刊上多次提及的陈望道译本相同，这才引起重视。

上海鲁迅纪念馆珍藏的首印本，是陈望道当年送给鲁迅的。据周作人回忆，陈望道给周作人寄赠了两本，其中一本请他转给鲁迅。1927年10月，鲁迅到上海定居，全力从事文学创作，此书也被带到上海。

上海社会科学院图书馆珍藏的首印本，发现于2020年7月，是迄今发现最晚的一本。发现时，该书封面外覆一层牛皮纸，封面左上角写有"敬赠岫庐先生"，中间有"上海财政经济学院图书馆藏书"蓝色印章，扉页下方有"岫庐藏书"印章。根据印章、字迹等信息推断，该藏本系商务印书馆原总经理王云五（号岫庐）旧藏，后捐赠给立信会计专科学校上海新校图书馆。20世纪50年代，院系调整期间，该书被收入上海社会科学院图书馆。

1958年11月，陕西省博物馆给延安革命纪念馆拨交一批革命文物，其中包括一本《共产党宣言》中文版首印本。该书有版权页，无封面，现封面是用隐格水印笔记本纸裱上,光照下可见英文"BATTERY""MADE IN USA",还用毛笔纵书"共产党宣言",左下角有"山水"二字,右侧写着"communist manifesto"(共产党宣言)。

山东东营市历史博物馆珍藏的首印本,是唯一由农村党组织传播、使用和保存的珍贵文献,于1975年秋天在广饶县刘集村发现。当时,广饶县文物保管委员会的颜华到刘集村征集革命文物,老党员刘世厚说,他还保存着当年大伙儿学过的那本"大胡子"的书。拿出一看,此藏本系平装本,长18厘米,宽12厘米,比现在的32开本略小一点。书面印有水红色马克思半身像,上端从右至左,印着"社会主义研究小丛书第一种",上署"马格斯、安格尔斯合著""陈望道译"。全文用5号铅字竖排,计56页。封底印有"一千九百二十年八月出版""定价大洋一角"字样,印刷及发行者是"社会主义研究社"。书很快被送到广饶县博物馆珍藏。

消息传出,石破天惊。不久,这本《共产党宣言》奉命调省城参加展览。或许是出于好心,主办展览者拆去刘世厚精心装订的黑线,把它陈列在展览室内阳光最充足、光线最明亮的地方。因长期受到阳光直射,6个月展期结束后,该书的面目大变。本来还很清晰的封面字迹和马克思头像,由于褪色而模糊不清了;纸张更加薄脆了,一动就掉渣;拆去了原装订线,全书几乎散了架。

1985年,东营市政协在编纂文史资料时,注意到广饶藏本的价值,遂向上级建议加强保护和研究。1986年2月,山东省省长李昌安批示:"建议很好,望组织落实。"东营市加强保护管理,将藏本移交到东营市历史博物馆。

1986年5月,在东营市政协组织下,由华东石油学院余世诚、中共中央编译局胡永钦、东营市政协文史办贾林志和广饶县博物馆颜华组成联合考察组,对该书作了认真考察。

在此之前,人们多认为,陈望道译的《共产党宣言》中文版首印本是1920年4月或春季出版。毛泽东多次讲到他在1920年春天,阅读过陈望道翻译的《共产党宣言》。陈望道本人也回忆说,该书1920年4月在上海出版。在北京图书馆,除了有1920年9月的再版本外,还有一本没有封底的残本,看不出出版时间。中国革命博物馆、中共中央编译局保存的,都是1920年9月的再版本。中央档案馆保存的,则是1924年6月的第三版。

后来,在上海市档案馆,发现了1920年8月出版的全译本。1981年,上海人民出版社出版的《党史资料丛刊》第一辑上,刊载了该版本的介绍文章和照片。上海本的发现,引起学术界的关注,认为它在很大程度上说明,《共产党宣言》的中文全译本最初出版时间,不是1920年4月或春季,而是同年的8月。1983年,在纪念马克思逝世100周年时,《光明日报》对此曾作过报道。但是,由于上海本是孤本、孤证,无法求证真伪。

联合考察组赴上海市档案馆,对照发现,此藏本同广饶藏本完全相同,打破了"孤本"和"孤证"。接着,在上海图书馆也查到相同的版本。再加上北京图书馆的残本,至少有4个8月版本。这4个版本,封面都无一例外印着"共党产宣言"。考察组仔细对照中共中央编译局的9月再版本和广饶的8月版本,发现9月再版本除了纠正8月版本的书名错误、封面印色改为蓝色外,其他一切都相同。

联合考察组推断:正是因为印错封面书名,加之很快赠售一空,故在9月纠正封面书名错误后再版,1924年6月又印第三版。否则,如果8月版本之前还有一个版本,则8月版本就应为"再版",9月版本为"三版",1924年6月版本就成了"四版"。但这种情况并不存在。

经过缜密分析,联合考察组得出结论:从现有已发现的各版本分析,1920年8月版本,就是最早的版本!

温州市图书馆珍藏的首印本,封底版权页已残缺,封面右下方,有一篆刻印章"荫良藏印",还用蓝墨水笔竖写着6个字:"一九二四备置"。

据有关人士考证,荫良是温州早期共产党员戴树棠的字。戴树棠是温州瑞安人,1915年毕业于杭州私立法政专门学校。1924年8月,党中央派温州籍的谢文锦回乡筹建党团组织,戴树棠加入中国共产党,成为温州地区最早的7名党员之一。同年12月,中共温州独立支部成立,他当选为宣传委员。在20余年的革命生涯中,他两次被捕入狱,始终坚贞不屈,1945年因刑伤复发而病故。可以说,这个珍本见证了革命先烈不屈不挠的革命斗志和英勇顽强的献身精神。

20世纪五六十年代,温州有家古旧书店曾红火一时,叶圣陶、邓拓都曾光顾过。1967年，该书店停业，温州市图书馆购下该店2万册图书，首印本就夹在其中。如今，珍本藏于图书馆7层顶楼古籍库。图书馆利用现代扫描技术，制作出了扫描版。

这12本珍品，如果追本溯源，或许都能发掘出生动的故事。从目前的发现中，山东东营、浙江上虞的2本珍品，经历了血雨腥风，故事惊心动魄。

二 薪火相传

出席"一大"的代表中，最年轻的是刘仁静（19岁），其次是邓恩铭（20岁）、王尽美（23岁）。其中，王尽美和邓恩铭是山东代表。

王尽美生于1898年，原名王瑞俊，山东莒县枳沟镇北杏村（今属诸城市）人，出生后四个月父亲就去世了。地主见他伶俐可人，就让他陪自己的儿子读书。地主儿子不求上进，王尽美却如饥似渴地学习。

1918年春，王尽美考进山东省立第一师范学校。临行前，他登上村后不足百米的乔有山，远眺迤逦东去的潍河水，脱口吟出激情澎湃的诗句："沉浮谁主问苍茫，古往今来一战场。潍水泥沙挟入海，铮铮乔有看沧桑。"

1919年，五四运动爆发。在王尽美等人倡导下，5月7日，山东省学生联合会成立，他任学联代表。几天后，数千名学生参加反日救国会，王尽美慷慨激昂，演讲一个多小时。

听他演讲的一位同学，后来回忆说："王尽美真是一位天才的演说家，他讲的话，记录下来就是一篇好文章。他能把每一个人的一腔热血鼓动得沸腾起来！"

5月23日，在王尽美起草的《罢课宣言》号召下，21所济南中等以上学校全部罢课。斗争中，他与中学生邓恩铭结为挚友。邓恩铭是贵州人，水族，生于荔波县玉屏镇水堡寨，1917年8月，到济南投靠任县官的叔父，次年考入济南省立第一中学。

为学习和研究马克思主义，1920年3月，王尽美作为山东学生会代表，冒着大雪来到北大，登门拜访李大钊。两个人相见恨晚，直谈到夕阳西下。李大钊鼓励他积极传播马克思主义。回济南后,王尽美与邓恩铭等人发起成立励新学会,创办《励新》半月刊,研究和传播新思想、新文化。

1921年初,王尽美牵头创立济南共产党早期组织。为表达共产主义坚定信念,他激情赋诗:"贫富阶级见疆场,尽善尽美唯解放。潍水泥沙统入海,乔有麓下看沧桑。"从此,他改名励志。

出席"一大"时,筹备组给每位代表发了一本陈望道译的《共产党宣言》中文版首印本,王尽美和邓恩铭爱不释手。"一大"闭幕后,他俩带回一批文件资料,其中就有几本《共产党宣言》中文版首印本。

在王尽美倡议下,1921年9月,济南成立马克思学说研究会。1922年7月,中共济南支部成立。次年10月,中共济南地方委员会成立,王尽美当选书记。

1923年8月,中共青岛独立组成立。不久,王尽美来到青岛,与邓恩铭一起,介绍延伯真加入共产党。1925年初,中共青岛独立组改为中共青岛支部,邓恩铭任书记,延伯真任宣传委员。延伯真是广饶县延集村人,他向邓恩铭建议,到农村发展党员,在农村建立党组织。

就在延伯真回广饶、潍县开展工作时,由王尽美介绍入党的邻村青年刘子久,也从济南回到家乡刘集村,发展堂兄刘良才入了党。此时,刘集村姑娘刘雨辉,在济南加入共产党。

1925年底,中共山东省委组织党员学习,刘雨辉与张葆臣结识。张葆臣是济南道生银行职员,负责党内图书发行。道生银行总部在上海,他以银行职员身份作掩护,经常往来于济南和上海,很多进步图书,都是他从上海带回来的,其中包括《共产党宣言》。他珍藏了一本《共产党宣言》中文版首印本,首页右下角盖着自己的印章"葆臣",作为珍贵礼物,赠送给了刘雨辉。学习期间,刘雨辉还结识同乡延伯真,后者后来成为她的丈夫。

1926年春节前,刘雨辉回乡过年时,把这本《共产党宣言》带回刘集村。

一天晚上,刘雨辉和弟弟刘考文来到刘良才家。刘雨辉拿出一本薄薄的书:"这本《共产党宣言》,就留给你们了。里面很多话,都是革命的道理,能让人心明眼亮。"

刘良才接过书,看了又看,指着封面上的马克思像,笑道:"第一次看到长成这样的人……这把大胡子,长得可真有样子。"

刘雨辉也笑了:"他叫马格斯,外国人。"

刘考文疑惑地问:"咱是庄稼人,能看懂这种书?"

刘良才说:"既然这书这么要紧,就算一个字一个字地啃,也得弄懂它。咱庄稼人生下来就会种地?不都是边干边学吗?"

当晚,刘良才掌灯读到天亮。

《共产党宣言》开篇,就让刘良才不知所云:"有一个怪物,在欧洲徘徊着,这怪物就是共产主义。"

刘良才反复念叨,到了能背诵的程度,也不得其解。每翻开一页,他都读得磕磕绊绊,就像推着一车东西,走在坑洼不平的路上。

刘良才觉得,不认识的字还好办些,可书里有些话,就像潭水一样深不可测,像迷宫一样找不到方向。

刘子久也回来过年了。刘良才拿着书,缠着他,一字一句地咀嚼、消化。

《共产党宣言》里有这样一段话:"在古代罗马有贵族、骑士……"刘良才读后,对妻子姜玉兰说:"我们刘集不也这样?有地主、农民、佃户。我觉得,大胡子的很多话,细细琢磨一下,都好像是说咱们刘集的。"

几个月里,刘良才都在反复读《共产党宣言》。他决定举办农民夜校,让更多的农民兄弟学习。

刘集村党支部组织学习《共产党宣言》,是在1926年春天的一个晚上。晚饭后不久,党员和积极分子来到刘良才家。

刘良才拿着一本书说:"召集大伙儿来,是为了学这本书。它叫《共产党宣言》。"

有人问:"这上面的大胡子是谁呀?"

刘良才回答:"大胡子姓马,他是马大胡子呀!"

有人凑近细端详,看着看着,就"扑哧"一声笑了:"咱村姓马的,可没长大胡子呀!这马大胡子的模样也怪稀罕……"

刘良才也笑了:"这可不是咱村哪个姓马的,也不是附近十里八乡的。这个大胡子叫马格斯,是外国人呢!这本书是他和别人写的,里面写了咱穷人的事。"

有人惊道:"外国人写的书也能到咱这里? 这外国,离咱村有百八十里地吧?"

刘良才笑道:"哪有这么远,就在咱家的炕头上呢!"

他给大家念道:"从封建社会底废址上发生的近代有产社会,也免不了有阶级对抗;不过造出新的阶级,新的压迫手段,新的争斗形式,来代替那旧的罢了。"

念罢,大家面面相觑,一脸糊涂。刘良才笑着说:"开始时,俺也犯迷糊,也是擀面杖吹火——一窍不通。可看多了,琢磨多了,就琢磨出道道来了。这本书能让咱们有衣穿,有饭吃。"

刘良才接着说:"我从里面悟出个道道——这个阶级、那个阶级,到现在也没换来咱穷人的好日子。旧社会再怎么换,也是换汤不换药,欺负咱的人该怎么欺负,还是怎么欺负。咱们穷人家,走得慢了穷撵上,走得快了撵上穷,不快不慢往前走,'扑通'一声,还是掉进穷窟窿。说白了,就是永无出头之日!马大胡子说到无产阶级,啥叫无产阶级? 就是穷得叮当响的穷人,咱庄稼人也是无产阶级呀! 咱村里的地主,有时不是说的比唱的还好听? 可他给佃户涨工钱了吗? 他们脸上挂着笑,嘴比蜜甜,可袖筒里揣把刀子,肚子里装满坏点子! 如今出了共产党,咱的出头之日也快来了。说白了,共产党就是和咱一个鼻孔出气的。"

大家七嘴八舌开了腔:"咦! 这大胡子咋就知道咱这边的事呢? 说的话句句都在理道道上!"

"我敢打赌,这大胡子肯定也是庄稼地里的好把式,他要是没扶过耩子(一种播种的工具),说不出这样知根知底的话!"

坐在墙角的一个中年汉子突然发话:"大胡子的话,说到咱心坎上了。照大胡子的话去干,不会错。"说这话的人叫刘世厚,平日里沉默寡言,不显山不露水的。

刘良才摆摆手,大家都停止了议论。他扬扬手里的书说:"世厚说得对,咱们就得按这本本来。那些有钱人可不是纸扎的,一戳就破。怎么才能把他们摔在地上,让他们爬不起来? 这大胡子给了咱一个办法,是啥? 他号召咱联合起来! 就是穷伙计们抱成团跟他们斗!"

就这样,一帮子农民兄弟,在1926年的这个夜晚,认识了被称为"大胡子"

的德国人。他的《共产党宣言》，不仅被中国共产党人接受，也正被鲁北平原上顶了一脑袋高粱花子的农民慢慢接受着。

如果马克思、恩格斯能活到20世纪20年代，也许在《共产党宣言》再版的某一篇序言中，会提及中国鲁北平原上的这帮农民兄弟呢！

在陈望道译的《共产党宣言》中文版中，有这样一句话："无产者若不将以前的分配方法推翻，便没有做社会生产力底主人翁的日子。"刘集村的农民兄弟从这句话中受到启发，开始建立自己的武装组织。一年以后的1927年，毛泽东提出"枪杆子里面出政权"和"农村包围城市"的战略方针。

当中国革命处于低潮的时候，鲁北平原上，以刘集村为中心的革命斗争，却是如火如荼。1928年春天，广饶县一些地方闹起饥荒，刘良才带领吃不饱的农民，掐了大地主谢清玉地里的麦穗，后又开展反对苛捐杂税的"砸木行"斗争。

在德国，《共产党宣言》曾被普鲁士当局作为禁书列入《警察指南》；而在中国，蒋介石把《共产党宣言》列为禁书之首。

广饶县国民党政府为找到这本《共产党宣言》，派出数百人到刘集村挨家挨户搜索，连一张纸片都不放过。

刘良才身份暴露后，在广饶县难以立足。组织上调他到潍县，担任中心县委书记。

这天晚上，刘良才和共产党员刘考文在地道里焚烧文件。刘考文拿起那本熟悉的《共产党宣言》，捧在手里看了很久："这本书也要烧？"

刘良才接过来，轻轻地抚摸良久，说："它比咱们的生命还重，我把它交给你了。"

刘考文用力点点头："人在书在！"

1933年夏，刘良才被捕。11月19日上午，他被刑车拉到潍县城门口，这是县长厉文礼为刘良才精心挑选的刑场。在城门口行刑，可能是潍县有史以来第一次。城门口人来人往，天南海北的人都有。厉文礼的用意不言而喻。

厉文礼高声宣读了判决书，罗织的罪名是：刘良才到处散布《共产党宣言》。

刘良才哈哈一笑，高声道："错！《共产党宣言》对穷人来说，是一剂救世良药；对反动派，是一剂毒药。毒死旧社会，天下才太平！"

一个戴眼镜的军医跑来,用粉笔在刘良才胸口做了标记:"这里是心脏,县长有令,不要一下子把他钉死了。"

刘良才背靠在城墙上,七个彪形大汉围上来,其中五人分头按住刘良才的头、手、脚,另外两个人,一人拿起铁钎,按在刘良才的腿上,那持锤子的大汉,张口"噗"的一声向手心里吐口唾沫,举起锤子比画几下,说声"好!"那锤子在空中画过一道弧,裹挟着一股阴风落下来,重重地砸在铁钎上,铁钎扎进刘良才的腿里,好像遇上了骨头,那壮汉又用力抡起锤子,铁钎透过大腿,穿进城墙里。

刘良才一声惨叫,晕了过去。围观的人,有的转过身,有的闭上眼睛。一桶冰冷的水浇在刘良才的头上。他慢慢醒过来,睁开眼睛,吐出一口血水,血水里有几颗被他生生咬掉的牙齿。

又一根铁钎穿进刘良才的另一条腿。刘良才再次晕过去。又是一桶冷水浇在他身上。

刘良才双腿被牢牢地钉在城墙上。他挣扎着,痛苦地扭动着身躯,脚下两洼血水。

刘良才强忍剧痛,横眉怒目:"老子生为《共产党宣言》生,死也为它死,早点送老子上路吧!"

这怒吼,声震寰宇,雷霆万钧。

厉文礼指着刘良才高声道:"这本书都把你毒成什么样子了?!马上送他到十八层地狱见马格斯!"

厉文礼说罢,一挥手。

那铁锤在空中又画了一道弧线,重重地落在铁钎上。

铁钎刺进刘良才的胸腔,穿过心脏,扎进城墙里。他猛地张开嘴,竭力想吸一口气,可挣扎了几下,最终也没能成功,脸上的痛苦表情慢慢凝固,头也无力地垂在胸前。

暗淡的阳光照过来,洒在阴暗的城墙上,也洒在刘良才渐渐失去体温的躯体上。

1940年初,中共四边县政府送来一块光荣匾,给刘集村的刘学福家。区长

1米有余、宽0.7米左右，上面刻有"一门三英"4个大字。刘学福的两子一孙，都是响当当的抗日英雄。

刘学福膝下三子，长子刘泰山，次子刘寿山，三子刘仁山。刘泰山、刘寿山都是刘集村的中共地下党员，每次兄弟俩从夜校回来，都把《共产党宣言》中的道理说给父亲听，刘家人是学了《共产党宣言》起来革命的。

刘泰山之子刘端智，20岁时参军，之前早就定下婚事。就在赠匾的这年，因为作战勇猛，在火线上成了班长。听说女婿当了官，岳父高兴之余，担心刘端智将来变成陈世美，就找亲家催婚。

刘学福说："男大当婚女大当嫁，板子（刘端智小名）也不小了，那就结吧。"

当时，刘端智就在刘集村附近一带活动，接到家里传来的口信，就向队长报告。

队长哈哈一笑："这是好事，过几天你就回去入洞房！"

结婚当日，女方的花轿已在路上，刘家门口也响起了唢呐声。

刘端智前一日带回口信，说要骑着一匹高大的枣红马回来。一大早，街筒子里就站满人，眼睛齐刷刷盯着村口，等着枣红马出现。

有人来飞报，说花轿马上就到村口。大家都急了。刘学福说："怎么还没听到马蹄声呢？"

太阳升到一竿子高，花轿落到刘家门口。还是不见刘端智踪影，刘泰山就带着一帮人迎到村口。

这时，远远看到几个人抬着口棺材走过来。有人就喊："不要从这里走，这里有结婚的！"

那些人不听，抬着棺材转眼就到了跟前。

刘泰山急了，刚要发脾气，对方为首的开口了："老乡，刘泰山家在哪里？"

刘泰山慌了："我就是刘泰山！"

对方一脸的悲戚，上前握着刘泰山的手说："刘端智同志昨天晚上牺牲了，我们把他送回来。"

一场喜事，转眼就变成一场丧事。

1947年10月，在国民党军队飞机的空袭中，独立营营长刘仁山为掩护战士,先被炮弹炸飞胳膊,后被飞机机枪射中。

1950年3月,南下四川任云阳县委组织部长的刘寿山,遭国民党特务暗杀。

一块"一门三英"光荣匾,化成三张烈士证明。

1966年秋,刘泰山母亲病重不起,气息奄奄。刘泰山喊来木匠打棺材。老木匠扫了一眼木材说:还缺一块板子。

刘家穷得没钱买木板。刘泰山突然想起那块"一门三英"光荣匾。

这块匾,一直由刘仁山遗孀李月英珍藏。她的泪水一下子涌出来,尖声喊道:"不!决不!"

刘泰山没想到弟媳反应这么强烈,吓了一跳。

过了一会儿,李月英默默搬出那块匾,轻轻打开裹在上面的薄布。

匾很洁净,一尘不染,透着肃穆和凝重。这是一块承载了三条鲜活生命的匾啊!每一缕纹理里,都浸润着英雄的鲜血!

李月英用自己的衣袖擦着,泪水像断了线的珠子。最后,李月英扭过身去,示意搬走。

刘泰山搬起来放下,放下又搬起来,心里沉重得像压了一个秤砣。

刘泰山抱着那块匾,跪在母亲的床前:"老娘啊,这是您的儿子、孙子孝敬您的,就让他们替您遮风避雨吧。"说完磕了几个头。

刘泰山的母亲好像一下子清醒了,指着匾上的字说:"我的寿限是苦命的儿子和孙子给的……跟师傅说说,上面的字,留着。"

刘泰山对老木匠说:"老娘说了,'一门三英'留在板上,不要推掉。"

老木匠震撼了,双手接过放在长凳上,鞠了个躬,一脸的凝重,然后用长锯分成两块:大块,为棺木前彩头,中间刻上一个大大的"寿"字,四面有花纹相衬;小块,为棺木后彩头,其余边料做了日月(指棺材底部左右两块板子)。末了,刘泰山让在后彩头上雕上一个"孝"字。

"一门三英"4个字,掩在棺材里面。"一门"在前彩头上,"三英"在后彩头上。

一门两代英烈,以这种方式守护着老人。

刘老太出殡那天,刘集村的人几乎都站在街上。棺材前那大红的"寿"字,被阳光照得红彤彤的。

人群中，有位老者突然喊道："老少爷们啊，替烈士送送老人家吧！"大伙儿齐齐跪下，哭声震天。

1975年秋天，广饶县文物所所长颜华来到大王镇刘集村，搜集革命文物。

得知失踪多年的《共产党宣言》在刘世厚手里，大家七嘴八舌，动员他献出来。刘世厚一声不吭，回到家中，一袋接一袋吸着旱烟。良久，他打开墙角边上的箱子，拿出一个黑漆匣子，捧出一个花纹蓝布包袱。

包袱一层层揭开，里面赫然露出一本小册子，一幅水红色的马克思半身像，几乎占据整个封面。刘世厚将它捧在手里，反复端详，口里喃喃道："40多年，40多年了啊……"

40年前那个夜晚，刘考文匆匆跑到刘世厚家，从怀里拿出这本书，郑重地对刘世厚说："我已经暴露，随时都有坐牢杀头的危险，这本书是咱的革命之本，你记着，人在，书在！"

不久，刘考文果然被捕入狱，全家被抄。

从那时起，刘考文的话就时常响在刘世厚的耳边。

在刘集村口，有一座巨大的台式日历雕塑，上面的时间，永远定格在1941年1月18日。

2013年春天，我第一次站在雕塑前，不禁好奇，这串数字代表什么？后来得知，这串数字是刘集人72年前的一场梦魇，是那天驻扎在这个村里的抗日队伍的生死碑。

凝视着这座庄严的雕塑，72年前的枪炮声由远及近，在我耳边骤然响起来，惨烈的场面也从岁月的深处凸显出来。这次惨案，光八路军战士就死了80多人。

日本鬼子在焚烧刘集村房屋时，原本逃到村外的刘世厚撒腿往家跑，他的妻子喊道："孩子他爹，你疯了吗？小日本还没走，你要回去送命？"

刘世厚急得直跺脚："有个东西可不能烧了，就算搭上我这条命，也得把它抢出来！"

刘世厚舍命抢出的，正是刘考文交给他的这本《共产党宣言》。在白色恐怖时期,刘世厚有时把书藏在床底下,有时藏在粮囤的透气孔里,有时藏在雀眼里。

新中国成立后,每到清明节,刘世厚都会先去祭奠烈士。在烈士坟前,他纸钱烧完,一杯清酒敬罢,就捧出这本《共党产宣言》,端端正正地放在墓旁。

每次,他都像老伙计相聚拉呱儿那样开了腔:"老伙计们,这本书我又带来了,我保管得好着呢!你们就放心吧。伙计们,咱们再学学《共产党宣言》吧。"说完,刘世厚老人就地坐在墓前,磕磕绊绊地念上一段《共产党宣言》里的话。

在众人动员他献书的那天晚上,刘世厚辗转难眠。第二天,一向早起的刘世厚竟没有起床,在床上连续躺了三天。

这天上午,刘世厚提着那个蓝包袱,来到烈士坟前。田野里一片葱绿,风暖暖的,一些不知名的小花盛开在坟冢上。

刘世厚拿出那本书,轻声道:"老伙计们,今天我就把它交给国家了,我是舍不得啊,可我老了,往后也要到你们那边去,书留在我这里,咋办?交给国家世世代代地管着,咱们更放心,也让世世代代的人学下去,不能到咱们这就断了,是不?"

刘世厚离开坟地,径直来到大队办公室,轻轻打开包袱,碎花布包袱像莲花一样绽放开来。他双手捧起书,低头看了很久,低沉地说:"可要保管好它呀,为了它,咱们死了一摞摞的人哪……"

这本薄薄的小册子,后经多方考证,正是陈望道译的《共产党宣言》中文版首印本。如今,作为国家一级革命文物,被珍藏在山东东营市历史博物馆里。

三 度尽劫波

1920年夏季,刘少奇、任弼时等在上海外国语学社学习时,班里有10位浙江同学。学校按照不同籍贯分组,这10人被编为一组,叶天底、王一飞、华林都在这个组。叶天底和王一飞是上虞丰惠镇人,华林是富阳人。

叶天底原是浙江一师学生,校长经亨颐被迫离职后,他也愤而离校。有的同学为他惋惜,劝他毕业再走。他说:"读书并不是专为文凭而读。"

叶天底离开杭州，到上海投奔老师陈望道，经陈望道推荐，进了一家印刷所，校对《新青年》文稿。在这里，他结识了沈玄庐。沈玄庐赠他一幅《竹石画》，画面上，一块大石头下，一枝竹笋顽强地破土而出。陈望道在画上题词："石压笋，笋斜出，搬开大石头，新竹根根笔头直。"叶天底十分喜爱，把它作为座右铭，挂在书房，勉励自己像竹笋那样不屈不挠。

因校对《新青年》的关系，叶天底与陈独秀、邵力子、杨明斋等交往频繁。在他们的影响下，接受了马克思主义启蒙教育。陈独秀筹建社会主义青年团时，他也参加了筹备会。

8月22日，上海社会主义青年团成立，叶天底和俞秀松、施存统等人，成为创始人和第一批团员。外国语学社开办后，由杨明斋负责，俞秀松任秘书，他和施存统主持团务，他也是学员。

王一飞毕业于绍兴山会初级师范学堂，当过几年小学教师，1920年到上海，经同乡胡愈之介绍，进入外国语学社学习。

学员们入社后，人手一册《共产党宣言》，都是陈望道翻译的中文版首印本，由陈望道亲自授课。华林拿到书后，在封面右下角，盖上了自己的印章。同年12月，经叶天底介绍，王一飞和华林加入社会主义青年团。

1921年春，经党组织安排，这批学生获准赴苏学习。叶天底因猝发伤寒，未能成行。不久，团组织奉命临时解散，叶天底回家养病。临别时，王一飞和华林将自己的书刊赠送给了叶天底。

随后，王一飞和华林同刘少奇、任弼时等一起，前往莫斯科，进入东方大学中国班。1922年，王一飞和华林转为中共党员。在中共旅莫支部领导下，中国班建立青年团旅莫支部，由王一飞、任弼时、华林3人轮流负责。后来，在中共党组织安排下，王一飞又进入伏龙芝军事学院学习，1925年初夏回国，在中共中央军委工作。

病中的叶天底，仍牵挂着革命事业。1921年夏天，他给上海朋友写信说："'堕落便是心死'，我身不死，我心决不先死……我昨天已有信给望道先生和别的友人了。问几个共产党机关中有否缺人办事，倘若接到他们的信，说缺人办事，我立刻要带着药罐去。"

同年秋,叶天底病情稍有好转,即到上虞第一小学任教,学校就在丰惠镇。校长夏禅臣,也是丰惠人。巧合的是,他既是王一飞的师范同学,也是叶天底的"一师"同学,与两个人都走得很近。

1922年9月,上虞春晖中学正式开学。叶、夏二人同赴春晖中学,夏禅臣当国文教员,叶天底到教务处工作,当代课教员,积极推行新国语运动,提倡白话文,在师生中传播革命思想。

这期间,叶天底经常作画写文章,寄到上海《民国日报》,在《觉悟》副刊发表,揭露帝国主义、封建军阀的罪行,唤醒民众。1921年五一节,他创作版画《世风》,时代特色鲜明。陈望道以"晓风"为笔名,为之题词:"劳工们组织起来!团结起来!去维护社会正义,去救护受饥饿的人们!"

1923年秋,叶天底离开春晖中学,到上海东方艺术研究会学习绘画,后来担任该会《艺术评论》杂志编辑,撰写了不少艺术评论文章。与此同时,还常去上海大学听课,与陈独秀、瞿秋白、罗亦农、恽代英等人频繁交往,深受他们思想的熏陶。同年底,他加入中国共产党。

1924年7月,叶天底到苏州乐益女中任教。次年9月,中共苏州独立支部在乐益女中秘密建立,直属上海区委领导,叶天底担任支部书记。

这期间,华林来到宁波,在经亨颐兼任校长的宁波省立四中任教,先后任宁波独立党支部书记和宁波地委书记,并到春晖中学考察。

1926年春,叶天底患病回乡,任《教育月刊》杂志主编,发表一系列评论文章,号召革命青年指导农民团结起来,反抗贪官污吏土豪劣绅,还办起上虞县平民习艺所,收容流浪儿童,组织他们学习手艺,生产自救,在上虞赢得崇高声誉。

此时,正是第一次国共合作时期。1926年7月16日,叶天底主持召开中共上虞县直属支部成立大会,通过4项决议:建立国民党上虞县临时执委会;开展农运,组织农民赤卫军;改组县警队为工农纠察队;争取国民党左派,发展共产党员。在叶天底的发动下,上虞中共党员的队伍不断壮大。

1927年,四一二反革命政变后,上虞局势急剧逆转。此时,叶天底正患重病,农友们用轿子抬着他,辗转斗争,敌人几次派兵搜捕他,都扑了空。11月中旬,卧病在床的叶天底遭逮捕,被抬到县政府。

县长亲自审问,假惺惺地说:"叶先生,只要你告诉我上虞共产党组织的情况,我可以替你求个情,让你留在家里治病。"

"哼!"叶天底冷冷一笑,"上虞入共产党的只有我一人,我替劳苦大众做工作!"

县长见问不出子丑寅卯,次日便把他押送到省党部,关进浙江陆军监狱。

叶天底入狱后,病情日益加重,仍不忘团结难友,鼓励他们坚持斗争。他常对难友们说:"一个人能为社会主义、共产主义工作,那是最幸福的。世上没有一件事业比这更高尚、更伟大。"

敌人多次提审,叶天底始终守口如瓶。敌人又企图"软化"他,要他自首,说:"只要你在自首书上签一个字,就可以释放。"

他斩钉截铁地回答道:"要我签一个字,我宁可死。"

敌人又降低要求:"只要你讲一句,'我以前走错路了',就可以放你。"

他哈哈大笑,气冲霄汉:"我天底走的是光明正大的道路!没有错!"

敌人又生一计,找来他浙江一师的同学劝降,结果来人被他怒斥一顿,羞愧而走。敌人仍不甘心,又装作关心他的病情,让他"监外就医",到杭州亲戚家养病,暗中派特务严密监视。

叶天底识破敌人诡计,谢绝一切熟人探望。他对亲友说:"我天底相信共产党,加入共产党。现在因患病被敌人抓住,我遗憾的只是我替党做事太少了。我既然被抓,就不免一死,我早就预备好,天为棺材盖,地为棺材底,为共产主义而死是光荣的。我要郑重告诉各位,谁要在我面前说一声'自首',那就是对我的污辱!"不久,他又被关进监狱。

1928年2月3日,叶天底给哥哥写了一封绝命信。信中说:"我决无生路,不死于病,而死于敌人之手。大丈夫生而不力,死又何惜,先烈之血,主义之花。……我决不愿跪着生,情愿立着死!"

2月8日拂晓,敌人用门板抬着叶天底,到狱中刑场上。在生命的最后一刻,叶天底撑着几乎瘫痪的病体,昂首高呼"中国共产党万岁",英勇就义,年仅30岁。

当叶天底在家乡革命时,王一飞正在北伐战争中大显身手,奔走于上海、长沙、汉口之间，联络南方各地军队中的共产党员，接应国民革命军北上。1926年9月，他受中共中央委派，以中共中央军事特派员身份，赴江西前线视察，加强与北伐军苏联总顾问加仑将军的联系。

1927年春，王一飞返回上海，经周恩来推荐，参加上海工人第三次武装起义的准备工作，并主管上海区委的宣传工作。这次起义取得胜利，工人占领上海后，立即成立上海市特别临时政府。

四一二反革命政变后，蒋介石大肆捕杀共产党人和革命群众。危难之际，王一飞协助周恩来，主抓党的军事工作。四五月间，中共五大在武汉召开，王一飞当选中央委员。之后，他随同中共中央机关，从上海迁到武汉。中共中央在汉口召开八七会议时，他以中央军委代表的身份参加。会后，他被派往鄂北，指导秋收暴动的准备工作。后因条件不成熟，暴动未能实现。

1927年10月初，中共中央派罗亦农、王一飞赴湖南长沙，改组中共湖南省委，王一飞担任省委书记。11月份，根据中央精神，湖南省委常委会决定举行长沙暴动，由王一飞担任总指挥。

12月10日晚7时，长沙"灰日暴动"的枪声打响。由于敌我力量对比悬殊，暴动未能成功。1928年1月11日，湖南省委领导秘密开会时，王一飞、李子骥、涂正楚等一道被捕。

王一飞被捕后，湖南省委曾派人探监。寒冬腊月，王一飞衣着单薄，探监同志说："下次我们给你送棉被和衣服来。"

王一飞当即回答："由于党内出了叛徒，事情将会很快了结，为保存更多的革命同志，保护地下省委机关，不宜再派人前来探监或送御寒衣物。"

1月18日，在长沙教育会坪，王一飞壮烈牺牲。

再说夏禅臣。叶天底被捕后，他远走他乡，躲过一劫。抗战时期，为躲避日军扫荡，夏禅臣带着全家，在虞南山区辗转数年，过着颠沛流离的生活，历经多次险境。然而，无论走到哪里，他总是拎着一只上锁的木质书箱，从不让箱子离身，一直坚持到抗战胜利和全国解放。生活安定后，这只书箱安放在卧室，陪伴夏禅臣数十年，被他视若珍宝。

1963年上半年，夏禅臣病故。第二年，次子夏云奇从杭州大学毕业，整理父亲遗物时,拿出这只书箱。打开后,发现里面都是进步书籍,保存良好。其中,有一本中文版的《共党产宣言》,在封面右下角,盖着一个淡红色的篆体印章,上书"华林之印"。

夏云奇心里嘀咕:"封面的书名,怎么印错了?"父亲在世时,从未说过此书来历,夏云奇并不知其价值,更不知道它的传奇经历。因为是父亲的遗物,这些书仍被放回箱子,受到妥善保管。

时光荏苒,一转眼到了1988年。有一天,已是丰惠中学副校长的夏云奇,在阅读第8期《人民文学》时,发现里面有篇报告文学《大王魂》,是作家李存葆、王光明写的,讲述在残酷的战争年代,山东广饶县大王镇的群众,用鲜血和生命保护陈望道译的《共产党宣言》中文版首印本的感人故事。他心里一动:父亲不也珍藏了一本《共产党宣言》吗?他赶紧打开书箱,拿出《共产党宣言》一对照,顿觉它沉甸甸的分量。

1991年5月,上虞县档案馆馆长李金海得到消息后,立即与县党史办主任邵水荣一起,赶到丰惠镇,动员夏云奇捐献。

夏云奇说:"捐献没问题,但这是我父亲遗物,我要征得母亲同意。"

年届耄耋的老母亲,爽快地说:"既然是党的宝贝,那就捐给国家吧!"

1991年6月,中国共产党成立70周年前夕,夏云奇将这件家藏珍宝捐献出来,作为献给党的一份生日礼物。他说:"这本宝贵的历史文献,放在档案馆里珍藏,才是最好的归宿,这肯定也是我父亲的遗愿。"档案馆奖励他家300元钱,还颁发了捐献证书。

这本珍贵文献,是如何从华林手里,转到夏禅臣手里的呢?有两种说法。

据夏云奇母亲推测,可能是王一飞赠送的。他与夏禅臣关系密切,两人均家庭贫困,夏禅臣在经济上资助过王一飞,王一飞对夏禅臣心存感激。王一飞赴苏学习后,与夏禅臣常有书信往来,估计是王一飞寄赠的。但李金海说:"在当时白色恐怖下,此书带出国或寄回来的可能性几乎为零。"

夏云奇岳父邵水荣另有说法。他回忆:1962年,在了解叶天底革命活动情况时,他找过夏禅臣,夏禅臣告诉他,第一次国共合作期间,叶天底回上虞组建国民党区分部,叶是书记,夏是执委,这本书由华林传到叶天底手里,再由叶天底带回上虞,作为共产主义理论的首批教材,送给夏阅读。后几经战乱,早期共产党人均已牺牲,书就留在夏手里了。

经上海市档案馆和中共一大会址纪念馆的专家鉴定,上虞这本《共产党宣言》,与上海市档案馆收藏的1920年8月版《共产党宣言》完全一样。1992年,经国家档案局中央档案馆鉴定并发文确认,上虞这本《共产党宣言》入选《中国档案文献遗产名录》,被评定为国家一级文物。

李金海说:"这些年来,这本珍贵文献只短暂离开过上虞两回。一次是去上海做鉴定;另一次是赴浙江省档案局,作一个小时展出。每次,我们都用塑料书皮将它精心包装好,放入我的旧军用挎包,随身背着,一刻都不离开。"

1992年8月,上虞撤县设市。2013年11月,又撤市设区。对上虞区档案馆来说,这本珍贵的《共产党宣言》,无疑是镇馆之宝。档案馆对它加强特殊技术保护,不断改进保管条件,在一楼展厅和三楼展柜中分别陈列仿真本。在展厅触摸屏上,还嵌入数字化的《共产党宣言》全文内容。

李金海已退休,现任上虞区档案局局长、档案馆馆长朱宝生说:"我们怀着敬畏之心,每一次翻阅都非常小心,这本珍贵的史料,一定要在我们的手上保护好、传承好。"

四　空棺秘藏

上海市兴业路76号,中共一大会址纪念馆。展厅内,陈列着两本《共产党宣言》中文全译本。一本是1920年8月的首印本,一本是同年9月的再版本。其中,9月再版本的左上角,盖有一枚长方形印章,"张静泉(人亚)同志秘藏山穴二十余年的书报"字迹仍可辨认。这背后,是早期共产党人对信仰的忠诚和守护。

2017年10月31日上午,党的十九大闭幕仅一周,习近平总书记率中共中央政治局全体常委,专程来到上海,瞻仰中共一大会址。

在纪念馆,讲解员介绍起这本《共产党宣言》的来历:1927年大革命失败后,白色恐怖笼罩上海,共产党员张静泉冒着生命危险,将其带出上海,藏匿在家乡,继续投身革命。为了保存革命的火种,他的父亲对外谎称儿子死亡,将书藏在儿子的衣冠冢里,终于留存下来。

"很珍贵。"习近平点点头,倾身问道,"你说的那个人呢?后来怎么样了?"

讲解员回答:"在中央苏区积劳成疾去世了。当时,家人都不知道他去世的消息。"

习近平神情庄重:"这些文物是历史的见证,要保存好、利用好。"

张静泉是谁?为什么在党史上鲜有记载?为什么会以如此方式保护?神秘守护背后隐藏着怎样的故事?

在媒体的密切关注下,答案很快揭晓。

张静泉,浙江省镇海县霞浦镇泰邱乡(现宁波市北仑区霞浦街道)霞南村人,1898年5月出生,是张家次子,谱名守和,16岁时赴上海,在南京路老凤祥银楼做学徒。此时,上海有大小银楼30余家,他目睹工商界的黑暗,渴望改变社会。1922年4月,他加入中国社会主义青年团,随即加入中国共产党,成为上海仅有的几名工人党员之一。

1922年5月,团一大召开后,上海团地委成立,直属团中央领导,书记由团中央书记施存统兼任,张静泉是委员。

1922年7月,中共二大在上海举行。会议结束后,中央领导机构按照规定,将大会通过的章程和9个决议案送往莫斯科的共产国际,还将文件铅印成册,分发给党内同志学习贯彻,张静泉也获得一本。同年9月,上海金银业工人俱乐部成立,张静泉任俱乐部主任。随后,他参与领导工人,开展长达28天的罢工行动。罢工后,经组织安排,他到同孚消费合作社工作。这个合作社,由商务印书馆的编辑和工人组成。

1923年,上海工人运动处于低潮,他的工作重点转移到党团工作及其领导机关出版书报的发行上。从此,他改名"张人亚"。1923年5月至9月,张人亚任上海团地委书记,其间出席团二大。

张人亚十分珍惜学习资料,除保留中共二大文件外,还保存了一批马列主义著作、文件和刊物,包括《共产党宣言》。这些著作、文件和刊物,成为他的精神支柱。

1927年，大革命失败后，中国共产党被迫转入地下。此时，张人亚担任中央秘书处内部交通科科长，深知这些资料留在身边很不安全，无处放置，又舍不得烧掉，思来想去，决定冒险带回家乡，托父亲张爵谦保管。

那时，上海往返宁波，通常走水路，夕发朝至。到宁波后，换乘汽车，中午可到家中。1927年冬的一天，张爵谦夫妇刚吃完午饭，张人亚匆匆进门，拎着一只沉甸甸的箱子。

张人亚妻子早逝，已久未回乡，父母喜出望外，母亲连忙给他盛饭。

张爵谦奇怪："这不年不节的，侬咋回来了？"

张人亚一边狼吞虎咽，一边含含糊糊地说："来宁波出趟差。"

吃罢饭，他把父亲拉进卧室，关上门，压低嗓音："阿爸，我有件重要事体，要托侬帮忙。"

"啥事体？"见儿子神情严肃，张爵谦有点紧张。

张人亚打开箱子，取出一包衣服，摊开之后，里面是一大摞书刊。他对父亲说："我的住所马上要搬迁，这些东西不能随身带，没地方保存，又不能被别人看到，想托侬保管。"

张爵谦忙问："这些是不是要掉脑袋的东西？"

张人亚老实作答："是的。"

张爵谦吓一跳："那还不赶紧烧掉？"

"不能烧！"张人亚语气斩钉截铁，"这些可是珍贵的文件，比我的命还重要。侬一定要保管好，千万不能大意！"

"我明白了。"张爵谦想了想，"侬只管放心，阿爸一定替侬保管好。侬啥时要用？"

张人亚咧嘴一笑："等革命胜利时，一定用得上，我会回来取的。"

"我们都盼着这一天呢！"张爵谦也笑了，"侬在外面，一定要多加小心，别让我和侬阿姆担心。"

"请放心，阿爸。"张人亚深情地说，"上海还有很多事，我这就往回赶，侬和阿姆多保重。此生我已跟定共产党，等革命成功后，儿子再回来！"

张爵谦忽然想起什么，问道："对了，侬进村时，别人没看到吧？"

张人亚说:"没呢,这会儿,各家都在吃饭,村里没人。"

"那就好!"张爵谦叮嘱,"侬赶快走,别让人碰到。"

"嗯。"

交代完毕,张人亚告别父母,匆匆出门,赶往宁波码头,当晚就乘船离开了。

村里人都知道,张家二儿子是共产党员,在上海干革命。张爵谦想,将来风声紧了,万一官府来抄家,抄出这些文件来,他既保护不了它们,家人也会跟着遭殃。他急中生智,想出一个"苦肉计"。

几天后,张爵谦在村里放出风,编了个"不肖儿在外亡故"的故事。兵荒马乱的年代,死人是常有的事,没人对此怀疑。随后,张爵谦来到村东的长山岗上,在张人亚亡妻墓旁,建了一座衣冠冢。棺内放一些旧衣裳,用油纸将文件资料层层包裹,藏在衣裳中间。为掩人耳目,墓碑上刻了"泉张公墓",故意少刻一个"静"字。

张人亚这趟回家,除父母外,其他家人都不在场,只有弟媳瞄到一眼,但没声张。全家人知道,万一走漏风声,是掉脑袋的事,个个守口如瓶,对外瞒得像铁桶似的。

5年,10年,15年,20年……这个秘密,一直守到1950年。这时,上海、宁波都已解放,可张人亚仍杳无音信。张爵谦沉不住气了,在上海《解放日报》刊登"寻人启事",仍然无回应。

张爵谦估计,儿子已凶多吉少,心想,自己年事已高,来日无多,共产党托我藏的东西,一定要还给共产党!1951年,他请人掘开墓穴,打开棺材,取出这批珍贵资料,这个惊天秘密才公之于众。他叫回上海的三子张静茂,向他揭开衣冠冢之秘,郑重地把资料交给他,让他交给党组织。张家还有一幅"上海金银业工人俱乐部成立大会"的照片,已在屋里悬挂近30年,张爵谦也取下来,一并托付儿子上交。

张静茂回沪后,专门刻了两枚印章,一枚是"张静泉(人亚)同志秘藏",一枚是"张静泉(人亚)同志秘藏山穴二十余年的书报",分别盖在文件和书报上。1952年7月初,他将部分文件、书报捐给上海工人运动史料委员会。1959年,又把其余文件,连同珍藏的张人亚遗物,一并捐给上海革命历史纪念馆筹备处,即中共一大会址纪念馆前身,未收国家分文报酬。

据媒体披露,经鉴定统计,这批秘藏物品中,目前已发现并统计的珍贵文物共有46件,其中国家一级文物20件、国家二级文物4件、国家三级文物20件、未评定的珍贵藏书2本,另有一般文物17件。其中,最珍贵的是《关于"世界大势与中国共产党"的议决案》,这是中共二大九个决议案之一,是现存唯一的原件,该文件第十项内容,即为中国共产党第一部《党章》。该文件现存于中央档案馆,由于是无价之宝的"孤本",所以不作文物等级评价。

据上海革命历史纪念馆档案记载,刚收到这本《共产党宣言》时,除纸张因年久泛黄、发脆外,整本书基本完整,无明显残损。1995年11月,经国家文物局全国一级革命文物鉴定确认专家组鉴定,确认为国家一级文物。

中央档案馆珍藏的《中国共产党第二次全国大会决议案》、国家博物馆珍藏的《中国共产党第三次全国大会决议案及宣言》,均为国家一级文物。

此外,还有《共产党》月刊。该月刊自1920年11月创办,到1921年7月被迫停刊,总共出版6期,张人亚完整保存了6期,现珍藏于国家博物馆,均属于国家一级文物。

遗憾的是,张爵谦夫妇直到去世,也没等到儿子的下落。张人亚的哥哥和弟弟直到去世,也不知道他的死因。其命运究竟如何？数十年来,一直是个悬案,张氏后人苦苦寻找。

功夫不负有心人。2005年,历经周折的张家后人,在中共一大会址纪念馆工作人员帮助下,终于在上海图书馆找到答案。在中华苏维埃共和国临时中央政府机关报《红色中华》上,一份悼词解开疑团。

这份悼词刊登于1933年1月7日,题为《追悼张人亚同志》。悼词写道:

> 中央工农检察委员会委员、中央出版局局长兼代中央印刷局局长张人亚同志,于1932年12月23日病故于由瑞金赴汀州的路上。张同志,浙江人,年32(此处有误,实际是35)岁。他是金银工人,1921年加入中国共产(主义)青年团,随后即加入共产党。1921年在上海做工会运动,领导金银业工人斗争,以后担任最早的上海共产党地方委员会的书记。1926年到莫

斯科东(方)大(学)读书,回中国又担任党的秘密工作和全国互济会的主任,最后派到苏区工作。

人亚同志对于革命工作是坚决努力,刻苦耐劳,在共产党内始终是站在党的正确路线之下与一切不正确思想作坚决斗争,在党内没有受过任何处罚,因为努力工作为革命而坚决斗争使他的身体日弱,以致最后病死了。

人亚同志已死了,这是我们革命的损失,尤其是在粉碎敌人大举进攻中徒然失掉了一个最勇敢坚决的革命战士。

同志们!我们不要徒事悲哀,应该更鼓起我们的勇气积极去粉碎敌人大举进攻,争取苏维埃在全中国的胜利,来完成张同志所遗下的任务。

借助这份悼词,张人亚的人生履历渐渐清晰起来:

1929年,张人亚奉调芜湖,执行一项特殊任务。芜湖是中共安徽临时省委所在地,张人亚开了一间不起眼的金铺,表面上对外加工金银、收购和出售金银饰品,实际是接收苏区送来的金银,设法兑换成现洋和钞票,再交给上海的党中央,作为党的活动经费。这项工作极其危险,但他都出色地完成了任务。

1931年11月,中华苏维埃共和国成立。12月,张人亚担任中央工农检察委员会委员,来到中央苏区江西瑞金。次年6月,任中华苏维埃共和国中央出版局局长兼总发行部部长,兼任中央印刷局局长,领导中央印刷厂,印刷了大量的书和报刊,使苏区的出版事业生机勃勃。

环境危险、条件艰苦,加之工作繁重、精神紧张,张人亚积劳成疾。1932年12月23日,他在赴福建长汀检查工作途中,不幸逝世,年仅35岁。

"拿到这份悼词后,我们回到宁波霞浦老家,到我祖父和我父母的坟前祭拜。"张静茂的儿子张时才回忆当时的情景时,不禁老泪纵横,"我们把悼词读给他们听,告诉他们,你们的儿子,你们的二哥,是为革命牺牲的,你们可以放心了。"

正如悼词所言,张人亚是"最勇敢坚决的革命战士"。这是共产党员的本色,也是张人亚毕生的信念。危急关头,他就像一位红色火种的守护者,用生命捍卫信仰,彰显共产党人的担当。

后人没有忘记张人亚。2009年4月,霞浦街道建成张人亚事迹展览室。2011年1月,经浙江省人民政府批复,张人亚故居成为省级文物保护单位。2012年4月,修缮张人亚衣冠冢。2017年11月30日,召开全国性的张人亚史料征集座谈会。2017年12月1日,以张人亚名字命名的党章学堂开馆。2018年5月15日,举行张人亚诞辰120周年暨铜像落成仪式。2021年4月22日,张人亚党章学堂完成改造升级,重点展示张人亚的革命历程、张人亚家族共同守护党的珍贵文献的感人事迹等内容。一本本泛黄的遗物文献,一个个历经沧桑的事迹片段,诉说着他传奇的一生。

五 红色经典

中国共产党从呱呱坠地,到长大成人,直至当家做主,经历了28个春秋。28年间,《共产党宣言》始终是中国共产党人的亲密伙伴,没有哪部理论著作,能像《共产党宣言》这样,凝聚起革命者的共识。也正是由于中国共产党人的信奉和努力,《共产党宣言》才得以在中国产生如此广泛而深远的影响。

陈望道的译本问世后,广受欢迎,至1926年5月,已先后印刷17版。随着对马克思主义理论认识的加深,人们对《共产党宣言》的理解也逐步加深,于是就有了不同的中文版译本,据说多达23种。其中,最著名的有华岗译本、成徐译本、陈瘦石译本、乔冠华校译本、博古校译本和莫斯科译本。

虽然《共产党宣言》中文版译本众多,但与陈望道译本相比,无论是社会影响,还是对青年人的感召力,无论是对早期中国共产党的作用,还是文物史料价值,其他译本都无法比肩。正因为如此,毛泽东等老一辈革命家才念兹在兹,周恩来才一辈子刻骨铭心。

华岗译本

1930年初,上海华兴书局出版一个新的中文全译本,书名为《宣言》,翻译者华岗,史称"华岗译本"。

华岗,1903年6月9日生,浙江省龙游县庙下村人。1924年,在宁波四中读书时,听过陈望道的课。1925年8月,加入中国共产党,一直在团的系统工作,1929年3月离开团中央,先后担任中共湖北省委宣传部长、中共中央组织局宣传部长和华北巡视员。这期间,在鲁迅帮助下,出版《一九二五——一九二七中国大革命史》一书,对当时和以后的革命斗争起了很大的鼓舞作用。1950年4月,担任山东大学校长、党委书记。1955年8月,受诬陷被捕入狱,1972年5月含冤去世,1980年3月平反昭雪,恢复名誉。华岗写下哲学、文学、自然科学史等论著近百万字,被师生誉为"懂政策、有能力、会办学"的好校长。

1930年,华岗翻译的《共产党宣言》中文版由上海华兴书局出版,初版采取伪装本的形式,书名为《宣言》,出版社署名为"上海中外社会科学研究社"。内容除《共产党宣言》正文外,还翻译《1872年序言》《1883年序言》《1890年序言》三个德文版序言,并附有《共产党宣言》的英文全文,这也是我国最早出版的英文本《共产党宣言》。

上海华兴书局是中国共产党领导的地下出版机构,曾冒着白色恐怖危险,出版了一大批马克思主义经典著作。

华岗译本开创了五个"第一":是中国共产党成立后出版的第一个《共产党宣言》中文全译本;是中国共产党成立后,第一个由共产党员翻译的《共产党宣言》;附加的三个德文版序言,是第一次与我国读者见面;附加的英文全文,采用恩格斯亲自校阅的1888年英文版本,是我国第一次出版的英文本;第一次采用英汉对照形式出版,更利于其思想的准确传播。

与陈望道译本相比,华岗译本的质量明显提高,用语更加准确,文字更为流畅,结尾处第一次准确译出"全世界无产阶级联合起来!"这一响亮的口号。发行后销路很好,很快又重版两次,在20世纪30年代印刷多次,印数也很多,现今北京图书馆、中国革命博物馆、中央编译局图书馆等各大图书馆、博物馆均有珍藏本,但初版已为数不多。

成徐译本

1938年8月,延安解放社出版《共产党宣言》,译者成仿吾和徐冰,史称"成徐译本"。

成仿吾，1897年8月24日生，湖南省新化县知方澧溪村（今琅塘乡）人，1928年在巴黎加入中国共产党。随后，在巴黎和柏林主持旅欧中共支部机关刊物《赤光》，担任社长兼总编辑，还随德国共产党理论家海尔曼·冬克学习马恩德文版原著。蔡和森知道他知识渊博，而且通晓五国语言，就从莫斯科写信给他，要他把《共产党宣言》译成中文，说莫斯科外文出版社准备出版。

1929年，成仿吾采用当时最流行的德文版本，参考英、法文译本，花数月译出后，找到德共中央，托一位德共党员，将译稿带往莫斯科。遗憾的是，译稿送到莫斯科时，蔡和森已奉调回国，任中共广东省委书记，不久就被捕牺牲，译稿不知下落。

1931年秋，成仿吾由欧洲回到上海，长征时担任干部团政治教员。1938年，他在延安陕北公学任校长，徐冰在解放日报社任编辑，中央宣传部得到一本德文版《共产党宣言》，就请他俩合作翻译。他俩把书分成两部分，成仿吾翻译前半部，徐冰翻译后半部。当时条件很差，不仅资料缺乏，连一本像样的德文字典都找不到。译完后，成仿吾又把全部译文通读了一遍。同年8月，在延安刚成立的解放社，成徐译本首次作为《马恩丛书》第4种出版。同年9月，又在武汉和上海，由我党领导的中国出版社、新中国出版社、新文化书店等出版。

成徐译本同华岗译本内容一样，都收入《共产党宣言》的正文和三篇德文版序言，但自身也有四个特点：第一，是由中共公开组织翻译的第一个《共产党宣言》中文全译本。第二，是我国首次根据德文原文翻译的版本，因而能更准确表达《共产党宣言》的思想。第三，新文化书店1938年出版的成徐译本，第一次在书前刊登马克思、恩格斯的大幅照片，即今天常见的马恩标准像，对人们直观了解马克思、恩格斯具有重大意义。第四，译本语言更接近现代汉语，除竖排版外，还采用横排版，开始向现代书籍形式过渡。

抗战时期，成徐译本在各抗日根据地广为传播，是陕北公学马列主义课的教材，也是中共干部的必读书籍，对提高中共干部的马克思主义理论水平起到了巨大作用。在国民党统治区也传播很广，甚至还传到敌占区。最后一次再版，是1953年12月5日，序言增加到七篇。

1945年，成仿吾从晋察冀边区阜平县回延安，参加中共七大，又对译稿作了较大修订，定稿后交给解放社。但不久，国民党军队进攻延安，译稿也不知所终。

1949年12月，中央决定成立中国人民大学，成仿吾被任命为副校长。1952年，成仿吾再次对延安版的译本稍加校订。当时，徐冰去朝鲜慰问，校订工作由成仿吾一人完成。他在重校后记中说，他对译文是很难满意的，就以此译文纪念《共产党宣言》出版105周年及马克思诞辰135周年，并由中国人民大学和东北师范大学少量印刷，以供校内使用。

1953年以后，成仿吾先后任东北师范大学校长、山东大学校长。

1975年，78岁高龄的成仿吾，在毛泽东关怀下，调任中央党校顾问。中央党校给他配备了几名助手，组成校译小组，有计划地校订和翻译马克思主义原著。在助手协助下，成仿吾再次严格校订译本，于1976年在中央党校印出试用，并呈报中央政治局。

1976年5月18日，成仿吾将重新翻译的《共产党宣言》转呈朱德委员长。朱德看了很高兴，5月21日，不顾90高龄，亲自到中央党校成仿吾住处，亲切看望他，高度称赞新译的《共产党宣言》，并说："做好这个工作有世界意义。"

1978年7月至1983年6月，成仿吾任中国人民大学校长、党委书记。1984年5月17日病逝，享年87岁。

成徐译本的1938年本（包括延安、武汉本）、1939年本、1947年香港本等，在中国国家图书馆、上海图书馆等处都有珍藏本。

陈瘦石译本

1943年，在国民党统治区出版的《共产党宣言》，是江苏无锡人陈瘦石所译。

陈瘦石，1908年2月生，江苏无锡港下乡南陈巷村人，先后在宜兴、无锡等地小学任教，1929年考入国立中央大学英国语言文学系。1933年毕业后，在南京国民政府资源委员会任秘书。1949年后，先后在上海和北京中国银行总行国外局任职。1976年3月病逝，享年68岁。他自学俄语、法语，外语水平较高，与其弟陈瘦竹合译过罗素的《自由与组织》，翻译过苏联小说《迦尔洵》。

1938年8月，美国人洛克斯和霍德两人合著《比较经济制度》，同年由哈普尔公司出版，作为大学经济学基础理论教材，全书分上下册，共8个章节。上册分别是"导言""乌托邦主义先驱者""马克思的社会主义与共产主义学说""现代社会主义与共产主义"。下册分别是"苏联经济""意德法西斯主义""消费合作运动"和"附录"。该书客观比较资本主义经济制度、社会主义经济制度，涉及一些苏联经济的内容，以及马克思关于社会主义、共产主义的学说。附录共有8个，第一个便是《共产党宣言》，此外还有《一九三六年共产党党纲》《苏维埃社会主义共和国联盟宪法》《劳动宪法》等，作为辅助文献，帮助读者理解书中的基本概念、理论背景等。

陈瘦石的译本，是"中山文库"丛书之一，由中山文化教育馆编辑，重庆商务印书馆印行。两册出版时间并不一致，上册出版日期为"中华民国三十二年九月"，即1943年9月。下册封底写着"中华民国三十四年初版"，即1945年出版。有些学者称，陈瘦石的《共产党宣言》译本出自1943年，其实并不准确，应该是1945年。

这个译本，是中国唯一由非共产党人翻译、在国统区合法出版的版本。在《比较经济制度（下）》的封底上，明确印着"重庆市图书杂志审查处，审查证世图字第3400号"。国民党反动派视《共产党宣言》如洪水猛兽，含有《共产党宣言》的书，为什么能够在国统区公开发行？

原因在于，陈瘦石对《共产党宣言》的翻译，主要是从学术角度出发，忠实遵循《比较经济制度》既定的文本，将其作为附录客观翻译，语体风格似乎更接近原著本身，并不是有意宣传马克思主义学说，不像其他译者带有鲜明、强烈的目的性。正如王文山在序言中所称，该书翻译的意义，是回答"怎样在民生主义这个最高原则下，确立适合我国特殊环境顺应世界一般潮流的经济政策"，进而指出，该书的出版，将为"一般热心经建的人士提供珍贵的参考资料"。

王文山在序言中，还专门提及原著对苏联经济的批判，指出该书的评论，是以制度据以建立的原理作为基础，并不像其他学者那么极端，不是抑之入地，不是扬之入天，而是给予客观的分析和公正的批评。

显然，这本书的出版，是为了让更多的民众、学者了解和研究他国经济制度，并在此基础上，为本国经济建设工作予以启示和建议，全无宣传苏联经济制度、宣传马克思主义学说之意。所以,该书的翻译、出版和发行,没有受到国民党政府的管制,在严苛的审核下顺利过关,并公开发行。

即便如此,该译本在国统区的出版和发行,客观上推动了马克思主义理论的传播。

值得一提的是,译本在正文前,加了一段解释,重点阐述《共产党宣言》拟定背景以及"共产"一词的使用:

> 共产党同盟成立后不久,便在伦敦举行第一二两届大会,时间都在一八四七年。该同盟的会员,以德籍工人占多数,他们虽流寓在欧洲其他国家,但因彼此在反抗现存政治经济制度上具有共同利害,故仍保持着密切联系。当举行第二届大会时,马克思和恩格斯还不到三十岁,一同被邀出席,并奉命为同盟草拟一个新纲领。共产党宣言,便是他们的合作产物。共产党同盟寿命很短,一八五二年即告解体,而共产党宣言却巍然独存,变成社会主义及共产主义运动的经典。该宣言之所以称为"共产",不称"社会主义",乃是因为当时一般人把各种乌托邦主义及改革主义的思想都叫作社会主义,而马克思与恩格斯则不愿使共产党同盟的纲领和这些主义相混淆的缘故。宣言的第三章,即是对流行的各种"社会主义"与改革主义施行客观的批判。原文所附注解,系恩格斯为一八八八年出版的宣言所特撰。

受国民党政府的管制,陈瘦石译本发行量并不大,长期以来鲜为人知,即使在学术专著、学术文章中,也几乎没有人提到过它,人们对其本人了解更少,是所有译本中版本最少的一个。

陈瘦石译本中,有些译词可圈可点。如首句中的一个词,陈望道译为"怪物",成仿吾1938年译为"巨影",1953年改作"魔影",1978年又改为"魔怪"。莫斯科版译为"怪影"。现在通译的"幽灵",来自1943年博古校译本。而陈瘦石则译为"精灵"。中国人民大学教授、政治学家高放认为,"精灵"译法既符合原意,又具有中国特色。精灵者,精巧灵异之物。在古汉语中,有"精灵"一词,犹指精怪、神仙。在《共产党宣言》中,"共产主义的精灵",特指在欧洲多国地下出没活动的第一个共产党——共产主义者同盟,它使各国反动统治者惊恐万状,所以联合起来围剿之。"共产主义的精灵"的说法,暗含着:当今像精怪般的共产党人,将来会变成神通广大的神仙,会磨炼成长为顶天立地的巨人。

《共产党宣言》中第二章,还有一句名言,现在通译为"工人没有祖国"。陈瘦石将其译为"工人没有国家"。祖国者,生来俱有的祖籍之国,人人都有祖籍之国,说"工人没有祖国",令人费解。不过,天下工人阶级是一家,工人具有世界性、国际性,不属于某个国家,说"工人没有国家",容易理解。

在中国革命博物馆、国家图书馆,收藏有陈瘦石译本的翻印本,64开竖排平装袖珍本,封面中央是书名《共产党宣言》,左上部有红星,红星下边是中国共产党党徽,右部是"陈瘦石译"字样,没有注明出版单位和时间,封底左边印有一排小字"摘自比较经济制度"。全书用铅字印刷,纸质很差,推测应是解放区的翻印本。

乔冠华校译本

1947年10月,为迎接《共产党宣言》发表100周年,香港的"中国出版社"出版乔冠华对成仿吾、徐冰译本的校译本。

乔冠华,1913年3月28日生,江苏省建湖县庆丰镇东乔村人,早年留学德国,获哲学博士学位。抗日战争时期,主要从事新闻工作,撰写国际评论文章。1939年,经廖承志等人介绍,加入中国共产党。1942年秋,到重庆《新华日报》,主持《国际述评》,直至抗战胜利。1946年初,随周恩来到上海,参加中共代表团的工作,同年底赴香港,担任新华社香港分社社长。中华人民共和国成立后,历任外交部外交政策委员会副主任、外交部部长助理、外交部副部长、外交部部长等职。1983年9月22日病逝,享年70岁。在新中国的外交活动中,乔冠华发挥了重要作用,参加板门店朝鲜停战谈判、出席日内瓦会议、草拟《中美联合公报》,特别是在1971年11月,率领中国代表团,第一次出现在联合国会议大厅,正式参加第26届联合国大会,并在大会上发表讲话,标志着中国在联合国恢复合法席位。

乔冠华(署名乔木)校译本的封面,写着"马克思恩格斯著","成仿吾徐冰译",并没有署名校译者,只是在"校后记"中简单说明,并注有"1947.10.乔木"字样。

乔冠华依据英文版校订,虽是对成仿吾、徐冰译本的校订,但改动多达105处,无论是语词的尖锐化、用语的变更,还是实质意义的修改,都具有较大的研究价值,从译者、依据的蓝本、内容改动来说,乔冠华校译本称得上是新译本。中国国家博物馆馆藏有该译本。

博古校译本

1943年8月,延安解放社出版博古校译本。

博古,原名秦邦宪,1907年6月24日生,江苏省无锡县中耆英里人,曾任中共中央总负责、红军总政治部代理主任,推行过王明的"左"倾错误路线,后期又以克服教条主义转向马克思主义而终其一生。他翻译了大量马列著作,对全党普及和提高马列主义理论水平起到重要作用,领导创办《解放日报》,是中国共产党新闻事业卓越的开拓者和奠基人之一,是无产阶级革命家、理论家、宣传家和社会活动家。1946年4月8日,与王若飞等人乘美国运输机回延安向中央汇报请示,飞机在山西黑茶山失事,同机包括叶挺将军在内的17人全部遇难。

1942年10月,为配合延安整风运动,中宣部成立翻译校阅委员会,因博古精通俄文,所以是成员之一。他根据俄文版《共产党宣言》,对成徐译本作了重新校译,并增译该书1882年俄文版序言,其译法更接近于现代汉语。

博古校译本出版后,被中共中央指定为5本(《共产党宣言》《社会主义从空想到科学的发展》《左派幼稚病》《两个策略》《国家与革命》)"干部必读书"之一,在各解放区广泛印行,还流传于国民党统治区、敌占区,博古校译本的翻印本就有几十种,如华东新华书店本、胶东新华书店本、华北新华书店本、(大连)东北书店本、学习出版社本、大岳新华书店本、中原新华书店本、华中新华书店本、西北新华书店本等。博古校译本是新中国成立前流传最广、印行最多的版本,发行量自1938年到1949年间,约有数百万册。

博古校译本在我国各图书馆、博物馆中均有大量珍藏本。在中国革命博物馆,珍藏着周恩来读过的《共产党宣言》,书上留有签字:"周恩来,一九四三、十二、卅延安"。

莫斯科译本

1948年,为纪念《共产党宣言》发表100周年,苏联外文书籍出版局出版一部中文全译本,封面注明"百周年纪念版"。这是该局的几位中国同志(主要是谢唯真),根据1948年德文原版,并参考国内陈望道译本,成仿吾、徐冰译本和博古校译本所译。1949年初,这个版本运到中国,从6月起重印。

在当时,这是内容最全、翻译质量最高的中文全译本。主要体现在三方面:一是根据德文原版翻译。二是收齐了作者所写的全部共七篇序言。三是译文更加准确,更符合现代汉语规范,阅读起来更为流畅。

新中国成立以来,《共产党宣言》中文版在我国的出版总数达千万册以上,是发行量最大的马列经典作品,被誉为"红色中华第一书"。国家民族语文编译局还将它译成朝鲜文、维吾尔文、哈萨克文、藏文、蒙文等各种少数民族的语言文字。它也是世界上发行量最大的政治文献,是全世界共产党人的红色经典。

人类一直都在苦苦寻找完美世界。无论是古希腊哲学家柏拉图的"理想国",还是中国诗人陶渊明的"桃花源",都是他们心目中的完美世界。从《乌托邦》的空想社会主义,到《共产党宣言》的科学社会主义,人类在荒野里跋涉300多年之后,终于找到一条通往理想社会的真正道路,找到实现这个理想的领导者和战斗者。

真理之炬,穿越历史,穿越时空,走过百年。直到今天,这束火炬依然熊熊燃烧。今天的我们,愈加相信:马克思是对的,真理的味道是甜的。一种理论,唯有与时俱进,才能永葆生机。一种思想,唯有引领时代,方显磅礴伟力。对中国共产党人来说,《共产党宣言》不仅是划破旧时代夜空的那道闪电,更是照耀新时代航程的永恒灯塔。《共产党宣言》问世以来的历史证明,马克思主义只有同各国国情紧密结合,才能焕发出强大的生命力、创造力和感召力。

尾声
百年风华

2021年7月1日,注定会载入光辉史册。这一天,庆祝中国共产党成立100周年大会,在首都天安门广场隆重举行。

清晨,朝霞映红东方,新一天的太阳冉冉升起,金色的光芒照耀天安门广场。

天安门城楼庄严雄伟,城楼红墙正中,毛泽东的巨幅画像色彩柔和。天安门广场上,人民英雄纪念碑巍然矗立。纪念碑北侧,高7.1米、宽7.1米的中国共产党党徽和"1921""2021"字标格外醒目。广场东西两侧,100面红旗迎风招展。这红色,穿过百年的风雨洗礼,愈加鲜艳耀眼。

从空中俯瞰,天安门广场"巨轮启航"造型宏伟壮观,正乘风破浪、扬帆奋进,驶向中华民族伟大复兴的光辉未来。

广场上,聚集着各族各界人士,人数达7万余人。他们怀着激动的心情,高唱昂扬奋进的经典歌曲,抒发对党的热爱和祝福:

"唱支山歌给党听,我把党来比母亲……"

"我们走在大路上,革命歌声多么嘹亮……"

"没有共产党,就没有新中国……"

值得一提的是,7万大众都没有戴口罩。中国如此防控疫情,令全世界瞠目结舌:当西方认为戴口罩是侵犯人权时,全中国都戴上了口罩;当全世界都被病毒搞得不得不戴口罩的时候,中国率先摘除了口罩。7万人集会摘下口罩,这是在告诉全世界:中国人做任何事情,都能做到游刃有余、成竹在胸。这就是中国共产党的英明和伟大。

上午7时53分,在欢快的乐曲声中,习近平等党和国家领导人来到天安门城楼主席台,全场爆发出热烈掌声。

雄鹰翱翔,振翅长空。7时55分许,中国人民解放军71架战机飞向天安门广场,向党致敬,向祖国致敬,向人民致敬。空中护旗梯队拉开飞行庆祝表演序幕,5架直升机分别悬挂中国共产党党旗和写有"伟大的中国共产党万岁""伟大的中国人民万岁""伟大的中华人民共和国万岁""全国各族人民大团结万岁"的条幅迎风向前。随后,直升机、战斗机分别组成"100""71"字样掠过长空,15架歼-20飞机组成3个梯队呼啸而过,教练机拉出10道彩烟,精彩的表演激起阵阵欢呼声。

广场上的大型电子屏幕中,出现钟摆的画面。1921、1931、1941……2021,随着钟摆,年份数字依次显现。8时整,象征着巨轮启航的汽笛声响起,百年华诞庆祝大会正式开始。

全体肃立,100响礼炮响彻云霄,国旗护卫队官兵护卫着五星红旗,迈着铿锵有力的步伐,整整100步的齐步走,整整100步的正步走,再整整100步的齐步走,从人民英雄纪念碑行进至广场北侧升旗区。中国人民解放军联合军乐团奏响雄壮的《义勇军进行曲》,全场齐声高唱中华人民共和国国歌,五星红旗冉冉升起,在天安门广场上空高高飘扬。

全国人大常委会副委员长、民革中央主席万鄂湘,代表各民主党派、工商联和无党派人士,向中国共产党致以最崇高敬意和最诚挚祝贺。他接连说了四个"由衷钦佩":

> 我们由衷钦佩,伟大的中国共产党于民族生死存亡之际挺身而出,团结带领全国各族人民彻底推翻"三座大山",取得新民主主义革命的胜利,建立中华人民共和国,中国人民历史上第一次成为自己国家的主人,中国人民从此站起来了。

我们由衷钦佩，伟大的中国共产党于国家一穷二白之时艰辛探索，领导人民走上社会主义道路，确立了社会主义基本制度，逐步建立了独立完整的工业体系和国民经济体系，积累了社会主义建设的重要经验。

我们由衷钦佩，伟大的中国共产党于重大历史关头开启伟大创举，作出改革开放的历史性决策，开创、坚持、发展了中国特色社会主义，团结带领全国各族人民创造了从百业待兴到世界第二大经济体的发展奇迹。

我们由衷钦佩，伟大的中国共产党于中国特色社会主义新时代砥砺奋进，以习近平同志为核心的中共中央始终坚持人民至上，统筹中华民族伟大复兴战略全局和世界百年未有之大变局，引领国家立足新发展阶段、贯彻新发展理念、构建新发展格局，坚定不移走高质量发展之路，坚决维护国家主权、安全、发展利益，积极推动构建新型国际关系和人类命运共同体，党和国家事业取得历史性成就、发生历史性变革。特别是面对突如其来的新冠肺炎疫情，中国共产党团结带领全国各族人民奋力夺取疫情防控和经济社会发展双胜利，全面打赢脱贫攻坚战，决胜全面建成小康社会，开启了全面建设社会主义现代化国家新征程，中华民族伟大复兴向前迈出了新的一大步。

紧接着，上千名英姿勃发的青少年齐刷刷肃立，在4名青少年代表领诵下，集体向党致以青春的礼赞。从男声到女声，从领诵到合诵，这些洋溢着青春气息、青春活力的声音，激荡着人心，迸发出力量：

我们都是追梦人，为实现第二个百年奋斗目标，为实现中华民族伟大复兴的中国梦，准备着：为共产主义事业而奋斗！时刻准备着：不忘初心，青春朝气永在，志在千秋，百年仍是少年，奋斗正青春！青春献给党！请党放心，强国有我！请党放心，强国有我！请党放心，强国有我！

好一个"强国有我"！1900年，追求中国出路的梁启超，挥笔写下《少年中国说》，把希望寄托在少年身上："少年智则国智，少年富则国富，少年强则国强，少年独立则国独立,少年自由则国自由,少年进步则国进步,少年胜于欧洲则国胜于欧洲,少年雄于地球则国雄于地球。"如今,在天安门广场上,从上千名青少年慷慨激昂的语调中,我们看到了强大中国的新希望!

在热烈的掌声中,习近平总书记健步走到话筒前,沉稳自信的声音响彻天安门广场上空:

今天,在中国共产党历史上,在中华民族历史上,都是一个十分重大而庄严的日子。我们在这里隆重集会,同全党全国各族人民一道,庆祝中国共产党成立一百周年,回顾中国共产党百年奋斗的光辉历程,展望中华民族伟大复兴的光明前景。

首先,我代表党中央,向全体中国共产党员致以节日的热烈祝贺!

在这里,我代表党和人民庄严宣告,经过全党全国各族人民持续奋斗,我们实现了第一个百年奋斗目标,在中华大地上全面建成了小康社会,历史性地解决了绝对贫困问题,正在意气风发向着全面建成社会主义现代化强国的第二个百年奋斗目标迈进。这是中华民族的伟大光荣!这是中国人民的伟大光荣!这是中国共产党的伟大光荣!

同志们、朋友们!

中华民族是世界上伟大的民族,有着5000多年源远流长的文明历史,为人类文明进步作出了不可磨灭的贡献。1840年鸦片战争以后,中国逐步成为半殖民地半封建社会,国家蒙辱、人民蒙难、文明蒙尘,中华民族遭受了前所未有的劫难。从那时起,实现中华民族伟大复兴,就成为中国人民和中华民族最伟大的梦想。

为了拯救民族危亡,中国人民奋起反抗,仁人志士奔走呐喊,太平天国运动、戊戌变法、义和团运动、辛亥革命接连而起,各种救国方案轮番出台,但都以失败而告终。中国迫切需要新的思想引领救亡运动,迫切需要新的组织凝聚革命力量。

十月革命一声炮响,给中国送来了马克思列宁主义。在中国人民和中华民族的伟大觉醒中,在马克思列宁主义同中国工人运动的紧密结合中,中国共产党应运而生。中国产生了共产党,这是开天辟地的大事变,深刻改变了近代以后中华民族发展的方向和进程,深刻改变了中国人民和中华民族的前途和命运,深刻改变了世界发展的趋势和格局。

中国共产党一经诞生,就把为中国人民谋幸福、为中华民族谋复兴确立为自己的初心使命。100年来,中国共产党团结带领中国人民进行的一切奋斗、一切牺牲、一切创造,归结起来就是一个主题:实现中华民族伟大复兴。

习近平指出,为了实现中华民族伟大复兴,中国共产党团结带领中国人民,浴血奋战、百折不挠,创造了新民主主义革命的伟大成就;自力更生、发愤图强,创造了社会主义革命和建设的伟大成就;解放思想、锐意进取,创造了改革开放和社会主义现代化建设的伟大成就;自信自强、守正创新,统揽伟大斗争、伟大工程、伟大事业、伟大梦想,创造了新时代中国特色社会主义的伟大成就。

习近平说:"初心易得,始终难守。以史为鉴,可以知兴替。我们要用历史映照现实、远观未来,从中国共产党的百年奋斗中看清楚过去我们为什么能够成功、弄明白未来我们怎样才能继续成功,从而在新的征程上更加坚定、更加自觉地牢记初心使命、开创美好未来。"

最后,习近平语调铿锵激昂:

100年前,中国共产党成立时只有50多名党员,今天已经成为拥有9500多万名党员、领导着14亿多人口大国、具有重大全球影响力的世界第一大执政党。

100年前,中华民族呈现在世界面前的是一派衰败凋零的景象。今天,中华民族向世界展现的是一派欣欣向荣的气象,正以不可阻挡的步伐迈向伟大复兴。

过去100年,中国共产党向人民、向历史交出了一份优异的答卷。现在,中国共产党团结带领中国人民又踏上了实现第二个百年奋斗目标新的赶考之路。

全体中国共产党员!党中央号召你们,牢记初心使命,坚定理想信念,践行党的宗旨，永远保持同人民群众的血肉联系，始终同人民想在一起、干在一起，风雨同舟、同甘共苦，继续为实现人民对美好生活的向往不懈努力，努力为党和人民争取更大光荣！

同志们、朋友们！

中国共产党立志于中华民族千秋伟业，百年恰是风华正茂！回首过去，展望未来，有中国共产党的坚强领导，有全国各族人民的紧密团结，全面建成社会主义现代化强国的目标一定能够实现，中华民族伟大复兴的中国梦一定能够实现！

……

站在"两个一百年"的历史交汇点，回望过往的奋斗路，眺望前方的奋进路，人们不由得心潮澎湃：

过去为什么能够成功？"根本原因就在于，不管是处于顺境还是逆境，我们党始终坚守为中国人民谋幸福、为中华民族谋复兴这个初心和使命，义无反顾向着这个目标前进，从而赢得了人民衷心拥护和坚定支持。"

未来怎样才能继续成功？"只要我们党始终站在时代潮流最前列、站在攻坚克难最前沿、站在最广大人民之中，就必将永远立于不败之地！"

一世纪风雨兼程，九万里风鹏正举，百年恰是风华正茂，百年初心历久弥坚。100年来，在中国共产党的引领下，中国人民从石库门到天安门，从兴业路到复兴路，从小小红船到巍巍巨轮，从开天辟地到翻天覆地，走过苦难辉煌的过去，走在日新月异的现在，经历了从站起来、富起来到强起来的伟大飞跃。我们坚信，在中国共产党的引领下，中华民族必将走向光明宏大的未来！

深夜，万籁俱寂。再次翻开《共产党宣言》，一段文字映入眼帘：

现在是共产党人向全世界公开说明自己的观点、自己的目的、自己的意图并且拿党自己的宣言来反驳关于共产主义幽灵的神话的时候了……

2021年7月1日夜定稿于中国井冈山干部学院

附录1

陈望道译本《共产党宣言》全文
(1920年9月再版本)

共产党宣言

【德】马格斯　安格尔斯　合著

有一个怪物,在欧洲徘徊着,这怪物就是共产主义。旧欧洲有权力的人都因为要驱除这怪物,加入了神圣同盟。罗马法王,俄国皇帝,梅特涅,基佐(Guizot),法国急进党,德国侦探,都在这里面。

那些在野的政党,有不被在朝的政敌,诬作共产主义的吗?那些在野的政党,对于其他更急进的在野党,对于保守的政党,不都是用共产主义这名词作回骂的套语吗?

由这种事实可以看出两件事:

(1)共产主义,已经被全欧洲有权力的人认作一种有权力的东西。

(2)共产党员,已经有了时机可以公然在全世界底面前,用自己党底宣言发表自己的意见,目的,趋向,并对抗关于共产主义这怪物底无稽之谈。

为了这缘故,各国共产党员便在伦敦开了个会,草了下列的宣言,用英、法、德、意、佛兰德[①]、丹麦各国底语言,公布于世界。

第一章　有产者[②]及无产者[③]

一切过去社会底历史,都是阶级争斗底历史。

---

① 在这里排列的各个国家,除"佛兰德"之外,其国家(语言)都是沿用至今,而"佛兰德"则是指历史上欧洲西北部的一个地区,大致包括如今法国北部的一部分。——编者注
② 有产者就是有财产的人,资本家,财主,原文Bourgeois。
③ 无产者就是没有财产的劳动家,原文Proletarians。

自由民（Freeman）和奴隶（Slave），贵族（Patrician）和平民（Plebeian），领主（Lord）和农奴（Serf），行东（Guild-master）和佣工（Journey-man），总而言之，就是压迫阶级和被压迫阶级，从古到今，没有不站在反对的地位，继续着明争暗斗。每次争斗底结局，不是社会全体革命的新建设告成，便是交战的两阶级并倒。

我们略看前代的历史，便会晓得无论何处都是组织复杂的社会里分出各种阶级，社会的地位分出各种等级。在古代罗马有贵族，骑士（Knight），平民，奴隶；在中世纪，有封建领主，家臣（Vassal），行东，佣工，徒弟（Apprentice）和农奴；这些阶级里，又隶属许多等级。

从封建社会底废址上发生的近代有产社会，也免不了有阶级对抗；不过造出新的阶级，新的压迫手段，新的争斗形式，来代替那旧的罢了。

我们的时代，就是这有产阶级（Bourgeoisie）时代，他的特色就是把阶级对抗弄简单了。社会全体现已渐次分裂成为对垒的两大营寨，互相敌视的两大阶级：这就是有产阶级和无产阶级。

由中世纪底农奴里面，曾发生一种最初都市底特许市民；这些市民，便是有产阶级最初的种子。

嗣后，美洲底发见，好望角底周航，新添给有产阶级一些发展地；东印度和中华底市场，美洲底殖民，殖民地底贸易，交换机关和物品底增多，又都使当时的商业航海业，和制造工业，受一种空前的激刺；因此，那革命种子便在颓废的封建社会里急激的发展了。

在封建时代的工业组织底下，生产事业是由同行组合一手把持的，到了这时，便不能应付新市场上需要底增加了；于是手工工场组织（Manufacturing system）便占了他的地位。各业行东被工场制造家这种中等阶级挤倒；联合的各行组合间底分工，也就让各个工场底分工替代了。

接着市场一天比一天扩大，需要又一天比一天增加；这时手工工场组织，也不能应付了。于是又有蒸汽及大机器出来演了一场生产事业底革命。从此，大规模的"近代产业"，便取了手工工业底地位；豪富的实业家，产业军底总首领，近代的有产阶级，便把产业界的中等阶级降伏了。

近代产业，建设了世界的市场，这世界的市场，引线全在美国底发见。有了这种市场，商业，航业，陆路交通，便成就了绝大的发达；这种发达又转而促进产业底发展。产业，商业，航业，铁路，既这样发达，有产阶级，也照这比例发达，资本愈加增多，将中世纪留下的一切阶级，都尽情推倒了。

从此看来，我们可以晓得近代有产阶级这种东西，全是长期发达和生产及交换方法迭次革命的结果。

有产阶级发达一步，他们政治上的权力，也便跟着发达一步。当初在封建时代，贵族掌权的时候，他们也是个被压迫的阶级，在中世纪的自由都市里，他们便是个武装的自治团体，有的变成独立的共和都市（如德意），有的变成王政治下纳税的"第三阶级团"（如法）；到了手工业时代，他们被半封建或专制的君主，用做抵抗贵族底器具，大王国统一底柱石；最后，近代的产业和世界的市场，都成立了，他们就成了有产阶级，那近代代议制度国家底政权，都被他们一手把持；国家底行政机关，只算办理他们公共事务底一个委员会罢了。

从历史上看来,有产阶级也曾有过革命的功劳。

有产阶级得了权势,那封建的,家长的,山林的种种关系,便到处被他们消灭了。结合人和他的"生来的长上"(Natural Superiors)的封建的线索,被他们尽情剪断了,人和人中间,除了明目张胆的自利,刻薄寡情的现金主义,再也找不出甚么别的联结关系。宗教的热忱,义侠的血性,儿女的深情,早已在利害计较的冰水中淹死了。人的价值变成了交换价值,无数永久特许的自由换了单纯的无理的自由,就是自由贸易。简单说,有产阶级,是由从前戴着宗教和政治的假面的掠夺,更变为赤条条的,没廉耻的,迫切的,残忍的掠夺。

有产阶级,已将有名誉的受人尊敬的职业底荣光毁灭了!无论医生,法律家,僧侣,诗人,科学家,都成了他们的工银劳动者。

有产阶级,已将家庭情爱底面帕扯碎了。家族关系,弄成了单纯的金钱关系。

有产阶级,已明白表示保守派所赞赏的那中世武士底蛮勇行为,他们就是懒惰逸乐,也可以做到的。他们第一次表示人间底活动力是无所不能。他们做成的惊人事业,便是埃及底金字塔,罗马底水道,中世底礼拜堂,也赶不上;他们的长途远征,便是前代一切国民底迁徙和十字军也赶不上。

有产阶级,倘不将生产工具不断的革命,牵动生产关系以及全社会关系跟着革命,那是一定不能存在的。这和前代恰恰相反,前代的一切工业阶级,是须将生产底旧方法,保存不变,才能够存在。所以,生产不断的革命,全社会的状况不断的摇动,不安和不平底继续不断,这就是有产阶级时代,和一切前代不同的标识。古来凝固的,冰结的各种关系,都跟着偏见旧说一扫而去;就是新式事物,也等不到安固,早成废物。凝结的散作烟云,神圣的堕入秽亵。人们至此,也只得怀了冷酷的心情,应付他的遭遇和同类了。

为了生产品增多,必须时常扩张市场,有产阶级,遂布满世界,他们到处密集,到处栖止,到处发生关系。

有产阶级,垄断了世界的市场,于是各国底生产和消费,便都带了世界的性质。无论保守派如何愤恨,但国家的地盘,已受产业革命底影响崩坏了;旧式国民的产业,一切都已经崩坏或正在崩坏,他的地位就被新产业夺去了。这种新产业开始,就是一切文明国民生死关头的大问题。这种产业底原料,现在不专靠国产,尽有国外输来的;这种产业底生产品,不专在国内销售,尽有供给世界各地的。从前的需要,只限于国货就够了;如今却要求国外的生产品。从前只株守一乡一国,如今却也讲求各国国民的交际和互助。便是智识的生产,也已经和物质的一样。各国国民智识的创作,已成了世界的公有物。国民的偏见和狭小的度量,渐渐没有存在的余地。世界的文学,已从许多国民的地方的文学当中兴起了。

有产阶级,既急激的改良了生产机关,又不断的开拓了交通机关,于是一切国民,连极野蛮的,也尽数牵入文明队里。他那价廉物美的射击力,就是中华底城壁,也被他打破了;就是极端排外的顽固的野人,也只得向他降伏。世界各国,因为要免得灭亡,也只得采用资本家的生产方法,将所谓文明输入他们的社会,便也成了有产阶级。简单说,有产阶级按照自己的模形,造成了世界。

有产阶级,压迫乡村使它屈服在都市支配之下;建设许多都市,又将都市增加了比农村更多的人口,使多数人民脱离了朴素的田舍生活。他们既使乡村屈服于都市,又同样使野蛮和半开化的国民屈服于文明国民,农业国民屈服于资本国民,东洋屈服于西洋。

有产阶级将人口,生产机关,财产底涣散状况渐渐除去;教人口团聚了,生产机关集中了,财产聚在少数人手里了。从此必然生出的结果,便是政治的中央集权。他将各个利害,法律,政府,税则不同的独立区域或勉强团结的区域,团结起来合做一个政府,一样法典,一致利害,一个国境,一样税则的国民。

有产阶级得权不过百年,他造成的生产力,却比开辟以来一切时代生产力底总和还要大。自然力屈伏于人类,机器,工业和农业上的化学应用,轮船,航路,铁道,电报,全大陆底开垦,河流底疏浚,好像用魔力从地下唤起似的全人类——在前代,谁曾想到这样的生产力,居然包含在社会的劳动里面呢?

我们从此可以晓得做有产阶级基础底生产和交换机关,是萌芽在封建社会里面。这种生产和交换机关发展到一定地步,封建社会的生产及交换状况,换句话说,就是农业和手工业底封建的组织,简括些说,就是财产底封建的关系,便不能和那已经发展的生产力适合了。这种关系,便变成了许多障碍物。这种关系,便必要崩坏的,结局果然崩坏了。

于是,自由竞争,便来代替了他们的地位,适合这自由竞争的社会和政治组织,也就跟着出现,有产阶级的经济和政治权力,也就跟着得到了。

同样的运动,又映到我们的眼里了。有他的生产,交换,财产关系的近代有产阶级社会,就是惹起这般大规模生产和交换的社会,好像术士念咒召来魔鬼,现在却没有镇伏他的能力了。数十年来的工商史,只是近代生产力对于近代生产方法,对于有产阶级的生存和统治权的财产关系谋叛底历史。证明这个事实,只要举出商业上的恐慌就够了;这种恐慌,隔了一定期间,便反复发生,一回凶过一回,常常震动有产阶级社会底全部。在这种恐慌的时候,不但当时现存的生产品大部分破坏,连从前造成的生产力,也要一同破坏。在这种恐慌里面,发生一种古代梦想不到的流行病——就是生产过度的流行病。社会突然现出回到野蛮的景象,仿佛饥馑骤至,又仿佛举世大战衣食全要断绝,一切工商业,现出就要破坏的状况。这是什么缘故呢?这全是文明过度,衣食过度,工业过度,商业过度底缘故。在社会指挥之下的生产力,不能再促进有产阶级财产制度底发达了;而且他的权力太大,无法救正那些制度,他虽然受那些制度的束缚,一旦打破了束缚,他便使有产社会全部扰乱,使财产制度根本动摇。有产阶级社会底制度太过狭小,不能包含那大生产力所产出的财富。那么,有产阶级怎样逃出这种恐慌呢? 他不外:一面用强压力毁坏生产力底大部分,一面开辟新市场,并尽量掠夺旧市场。这可以说,是朝着更广大,更凶猛的恐慌方面走去,把防止恐慌的手段抛弃了。

如此,有产阶级颠覆封建制度的武器,现在却向着有产阶级自身了。

但有产阶级,不但锻炼了致自己死命的武器,还培养了一些使用武器的人——就是近代劳动阶级(Working Class)——就是无产阶级。

无产阶级(就是近代劳动阶级)跟着有产阶级(就是资本)照同一的比例发达了。这劳动阶级，必须有工做才能生活，必须他们的劳力能增加资本才有工做；时时须把身体卖却。他们便是一种货物，和别的商品一样，免不了竞争底盛衰，行情底涨落。

无产阶级底劳动，因为用机器越多，分工越细的缘故，完全失掉了个性，便自然没得兴趣。他们变成了机器底附属品，做的全是些简单的，呆板的，又很容易学会的小技术。因此，产出这种劳动者的费用，限定只够支持劳动者自身和繁殖子孙所必需的衣食费就得了。但是商品底价值，总是跟着产出费涨落的；劳动也是一种商品，自然逃不出这个定理；所以工作越发简单，工资也就越发减少。并且，为了机器和分工越发推广底缘故，便延长劳动时间或增加一定时间内的劳动，或增加机器底速力，使劳动者苦役底负担越发增加。

有了近世产业，那家长式的主人属下底小工场，就变成资本家底大厂了。工厂里那些劳动者，都组织得和军队一般。他们都已成了产业军底兵卒，压在营长，排长底下动弹不得。他们不但做了有产阶级底奴隶，有产阶级国家底奴隶，并且时时刻刻做了机器，稽查，乃至制造家财主个人底奴隶。这专制主义越发明白宣布营利是他的目的，越发是可贱，可恶，可恨。

近代工业越发达，手工业的技术和腕力渐归无用，男子底劳动越发被女子占去。年龄和男女底差别，在劳动阶级，没有什么社会效果上的分别。他们同是劳动底工具，不过费用一层因着年龄和男女有多寡罢了。

劳动者被制造家掠夺完了，到了用现金付给工资的时候，同时又被有产阶级底别一部分——地主，铺主，当店等等利用了。

中等阶级底下层——小商人，零卖商和歇业的商人，工匠和农夫——这些人，也渐渐沉到无产阶级里了。这原因一半因为他们的小资本够不上营大规模的近世产业，被别的大资本家打灭了，一半因为他们的专门技术，自从有了新生产方法，已不值半文钱。因为这样，社会底各阶级，便不住的补充到无产阶级来了。

无产阶级，也是经过种种时期发达起来的。无产阶级发生的那一日，便是同有产阶级争斗开始的那一日。最初是各个劳动者反抗直接掠夺自己的那资本家；再进一步，就是工厂工人联合反抗；更一进步，便是一个地方同业工人合力反抗。可是他们反抗，并没向着有产阶级的生产方法，只向着一些生产工具攻击：——捣毁同他们劳动竞争的输入品哪，敲碎新式机器哪，焚烧工厂哪，闹的都是这等事情。他们的期望，只是用腕力来回复中世劳动者的故态。

在这时期里，劳动者只在各处结了松懈的团体，内部一有龃龉，便瓦解了。有的地方团结稍为紧密的团体，那又不是他们自动的团结，全是受了有产阶级底利用。当时，有产阶级为了政治上的目的，煽动全国的劳动者，并借重他们的力量。劳动者在这时期里，攻击的并不是自己的敌人，是敌人底敌人；就是专制政体底遗物，地主，产业以外的富豪，小富豪等。所以历史上一切的运动，都是有产阶级的运动；所得的一切胜利，也都是有产阶级的胜利。

可是一方面产业愈加发达，一方面无产阶级不但人数加增，而且渐次集中结成大团体，力量加大，对于自己力量的自觉也愈深了。而且，机器又抹去各种劳动底差别，因此劳动阶级间的利害关系和生活状况，就渐趋一致；工资又几乎到处降到同样低的水平。有产阶级里面，又渐起竞争，商业因此起了恐慌，劳动者底工资，也因此更被动摇。而且，机器不住的进步，使他们的生活刻刻不安；劳动者和资本家个人的冲突，又渐渐带着两阶级间冲突的彩色。于是乎，劳动者就结了团体（劳动联合）去对抗资本家。他们联合底目的，在于维持工资率。因为时时须得对抗，就设了个准备粮食的永久联合。这种对抗既成，便到处发生骚动的事了。

在这等争斗里，劳动者原是时时得了胜利，但这不过是一时的事。那真正的效果，并不在眼前的利益，是在劳动者底团结继续扩大。这种团结，很受了近代产业所造成进步的交通机关许多辅助。因为有了这种交通机关，远方的劳动者也互相接触了。集合同性质的许多地方争斗，团成全国一大阶级的争斗，正有这种接触底需要。但每次阶级争斗，都是政治上的争斗。这种团体，如果教交通不便的中世市民来团结，决非几世纪不行；多谢铁路与人方便，近代的无产者，只消几年便成就了。

无产者这样组成一阶级，便自然成了一政党；但因为劳动者和劳动者间不免互相竞争，团体还是时常颠覆的。可是一定复兴起来，越发强，越发坚固，越发有力。后来逢到有产阶级党派分歧的时候，就强求立法机关承认劳动者特殊的利益。像英国底十点钟劳动法案，便是这样成功的。

旧社会各种阶级里许多冲突，也为无产阶级底发展开辟了许多坦途。有产阶级自己，常站在战争中间；当初，同贵族战；随后同别的产业进步上利害不同的有产阶级战；又常同外国有产阶级战。在这等战争里，有产阶级不得不鼓动无产阶级，求他的帮助，因此便将无产阶级牵入政治的漩涡中。于是，有产阶级，就将自己的政治教育和普通教育供给无产阶级。换句话说，就是将和有产阶级争斗的武器付给无产阶级了。

更进一层说，我们所知道权力阶级为了产业进步的缘故，已经刻刻向无产阶级坠落，至少也已经危殆不安。无产阶级也因此得了智识和进步底新种子。

最后就是在阶级争斗要决裂的时期，那权力阶级里面（据实说，旧社会全组织里面）分崩底经过，很带着几分激烈的性质；有一小部分的权力阶级，竟脱离旧关系，投入革命阶级——掌握将来的阶级。从前有一部分贵族投向有产阶级，如今也有一部分有产阶级投向无产阶级，那一部分能够了解这种历史运动有理想的资本家，更是如此。

现在和有产阶级对峙的各阶级当中，只有这无产阶级，才算得真正的革命阶级。近世产业虽然能够叫别的一切阶级渐次衰颓，归于消灭，但只有这无产阶级，是他特别的主要的产物。

中等阶级底下层，像小制造家，零卖商，工匠，农夫这些人，原也是同有产阶级争斗，好保持中等阶级的地位；他们的争斗并非革命的，只是保守的。不但保守，他们并且希望把历史的机轮向后退转，简直是复古的。就使他们有时来革命，也是因为觉得自己将要坠入无产阶级的缘故。他们不是防卫现在的地位，只是计较将来的利害，他们才抛掉现在的立脚地，去站在无产阶级的立脚地。

那班"危险阶级"，社会的赘疣，从旧社会最下层淘汰下来，正在腐朽的群众，也往往到处卷入无产阶级的革命运动。但他们的生活状况，很容易做保守党阴谋所收买的器具。

一切旧社会的状况，现已沉没在无产阶级的状况中了。无产阶级，并没有财产；他和他妻子底关系，并没有有产阶级那样家族关系。近世产业的劳动，近世资本底逼迫，英国同法国一样,美国同德国一样,无产阶级都没有丝毫国民的特性存在。法律,道德,宗教,在无产阶级看起来,都是有产阶级底偏见,背后都藏着有产阶级利益的伏兵。

从前一切阶级,一旦得了权势,没有不拼命使社会屈从他们的分配条件,好巩固他们已得的境况。无产者若不将以前的分配方法推翻,便没有做社会生产力底主人翁的日子。因此,从前一切分配方法,是不得不推翻的。他们并没有甚么自己的东西要保卫防护;他们的使命,只是破毁从前对于个人财产的一切防护和保险。

古来历史的运动,都是少数人的运动,或是为了少数人利益的运动。无产阶级运动,却与此不同。他是为了大多数人的利益,大多数人自觉的独立的运动。但现在社会最下层的无产阶级,若不把官僚社会压在上层的全部抛出九霄六外,自己是不会翻身上达的。

无产阶级对于有产阶级的争斗,实质上虽然不是这样,形式上最初总是从一国一国的入手。各国底无产阶级,必须首先处置本国底有产阶级。

我们默察无产阶级发展的大势,其初只是一些私斗,末后总是爆发起来,成了公然的革命,推倒有产阶级,筑起无产阶级权力的基础。

向来一切社会底形式,我们都晓得他建筑在压迫阶级和被压迫阶级底对抗上面。但压迫一阶级,至少总还要给它能够维持奴隶生存的条件。在农奴制时代,农奴也还可以变成都市的公民;在封建专制治下,小资产家也还可以变成大绅商。然而近世的劳动者,却完全与此相反;不但不能随着产业同时上进,却是逐渐低下,逐渐沦沉到自己阶级底生存条件以下。他竟变作贫民,于是贫困底发展,比人口和财富还要快。从此,就可晓得,有产阶级已不配再当社会的权力阶级,已不配再强要社会维持他的存在了。他不配做支配者是因为他那种奴隶制,不能保障奴隶底存在,是因为他已经不是为奴隶所养,已经在不得不养奴隶的情况中了。社会已不能在有产阶级底下生存了。换句话说,有产阶级底存在,已不适合现社会了。

有产阶级存在和权力底根本条件,在资本底成立和屯积。资本底要件,在工银劳动;工银劳动,全靠劳动者相互竞争。但有产阶级无意中促进产业的进步,却使劳动者从竞争的孤立变成协力的团结。近代产业发达,使有产阶级的生产和占有底基础从根破坏了。有产阶级所造成的,首先就是自己的坟墓。有产阶级底倾覆和无产阶级底胜利,都是免不了的事。

第二章　无产者和共产党

共产党,对于无产阶级,究竟站在怎样的地位呢?

共产党,并不是反对别的劳动阶级的党派特别组织。

共产党,并不是离开了无产者全体的利害,还有别的利害的。

他们也不是想树立一种自派的主义,去做无产阶级运动的模范。

共产党和别的劳动阶级各党派不同的地方,只是:(一)各国无产阶级在他们国里争斗的时候,共产党一定脱出一切国家的界限,替无产阶级全体指示共通的利害;(二)劳动阶级对资本阶级的争斗,无论是发达到怎样地步,无论甚么时候,无论甚么地方,共产党代表无产阶级运动全体底利害。

所以共产党在实际一方面，固然是各国劳动阶级中最进步最果决的一派，也就是能够策进别的一切党派的一派；在理论一方面，也是很能了解劳动运动底进路，情势，以及最后的结果，才能够帮助无产者的大团结。

共产党直接的目的，也和别的一切劳动党一样：(一)纠合无产者团成一个阶级，(二)颠覆有产阶级底权势，(三)无产阶级掌握政权。

共产党学理的结论，决不像一般的社会改良家，拿发明或发见的主义理想作根据。

共产党不过把现在的阶级争斗，就是我们眼前所经过历史的运动中旺盛起来的实际情势，用普通的言语表现出来罢了。废止向来的财产关系，并不是共产主义底特征。

过去的一切财产关系，不断的影响到历史状况底变迁，成了历史变迁底主因。

例如，法国革命，因为拥护资本家的财产，就废止了封建的财产。

共产主义的特征，并不是废止一般的财产，只是废止资本家的财产。现代资本家的私有财产这件东西，就是根据阶级对抗，根据少数掠夺多数人的生产和分配制度底最后极完备的表现。

所以共产党的理论，一言以蔽之，就是：废止私有财产。

我们共产党被人非难的，是希望废止个人的财产权。他们以为财产是各人自己劳动底结果，应该看作一切个人的自由，活动，独立底根据。

勤苦所得的，独力所得的，自己所得的财产！你们所说的是小职工财产，小农夫财产，资本家时代以前财产底制度吗？那就不消废止了；自从大工业发达以来，已将它们破坏了，并且日日还正在破坏中。

那么，你们所说的是现代资本家的私有财产吗？

你们仔细想，现在的工银劳动，能够替劳动者本身造点财产吗？那是丝毫没有的，只替资本家造了些资本；这资本即是掠夺工银劳动的一种财产。也就是要得着新的工银劳动经营，新的掠夺，才得增加的一种财产。所以现在式的财产，他的基础都是根据在资本和工银劳动底对抗上面。试将这对抗底两面检查一下，资本家不单是个人人格，并且占有生产事业上社会的地位。资本却就是生产品底囤积。要善运用他，全靠多数人的共同劳作，最好是靠全社会的人共同劳作。

所以资本不是个人的势力，是社会的势力。

所以资本就是变为公有的财产，变为全社会底财产；个人底财产也不至于因此就变成社会底财产，不过是把财产变成社会的性质，失了阶级的性质罢了。

我们更将工银劳动检查一下，工银劳动底平均价格是最低的工银。换句话说，就是衣食住底费用，就是仅仅维持劳动者身份的生活费。所以工银劳动者劳力所得的，只够维持和繁殖他们贫苦的生命。我们并不是要废止把这个劳动底生产物分配于各个人。我们并不是要废止维持和繁殖这人类生命的分配。我们并不是废止没有余力命令他人劳动的分配。但这分配上悲惨的性质，我们是要扫荡净尽的。使劳动者单为了增加资本而生活，单为了权力阶级底利益而生活，这种悲惨的性质，是要扫荡净尽的。

在资本家社会里活着的劳动者,不过是增加"屯积的劳动"(资本)的一个工具。在共产社会里,那"屯积的劳动",却只是使劳动者底生活扩充,丰富,向上的一个工具。所以资本家社会,是过去支配现在;共产社会,是现在支配过去。在资本家社会,资本却是独立而有个性,活人反而成了附属品,没有个性。

那些资本家一听见要消灭事物底这种现状,就说这是消灭个性和自由!不错。这的确是以消灭资本家底个性,资本家底独立,资本家底自由为目的。

现代资本家的生产制度里所谓自由,不过是贸易自由,买卖自由。如果买卖消灭,买卖自由也是要消灭的。资本家所说关于买卖自由和一般自由底大议论,如果把他同中世买卖底束缚,商人底束缚对比,或是很有意义;拿他来反对共产党所主张的买卖废止,资本家的生产制度废止,资本阶级本身废止,这就毫无意义了。

你们恐怕我们要废止私有财产,你们现在的社会里,十个人当中就有九人丧失了私有财产;少数人有了私有财产,十分之九的人自然一无所有了。这种财产制度,是要大多数人丝毫没有财产,做它存在底必要条件,你们还要非难我们主张废止它。

简单说罢,你们非难我们,是怕我们主张废止你们的财产。果真如此,这真是我们所希望的。

一旦到了劳动不能变为资本,货币,地租等独占的社会势力的时候,就是个人的财产不能移作资本家的财产,不能移作资本的时候,你们大概要说个性消灭了。如此,你们应该承认你们所谓"个性"就是资本家这种人,就是中等阶级底财产家。这种人自然非扫荡不可,非消灭不可。

共产主义要剥夺的,不是社会底生产分配权,只是用这种分配方法来压迫别人劳动的权力。

反对废止私有财产的人又会说,废止了私有财产,一切事业就要停顿,普天下人都要变成懒惰。

照这样说来,现在资本家社会,早应该为了懒惰而零落了。因为现在社会里,劳动的人却丝毫得不着甚么,得着一切的反而是不劳动的人。所以这个驳论,不过是这样一句话:"一旦没有甚么资本,就不会有甚么工银劳动了。"

非难共产主义物质上生产及分配方法的人,又用同样笔调,来攻击共产主义智识上生产及分配方法。在资本家看来,正如阶级的财产消灭,就是生产本身消灭;阶级的教育消灭,也就是一切教育消灭。

像他们这样恐怕丧失的教育,在大多数人不过是一种机械动作的练习罢了。

你们把那关于自由,教育,法律,等等资本家的解释作标准,来攻击我们主张废止资本家的财产,是没有用的。你们想一下罢,你们的思想本身,不过是你们资本家的生产状况和资本家的财产状况底产物。正如你们的法理,也不过将你们阶级的意志定为普天下底法律。这种意志底本质和倾向,也就是跟着你们阶级所以存在的经济条件决定的。

你们想把你们的生产方法和财产制度所造成的社会组织——就是随着生产进步而兴亡

的历史关系——作为自然和真理永远不变的法则,这全是你们利己的谬想。前代的权力阶级,也都有过这种谬想。你所明明见过古代财产制度的事物,你所承认封建财产制的事物,都被你们资本家的财产制度废除了。

废止家族制度! 就是最急进的人,也以为是共产党不名誉主张,非常愤激。

但是请看现在的家族制,资本家的家族制,到底有甚么根据? 不过是资本,不过是私利,这种家族制完全发达的形式,只在有产阶级里面才见得着。成全这种事情的要件,一是无产者家族实行消灭,二是公娼。

这些要件如果消灭,资本家的家族制,当然也要消灭:并且两样都要同资本一齐消灭。

我们还要禁止父母掠夺儿女。你们以我们为罪犯吗? 好,我们甘心做罪犯!

我们如果废去家庭教育,建设社会教育,你们总以为破坏了最神圣的关系。

你们的教育,不也是社会的教育吗? 那教育底方针,不是根据社会的状况而定的吗? 社会不是已经借了学校和其他方法施展他直接或间接的干涉吗? 社会干涉教育,并不是共产党发明的;他们不过要改变干涉底性质,使教育脱离权力阶级底势力。

因为近世产业发达底结果,把一切无产者的家族关系撕得寸断;他那儿女变成了简单的商品,变成了劳动底器具;那些资本家却口口声声讲甚么家族,甚么教育,甚么亲子间神圣的关系,来沽名钓誉,我们越发觉得可恶。

于是乎,有产阶级底全体就会齐声喊道:你们共产党不是要创设妇女共有制了!

有产阶级原来把他的妻只当作一个生产器具。他们总听说过生产器具是可以公用的,所以即使断定妇女和别的生产器具同样,免不了公有的运命,也不是十分无理的事。

但是共产党真正目的,是想把妇女当作一个生产器具底状况扫除净尽,这一点他们却不曾想到。

我们资本家先生,诬陷共产党公然创设妇女共有制,而且大发义愤,这是很可笑的事。妇女共有制无需共产党创设,已经从最古的时代就有的了。

我们资本家先生,对于普通娼妓不消说了,就是奸了他势力底下无产阶级底妻女还不满足,还要互相拐诱别人底妻,去满足他们最大的快乐。

不错! 现在有产阶级的结婚,实在是妇人共有制度。那么,共产党即使照他们所说的一样,主张妇女共有,也不过是将隐在伪善里面的妇女共有制,变成公然合法的妇女共有制罢了。总之,现在的生产制度废止了,从这种制度产出的妇女共有像公娼私娼等就消灭了。

共产党更被人非难的,就是希望废弃国家和国粹。

劳动者并没有国家。我们不能将他们原来没有的东西,从新去掉。劳动阶级第一步事业,就是必须握得政权,就是必须起来做国民底主要阶级,就是必须以自己组织一个国民。由这点看来,劳动者是国民的;但和资本家所谓国民,意义却是不同。

国民的差别和人民间的对抗,自从有了有产阶级发达,通商自由,世界的市场,生产方法和生活状况统一等,就一天一天的消灭下去了。

劳动阶级如果握得政权,那些东西都要消灭得更快。因为各国(至少文明先进国)底联合政策,是劳动阶级解放底一种首要条件。

个人掠夺个人的事没有了,那国民掠夺国民的事也就没有了。一国里阶级对抗没有了,这一个国民和那一个国民底冤仇也会没有了。

至于宗教,哲学,及一般理想家,非难共产主义的话,是不值得严密讨论。

人底理想,意见,观念,简单说,就是人底自觉这件东西,跟着物质的生活状态,社会的关系和社会的生活变化而改变,岂不是什么人都晓得的吗?

古来思想底历史所可证明的,不都是智识的生产随着物质的生产变化吗?支配各时代的思想,总就是那时代权力阶级底思想。

有些人在那里讲改造社会的思想。他们所说的,不过是在旧社会中怎样创出新思想,旧式生活状况崩坏怎样酿成旧思想崩坏等事实罢了。

古代的世界灭亡时,古代的宗教就被基督教征服了。十八世纪基督教思想受合理的思想压迫时,封建社会正和当时革命的有产阶级决战。所谓信仰自由,思想自由,不过是知识阶级自由竞争的势力罢了。

或者有人说"宗教的,道德的,哲学的及法律的思想,在历史发展的路上固然有种种变化;但宗教,道德,哲学,政治,法律,仍然遗留在这变化中间"。

或者又有人说"并且,自由,正义这些东西,是恒久的真理不随社会状态变迁的。然而共产主义却是排斥那恒久的真理,不是把宗教,道德,建设在新的基础上,是排斥一切宗教,一切道德。所以共产主义,和过去历史上的一切经验不能相容。"

这种诘难,不是他自己表白自己不合理吗?一切社会过去的历史,是在阶级对抗底发展中成立的;一时代有一时代的争斗形式,形式虽然不同,但各时代都有一件共通的事实。这事实就是社会的这一部分掠夺那一部分。所以过去各时代社会的自觉,他那表现虽有种种的形式,却不外一个共通的形式(即概念),这是不足为怪。那形式(即概念),在阶级对抗没有完全消灭的期内,不能全然消失,也是不足为怪。

共产党的革命,是祖宗传下来的财产关系上最急激的破裂。所以他的发展,也当然酿成祖宗传下来的思想上最急激的变化。

但是我们现在不愿意和反对共产主义的有产者辩论了。

我们前面已经说过,劳动阶级的革命,第一步是在使他们跑上权力阶级的地位,也就是民主主义底战胜。

既达到第一步,劳动家就用他的政权渐次夺取资本阶级的一切资本,将一切生产工具,集中在国家底手里,就是集中在组织权力阶级的劳动者手里;这样做去,那全生产力就可以用最大的速度增加了。起初的时候,少不得要用强迫的攻击手段对付私有财产权和资本家的生产方法,才得达到目的。这种手段,从经济方面看去,似乎不充足而且薄弱,但运动继续下去,必能强盛起来,对于旧社会组织,再加以一大打击,结果就成了生产方法革命不可避的手段。

这种手段,应该看各国情形定夺。

最进步的各国,大概可以用下列各项设施:

(一)废止土地私有权,将所有的地租用在公共的事业上。
(二)征收严重累进率的所得税。
(三)废止一切继承权。
(四)没收移民及叛徒底财产。
(五)用国家资本,设立完全独占的国民银行,将信用机关集中在国家手里。
(六)交通及运输机关,集中在国家手里。
(七)扩张国有工场及国有生产机关;开辟荒地,改良一般土地使适于共通计划。
(八)各人对于劳动有平等的义务。设立产业(尤其是农业)军。
(九)连络农业和制造工业;平均分配全国底人口,渐次去掉都会和地方的差别。
(十)设立公立学校,对于一切儿童施以免费的教育。废止现行儿童底工场劳动。连络教育和产业的生产等等。

这样渐次发展下去,阶级的差别自然消灭,一切的生产自然集在全国民大联合底手中;公的权力就失了政治的性质。原来政权这样东西,不过是这一个阶级压迫那一个阶级一种有组织的权力。劳动者和资本阶级战斗的时候,迫于情势,自己不能不组成一个阶级,而且不能不用革命的手段去占领权力阶级的地位,用那权力去破坏旧的生产方法;但是同时阶级对抗的理由和一切阶级本身,也是应该扫除的,因此劳动阶级本身底权势也是要去掉的。

总之,我们要废去阶级对抗和阶级所组成的旧式资本家社会,换上各个人都能够自由发达,全体才能够自由发达的协同社会。

第三章 社会主义及共产主义的著作

一 复古的社会主义(Reactionary Socialism)

(甲)封建的社会主义(Feudal Socialism)

英法底贵族,为了他们历史的地位关系,曾做出几多小册子反对近代有产社会。1830年7月法国革命和英国改革运动的时候,那些贵族再为那可厌的暴发户所屈服,从此就不能有严重的政治上竞争,只能在文字上争斗了。就是文字上的争斗,也不能有复古时代(就是1814年至1830年间法国复古时代)那样高的声浪了。

那些贵族,因为想得世间底同情,面子上装出忘记了自家利害的样子,替被掠夺的劳动阶级向资本家声罪致讨。他们对于那些新主人翁唱了些讥讽的歌,发了些将来必然破裂的预言,其实都是替他们自己复仇。

封建的社会主义,就是这样起来的,一半是悲哀,一半是讥讽;一半是过去底反响,一半是将来底威吓;虽然有时用痛快锐利的批评,刺击资本家底心胸,但全然缺乏了解近世史前进的能力,结果总不免滑稽。

那班贵族想人民再归附他们,就用救济无产者这名义做军旗。但人民和他们常常接近,便看出他们里面还穿着封建的武装,都呵呵大笑地散去了。

法国底王党(French Legitimists)和"青年英国"(Young England)都是好的例。

封建党指出他们掠夺底方法和资本家不同,他们忘记了他们掠夺时候底情势和现在全然不同,已经成了废物。他们又以为他们治世的时候,没有近代这样无产贫民;他们忘记了近世资本阶级是他们自己社会组织必然的产生物。

此外他们批评资本家,并不隐藏复古的性质;他们对于资本阶级主要的责备,就是:资本阶级统治之下,正在造出一阶级,这阶级定要连根带叶扫荡社会上旧的秩序。

他们责备资本阶级,并不一定是因为他造出无产阶级,不过因为他造出革命的无产阶级。所以他们在政治上的行动,常常赞成对于劳动阶级的压迫政策;他们日常的生活,也和他们平日说的大话相反,他们专想拾产业树上落下的黄金果,他们专想假借真理、爱,和名誉,去换那毛、糖,和马铃薯的酒精。

宗教的社会主义(Clerical Socialism)如同僧侣和地主携手一样常常和封建的社会主义结伴。

基督教底禁欲主义,原来最容易加上社会主义的彩色。基督教不是反对私有财产,反对婚姻,反对国家吗?不是提倡拿慈善和贫困,独身主义和肉底灭绝,出家生活和"母教会"来代替吗?基督教社会主义,只是僧侣清理贵族心火的圣水。

(乙)小资本家社会主义(Petty Bourgeois Socialism)

被资本阶级剿灭了的,并不只封建的贵族阶级;生存状况在近代资本社会底空气中腐朽灭亡的,并不只封建的贵族阶级。在近世资本阶级发生以前,还有中世的市民(Burgesses)和小地主;这两阶级在工商业不很发达的各国,现在还是同新起来的资本阶级并立。

在近世文明十分发达的各国,又有一种小资本家的新阶级,辗转于劳动者和资本阶级之间,常常新陈代谢下去成了资本阶级底附属分子,但是这个阶级底个人,常常因为竞争的缘故,陷落到无产者里面去了;而且,近世产业越发达,他们越失去近代社会上独立的地位,渐渐成了制造业,农业,商业的管理人,经理,事务员。

像法兰西那样农民占全人口过半数的国里,偏袒劳动者反对资本阶级的文人,自然拿农民和小资本家作标准去批评资本阶级的统治,自然从他们中间阶级的立脚点极力来拥护劳动阶级。小资本家社会主义于是就出现了。西斯蒙地(Sismondi)便是英法两国里这派的首领。

这派社会主义,把近世生产状况中许多矛盾的地方分析得非常精密。他们把经济学者所造伪善的辩解驳斥得非常明显。他们把机器和分工所产出的恶结果,像资本和土地集中在少数人手里,生产过度和恐慌等事,论证得非常有力。他们把小资本家和农民底必然零落,无产者底悲惨,生产界底无政府状态,财富底分配不平等,国家间相角逐的产业战争,旧道德旧家庭关系旧国粹底崩颓,都明白指示出来了。

但是这一派的社会主义,他积极的目的是想把生产交换的旧方法和旧的财产关系,旧的社会状况恢复转去;不然,就是想把近世的生产及交换方法,装到旧的财产关系底壳子(实在已经被新方法破裂了,或是将要破裂的壳子)里去。这两样都是复古的,空想的。

他们的结论是:制造业该有同行组合(Guild),农业该有家长的关系。

但是,历史上强固的事实,早已把他们自欺的醉梦打消,这派社会主义,也就到了悲惨的末日。

(丙)"真"社会主义(German or "true" Socialism)

法国社会主义及共产主义底著作,原来发生在有权力的资本阶级压迫底下,反抗这种权力的表现,不久就输入德国去了。输入德国的时候,恰是资本阶级和封建的专制主义开始争斗。

德国底学者先生,非常热心得到这种著作;但是他们却忘记了法国底社会状态不曾同这些著作一同移来。所以这些法国底著作,对于德国底社会状况,全然失了眼前实行的意义,成了纯粹文学的景况。在十八世纪的德国学者看来,以为法国第一次革命底要求,不过是一般"普通的道理"底要求。革命的法国资本阶级底意志表示,在他们看来,也不过是纯粹意志底表现,就是意志自然的发动,就是一般人情底显露。所以德国学者底著作,都是专门拿法国新的思想和本国古代哲学思想相调和。或者更可以说是结合法国底思想却不抛弃自家哲学的见地。

这种结合底方法,和译外国语差不多。

中世纪那些僧侣,根据古代异教底典籍,作了加特力(Catholic)①各圣僧底传记,这是人人都晓得的。德国底学者,对于法国底著作,也是用这种方法。他们在法国底著作上面,附了些自己无意识的哲学论。譬如,在法国评论货币底经济的作用上面,他们加上些"人情离散"的议论;在法国评论资本阶级国家上面,他们加上些"将校部属底废止"的议论,等类。在法兰西历史的评论上面,他们加上些"行为底哲学""真社会主义""社会主义底德国科学""社会主义底哲学的基础"等称号。诸如此类,不一而足。

于是,法国社会主义及共产主义底著作,就全然失了精义了。并且阶级争斗底意义从此在德国人手中抹去,他们还自己以为免了法国人的偏见,他们自以为不单是代表真实底要求,还是代表真理底要求;他们自以为不是代表无产阶级利害的,是代表人类本性底利害,就是代表全人类利害的;这种人既不属于何种阶级,算不得实际的存在,只有哲学空想的云雾中是他存在的地方。

德国底社会主义,虽然弄过这样庄严的儿戏,说过卖药的大话来遮掩他资本缺乏,不久便渐次失了那卖弄学问的稚气。

德国(尤其是普鲁士)底资本阶级对于封建贵族和专制王政的战争,换句话说,就是自由主义运动,渐渐逼紧来了。

于是乎,所谓"真"社会主义,就得了多年希望的机会,这希望就是拿社会主义的要求,去

---

① "加特力"(Catholic)即"天主教"的音译。——编者注

对抗政治运动：对于自由主义，对于代议政体的政府，对于资本阶级的竞争，对于资本阶级的言论自由，对于资本阶级的立法，对于资本阶级的自由平等，一切都得了诅咒的机会了；也得了机会对民众说替资本阶级运动毫无所得，只有所失。德国底社会主义，在这危急的时候，忘记了法国评论家所预想的近世资本社会存在以及跟随的经济状况和政治组织；这些正是德国人现在才争求的，法国人早已得到了。

所以专制政府和附属的僧官教授，地方贵族，官吏，都以为这种社会主义，是对待资本阶级来攻时最有用处的草把人。刚刚在德国政府对于劳动阶级底蜂起投过些鞭挞和弹丸的苦丸药之后，这个社会主义，算是改胃口的甜东西。

这"真"社会主义，一面这样做了替政府战斗资本阶级的武器，同时又直接代表德国中等阶级复古的利益。在德国这小资本阶级，是十六世纪的遗物，时时转变他的形式，作社会现状底真基础。保存这个阶级，就是保存德国底现状。但是资本阶级在产业上和政治上的权力，一面集中资本，一面又有革命的无产阶级起来，都是足以破坏这个阶级的。这"真"社会主义便要一箭射杀双雕了。于是就像瘟疫似的蔓延起来。

德国社会主义是将他们可怜的"永久真理"底全身，裹在用华丽辞令文饰的，用浓情露水浸染的，空想的绸衣里面，如此他们的货物自然是销售很广了。

后来德国社会主义，渐渐认识了自己的职分，那代表中等小资本阶级底声浪渐渐高起来了。

他们以德国国民为模范国民，以德国小资本家为模范人。对于这种模范人卑鄙龌龊的行为，都加上了和他真相完全相反神秘伟大的社会主义的解释。他们又极力反对共产主义底"残酷的破坏"性，把自己放在至高无上公正不偏的地位，轻视一切的阶级争斗。现在（1847年）德国流行的所谓社会主义和共产主义底出版物，除了极少数以外，大约都是这种又浅陋又薄弱的著作。

二 保守的社会主义（资本家社会主义）(Conservative or Bourgeois Socialism)

一部分资本阶级的人，想把社会的罪恶救正一些，好叫资本家社会维持下去。

经济家，博爱家，人道家，劳动阶级状况改良家，慈善事业家，保护动物会员，禁酒会员，以及其余一切无聊的改良家，都属于这一派。这样的社会主义，更进一步就成了一派学说。

蒲鲁东（Proudhon）底《贫困底哲学》(Philosophie de la Misère)）就是这样社会主义底一个例。

社会主义的资本家，他们想取得近世社会状况产出的一切利益，却不受那状况必然产出的争斗和危险。他们希望从社会现状中拔去革命的离析的分子。他们想造出没有劳动阶级的资本家阶级。资本家阶级当然以为世界上地位最高的就最善的。资本家社会主义，用这种方法使思想渐渐发展，就多少成了一些学说。他们要求劳动阶级信奉这种学说，好进到那社会的新圣地,其实不过要求劳动阶级甘心受现社会底束缚,抛弃一切憎恶资本阶级的念头罢了。

比这种社会主义格外实际而且更无系统的第二种资本家社会主义,他们要叫劳动者眼中轻视一切革命运动,所以说由经济关系产出的物质现状若不变化,政治的改革是无济于事。但是这派所谓物质现状底变化,并不是废除资本阶级生产关系的意义,废除这种关系,一定免不了要革命,所以他们只想在这种关系继续存在的基础上面,施行行政的改革。这样的改革对于资本和劳动底关系,毫不过问,至多不过把有产阶级政府底行政事务改简单些,费用减少些罢了。

资本家社会主义,只能在语言底形式上有相当的意义。

为劳动阶级利益计,讲自由贸易。为劳动阶级利益计,讲保护税。为劳动阶级利益计,讲监狱改良。这是资本家社会主义最后的语言,亦是唯一真实的语言。总括说起来,就是这么一句话:

资本阶级,是为了劳动阶级底利益才做资本阶级。

三　批评的空想社会主义和共产主义(Critical-Utopian Socialism and Communism)

我们现在并不是想批评一切近世大革命时援助劳动阶级底著作:像巴布夫(Babeuf)及其余人底书。

劳动阶级为达他目的第一直接计划,发生在封建社会将要颠覆,到处正在扰乱的时候,这些计划遭了必然的失败,一是因为劳动阶级还没有十分发达,一是因为使他们解放的经济状况,还没有出现;那种经济状况,是在迫切的资本阶级时代才发生的。所以这种劳动阶级最初运动的革命著作,自然带着复古的性质;内容是些普通的禁欲主义和粗疏的社会均衡论。

社会主义和共产主义的学说就是圣西门(St. Simon),福利耶(Fourier),阿温(Owen)等人底学说,像前面曾说过,这都是在资本阶级和劳动阶级争斗还没有发达的时代发生的。

创立这些学说的人,在当时的社会组织中,的确看见了阶级对抗的状况和离析分子的活动。但是那时的劳动阶级还是十分幼稚,映到他们眼里的,不过是一个没有历史的基础,没有独立政治运动的阶级罢了。

后来阶级对抗,虽然和产业同时发达,按经济的形势,在他们看来,物质上的状况还没有到可以解放劳动阶级的地步。于是他们想找出新的社会科学,新的社会法律,好造出这种状况。

这些发明家以为历史行动是要照他们自己所发明的行动;历史造成的解放条件,是要照他们空想的条件;劳动者渐次自发的阶级组织,是要照他们特别创造的社会组织。将来的历史是自然解决的,在他们看来,是要照他们的社会计划底宣传和实行来解决。他们的计划,为主的是劳动阶级底利益,因为他是最苦的阶级。劳动阶级能够在他们的眼中存在的,只由于是最苦的阶级这一点。

这种社会主义家，因为阶级争斗幼稚的状态及他们自己环境的缘故，把自己放在一切阶级对抗的上面很高很高的位置。他们想改善社会上每个人底境遇，就是最有幸福的他们也想加以改善。所以他们的说话，总是对于社会全体，不分阶级——而且往往是对统治阶级说的。他们以为如果懂了他们的学说，如何不采用那最善状况的最善计划呢？

因此他们排斥一切政治的尤其是革命的行动。他们想用和平手段达到他们的目的，想用小小的实验（其实是一定失败的实验）而且由这个例证底力量，为新社会的福音开辟道路。

这种将来社会空想的图案，恰和劳动阶级极幼稚时，单用空想描出自己的地位相同；也就和劳动阶级第一本能所渴望的社会全体改造相同。

但是这些社会主义及共产主义的出版物，也不是没有批评的分子在内。他们攻击那时社会上一切的主义。他们对于开发劳动阶级的教育，有一些很有价值的材料。他们提出实际的方案，例如废止都会和乡村底区别，废止家族制度，废止私人经营产业，废止工银制度，主张社会调和，主张变更国家底职务单是监督生产事业等，这些提案，都是消灭阶级对抗的。但是在那个时候，阶级对抗才开始发生，所以这些著作，不能有明白的确定的认识，所以这些提案，不能不说是纯粹空想的性质。

所以这种批评的空想社会主义及共产主义，是和历史的发展相背驰的。近世阶级争斗一发达到一定的状态，那离开了争斗空想的立脚地及对于争斗所发空想的攻击，就完全失了实际的价值和理论的根据。所以创立这些学说的人，在许多地方虽然是革命的，他们的门徒却只是复古一派。他们死守师说，反对无产阶级进步的历史发展。所以他们总是坚持要和缓阶级争斗，调和阶级对抗。他们还在梦想那社会空想底试验实现：有的设立孤独的"社会主义殖民地"（Phalansteries是福利耶计划的），有的设立"家庭殖民地"（Home Colonies），有的想设立"小伊加利亚"（Icaria是加伯理想乡底名称）。加增许多新的圣地，实现这些空中楼阁，他们不得不哀求资本阶级的同情和金钱。所以他们渐渐地沉灭到前面所说复古的保守社会主义里面去了；所不同的，只稍有组织的学理和相信社会科学上神奇效果的迷信，狂热罢了。

所以他们极力反对劳动阶级一切政治的行动，以为这种行动都是从不知道信仰那新福音来的。

所以英国底阿温派反对改进党（Chartist），法国底福利耶派反对社会改良家（Reformist）。

第四章　共产党和在野各党底关系

共产党和英国改进党，美国农地改良党（Agrarian Reformers）等劳动阶级各党派的关系，已在前章说过了。共产党为直接的目的战，为劳动阶级眼前的利益战。在这现在的运动中，也不忘记代表及留意将来的运动。

在法国,共产党是和社会民主党联合,和保守党及急进的资本阶级对抗。但对于社会民主党那些从大革命得来的谬见谬想,仍然要用批评的态度对付他。

在瑞士,共产党是帮助急进党的。但也注意到这党是由法国式的民主社会主义者和急进的资本家两种反对的分子结合起来的。

在波兰,共产党是帮助那用土地革命来做国民解放主要条件的党派。1846年这党在克拉葛(Cracow)曾发动叛乱。

在德国,对于资本阶级有革命的行动时,共产党是和他联合起来同专制的王政、封建的地主及小资本阶级战争。但一刻也不曾忘记使劳动阶级明白感觉有产者和无产者敌意的对抗。必使劳动者准备利用资本阶级掌权时必然造成的社会及政治状况,来做对抗资本阶级的武器。也就是准备德国保守阶级一旦灭亡,就立刻和资本阶级本身开战。

德国是共产党所最注意的。因为这国里有产阶级革命底机运正在成熟了;因为这国底革命,是在欧洲文明更进步的状态之下实行的,比十七世纪的英国,十八世纪的法国无产阶级更加发达的多;而且因为德国有产阶级的革命,即时会引起无产阶级的革命。

总之:共产党无论在什么地方,对于各种反抗社会及政治现状的革命运动,一概援助。

这些运动,总是拿财产问题作主要问题,什么时代进步的程度够不够,一概不问。

最后,就是到处尽力为万国民治党谋统一及团结。

共产党最鄙薄隐秘自己的主义和政见。所以我们公然宣言道:要达到我们的目的,只有打破一切现社会的状况,叫那班权力阶级在共产的革命面前发抖呵!无产阶级所失的不过是他们的锁链,得到的是全世界。

万国劳动者团结起来呵!(Workingmen of all Countries unite!)

附录2

中共中央编译局版《共产党宣言》全文

共产党宣言

马克思　恩格斯　著

1872年德文版序言

　　共产主义者同盟这个在当时条件下自然只能是秘密团体的国际工人组织，1847年11月在伦敦代表大会上委托我们两人起草一个准备公布的周详的理论和实践的党纲。结果就产生了这个《宣言》，《宣言》原稿在二月革命前几星期寄到伦敦付印。《宣言》最初用德文出版，后来又用德文在德国、英国和美国至少翻印过十二次。第一个英译本是由艾琳·麦克法林女士翻译的，于1850年在伦敦《红色共和党人》杂志上发表，后来在1871年至少又有三种不同的英译本在美国出版。法译本于1848年六月起义前不久第一次在巴黎印行，最近又在纽约《社会主义者报》上登载；现在又有人在准备新译本。波兰文译本在德国本初版问世后不久就在伦敦出现。俄译本是丁六十年代在日内瓦出版的。丹麦文译本也是在原书问世后不久就出版了。

　　不管最近二十五年来的情况发生了多大变化，这个《宣言》中所发挥的一般基本原理整个说来直到现在还是完全正确的。个别地方本来可以作某些修改。这些原理的实际运用，正如《宣言》中所说的，随时随地都要以当时的历史条件为转移，所以第二章末尾提出的那些革命措施并没有什么特殊的意义。现在这一段在许多方面都应该有不同的写法了。由于最近二十五年来大工业已有很大发展而工人阶级的政党组织也跟着发展起来，由于首先有了二月革命的实际经验而后来尤其是有了无产阶级第一次掌握政权达两月之久的巴黎公社的实际经验，所以这个纲领现在在有些地方已经过时了。特别是公社已经证明："工人阶级不能简单地掌握现成的国家机器,并运用它来达到自己的目的。"(见《法兰西内战。国际工人协会总委员会宣言》德文版第十九页,那里把这个思想发挥得更加完备。)其次,很明显,对于社会主义文献所做的批判在今天看来是不完全的,因为这一批判只包括到1847年为止;同样也很明显,关于共产党人对各种反对党派的态度问题所提出的意见(第四章)虽然大体上至今还是正确的,但是由于政治形式已经完全改变,而当时所列举的那些党派大部分已被历史的发展进程所彻底扫除,所以这些意见在实践方面毕竟是过时了。

但是《宣言》是一个历史文件,我们已没有权力来加以修改。下次再版时也许能加上一篇包括从1847年到现在这段时期的导言。这次再版太仓卒了,以致我们竟来不及做这件工作。

卡尔·马克思　弗里德里希·恩格斯
1872年6月24日于伦敦

1882年俄文版序言

巴枯宁翻译的《共产党宣言》俄文第一版,在六十年代初,由《钟声》印刷所刊印问世。当时,西方认为这件事(《宣言》译成俄文出版)不过是文坛上的一件奇闻。这种看法今天是不可能有了。

当时(1847年12月),卷入无产阶级运动的地区是多么狭小,这从《宣言》最后一章《共产党人对各国各种反对党派的态度》中可以看得很清楚。在这一章里,正好没有说到俄国和美国。那时,俄国是欧洲全部反动势力的最后一支庞大后备军;美国正通过移民在吸收欧洲无产阶级的过剩力量。这两个国家,都向欧洲供给原料,同时又都充当欧洲工业品的销售市场。所以,这两个国家不管怎样当时都是欧洲现存秩序的支柱。

今天,情况完全不同了!正是欧洲移民,使北美能够进行大规模的农业生产,这种农业生产的竞争震撼着欧洲大小土地所有制的根基。此外,这种移民还使美国能够以巨大的力量和规模开发其丰富的工业资源,以至于很快就会摧毁西欧特别是英国迄今为止的工业垄断地位。这两种情况,对美国本身也起着革命作用。作为整个政治制度基础的农场主的中小型地产,正逐渐被大农场的竞争所征服;同时,在各工业区,人数众多的无产阶级和神话般的资本积聚开始发展起来。

现在来看看俄国吧!在1848—1849年革命期间,不仅欧洲的君主,而且连欧洲的资产者,都把俄国的干涉看做是帮助他们对付刚刚开始觉醒的无产阶级的唯一救星。沙皇曾被宣布为欧洲反动势力的首领。现在,沙皇已成了革命的俘虏,被禁锢在加特契纳,而俄国已是欧洲革命运动的先进队伍了。

《共产主义宣言》的任务,是宣告现代资产阶级所有制必然灭亡。但是在俄国,我们看见,除了迅速盛行起来的资本主义狂热和刚开始发展的资产阶级土地所有制外,大半土地仍归农民公共占有。那末(么)试问:俄国公社,这一固然已经大遭破坏的原始土地公共所有制形式,是能够直接过渡到高级的共产主义的公共所有制形式呢?或者相反,它还须先经历西方的历史发展所经历的那个瓦解过程呢?

对于这个过程,目前唯一可能的答复是:假如俄国革命将成为西方无产阶级革命的信号而双方互相补充的话,那末(么)现今的俄国土地公共所有制便能成为共产主义发展的起点。

卡尔·马克思　弗里德里希·恩格斯
1882年1月21日于伦敦

1883年德文版序言

本版序言,不幸只能由我一个人署名了。马克思——这位对欧美整个工人阶级比其他任何人都有更大贡献的人物——已经长眠于海格特公墓,他的墓上已经初次长出了青草。在他逝世以后,根本谈不上对《宣言》做什么修改或补充了。因此,我认为更有必要在这里再一次明确地申述如下一点。

《宣言》中始终贯彻的基本思想,即:每一历史时代的经济生产以及必然由此产生的社会结构,是该时代政治的和精神的历史的基础;因此(从原始土地公有制解体以来)全部历史都是阶级斗争的历史,即社会发展各个阶段上被剥削阶级和剥削阶级之间、被统治阶级和统治阶级之间斗争的历史;而这个斗争现在已经达到这样一个阶段,即被剥削被压迫的阶级(无产阶级),如果不同时使整个社会永远摆脱剥削、压迫和阶级斗争,就不再能使自己从剥削它压迫它的那个阶级(资产阶级)下解放出来,——这个基本思想完全是属于马克思一个人的。

这一点我已经屡次说过,但正是现在必须在《宣言》本身之前也写明这一点。

弗·恩格斯
1883年6月28日于伦敦

1888年英文版序言

《宣言》是作为共产主义者同盟这一起初纯粹是德国工人团体,后来成为国际工人团体,而在1848年以前欧洲大陆的政治条件下必然是秘密团体的工人组织的纲领发表的。1847年11月在伦敦举行的同盟代表大会,委托马克思和恩格斯起草一个准备公布的完备的理论和实践的党纲。手稿于1848年1月用德文写成,并在2月24日的法国革命前几星期寄到伦敦付印。法译本于1848年六月起义前不久在巴黎出版。第一个英译本是由艾琳·麦克法林女士翻译的,于1850年刊载在乔治·朱利安·哈尼的伦敦《红色共和党人》杂志上。同时也出版了丹麦文译本和波兰文译本。

1848年巴黎六月起义这一无产阶级和资产阶级间的第一次大搏斗的失败,又把欧洲工人阶级的社会的和政治的要求暂时推到后面去了。从那时起,争夺统治权的斗争,又像二月革命以前那样只是在有产阶级的各个集团之间进行了;工人阶级被迫局限于争取一些政治上的活动自由,并采取资产阶级激进派极左翼的立场。凡是继续显露出生机的独立的无产阶级运动,都遭到无情的镇压。例如,普鲁士警察发觉了当时设在科伦的共产主义者同盟中央委员会。一些成员被逮捕,并且在经过十八个月监禁之后于1852年10月被交付法庭审判。这次有名的"科伦共产党人案件"从10月4日一直继续到11月12日;被告中有七个人被判处了三年至六年的要塞监禁。宣判之后,同盟即由剩下的成员正式解散。至于《宣言》,似乎注定从此要被人遗忘了。

当欧洲工人阶级重新聚集了足以对统治阶级发动另一次进攻的力量的时候,便产生了国际工人协会。但是这个协会成立的明确目的是要把欧美正在进行战斗的整个无产阶级团结为一个整体,因此,它不能立刻宣布《宣言》中所申述的那些原则。国际应该有一个充分广泛的纲领,使英国工联、法国、比利时、意大利和西班牙的蒲鲁东派以及德国的拉萨尔派都能接受。马克思起草了这个能使一切党派都满意的纲领,当时是把希望完全寄托于共同行动和共同讨论必然要产生的工人阶级的精神的发展。反资本斗争中的种种事件和变迁——而且失败比胜利更甚——不能不使人们认识到他们的各种心爱的万应灵丹毫不中用,并使他们更透彻地了解工人阶级解放的真实条件。马克思是正确的。当1874年国际解散时,工人已经全然不是1864年国际成立时的那个样子了。法国的蒲鲁东主义和德国的拉萨尔主义已经是奄奄一息,甚至那些很久以前大半已同国际决裂的保守的英国工联也渐有进展,以致它们去年举行的斯温西代表大会的主席能够用它们的名义声明说:"大陆社会主义对我们来说再不可怕了。"的确,《宣言》的原则在世界各国工人中间都已传播得很广了。

这样一来,《宣言》本身就重新提到前台上来了。从1850年起,德文原本在瑞士、英国和美国重版过数次。1872年,有人在纽约把它译成英文,并在那里的《伍德赫尔和克拉夫林周刊》上发表。接着又有人根据这个英文本把它译成法文,刊载在纽约的《社会主义者报》上。

以后在美国又至少出现过两种多少有些曲解的英文译本,其中一种还在英国重版过。由巴枯宁翻译的第一个俄文本约于1863年在日内瓦由赫尔岑办的《钟声》印刷所刊印;由英勇的维拉·查苏利奇翻译的第二个俄文本,则于1882年同样在日内瓦出版。新的丹麦文译本于1885年在哥本哈根作为《社会民主主义丛书》的一种出版,新的法文译本于1886年刊载在巴黎的《社会主义者报》上。有人根据这后一版本译成西班牙文,并于1886年在马德里出版。至于德文的翻印版本,没有去统计,总共至少有十二个。阿尔明尼亚文译本原应于几个月前在君士坦丁堡印出,但是没有出版问世,有人告诉我,这是因为出版人害怕在书上标明马克思的姓名,而译者又拒绝把《宣言》当做自己的作品出版。关于后来用其他文字出版的译本,我虽然听说过,但是没有亲眼看到。因此,《宣言》的历史在很大程度上反映着现代工人运动的历史;现在,它无疑是全部社会主义文献中传播最广和最带国际性的著作,是从西伯利亚起到加利福尼亚止的千百万工人公认的共同纲领。

可是,当我们写这个《宣言》时,我们不能把它叫做社会主义宣言。在1847年,所谓社会主义者,一方面是指那些信奉各种空想学说的分子,即英国的欧文派和法国的傅立叶派,这两个流派都已经变成纯粹的宗派,并在逐渐走向灭亡;另一方面是指各种各样的社会庸医,他们都答应要用各种补缀办法来消除一切社会病痛而毫不伤及资本和利润。这两种人都是站在工人阶级运动以外,宁愿向"有教养的"阶级寻求支持。至于当时工人阶级中那些确信单纯政治变革全然不够而认为必须根本改造全部社会的分子,他们把自己叫做共产主义者。这种共产主义还是颇为粗糙的、尚欠修琢的、纯粹出于本能的一种共产主义;但它却接触到了最主要之点,并已在工人阶级当中强大到足以形成法国卡贝的和德国魏特林的空想共产主义。可见,在1847年,社会主义是资产阶级的运动,而共产主义则是工人阶级的运动。当时,社会主义,至少在大陆方面,是"有身分的",而共产主义却恰恰相反。既然我们自始就认定"工人阶级的解放只能是工人阶级自己的事情",所以我们也就丝毫没有怀疑究竟应该在这两个名称中间选定哪一个名称。而且后来我们也根本没有想到要把这个名称抛弃。

虽然《宣言》是我们两人共同的作品,但我终究认为必须指出,构成《宣言》核心的基本原理是属于马克思一个人的。这个原理就是:每一历史时代主要的经济生产方式与交换方式以及必然由此产生的社会结构,是该时代政治的和精神的历史所赖以确立的基础,并且只有从这一基础出发,这一历史才能得到说明;因此人类的全部历史(从土地公有的原始氏族社会解体以来)都是阶级斗争的历史,即剥削阶级和被剥削阶级之间、统治阶级和被压迫阶级之间斗争的历史;这个阶级斗争的历史包括有一系列发展阶段,现在已经达到这样一个阶段,即被剥削被压迫的阶级(无产阶级),如果不同时使整个社会一劳永逸地摆脱任何剥削、压迫以及阶级划分和阶级斗争,就不能使自己从进行剥削和统治的那个阶级(资产阶级)的控制下解放出来。

这一思想在我看来应该对历史学作出像达尔文学说对生物学那样的贡献,我们两人早在1845年前的几年中就已经逐渐接近了这个思想。至于当时我个人独自在这方面达到了什么样的进展,从我的《英国工人阶级状况》一书中可以明白看出。但是到1845年春我在布鲁塞尔重新会见马克思时，他已经把这个思想整理出来，并且用几乎像我在上面的叙述中所用的那样明晰的语句向我说明了。

现在我从我们共同为1872年德文版写的序言中引录如下一段话：

"不管最近二十五年来的情况发生了多大的变化，这个《宣言》中所发挥的一般基本原理整个说来直到现在还是完全正确的。个别地方本来可以做某些修改。这些基本原理的实际运用，正如《宣言》中所说的，随时随地都要以当时的历史条件为转移，所以第二章末尾提出的那些革命措施并没有什么特殊的意义。现在这一段在许多方面都应该有不同的写法了。由于从1848年来大工业已有很大发展而工人阶级的组织也跟着有了改进和增长，由于首先有了二月革命的实际经验而后来尤其是有了无产阶级第一次掌握政权达两月之久的巴黎公社的实际经验，所以这个纲领现在有些地方已经过时了。特别是公社已经证明：'工人阶级不能简单地掌握现成的国家机器，并运用它来达到自己的目的。'（见《法兰西内战。国际工人协会总委员会宣言》伦敦1871年特鲁洛夫版第15页，那里把这个思想发挥得更加完备）其次，很明显，对于社会主义文献所做的批判在今天看来是不完全的，因为这一批判只包括到1847年为止；同样也很明显，并于共产党人对各种反对党派的态度问题所提出的意见（第四章）虽然大体上至今还是正确的，但是由于政治形势已经完全改变，而当时所列举的那些党派大部分已被历史的发展进程所彻底扫除，所以这些意见在实践方面毕竟是过时了。但是《宣言》是一个历史文件，我们已没有权利来加以修改。"

本版译文是由译过马克思《资本论》一书大部分的赛米尔·穆尔先生翻译的。我同他一起把译文校阅过一遍，并且我还加了一些有助于理解的历史性的附注。

弗·恩格斯
1888年1月30日于伦敦

1890年德文版序言

自从我写了上面那篇序言以来,已经又有必要刊印《宣言》的新的德文版本了,同时《宣言》本身也有种种遭遇,应该在这里提一提。

1882年在日内瓦出版了由维拉·查苏利奇翻译的第二个俄译本,马克思和我曾为这个译本写过一篇序言。可惜我把这篇序言的德文原稿遗失了,所以现在我只好再从俄文译过来,这样做当然不会使原稿增色。下面就是这篇序言:

"巴枯宁翻译的《共产党宣言》俄文第一版,在六十年代初,由《钟声》印刷所刊印问世。当时,西方认为《宣言》译成俄文出版不过是文坛上的一件奇闻。这种看法今天是不可能有了。在《宣言》最初发表时期(1848年1月)卷入无产阶级运动的地区是多么狭小,这从《宣言》最后一章《共产党人对各种反对党派的态度》中可以看得很清楚。在这一章里,正好没有说到俄国和美国。那时,俄国是欧洲反动势力的最后一支庞大后备军,向美国境内移民吸收着欧洲无产阶级的过剩力量。这两个国家,都向欧洲提供原料,同时又都充当欧洲工业品的销售市场。所以,这两个国家不管怎样当时都是欧洲社会秩序的支柱。

今天,情况完全不同了!正是欧洲移民,使北美的农业生产能够大大发展,这种农业生产的竞争震撼着欧洲大小土地所有制的根基。此外,这种移民还使美国能够以巨大的力量和规模开发其丰富的工业资源,以至于很快就会摧毁西欧的工业垄断地位。这两种情况,对美国本身也起着革命作用。作为美国整个政治制度基础的农场主(使用自己劳动的农场主)的中小型地产,正逐渐被大农场的竞争所征服;同时,在各工业区,人数众多的无产阶级同神话般的资本积聚一起开始发展起来。

现在来看看俄国吧!在1848—1849年革命期间,不仅欧洲的君主,而且连欧洲的资产者,都把俄国的干涉看作是帮助他们对付当时刚刚开始意识到自己力量的无产阶级的唯一救星。他们把沙皇宣布为欧洲反动势力的首领。现在,沙皇已成了革命的俘虏,被禁锢在加特契纳,而俄国已是欧洲革命运动的先进队伍了。

《共产主义宣言》的任务,是宣告现代资产阶级所有制必然灭亡。但是在俄国,我们看见,除了狂热发展的资本主义制度和刚开始形成的资产阶级土地所有制外,大半土地仍归农民公共占有。

那末(么)试问:俄国农民公社,这一固然已经大遭破坏的原始土地公共所有制形式,是能直接过渡到高级的共产主义的土地所有制形式呢?或者,它还须先经历西方的历史发展所经历过的那个瓦解过程呢?

对于这个问题,目前唯一可能的答复是:假如俄国革命将成为西方工人革命的信号而双方互相补充的话,那末(么)现今的俄国公共所有制,便能成为共产主义发展的起点。

卡·马克思　弗·恩格斯
1882年1月21日于伦敦

　　大约在同一时候,在日内瓦出版了新的波兰文译本:《Mamifest Kommunistyczny》(《共产主义宣言》)。

　　随后又于1885年在哥本哈根作为《社会民主主义丛书》的一种出版了新的丹麦文译本。可惜这一译本不够完备;有几个重要的地方大概是因为译者感到难译而被删掉了,并且在不少地方可以看到草率从事的痕迹,尤其令人遗憾的是,从译文中可以看出,要是译者较为细心一点,他是能够把它译得很好的。

　　1886年在巴黎《社会主义者报》上刊载了新的法译文;这是到目前为止最好的译文。

　　同年又有人根据这个法文本译成西班牙文,起初刊登在马德里的《社会主义者报》上,接着又印成单行本:《共产党宣言》,卡·马克思和弗·恩格斯著,马德里,社会主义者报社,艾尔南·科尔特斯街8号。

　　这里我还要提到一件可笑的事。在1887年,君士坦丁堡的一位出版商收到了阿尔明尼亚文的《宣言》译稿;但是这位好心人却没有勇气把这本署有马克思的名字的作品刊印出来,竟认为最好是由译者本人冒充作者,可是译者拒绝这样做。

　　在英国多次刊印过好几种美国译本,但都不大确切。到1888年终于出版了一种可靠的译本。这个译本是由我的友人赛米尔·穆尔翻译的,并且在付印以前还由我们两人一起重新校阅过一遍。封面标题是:《共产党宣言》,卡尔·马克思和弗里德里希·恩格斯著。经作者赞同的英译本,由弗里德里希·恩格斯校定并加上注释,1888年伦敦,威廉·里夫斯,东中央区弗利特街185号。这个版本中的某些注释,我已把它们收入本版。

　　《宣言》有它本身的经历。它出现的时候曾受到过当时人数尚少的科学社会主义先锋队的热烈欢迎(第一篇序言里提到的那些译本便可以证明这一点),但是不久以后它就被那随着1848年6月巴黎工人失败而抬起头来的反动势力排挤到后面去,而在1852年11月科伦共产党人被判刑之后,它更被"依法"宣布为非法。随着与二月革命相联系的工人运动退出公开舞台,《宣言》也退到后面去了。

　　当欧洲工人阶级又强大到足以重新对统治阶级政权发动进攻的时候,产生了国际工人协会。它的目的是要把欧美整个战斗的工人阶级联合成一支大军。因此,它不能从《宣言》中所申述的那些原则出发。它应该有一个不致把英国工联,法国、比利时、意大利和西班牙的蒲鲁东派以及德国的拉萨尔派拒之于门外的纲领。这样一个纲领即国际章程绪论部分,是马克思起草的,其行文之巧妙是连巴枯宁和无政府派也不能不承认的。至于说到《宣言》中所提出的那些原则的最终胜利,马克思在这里是把希望完全寄托于共同行动和共同讨论必然要产生的工人阶级的精神的发展。反资本斗争中的种种事件和变迁,——而且失败比胜利更甚，——不能不使进行斗争的人们明白自己一向所崇奉的那些万应灵丹毫不中用，并使他们的头脑更善于透彻了解工人解放的真实条件。马克思是正确的。1874年，当国际解散的时候，工人阶级已经全然不是1864年国际成立时的那个样子了。罗曼语各国的蒲鲁东主义和德国特有的拉萨尔主义已经奄奄一息，甚至当时极端保守的英国工联也渐有进展，以致它们1887年举行的斯温西代表大会的主席能够用它们的名义声明说："大陆社会主义对我们来说再不可怕了。"而在1887年，大陆社会主义已经差不多完全是《宣言》中所宣布的那个理论了。由此可见，《宣言》的历史在某种程度上反映着1848年以来现代工人运动的历史。现在，它无疑是全部社会主义文献中传布最广和最带国际性的著作，是从西伯利亚起到加利福尼亚止的世界各国千百万工人共同的纲领。

可是，当《宣言》出版的时候，我们不能把它叫做社会主义宣言。在1847年，所谓社会主义者是指两种人。一方面是那些信奉各种空想学说的分子，特别是英国的欧文派和法国的傅立叶派；这两个流派当时都已经变成逐渐走向灭亡的纯粹的宗派。另一方面是各种各样的社会庸医，他们想用各种万应灵丹和各种补缀办法来消除社会弊病而毫不伤及资本和利润。这两种人都是站在工人运动以外，宁愿向"有教养的"阶级寻求支持。至于当时确信单纯政治变革全然不够而要求根本改造社会的那一部分工人，他们把自己叫做共产主义者。这种共产主义是一种还没有很好加工的、只是出于本能的、颇为粗糙的共产主义；但它已经强大到足以形成两种空想的共产主义体系：在法国有卡贝的"伊加利亚"共产主义，在德国有魏特林的共产主义。在1847年，社会主义意味着资产阶级的运动，共产主义则意味着工人的运动。当时，社会主义，至少在大陆方面，是可以进出沙龙的，而共产主义却恰恰相反。既然我们当时已经十分坚决认定"工人阶级的解放只能是工人阶级自己的事情"，所以我们也就丝毫没有怀疑究竟应该在这两个名称中间选定哪一个名称。而且后来我们也根本没有想到要把这个名称抛弃。

"全世界无产者，联合起来！"——当四十二年前我们在巴黎革命即无产阶级带着本身要求参加的第一次革命的前夜向世界上发出这个号召时，响应者还是寥寥无几。可是，1864年9月28日，大多数西欧国家中的无产者已经联合成为流芳百世的国际工人协会了。固然，国际本身只存在了九年，但它所创立的全世界无产者永久的联合依然存在，并且比先前任何时候更加强固，而今天这个日子就是最好的证明。因为今天我写这个序言的时候，欧美无产阶级正在检阅自己的战斗力量，它们第一次在一个旗帜下动员成为一个军队，以求达到一个最近的目的，即早已由国际1866年日内瓦代表大会宣布、后来又由1889年巴黎工人代表大会再度宣布的在法律上确立八小时标准工作日。今天的情景定会使全世界的资本家和地主知道：全世界的无产者现在已经真正联合起来了。如果马克思今天还能同我站在一起亲眼看见这种情景，那该多好呵！

弗·恩格斯
1890年5月1日于伦敦

1892年波兰文版序言

从目前已有必要出版《共产主义宣言》波兰文新版本这一事实,可以引起许多联想。

首先值得注意的是,近来《宣言》在某种程度上已经成为测量欧洲大陆大工业发展的一种尺度。某一国家的大工业愈发展,该国工人想要弄清他们作为工人阶级在有产阶级面前所处地位的愿望也就愈强烈,工人中间的社会主义运动也就愈扩大,对《宣言》的需求也就愈增长。这样,根据《宣言》用某国文字销行的份数,不仅可以相当准确地判断该国工人运动的状况,而且可以相当准确地判断该国大工业发展的程度。

因此,《宣言》波兰文新版本的刊行,标志着波兰工业的重大发展。而且从十年前刊印上一版以来确实已有这种进步,这是丝毫不容置疑的。俄罗斯的波兰,会议桌上的波兰,已成为俄罗斯帝国的巨大的工业区。俄国大工业分散于各处,一部分在芬兰湾沿岸,一部分在中央区(莫斯科和弗拉基米尔),一部分在黑海和阿速夫海沿岸,还有一些分散在其他地方;波兰工业则集中于一个比较狭小的地区,这种集中所产生的益处,它都感受到了。这种益处是从事竞争的俄国工厂主所承认的,因为他们虽然拼命想把波兰人变成俄罗斯人,同时却要求实行抵制波兰的保护关税。至于这种害处,即波兰工厂主和俄国政府都感受到的害处,则表现为社会主义思想在波兰工人中间的迅速传播和对《宣言》的需求的日益增长。

但是,波兰工业的迅速发展(波兰工业已经超过了俄国工业),又是波兰人民拥有无穷生命力的新的证明,是波兰人民即将达到民族复兴的新的保证。而一个独立强盛的波兰的复兴是一件不仅关系到波兰人而且关系到我们大家的事情。欧洲各民族的诚恳的国际合作,只有当其中每个民族都在自己内部完全自主的时候才能实现。1848年革命打着无产阶级的旗帜,使无产阶级战士归根到底只是做了资产阶级的工作,然而这次革命毕竟通过自己的遗嘱执行人路易·波拿巴和俾斯麦实现了意大利、德国和匈牙利的独立。至于波兰,虽然它从1792年以来对革命所做的贡献比这三个国家所做的全部贡献还要大,可是它于1863年在十倍于自己的俄国优势下被压得喘不过气来的时候,却被抛弃不管了。波兰贵族既没有能够保持住波兰独立,也没有能够重新争得波兰独立;在资产阶级看来,波兰独立在今天至少是一件无关痛痒的事情。然而这种独立却是实现欧洲各民族和谐的合作所必需的。这种独立只有年轻的波兰无产阶级才能争得,而当波兰无产阶级把它争到手的时候,它就会完全有保障了。因为欧洲所有其余各国工人都像波兰工人本身一样需要波兰的独立。

弗·恩格斯
1892年2月10日于伦敦

1893年意大利文版序言

致意大利读者

《共产党宣言》的发表,可以说正好碰上了1848年3月18日这个日子,在这一天米兰和柏林发生了革命,即发生了两个民族——其中一个处于欧洲大陆中心,另一个处于地中海中心——举行的武装起义;这两个民族在此以前都由于割据和内讧而被削弱并因而遭到外族的统治。意大利曾受奥皇支配,而德国则受到俄国沙皇那种虽然不那么直接、但是同样可以感觉得到的压迫。1848年3月18日的结果使意大利和德国免除了这种耻辱;如果说,这两个伟大民族在1848—1871年期间得到复兴并以这种或那种形式重新获得独立,那末,这是因为,正如马克思所说,那些镇压1848年革命的人违反自己的意志充当了这次革命的遗嘱执行人。

这次革命到处都是由工人阶级干的:构筑街垒和流血牺牲的都是工人阶级。只有巴黎工人在实行推翻政府的同时也抱有推翻资产阶级统治的明确意图。但是,虽然他们已经认识到他们这个阶级和资产阶级之间存在着不可避免的对抗,然而无论法国经济的进展或法国工人群众的精神的发展,都还没有达到可能实现社会改造的程度。因此,革命的果实归根到底是由资本家阶级拿去了。在其他国家,在意大利、德国、奥地利,工人从一开始就只限于帮助资产阶级取得政权。但是在任何一个国家,资产阶级的统治离开民族独立是不行的。因此,1848年革命也就不能不使直到当时还没有统一和独立的那些民族——意大利、德国、匈牙利——获得统一和独立。现在轮到波兰了。

由此可见,1848年革命虽然不是社会主义革命,但它毕竟为社会主义革命扫清了道路,为这个革命准备了基础。最近四十五年以来,资产阶级制度由于在世界各国引起了大工业的高涨,到处造成了人数众多的、集中的、强大的无产阶级;这样它就产生了——正如《宣言》所说——它自身的掘墓人。不恢复每个民族的独立和统一,那就既不可能有无产阶级的国际联合,也不可能有各民族为达到共同目的而必须实行的和睦的与自觉的合作。试想想看,在1848年以前存在的政治条件下,能有什么意大利工人、匈牙利工人、德意志工人、波兰工人、俄罗斯工人的共同的国际行动!可见,1848年的战斗并不是白白进行的。从这次革命时期起直到今日的这四十五年,也不是白白过去的。这次革命时期的果实已开始成熟,而我的唯一愿望是这个意大利文译本的出版能成为意大利无产阶级胜利的良好预兆,如同《宣言》原文的出版成了国际革命的预兆一样。

《宣言》十分公正地承认了资本主义在先前所起过的革命作用。意大利是第一个资本主义民族。封建的中世纪的终结和现代资本主义纪元的开端,是以一位大人物为标志的。这位人物就是意大利人但丁,他是中世纪的最后一位诗人,同时又是新时代的最初一位诗人。现在也如1300年间那样,新的历史纪元正在到来。意大利是否会给我们一个新的但丁来宣告这个无产阶级新纪元的诞生呢?

弗·恩格斯

1893年2月1日于伦敦

一个幽灵,共产主义的幽灵,在欧洲游荡。为了对这个幽灵进行神圣的围剿,旧欧洲的一切势力,教皇和沙皇、梅特涅和基佐、法国的激进派和德国的警察,都联合起来了。

有哪一个反对党不被它的当政的敌人骂为共产党呢?又有哪一个反对党不拿共产主义这个罪名去回敬更进步的反对党人和自己的反动敌人呢?

从这一事实中可以得出两个结论:

共产主义已经被欧洲的一切势力公认为一种势力;

现在是共产党人向全世界公开说明自己的观点、自己的目的、自己的意图并且拿党自己的宣言来反驳关于共产主义幽灵的神话的时候了。

为了这个目的,各国共产党人集会于伦敦,拟定了如下的宣言,用英文、法文、德文、意大利文、佛来米文和丹麦文公布于世。

一、资产者和无产者

到目前为止的一切社会的历史都是阶级斗争的历史。

自由民和奴隶、贵族和平民、领主和农奴、行会师傅和帮工,一句话,压迫者和被压迫者,始终处于相互对立的地位,进行不断的、有时隐蔽有时公开的斗争,而每一次斗争的结局都是整个社会受到革命改造或者斗争的各阶级同归于尽。

在过去的各个历史时代,我们几乎到处都可以看到社会完全划分为各个不同的等级,看到社会地位分成多种多样的层次。在古罗马,有贵族、骑士、平民、奴隶,在中世纪,有封建领主、陪臣、行会师傅、帮工、农奴,而且几乎在每一个阶级内部又有各种独特的等第。

从封建社会的灭亡中产生出来的现代资产阶级社会并没有消灭阶级对立。它只是用新的阶级、新的压迫条件、新的斗争形式代替了旧的。

但是,我们的时代,资产阶级时代,却有一个特点:它使阶级对立简单化了。整个社会日益分裂为两大敌对的阵营,分裂为两大相互直接对立的阶级:资产阶级和无产阶级。

从中世纪的农奴中产生了初期城市的城关市民;从这个市民等级中发展出最初的资产阶级分子。

美洲的发现、绕过非洲的航行,给新兴的资产阶级开辟了新天地。东印度和中国的市场、美洲的殖民化、对殖民地的贸易、交换手段和一般商品的增加,使商业、航海业和工业空前高涨,因而使正在崩溃的封建社会内部的革命因素迅速发展。

以前那种封建的或行会的工业经营方式已经不能满足随着新市场的出现而增加的需求了。工场手工业代替了这种经营方式。行会师傅被工业的中间等级排挤掉了;各种行业组合之间的分工随着各个作坊内部的分工的出现而消失了。

但是,市场总是在扩大,需求总是在增加。甚至工场手工业也不再能满足需要了。于是,蒸汽和机器引起了工业生产的革命。现代大工业代替了工场手工业;工业中的百万富翁,整批整批产业军的统领,现代资产者,代替了工业的中间等级。

大工业建立了由美洲的发现所准备好的世界市场。世界市场使商业、航海业和陆路交通得到了巨大的发展。这种发展又反过来促进了工业的扩展,同时,工业、商业、航海业和铁路愈是扩展,资产阶级也愈是发展,愈是增加自己的资本,愈是把中世纪遗留下来的一切阶级都排挤到后面去。

由此可见,现代资产阶级本身是一个长期发展过程的产物,是生产方式和交换方式的一系列变革的产物。

资产阶级的这种发展的每一个阶段,都有相应的政治上的成就伴随着。它在封建领主统治下是被压迫的等级,在公社里是武装的和自治的团体,在一些地方组成独立的城市共和国,在另一些地方组成君主国中的纳税的第三等级;后来,在工场手工业时期,它是等级制君主国或专制君主国中同贵族抗衡的势力,甚至是大君主国的主要基础;最后,从大工业和世界市场建立的时候起,它在现代的代议制国家里夺得了独占的政治统治。现代的国家政权不过是管理整个资产阶级的共同事务的委员会罢了。

资产阶级在历史上曾经起过非常革命的作用。

资产阶级在它已经取得了统治的地方把一切封建的、宗法的和田园诗般的关系都破坏了。它无情地斩断了把人们束缚于天然首长的形形色色的封建羁绊,它使人和人之间除了赤裸裸的利害关系,除了冷酷无情的"现金交易",就再也没有任何别的联系了。它把宗教虔诚、骑士热忱、小市民的伤感这些情感的神圣激发,淹没在利己主义打算的冰水之中。它把人的尊严变成了交换价值,用一种没有良心的贸易自由代替了无数特许的和自力挣得的自由。总而言之,它用公开的、无耻的、直接的、露骨的剥削代替了由宗教幻想和政治幻想掩盖着的剥削。

资产阶级抹去了一切向来受人尊崇和令人敬畏的职业的灵光。它把医生、律师、教士、诗人和学者变成了它出钱招雇的雇佣劳动者。

资产阶级撕下了罩在家庭关系上的温情脉脉的面纱,把这种关系变成了纯粹的金钱关系。

资产阶级揭示了,在中世纪深受反动派称许的好勇斗狠,是以懒散怠惰作为它的相应的补充的。它第一次证明了,人的活动能够取得什么样的成就。它创造了完全不同于埃及金字塔、罗马水道和哥特式教堂的奇迹;它完成了完全不同于民族大迁移和十字军东征的远征。

资产阶级除非使生产工具,从而对生产关系,从而使全部社会关系不断地革命化,否则就不能生存下去。反之,原封不动地保持旧的生产方式,却是过去的一切工业阶级生存的首要条件。生产的不断变革,一切社会关系不停的动荡,永远的不安定和变动,这就是资产阶级时代不同于过去一切时代的地方。一切固定的古老的关系以及与之相适应的素被尊崇的观念和见解都被消除了,一切新形成的关系等不到固定下来就陈旧了。一切固定的东西都烟消云散了,一切神圣的东西都被亵渎了。人们终于不得不用冷静的眼光来看他们的生活地位、他们的相互关系。

不断扩大产品销路的需要,驱使资产阶级奔走于全球各地。它必须到处落户,到处创业,到处建立联系。

资产阶级,由于开拓了世界市场,使一切国家的生产和消费都成为世界性的了。不管反动派怎样惋惜,资产阶级还是挖掉了工业脚下的民族基础。古老的民族工业被消灭了,并且每天都还在被消灭。它们被新的工业排挤掉了,新的工业的建立已经成为一切文明民族的生命攸关的问题;这些工业所加工的,已经不是本地的原料,而是来自极其遥远的地区的原料;它们的产品不仅供本国消费,而且同时供世界各地消费。旧的、靠本国产品来满足的需要,被新的、要靠极其遥远的国家和地带的产品来满足的需要所代替了。过去那种地方的和民族的自给自足和闭关自守状态,被各民族的各方面的互相往来和各方面的互相依赖所代替了。物质的生产是如此,精神的生产也是如此。各民族的精神产品成了公共的财产。民族的片面性和局限性日益成为不可能,于是由许多种民族的和地方的文学形成了一种世界的文学。

资产阶级,由于一切生产工具的迅速改进,由于交通的极其便利,把一切民族甚至最野蛮的民族都卷到文明中来了。它的商品的低廉价格,是它用来摧毁一切万里长城、征服野蛮人最顽强的仇外心理的重炮。它迫使一切民族——如果它们不想灭亡的话——采用资产阶级的生产方式;它迫使它们在自己那里推行所谓文明制度,即变成资产者。一句话,它按照自己的面貌为自己创造出一个世界。

资产阶级使农村屈服于城市的统治。它创立了巨大的城市,使城市人口比农村人口大大增加起来,因而使很大一部分居民脱离了乡村生活的愚昧状态。正像它使乡村从属于城市一样,它使未开化和半开化的国家从属于文明的国家,使农民的民族从属于资产阶级的民族,使东方从属于西方。

资产阶级日甚一日地消灭生产资料、财产和人口的分散状态。它使人口密集起来,使生产资料集中起来,使财产聚集在少数人的手里。由此必然产生的后果就是政治的集中。各自独立的、几乎只有同盟关系的、各有不同利益、不同法律、不同政府、不同关税的各个地区,现在已经结合为一个拥有统一的政府、统一的法律、统一的民族阶级利益和统一的关税的国家了。

资产阶级在它的不到一百年的阶级统治中所创造的生产力,比过去一切世代创造的全部生产力还要多,还要大。自然力的征服,机器的采用,化学在工业和农业中的应用,轮船的行驶,铁路的通行,电报的使用,整个整个大陆的开垦,河川的通航,仿佛用法术从地下呼唤出来的大量人口,——过去哪一个世纪能够料想到有这样的生产力潜伏在社会劳动里呢?

由此可见,资产阶级赖以形成的生产资料和交换手段,是在封建社会里造成的。在这些生产资料和交换手段发展的一定阶段上,封建社会的生产和交换在其中进行的关系,封建的农业和工业组织,一句话,封建的所有制关系,就不再适应已经发展的生产力了。这种关系已经在阻碍生产而不是促进生产了。它变成了束缚生产的桎梏。它必须被打破,而且果然被打破了。

起而代之的是自由竞争以及与自由竞争相适应的社会制度和政治制度、资产阶级的经济统治和政治统治。

现在,我们眼前又进行着类似的运动。资产阶级的生产关系和交换关系,资产阶级的所有制关系,这个曾经仿佛用法术创造了如此庞大的生产资料和交换手段的现代资产阶级社会,现在像一个巫师一样不能再支配自己用符咒呼唤出来的魔鬼了。几十年来的工业和商业的历史,只不过是现代生产力反抗现代生产关系、反抗作为资产阶级及其统治的存在条件的所有制关系的历史。要证明这一点,只要指出在周期性的循环中愈来愈危及整个资产阶级社会生存的商业危机就够了。在商业危机期间,总是不仅有很大一部分制成的产品被毁灭掉,而且有很大一部分已经造成的生产力被毁灭掉。在危机期间,发生一种在过去一切时代看来都好像是荒唐现象的社会瘟疫,即生产过剩的瘟疫。社会突然发现自己回到了一时的野蛮状态;仿佛是一次饥荒、一场普遍的毁灭性战争,吞噬了社会的全部生活资料;仿佛是工业和商业全被毁灭了,——这是什么缘故呢?因为社会上文明过度,生活资料太多,工业和商业太发达。社会所拥有的生产力已经不能再促进资产阶级文明和资产阶级所有制关系的发展;相反,生产力已经强大到这种关系所不能适应的地步,它已经受到这种关系的阻碍;而它一着手克服这种障碍,就使整个资产阶级社会陷入混乱,就使资产阶级所有制的存在受到威胁。资产阶级的关系已经太狭窄了,再容纳不了它本身所造成的财富了。——资产阶级用什么办法来克服这种危机呢?一方面不得不消灭大量生产力,另一方面夺取新的市场,更加彻底地利用旧的市场。这究竟是怎样的一种办法呢?这不过是资产阶级准备更全面更猛烈的危机的办法,不过是使防止危机的手段越来越少的办法。

资产阶级用来推翻封建制度的武器,现在却对准资产阶级自己了。

但是,资产阶级不仅锻造了置自身于死地的武器;它还产生了将要运用这种武器的人——现代的工人,即无产者。

资产阶级即资本愈发展,无产阶级即现代工人阶级也在同一程度上跟着发展;现代的工人只有当他们找到工作的时候才能生存,而且只有当他们的劳动增殖资本的时候才能找到工作。这些不得不把自己零星出卖的工人,像其他任何货物一样,也是一种商品,所以他们同样地受到竞争方面的一切变化的影响,受到市场方面的一切波动的影响。

由于推广机器和分工,无产者的劳动已经失去了任何独立的性质,因而也失去了对工人的任何吸引力。工人变成了机器的单纯的附属品,要求他做的只是极其简单、极其单调和极容易学会的操作。因此，花在工人身上的费用，几乎只限于维持工人生活和延续工人后代所必需的生活资料。但是，商品的价格，从而劳动的价格，是同它的生产费用相等的。因此，劳动越使人感到厌恶，工资也就越少。不仅如此，机器愈推广，分工愈细致，劳动量也就愈增加，这或者是由于工作时间的延长，或者是由于在一定时间内所要求的劳动的增加，机器运转的加速，等等。

现代工业已经把家长式的师傅的小作坊变成了工业资本家的大工厂。挤在工厂里的工人群众就像士兵一样被组织起来。他们是产业军的普通士兵，受着各级军士和军官的层层监视。他们不仅是资产阶级的、资产阶级国家的奴隶，并且每日每时都受机器、受监工、首先是受各个厂主资产者本人的奴役。这种专制制度愈是公开地把发财致富宣布为自己的最终目的，它就愈是可鄙、可恨和可恶。

手的操作所要求的技巧和气力愈少，换句话说，现代工业愈发达，男工也就愈受到女工的排挤。对工人阶级来说，性别和年龄的差别再没有什么社会意义了。他们都只是劳动工具，不过因为年龄和性别的不同而需要不同的费用罢了。

当厂主对工人的剥削告一段落，工人领到了用现钱支付的工资的时候，马上就有资产阶级中的另一部分人——房东、店主、当铺老板等等向他们扑来。

以前的中间等级的下层，即小工业家、小商人和小食利者，手工业者和农民——所有这些阶级都降落到无产阶级的队伍里来了，有的是因为他们的小资本不足以经营大工业，经不起较大的资本家的竞争；有的是因为他们的手艺已经被新的生产方法弄得一钱不值了。无产阶级的队伍就是这样从居民的所有阶级中得到补充的。

无产阶级经历了各个不同的发展阶段。它反对资产阶级的斗争是和它的存在同时开始的。

最初是单个的工人，然后是某一工厂的工人，然后是某一地方的某一劳动部门的工人，同直接剥削他们的个别资产者作斗争。他们不仅仅攻击资产阶级的生产关系，他们攻击生产工具本身；他们毁坏那些来竞争的外国商品，捣毁机器，烧毁工厂，力图恢复已经失去的中世纪工人的地位。

在这个阶段上，工人们还是分散在全国各地并为竞争所分裂的群众。广大工人群众的团结，还不是他们自己联合的结果，而是资产阶级联合的结果，当时资产阶级为了达到自己的政治目的必须而且暂时还能够把整个无产阶级发动起来。因此，在这个阶段上，无产者不是同自己的敌人作斗争，而是同自己的敌人的敌人作斗争，即同君主专制的残余、地主、非工业资产者和小资产者作斗争。因此，整个历史运动都集中在资产阶级手里；在这种条件下取得的每一个胜利都是资产阶级的胜利。

但是，随着工业的发展，无产阶级不仅人数增加了，而且它结合成更大的集体，它的力量日益增长，它愈来愈感觉到自己的力量。机器使劳动的差别愈来愈小，使工资几乎到处都降到同样低的水平，因而无产阶级的利益和生活状况也愈来愈趋于一致。资产者彼此间日益加剧的竞争以及由此引起的商业危机，使工人的工资愈来愈不稳定；机器的日益迅速的和继续不断的改良，使工人的整个生活地位愈来愈没有保障；个别工人和个别资产者之间的冲突愈来愈具有两个阶级的冲突的性质。工人开始成立反对资产者的同盟；他们联合起来保卫自己的工资。他们甚至建立了经常性的团体，以便一旦发生冲突在生活上有所保障。有些地方，斗争转变为起义。

工人有时也得到胜利，但这种胜利只是暂时的。他们斗争的真正成果并不是直接取得的成功，而是工人的愈来愈扩大的团结。这种团结由于大工业所造成的日益发达的交通工具而得到发展，这种交通工具把各地的工人彼此联系起来。只要有了这种联系，就能把许多性质相同的地方性的斗争汇合成全国性的斗争，汇合成阶级斗争。而一切阶级斗争都是政治斗争。中世纪的市民靠乡间小道需要几百年才能达到的团结，现代的无产者利用铁路只要几年就可以达到了。

无产者组织成为阶级，从而组织成为政党这件事，不断地由于工人的自相竞争而受到破坏。但是，这种组织总是一次又一次地重新产生，并且一次比一次更强大，更坚固，更有力。它利用资产阶级内部的分裂，迫使他们用法律形式承认工人的个别利益。英国的十小时工作日法案就是一个例子。

一般来说，旧社会内部的冲突在许多方面都促进了无产阶级的发展。资产阶级处于不断的斗争中：最初反对贵族，后来反对其利益同工业进步相矛盾的一部分资产阶级，并且经常反对一切外国的资产阶级。在这一切斗争中，资产阶级都不得不向无产阶级呼吁，要求无产阶级援助，这样就把无产阶级卷进了政治运动。于是，资产阶级自己就把自己的教育因素即反对自身的武器给予了无产阶级。

其次，我们已经看到，工业的进步把统治阶级中的整个整个的阶层抛到无产阶级队伍里去，或者至少也使他们的生活条件受到威胁。他们也给无产阶级带来了大量的教育因素。

最后，在阶级斗争接近决战的时期，统治阶级内部的、整个旧社会内部的瓦解过程，就达到非常强烈、非常尖锐的程度，甚至使得统治阶级中的一小部分人脱离统治阶级而归附于革命的阶级，即掌握着未来的阶级。所以，正像过去贵族中有一部分人转到资产阶级方面一样，现在资产阶级中也有一部分人，特别是已经提高到从理论上认识整个历史运动这一水平的一部分资产阶级思想家，转到无产阶级方面来了。

在当前同资产阶级对立的一切阶级中，只有无产阶级是真正革命的阶级。其余的阶级都随着大工业的发展而日趋没落和灭亡，无产阶级却是大工业本身的产物。

中间等级，即小工业家、小商人、手工业者、农民，他们同资产阶级作斗争，都是为了维护他们这种中间等级的生存，以免于灭亡。所以，他们不是革命的，而是保守的。不仅如此，他们甚至是反动的，因为他们力图使历史的车轮倒转。如果说他们是革命的，那是鉴于他们行将转入无产阶级的队伍，这样，他们就不是维护他们目前的利益，而是维护他们将来的利益，他们就离开自己原来的立场，而站到无产阶级的立场上来。

流氓无产阶级是旧社会最下层中消极的腐化的部分，他们有时也被无产阶级革命卷到运动里来，但是，由于他们的整个生活状况，他们更甘心于被人收买，去干反动的勾当。

旧社会的生活条件在无产阶级的生活条件中已经被消灭了。无产者是没有财产的;他们和妻子儿女的关系同资产阶级的家庭关系再没有任何共同之处了;现代的工业劳动,现代的资本压迫,无论在英国或法国,无论在美国或德国,都是一样的,都使无产者失去了任何民族性。法律、道德、宗教,在他们看来全都是掩盖资产阶级利益的资产阶级偏见。

过去一切阶级在争得统治之后,总是使整个社会服从于它们发财致富的条件,企图以此来巩固它们已获得的生活地位。无产者只有消灭自己的现存的占有方式,从而消灭全部现存的占有方式,才能取得社会生产力。无产者没有什么自己的东西必须加以保护,他们必须摧毁至今保护和保障私有财产的一切。

过去的一切运动都是少数人的或者为少数人谋利益的运动。无产阶级的运动是绝大多数人的、为绝大多数人谋利益的独立的运动。无产阶级,现今社会的最下层,如果不炸毁构成官方社会的整个上层,就不能抬起头来,挺起胸来。

如果不就内容而就形式来说,无产阶级反对资产阶级的斗争首先是一国范围内的斗争。每一个国家的无产阶级当然首先应该打倒本国的资产阶级。

在叙述无产阶级发展的最一般的阶段的时候,我们循序探讨了现存社会内部或多或少隐蔽着的国内战争,直到这个战争转变为公开的革命,无产阶级用暴力推翻资产阶级而建立自己的统治。

我们已经看到,到目前为止的一切社会都是建立在压迫阶级和被压迫阶级的对立之上的。但是,为了有可能压迫一个阶级,就必须保证这个阶级至少有能够维持它的奴隶般的生存的条件。农奴曾经在农奴制度下挣扎到公社社员的地位,小资产者曾经在封建专制制度的束缚下挣扎到资产者的地位。现代的工人却相反,他们并不是随着工业的进步而上升,而是愈来愈降到本阶级的生存条件以下。工人变成赤贫者,贫困比人口和财富增长得还要快。由此可以明显地看出,资产阶级再不能做社会的统治阶级了,再不能把自己阶级的生存条件当作支配一切的规律强加于社会了。资产阶级不能统治下去了,因为它甚至不能保证自己的奴隶维持奴隶的生活,因为它不得不让自己的奴隶落到不能养活它反而要它来养活的地步。社会再不能在它统治下生存下去了,就是说,它的生存不再同社会相容了。

资产阶级生存和统治的根本条件,是财富在私人手里的积累,是资本的形成和增殖;资本的生存条件是雇佣劳动。雇佣劳动完全是建立在工人的自相竞争之上的。资产阶级无意中造成而又无力抵抗的工业进步,使工人通过联合而达到的革命团结代替了他们由于竞争而造成的分散状态。于是,随着大工业的发展,资产阶级赖以生产和占有产品的基础本身也就从它的脚下被挖掉了。它首先生产的是它自身的掘墓人。资产阶级的灭亡和无产阶级的胜利是同样不可避免的。

二、无产者和共产党人

共产党人同一般无产者的关系是怎样的呢?

共产党人不是同其他工人政党相对立的特殊政党。

他们没有任何同整个无产阶级的利益不同的利益。

他们不提出任何特殊的原则,用以塑造无产阶级的运动。

共产党人同其他无产阶级政党不同的地方只是:一方面,在各国无产者的斗争中,共产党人强调和坚持整个无产阶级的不分民族的共同利益;另一方面,在无产阶级和资产阶级的斗争所经历的各个发展阶段上,共产党人始终代表整个运动的利益。

因此,在实践方面,共产党人是各国工人政党中最坚决的、始终推动运动前进的部分;在理论方面,他们比其余的无产阶级群众优越的地方在于他们了解无产阶级运动的条件、进程和一般结果。

共产党人的最近目的是和其他一切无产阶级政党的最近目的一样的:使无产阶级形成为阶级,推翻资产阶级的统治,由无产阶级夺取政权。

共产党人的理论原理,决不是以这个或那个世界改革家所发明或发现的思想、原则为根据的。

这些原理不过是现存的阶级斗争、我们眼前的历史运动的真实关系的一般表现。消灭先前存在的所有制关系,并不是共产主义所独具的特征。

一切所有制关系都经历了经常的历史更替、经常的历史变更。

例如,法国革命废除了封建的所有制,代之以资产阶级的所有制。

共产主义的特征并不是要废除一般的所有制,而是要废除资产阶级的所有制。

但是,现代的资产阶级私有制是建筑在阶级对立上面、建筑在一些人对另一些人的剥削上面的生产和产品占有的最后而又最完备的表现。

从这个意义上说,共产党人可以用一句话把自己的理论概括起来:消灭私有制。

有人责备我们共产党人,说我们消灭个人挣得的、自己劳动得来的财产,要消灭构成个人的一切自由、活动和独立的基础的财产。

好一个劳动得来的、自己挣得的、自己赚来的财产!你们说的是资产阶级所有制以前的那种小资产者的、小农的财产吗?那种财产用不着我们去消灭,工业的发展已经把它消灭了,而且每天都在消灭它。

或者,你们说的是现代的资产阶级的私有财产吧?

但是,难道雇佣劳动,无产者的劳动,会给无产者创造出财产来吗?没有的事。这种劳动所创造的资本,即剥削雇佣劳动的财产,只有在不断产生出新的雇佣劳动来重新加以剥削的条件下才能增加起来的财产。现今的这种财产是在资本和雇佣劳动的对立中运动的。让我们来看看这种对立的两个方面吧。

做一个资本家,这就是说,他在生产中不仅占有一种纯粹个人的地位,而且占有一种社会的地位。资本是集体的产物,它只有通过社会许多成员的共同活动,而且归根到底只有通过社会全体成员的共同活动,才能被运用起来。

因此,资本不是一种个人力量,而是一种社会力量。

因此，把资本变为属于社会全体成员的公共财产，这并不是把个人财产变为社会财产。这里所改变的只是财产的社会性质。它将失掉它的阶级性质。

现在，我们来看看雇佣劳动。

雇佣劳动的平均价格是最低限度的工资，即工人为维持其工人的生活所必需的生活资料的数额。因此，雇佣工人靠自己的劳动所占有的东西，只够勉强维持他的生命的再生产。我们决不打算消灭这种供直接生命再生产用的劳动产品的个人占有，这种占有并不会留下任何剩余的东西使人们有可能支配别人的劳动。我们要消灭的只是这种占有的可怜的性质，在这种占有下，工人仅仅为增殖资本而生活，并且只有在统治阶级的利益需要他生活的时候才能生活。

在资产阶级社会里，活的劳动只是增殖已经积累起来的劳动的一种手段。在共产主义社会里，已经积累起来的劳动只是扩大、丰富和提高工人的生活的一种手段。

因此，在资产阶级社会里是过去支配现在，在共产主义社会里是现在支配过去。在资产阶级社会里，资本具有独立性和个性，而活动着的个人却没有独立性和个性。

而资产阶级却把消灭这种关系说成是消灭个性和自由！它说对了。的确，正是要消灭资产者的个性、独立性和自由。

在现今的资产阶级生产关系的范围内，所谓自由就是贸易自由，买卖自由。

但是，买卖一消失，自由的买卖也就会消失。我们的资产者关于自由买卖的空谈，也像他们的其他一切关于自由的大话一样，仅仅对于不自由的买卖来说，对于中世纪被奴役的市民来说，才是有意义的，而对于共产主义要消灭买卖、消灭资产阶级生产关系和资产阶级本身这一点来说，却是毫无意义的。

你们一听到我们要消灭私有制，就惊慌起来。但是，在你们的现存社会里，私有财产对十分之九的成员来说已经被消灭了；这种私有制之所以存在，正是因为私有财产对十分之九的成员来说已经不存在。可见，你们责备我们，原来是说我们要消灭那种以社会上的绝大多数人没有财产为必要条件的所有制。

总而言之，你们责备我们，原来是说我们要消灭你们的那种所有制。的确，我们是要这样做的。

你们说，从劳动不再能变为资本、货币、地租，一句话，不再能变为可以垄断的社会力量的时候起，就是说，从个人财产不再能变为资产阶级财产的时候起，个性就被消灭了。

由此可见，你们是承认，你们所理解的个性，不外是资产者、资产阶级私有者。这样的个性确实应当被消灭。

共产主义并不剥夺任何人占有社会产品的权力，它只剥夺利用这种占有去奴役他人劳动的权力。

有人反驳说，私有制一消灭，一切活动就会停止，懒惰之风就会兴起。

这样说来，资产阶级社会早就应该因懒惰而灭亡了，因为在这个社会里劳者不获，获者不劳。所有这些顾虑，都可以归结为这样一个同义反复：一旦没有资本，也就不再有雇佣劳动了。

所有这些对共产主义的物质产品的占有方式和生产方式的责备，都同样被推广到精神产品的占有和生产方面。正如消灭阶级的所有制在资产者看来是消灭生产本身一样，消灭阶级的教育在他们看来就等于消灭一切教育。

资产者唯恐其灭亡的那种教育，对绝大多数人来说不过是把人训练成机器罢了。

但是，你们既然用你们资产阶级关于自由、教育、法等等的观念来衡量废除资产阶级所有制的主张，那就请你们不要同我们争论了。你们的观念本身是资产阶级的生产关系和所有制关系的产物，正像你们的法不过是被奉为法律的你们这个阶级的意志一样，而这种意志的内容是由你们这个阶级的物质生活条件来决定的。

你们的偏私观念使你们把自己的生产关系和所有制关系从历史的、在生产过程中是暂时的关系变成永恒的自然规律和理性规律，这种偏私观念是你们和一切灭亡了的统治阶级所共有的。你们谈到古代所有制的时候所能理解的，你们谈到封建所有制的时候所能理解的，一谈到资产阶级所有制你们就再也不能理解了。

消灭家庭！连极端的激进党人也对共产党人的这种可耻的意图表示愤慨。

现代的、资产阶级的家庭是建筑在什么基础上的呢？是建筑在资本上面，建筑在私人发财上面。这种家庭的充分发展的形式，只在资产阶级中才存在，而它的补充现象是无产者的被迫独居和公开的卖淫。

资产者的家庭自然会随着它的这种补充的消失而消失，两者都要随着资本的消失而消失。

也许你们是责备我们，说我们要消灭父母对子女的剥削吧？我们承认这种罪状。

但是，你们说，我们用社会教育代替家庭教育，就是要消灭人们最亲密的关系。

而你们的教育不也是由社会决定的吗？不也是由你们借以进行教育的那种社会关系决定的吗？不也是由社会通过学校等等进行的直接的或间接的干涉决定的吗？共产党人并没有发明社会对教育的影响；他们仅仅是要改变这种影响的性质，要使教育摆脱统治阶级的影响。

无产者的一切家庭联系愈是由于大工业的发展而被破坏，他们的子女愈是由于这种发展而被变成单纯的买卖对象和劳动工具，资产阶级关于家庭和教育、关于父母和子女的亲密关系的空话就愈是令人作呕。

但是，你们共产党人是要实行公妻制的啊，——整个资产阶级异口同声地向我们这样叫喊。

资产者原来是把自己的妻子看作单纯的生产工具的。他们听说生产工具将要公共使用，自然就不能不想到妇女也会遭到同样的命运。

他们想也没有想到，问题正在于消灭妇女被当作单纯生产工具看待的地位。

其实，我们的资产者装得道貌岸然，对所谓的共产党人的正式公妻制表示惊讶，那是再可笑不过了。公妻制无需共产党人来实行，它差不多是一向就有的。

我们的资产者不以他们的无产者的妻子和女儿受他们支配为满足，正式的娼妓更不必说了，他们还以互相诱奸妻子为最大的享乐。

资产阶级的婚姻实际上是公妻制。人们至多只能责备共产党人,说他们想用正式的、公开的公妻制来代替伪善地掩蔽着的公妻制。其实,不言而喻,随着现在的生产关系的消灭,从这种关系中产生的公妻制,即正式的和非正式的卖淫,也就消失了。

有人还责备共产党人,说他们要取消祖国,取消民族。

工人没有祖国。决不能剥夺他们所没有的东西。因为无产阶级首先必须取得政治统治,上升为民族的阶级,把自身组织成为民族,所以它本身暂时还是民族的,虽然这里所说的"民族的"一词和资产阶级所理解的完全不同。

随着资产阶级的发展,随着贸易自由的实现和世界市场的建立,随着工业生产以及与之相适应的生活条件的趋于一致,各国人民之间的民族隔绝和对立日益消失了。

无产阶级的统治将使它们更快地消失。联合的行动,至少是各文明国家的联合的行动,是无产阶级获得解放的首要条件之一。

人对人的剥削一消灭,民族对民族的剥削就会随之消灭。

民族内部的阶级对立一消失,民族之间的敌对关系就会随之消失。

从宗教的、哲学的和一切意识形态的观点对共产主义提出的种种责难,都不值得详细讨论了。

人们的观念、观点和概念,一句话,人们的意识,随着人们的生活条件、人们的社会关系、人们的社会存在的改变而改变,这难道需要经过深思才能了解吗?

思想的历史除了证明精神生产随着物质生产的改造而改造,还证明了什么呢?任何一个时代的统治思想始终都不过是统治阶级的思想。

当人们谈到使整个社会革命化的思想时,他们只是表明了一个事实:在旧社会内部已经形成了新社会的因素,旧思想的瓦解是同旧生活条件的瓦解步调一致的。

当古代世界走向灭亡的时候,古代的各种宗教就被基督教战胜了。当基督教思想在18世纪被启蒙思想击败的时候,封建社会正同当时革命的资产阶级进行殊死的斗争。信仰自由和宗教自由的思想,不过表明自由竞争在信仰的领域里占统治地位罢了。

"诚然,"——有人会说,——"宗教的、道德的、哲学的、政治的、法的以及其他的观念在历史发展的进程中是不断改变的。但是,宗教、道德、哲学、政治和法本身在这种变化中却始终保存着。

此外,还存在着永恒的真理,如自由、正义等等,这些真理是社会发展的一切阶段所有的。但是共产主义要废除永恒的真理,它要废除宗教、道德,而不是加以革新,所以共产主义是同到目前为止的全部历史发展进程相矛盾的。"

这种责难有什么意思呢?到目前为止的一切社会的历史都是在阶级对立中运动的,而这种对立在不同的时代是各不相同的。

但是,不管这种对立具有什么样的形式,社会上一部分人对另一部分人的剥削却是过去各个世纪所共有的事实。因此,毫不奇怪,各个世纪的社会意识,尽管形形色色、千差万别,总是在某种共同的形式中运动的,这些形式,这些意识形式,只有当阶级对立完全消失的时候才会完全消失。

共产主义革命就是同传统的所有制关系实行最彻底的决裂;毫不奇怪,它在自己的发展进程中要同传统的观念实行最彻底的决裂。

不过,我们还是把资产阶级对共产主义的种种责难撇开吧。

前面我们已经看到,工人革命的第一步就是使无产阶级上升为统治阶级,争得民主。

无产阶级将利用自己的政治统治,一步一步地夺取资产阶级的全部资本,把一切生产工具集中在国家即组织成为统治阶级的无产阶级手里,并且尽可能快地增加生产力的总量。

要做到这一点,当然首先必须对所有权和资产阶级生产关系实行强制性的干涉,采取这样一些措施,这些措施在经济上似乎是不够充分的和没有力量的,但是在运动进程中它们会越出本身,而且作为变革全部生产方式的手段是必不可少的。

这些措施在不同的国家里当然会是不同的。

但是,最先进的国家几乎都可以采取下面的措施:

1. 剥夺地产,把地租用于国家支出。
2. 征收高额累进税。
3. 废除继承权。
4. 没收一切流亡分子和叛乱分子的财产。
5. 通过拥有国家资本和独享垄断权的国家银行,把信贷集中在国家手里。
6. 把全部运输业集中在国家的手里。
7. 增加国营工厂和生产工具,按照总的计划开垦荒地和改良土壤。
8. 实行普遍劳动义务制,成立产业军,特别是在农业方面。
9. 把农业和工业结合起来,促使城乡之间的对立逐步消灭。
10. 对一切儿童实行公共的和免费的教育。取消现在这种形式的儿童的工厂劳动。把教育同物质生产结合起来,等等。

在发展进程中,当阶级差别已经消失而全部生产集中在联合起来的个人的手里的时候,公众的权力就失去政治性质。原来意义上的政治权力,是一个阶级用以压迫另一个阶级的有组织的暴力。如果说无产阶级在反对资产阶级的斗争中一定要联合为阶级,如果说它通过革命使自己成为统治阶级,并以统治阶级的资格用暴力消灭旧的生产关系,那么它在消灭这种生产关系的同时,也就消灭了阶级对立和阶级本身的存在条件,从而消灭了它自己这个阶级的统治。

代替那存在着阶级和阶级对立的资产阶级旧社会的,将是这样一个联合体,在那里,每个人的自由发展是一切人的自由发展的条件。

三、社会主义的和共产主义的文献

1. 反动的社会主义

(甲)封建的社会主义

法国和英国的贵族，按照他们的历史地位所负的使命，就是写一些抨击现代资产阶级社会的作品。在法国的1830年七月革命和英国的改革运动中，他们再一次被可恨的暴发户打败了。从此就再谈不上严重的政治斗争了。他们还能进行的只是文字斗争。但是，即使在文字方面也不可能重弹复辟时期的老调了。为了激起同情，贵族们不得不装模作样，似乎他们已经不关心自身的利益，似乎只是为了被剥削的工人阶级的利益，才声讨资产阶级。他们用来泄愤的手段是：唱唱诅咒他们的新统治者的歌，并向他叽叽咕咕地说一些或多或少凶险的预言。

这样就产生了封建的社会主义，其中半是挽歌，半是谤文；半是过去的回音，半是未来的恫吓；它有时也能用辛辣、俏皮而尖刻的评论刺中资产阶级的心，但是它由于完全不能理解现代历史的进程而总是令人感到可笑。

为了拉拢人民，贵族们把无产阶级的乞食袋当作旗帜来挥舞。但是，每当人民跟着他们走的时候，都发现他们的臀部带有旧的封建纹章，于是就哈哈大笑，一哄而散。

一部分法国正统派和"青年英国"，都表演过这出戏。

封建主说，他们的剥削方式和资产阶级的剥削不同，那他们只是忘记了，他们是在完全不同的、目前已经过时的情况和条件下进行剥削的。他们说，在他们的统治下并没有出现过现代的无产阶级，那他们只是忘记了，现代的资产阶级正是他们的社会制度的必然产物。

不过，他们毫不掩饰自己的批评的反动性质，他们控告资产阶级的主要罪状正是在于：在资产阶级的统治下有一个将把整个旧社会制度炸毁的阶级发展起来。

他们责备资产阶级，与其说是因为它产生了一般的无产阶级，不如说是因为它产生了革命的无产阶级。

因此，在政治实践中，他们参与对工人阶级采取的一切暴力措施，而在日常生活中，他们违背自己的那一套冠冕堂皇的言词，屈身拾取金苹果，不顾信义、仁爱和名誉去做羊毛、甜菜和烧酒的买卖。

正如僧侣总是同封建主携手同行一样，僧侣的社会主义也总是同封建的社会主义携手同行的。

要给基督教禁欲主义涂上一层社会主义的色彩，是再容易不过了。基督教不是也激烈反对私有财产，反对婚姻，反对国家吗？它不是提倡用行善和求乞、独身和禁欲、修道和礼拜来代替这一切吗？基督教的社会主义，只不过是僧侣用来使贵族的怨愤神圣化的圣水罢了。

(乙)小资产阶级的社会主义

封建贵族并不是被资产阶级所推翻的、其生活条件在现代资产阶级社会里日益恶化和消失的唯一阶级。中世纪的城关市民等级和小农等级是现代资产阶级的前身。在工商业不很发达的国家里，这个阶级还在新兴的资产阶级身旁苟延残喘。

在现代文明已经发展的国家里，形成了一个新的小资产阶级，它摇摆于无产阶级和资产阶级之间，并且作为资产阶级社会的补充部分不断地重新组成。但是，这一阶级的成员经常被竞争抛到无产阶级队伍里去，而且，随着大工业的发展，他们甚至觉察到，他们很快就会完全失去他们作为现代社会中一个独立部分的地位，在商业、工业和农业中很快就会被监工和雇员所代替。

在农民阶级远远超过人口半数的国家，例如在法国，那些站在无产阶级方面反对资产阶级的著作家，自然是用小资产阶级和小农的尺度去批判资产阶级制度的，是从小资产阶级的立场出发替工人说话的。这样就形成了小资产阶级的社会主义。西斯蒙第就是这个学派的首领，对法国来说是这样，对英国来说也是这样。

这种社会主义非常精辟地分析了现代生产关系中的矛盾。它揭穿了经济学家的虚伪的粉饰。它确凿地证明了机器和分工的破坏作用、资本和地产的积聚、生产过剩、危机、小资产者和小农的必然没落、无产阶级的贫困、生产的无政府状态、财富分配的极不平均、各民族之间的毁灭性的工业战争，以及旧风尚、旧家庭关系和旧民族性的解体。

但是，这种社会主义按其实际内容来说，或者是企图恢复旧的生产资料和交换手段，从而恢复旧的所有制关系和旧的社会，或者是企图重新把现代的生产资料和交换手段硬塞到已被它们突破而且必然被突破的旧的所有制关系的框子里去。它在这两种场合都是反动的，同时又是空想的。

工业中的行会制度，农业中的宗法经济，——这就是它的最后结论。

这一思潮在它以后的发展中变成了一种怯懦的悲叹。

(丙)德国的或"真正的"社会主义

法国的社会主义和共产主义的文献是在居于统治地位的资产阶级的压迫下产生的，并且是同这种统治作斗争的文字表现，这种文献被搬到德国的时候，那里的资产阶级才刚刚开始进行反对封建专制制度的斗争。

德国的哲学家、半哲学家和才子们，贪婪地抓住了这种文献，不过他们忘记了：在这种著作从法国搬到德国的时候，法国的生活条件却没有同时搬过去。在德国的条件下，法国的文献完全失去了直接实践的意义，而只具有纯粹文献的形式。它必然表现为关于真正的社会、关于实现人的本质的无谓思辨。这样，第一次法国革命的要求，在18世纪的德国哲学家看来，不过是一般"实践理性"的要求，而革命的法国资产阶级的意志的表现，在他们心目中就是纯粹意志、本来面目的意志、真正人的意志的规律。

德国著作家的唯一工作，就是把新的法国的思想同他们的旧的哲学良心调和起来，或者毋宁说，就是从他们的哲学观点出发去掌握法国的思想。

这种掌握，就像掌握外国语一样，是通过翻译的。

大家知道，天主教僧侣曾经在古代异教经典的手抄本上面写上荒诞的天主教圣徒传。德国著作家用相反的态度对待世俗的法国文献。他们在法国的原著下面写上自己的哲学胡说。例如，他们在批判货币关系的法国原著下面写上"人的本质的外化(Entäuβerung)"，在批判资产阶级国家的法国原著下面写上所谓"抽象普遍物的统治的废除"，等等。

这种把自己的哲学词句硬塞进法国理论的做法，他们称之为"行动的哲学""真正的社会主义""德国的社会主义科学""社会主义的哲学论证",等等。

法国的社会主义和共产主义的文献就这样被完全阉割了。既然这种文献在德国人手里已不再表现一个阶级反对另一个阶级的斗争,于是德国人就认为:他们克服了"法国人的片面性",他们不代表真实的要求,而代表真理的要求,不代表无产者的利益,而代表人的本质的利益,即一般人的利益,这种人不属于任何阶级,根本不存在于现实界,而只存在于云雾弥漫的哲学幻想的太空。

现在,这种曾经郑重其事地看待自己那一套拙劣的小学生作业并且大言不惭地加以吹嘘的德国社会主义,渐渐失去了它那种自炫博学的天真。

德国的特别是普鲁士的资产阶级反对封建主和君主专制的斗争,一句话,自由主义运动,愈来愈严重了。

于是,"真正的"社会主义就得到了一个好机会,把社会主义的要求同政治运动对立起来,用诅咒异端邪说的传统办法诅咒自由主义,诅咒代议制国家,诅咒资产阶级的竞争、资产阶级的出版自由、资产阶级的法、资产阶级的自由和平等,并且向人民群众大肆宣扬,说什么在这个资产阶级运动中,人民群众非但一无所得,反而会失去一切。德国的社会主义恰好忘记了,法国的批判(德国的社会主义是这种批判的可怜的回声)是以现代的资产阶级社会以及相应的物质生活条件和相当的政治制度为前提的,而这一切前提当时在德国正是尚待争取的。

这种社会主义成了德意志各邦专制政府及其随从——僧侣、教员、容克地主和官僚求之不得的、吓唬来势汹汹的资产阶级的稻草人。

这种社会主义是这些政府用来镇压德国工人起义的毒辣的皮鞭和枪弹的甜蜜的补充。

既然"真正的"社会主义就这样成了这些政府对付德国资产阶级的武器,那么它也就直接代表了一种反动的利益,即德国小市民的利益。在德国,16世纪遗留下来的、从那时起经常以不同形式重新出现的小资产阶级,是现存制度的真实的社会基础。

保存这个小资产阶级,就是保存德国的现存制度。这个阶级胆战心惊地从资产阶级的工业统治和政治统治那里等候着无可幸免的灭亡,这一方面是由于资本的积聚,另一方面是由于革命无产阶级的兴起。在它看来,"真正的"社会主义能起一箭双雕的作用。"真正的"社会主义像瘟疫一样流行起来了。

德国的社会主义者给自己的那几条干瘪的"永恒真理"披上一件用思辨的蛛丝织成的、绣满华丽辞藻的花朵和浸透甜情蜜意的甘露的外衣,这件光彩夺目的外衣只是使他们的货物在这些顾客中间增加销路罢了。

同时,德国的社会主义也愈来愈认识到自己的使命就是充当这种小市民的堂堂代表。

它宣布德意志民族是模范的民族,德国小市民是模范的人。它给这些小市民的每一种丑行都加上奥秘的、高尚的、社会主义的意义,使之变成完全相反的东西。它贯彻到底,直接反对共产主义的"野蛮破坏的"倾向,并且宣布自己是不偏不倚地超乎任何阶级斗争之上的。现今在德国流行的一切所谓社会主义和共产主义的著作,除了极少数的例外,都属于这一类卑鄙龌龊的、令人委(萎)靡的文献。

2.保守的或资产阶级的社会主义

资产阶级中的一部分人想要消除社会的弊病,以便保障资产阶级社会的生存。

这一部分人包括:经济学家、博爱主义者、人道主义者、劳动阶级状况改善派、慈善事业组织者、动物保护协会会员、戒酒运动协会发起人以及形形色色的小改良家。这种资产阶级的社会主义甚至被制成一些完整的体系。

我们可以举蒲鲁东的《贫困的哲学》作为例子。

社会主义的资产者愿意要现代社会的生存条件,但是不要由这些条件必然产生的斗争和危险。他们愿意要现存的社会,但是不要那些使这个社会革命化和解体的因素。他们愿意要资产阶级,但是不要无产阶级。在资产阶级看来,它所统治的世界自然是最美好的世界。资产阶级的社会主义把这种安慰人心的观念制成半套或整套的体系。它要求无产阶级实现它的体系,走进新的耶路撒冷,其实它不过是要求无产阶级停留在现今的社会里,但是要抛弃他们关于这个社会的可恶的观念。

这种社会主义的另一种不够系统、但是比较实际的形式,力图使工人阶级厌弃一切革命运动,硬说能给工人阶级带来好处的并不是这样或那样的政治改革,而仅仅是物质生活条件即经济关系的改变。但是,这种社会主义所理解的物质生活条件的改变,绝对不是只有通过革命的途径才能实现的资产阶级生产关系的消灭,而是一些行政上的改良,这些改良是在这种生产关系的基础上实行的,因而丝毫不会改变资本和雇佣劳动的关系,至多只能减少资产阶级的统治费用和简化它的国家行政事务。

资产阶级的社会主义只有在它变成纯粹的演说辞令的时候,才获得自己的适当的表现。

自由贸易!是为了工人阶级的利益;保护关税!是为了工人阶级的利益;单身牢房!是为了工人阶级的利益。——这才是资产阶级的社会主义唯一认真说出的最后的话。

资产阶级的社会主义归结起来就是这样一个论断:资产者之为资产者,是为了工人阶级的利益。

3.批判的空想的社会主义和共产主义

在这里,我们不谈在现代一切大革命中表达过无产阶级要求的文献(巴贝夫等人的著作)。

无产阶级在普遍激动的时代、在推翻封建社会的时期直接实现自己阶级利益的最初尝试,都不可避免地遭到了失败,这是由于当时无产阶级本身还不够发展,由于无产阶级解放的物质条件还没有具备,这些条件只是资产阶级时代的产物。随着这些早期的无产阶级运动而出现的革命文献,就其内容来说必然是反动的。这种文献倡导普遍的禁欲主义和粗陋的平均主义。

本来意义的社会主义和共产主义的体系,圣西门、傅立叶、欧文等人的体系,是在无产阶级和资产阶级之间的斗争还不发展的最初时期出现的。关于这个时期,我们在前面已经叙述过了(见《资产阶级和无产阶级》)。

诚然,这些体系的发明家看到了阶级的对立,看到了统治着的社会本身中的破坏因素的作用。但是,他们看不到无产阶级方面的任何历史主动性,看不到它所特有的任何政治运动。

由于阶级对立的发展是同工业的发展步调一致的,所以这些发明家也不可能看到无产阶级解放的物质条件,于是他们就去探求某种社会科学、社会规律,以便创造这些条件。

这样,社会的活动要由他们个人的发明活动来代替,解放的历史条件要由幻想的条件来代替,无产阶级的逐步组织成为阶级就要由他们特意设计出来的社会组织来代替。在他们看来,今后的世界历史不过是宣传和实施他们的社会计划的历史。

诚然,他们也意识到,他们的计划主要是代表工人阶级这一受苦最深的阶级的利益。在他们心目中,无产阶级只是一个受苦最深的阶级。

但是,由于阶级斗争不发展,由于他们本身的生活地位,他们就以为自己是高高超乎这种阶级对立之上的。他们要改善社会一切成员的生活状况,甚至生活最优裕的成员也包括在内。因此,他们总是不加区别地向整个社会呼吁,而且主要是向统治阶级呼吁。他们以为,人们只要理解他们的体系,就会承认这种体系是最美好的社会的最美好的计划。

因此,他们拒绝一切政治行动,特别是一切革命行动;他们想通过和平的途径达到自己的目的,并且企图通过一些小型的、当然不会成功的试验,通过示范的力量来为新的社会福音开辟道路。

这种对未来社会的幻想的描绘,是在无产阶级还很不发展、因而对本身的地位的认识还基于幻想的时候,同无产阶级对社会普遍改造的最初的本能的渴望相适应的。

但是,这些社会主义和共产主义的著作也含有批判的成分。这些著作抨击现存社会的全部基础。因此,它们提供了启发工人觉悟的极为宝贵的材料。它们关于未来社会的积极的主张,例如消灭城市和乡村的对立,消灭家庭,消灭私人营利,消灭雇佣劳动,提倡社会和谐,把国家变成纯粹的生产管理机构,——所有这些主张都只是表明要消灭阶级对立,而这种阶级对立在当时刚刚开始发展,它们所知道的只是这种对立的早期的、不明显的、不确定的形式。因此,这些主张本身还带有纯粹空想的性质。

批判的空想的社会主义和共产主义的意义,是同历史的发展成反比的。阶级斗争愈发展和愈具有确定的形式,这种超乎阶级斗争的幻想,这种反对阶级斗争的幻想,就愈失去任何实践意义和任何理论根据。所以,虽然这些体系的创始人在许多方面是革命的,但是他们的信徒总是组成 些反动的宗派。这些信徒无视无产阶级的历史进展,还是死守着老师们的旧观点。因此,他们一贯企图削弱阶级斗争,调和对立。他们还总是梦想用试验的办法来实现自己的社会空想,创办单个的法伦斯泰尔,建立国内移民区,创立小伊加利亚,即袖珍版的新耶路撒冷,——而为了建造这一切空中楼阁,他们就不得不求助于资产阶级的善心和钱袋。他们逐渐地堕落到上述反动的或保守的社会主义者的一伙中去了,所不同的只是他们更加系统地卖弄学问,狂热地迷信自己那一套社会科学的奇功异效。

因此,他们激烈地反对工人的一切政治运动,认为这种运动只是由于盲目地不相信新福音才发生的。

在英国,有欧文主义者反对宪章派,在法国,有傅立叶主义者反对改革派。

四、共产党人对各种反对党派的态度

看过第二章之后,就可以了解共产党人对已经形成的工人政党的关系,因而也就可以了解他们对英国宪章派和北美土地改革派的关系。

共产党人为工人阶级的最近的目的和利益而斗争,但是他们在当前的运动中同时代表运动的未来。在法国,共产党人同社会主义民主党联合起来反对保守的和激进的资产阶级,但是并不因此放弃对那些从革命的传统中产生出来的空谈和幻想采取批判态度的权利。

在瑞士,共产党人支持激进党人,但是并不忽略这个政党是由互相矛盾的分子组成的,其中一部分是法国式的民主社会主义者,一部分是激进的资产者。

在波兰人中间,共产党人支持那个把土地革命当作民族解放的条件的政党,即发动过1846年克拉科夫起义的政党。

在德国,只要资产阶级采取革命的行动,共产党就同它一起去反对君主专制、封建土地所有制和小市民的反动性。

但是,共产党一分钟也不忽略教育工人尽可能明确地意识到资产阶级和无产阶级的敌对的对立,以便德国工人能够立刻利用资产阶级统治所必然带来的社会的和政治的条件作为反对资产阶级的武器,以便在推翻德国的反动阶级之后立即开始反对资产阶级本身的斗争。

共产党人把自己的主要注意力集中在德国,因为德国正处在资产阶级革命的前夜,因为同17世纪的英国和18世纪的法国相比,德国将在整个欧洲文明更进步的条件下,拥有发展得多的无产阶级去实现这个变革,因而德国的资产阶级革命只能是无产阶级革命的直接序幕。

总之,共产党人到处都支持一切反对现存的社会制度和政治制度的革命运动。

在所有这些运动中,他们都特别强调所有制问题,把它作为运动的基本问题,不管这个问题当时的发展程度怎样。

最后,共产党人到处都努力争取全世界的民主政党之间的团结和协议。

共产党人不屑于隐瞒自己的观点和意图。他们公开宣布:他们的目的只有用暴力推翻全部现存的社会制度才能达到。让统治阶级在共产主义革命面前发抖吧。无产者在这个革命中失去的只是锁链。他们获得的将是整个世界。

全世界无产者,联合起来!

主要参考书目

《马克思传》,弗·梅林著,人民出版社1965年版。
《马克思恩格斯传》,科尔纽著,樊集译,三联书店1965年版。
《陈独秀全传》,唐宝林著,社会科学文献出版社2013年版。
《陈独秀传》,陈利明著,团结出版社2011年版。
《戴季陶传》,范小方、包东波、李娟丽著,团结出版社2007年版。
《陈望道传》,邓明以著,复旦大学出版社1995年版。
《陈望道全集》,陈望道著,池昌海主编,浙江大学出版社2011年版。
《浙江一师风潮》,沈自强主编,浙江大学出版社1990年版。
《〈共产党宣言〉陈望道译本考》,方红著,辽宁人民出版社2019年版。
《启航:红船精神永放光芒》,南湖革命纪念馆编,人民出版社2019年版。
《李达画传》,陈光辉、叶鹏编著,人民出版社2018年版。
《中国共产党创始人——李汉俊》,田子渝著,武汉出版社2004年版。
《中国共产党的九十年》,中共中央党史研究室著,中共党史出版社、党建读物出版社2016年版。
《"一大"前后》,中国社会科学院现代史研究室、中国革命博物馆党史研究室选编,人民出版社1980年版。
《义乌市志》,义乌市志编纂委员会编,上海人民出版社2011年版。
《经亨颐日记》,经亨颐著,浙江古籍出版社1984年版。
《邵力子传》,朱顺佐著,浙江大学出版社1988年版。
《国家记忆:一本〈共产党宣言〉的中国传奇》,铁流、徐锦庚著,山东文艺出版社2014年版。

后　记

创作初衷,是写陈望道。反复斟酌,决定写"望道们"。因为,陈望道是《共产党宣言》的译者,不是《共产党宣言》的著者,著者是马克思和恩格斯。在著者与译者之间,有一条长长的时光隧道,由西而东,崎岖坎坷,流急滩险。一大批革命志士,高擎一束火炬,胸怀变革之志,追望真理之道,在黑暗中摸索。前行路上,有的彷徨徘徊,有的误入歧途,有的分道扬镳,有的慷慨赴死。更多的人,矢志不渝,坚贞不屈,前仆后继,接力传递,使革命之火在东方终成燎原之势。这束火炬,就是《共产党宣言》。而陈望道,则是火炬传递者之一。他不是孤军奋战,他的周围,有一众"望道"。鉴于此,我追根溯源,从两位德国青年开始,一路寻踪觅迹。书名"望道"不作名词,而作动词,取意"追望真理之道"。

创作过程中,得到诸多朋友的鼎力支持:浙江文艺出版社社长虞文军先生陪同赴义乌采访;中共浙江省委党史和文献研究室副主任王祖强先生,义乌市委常委、宣传部长蒋令树先生和副部长应文舜先生,义乌市委党史研究室原主任张建鹏先生(恰与我同年同月同日生),宣传部文化科长陈景清女士,陈望道女婿陈祥有先生,作家潘爱娟女士等人热情提供帮助;复旦大学教授、陈望道学生陈光磊先生和复旦大学教授、陈望道之子陈振新先生,认真审核相关内容;复旦大学党委组织部副部长、党校办公室主任周晔先生和宣传部李沁园女士热心协调联络;大众日报社高级编辑袁薇女士拨冗校对全文。在此一并致谢!

| 后 记 |

尤其要郑重感谢的,是人民日报社原副总编辑张首映先生。我在请名家作序时,颇费踌躇:要找一位党史专家不难,但要找一位懂文学评论的党史专家不易;要找一位文学评论家不难,但要找一位懂党史的文学评论家不易。张首映先生恰是两者的完美结合:他是北京大学中文系硕士研究生、中国社会科学院研究生院文学系博士研究生,历任人民日报社新闻研究中心主任、理论部主任、副总编辑兼理论部主任,政治和文学素养兼修、功力深厚。

除前述的主要参考书目外,还参阅了很多其他相关文献,恕不一一列举。对这些著述的作者,在此一并深表感谢!

2021年7月
记于济南市历下区燕子山麓